LEGAL THEORIES, TEXTS AND CASES

# 法理、文本与案例

资　琳————————主　编
祁春铁　龚春霞　黄泽敏——副主编

中国法制出版社
CHINA LEGAL PUBLISHING HOUSE

本教材受中南财经政法大学法学院2020年度研究生课程教材建设项目《法理、文本与案例》以及中南财经政法大学2020年度本科教育教学改革专项《“疑难案例模拟训练”优质课程建设》资助。

**主　编**　资　琳

**副主编**　祁春轶　龚春霞　黄泽敏

**撰稿人**　（以撰写章节先后为序）

资　琳　刘　萍　瓦席布西　徐艺洋

吴欢欢　黄泽敏　李光恩　祁春轶

蔡　震　张欣欣　龚春霞　杨玉峰

布宜铭

# 前言

Preface

2020年，必然是一个划时代的年份，蔓延全球的新冠肺炎成为检验世界各国法律制度及其法理基础的试金石。法律中的自由、人权、民主等价值遭到了前所未有的多维审视，也被赋予了更多新的意蕴。在这场百年未见的大挑战中，每一个法理学研究者都不可避免地再次深思：中国究竟需要什么样的法理学？

1988年，在法学基本范畴研讨会上探索性地提出了“权利本位论”的新范式，为法学研究提供了全景式的法哲学视角，为审视、重构法的本体理论提供了有力的思想武器。此后，权利法哲学成为我国法理学研究的主流范式和主要研究内容。2017年，张文显教授发表《法理：法理学的中心主题和法学的共同关注》一文，并创办法理研究行动小组，再次开创性地确立了“以权利为本位，以法理为中心”的研究思路。“法理”研究的兴起标志着我国“权利法哲学”的研究进入了更为深入、广泛的研究领域，但同时也表明，仅仅以“权利本位”作为研究工具，已经不足以应对中国法理学的现实发展，权利法哲学急需融合近年来兴起的新的研究范式，开创出具有中国特色的法理研究之路。

1997年“依法治国”基本治国方略被确定，1999年“依法治国”被写入宪法，中国社会主义现代化法治建设进入新阶段。在这样的大背景下，法律教义学范式应运而生。[①]相比之前缺乏独立性的法学研究方法，法律教义学

① 郭晔：《法理主题论——新时代中国法学新范式》，载《法制与社会发展》2020年第2期。

范式更注重对法律自身特性的研究，因此法律教义学很快吸引了大量法学者的追随，各部门法学者纷纷投身于法律教义学的研究之中，法律教义学研究呈现出日益蓬勃之势。“法教义学范式”以解释实在法，使法律体系化为根本宗旨，以精准的概念、深刻的命题和严谨的逻辑为法律体系的形成提供基础，成为推动我国法治建设走向成熟的重要推手。

与此同时，随着政治、经济、文化、社会等诸多环境的整体变化，法律事件数量增加，且发生越来越多的疑难案件，传统法教义学的方法已经不能满足法律实践提出的更高要求。在这样的背景下，部分法学者引入社会学、经济学等社会科学的方法来分析法律问题，由于社会科学方法密切关注法律体系与制度实践的联系，着力于解决中国本土法治的实践难题，因此越来越受到法学者的重视。“法律社会学”的研究范式逐渐形成，不仅为我国经济社会科技领域等方面的前沿立法以及中国法治本土资源的挖掘工作提供了难能可贵的理论支持，还在一定程度上更新了法学，带来了法学研究范式的转化。

尽管法律教义学和法律社会学的研究者众多，但是对于法律教义学和法律社会学究竟包含哪些内容、有哪些核心思想、有哪些基本理论模式、应该如何应用于我国的法律实践，我国研究者们尚未形成统一的看法。因而本书在厘清法理学学科的基本性质和发展脉络的基础上，对法律教义学和法律社会学的理论作出溯源式的阐述。在此基础上，结合中国的典型事件和司法案例，对如何运用法律教义学和法律社会学的经典理论和方法，作出深入细致的分析。尽管本书以法律教义学和法律社会学的理论和案例为核心，但是我们的立足点并不仅仅止于法律教义学和法律社会学，而是试图通过正本清源的工作，为中国法理学的发展作出一些奠基性的工作，为法律学子提供更为精准的分析中国现实的工具。

该书的主编为资琳（中南财经政法大学法学院教授），副主编为祁春轶（中南财经政法大学法学院副教授）、龚春霞（中南财经政法大学法学院副教授）和黄泽敏（中南财经政法大学法学院讲师）。中南财经政法大学法学院法学理论专业的博士生李光恩，法学理论专业的硕士生刘萍、瓦席布西、徐艺洋、吴欢欢、蔡震、张欣欣、杨玉峰和布宜铭参与了文献整理、综述以及撰写等工作，具体写作分工如下。

第一章：资琳、刘萍、瓦席布西、徐艺洋；第二章：资琳、吴欢欢；第三章和第四章：黄泽敏、李光恩；第五章：祁春铁、蔡震、张欣欣；第六章：祁春铁、蔡震；第七章和第八章：资琳；第九章：龚春霞、杨玉峰、布宜铭。

# 目录

Contents

# 第一章

# 法理学是一门什么样的学科

## 第一节　学科性质

相比法学与哲学的发展，法理学起步较晚，最早将其作为一门独立学科来研究和教授的是19世纪的约翰·奥斯丁。关于法理学的学科归属，一种观点主张法理学应属于法学的一个分支，是法学的基础理论学科；另一种观点认为法理学是哲学在法律上的运用，当属于哲学的一支，尤其是在法理学概念与法哲学概念通用的情况下。对于法理学的学科性质，学界已达成的基本共识是，法理学作为一门理论学科应该具有理论性，而对其是否具有科学性和实践性的学科性质，学者则有不同的观点。

### 一、法理学的学科定位

法理学的研究对象是一般法，但它的内容不是关于一般法的全部问题，而仅仅是包含在一般法中的普遍问题和根本问题。法理学属于法学知识体系的最高层次，担负着探讨法的普遍原理和根本原理，为各个部门法学和法史学提供理论根据和思想指导的任务。[①]

---

① 张文显：《法理：法理学的中心主题和法学的共同关注》，载《清华法学》2017年第4期。

> 所谓“法理学”，我指的是关于法律这种社会现象的最基本的、最一般的和最理论化的分析……我们通常将对根本性问题的分析称为“哲学”，因此，传统将法理学定义为法律哲学或哲学在法律中的运用，这显然是恰当的。[①]

### （一）法理学是法学的分支

1832年奥斯丁《法理学范围》的出版，标志着法理学正式成为一门独立的学科。奥斯丁是分析实证主义法学的鼻祖，他认为法学只应研究“实际存在的由人制定的法”，即实在法，而不应像自然法学派那样研究“应当是这样的法”，即理想法或正义法。法理学不局限于某一特定法律现象，而是注重研究整体法律的最普遍、最抽象、最基本的理论和问题。从奥斯丁开始，法理学作为法律科学的一个分支这一观点得到了比较广泛的认可。

沈宗灵教授主张法理学是法学的基础理论，法理学的研究内容为一般法，并将法理学与我国社会主义制度发展相结合，指出法理学研究与我国社会主义法相关的规律和原理，如社会主义法如何产生？其本质为何？法律形式与作用为何？[②]将法理学界定为法学基础理论，不仅意味着法理学属于法学学科体系，还意味着法理学是法学体系的基础理论学科。此种观点常见于我国主流法理学教材中。

### （二）法理学是哲学的分支

在西方法学史上，法学是从哲学、政治学中分化出来的独立学科。在古希腊、古罗马时期，对法的认识大都来源于一些哲学家。“19世纪以前，法理学并非一个独立的学科，基本上是哲学、宗教、伦理学或政治学家的副产品。”[③]即使在当代，也有学者认为法理学是哲学的学科。

---

① ［美］波斯纳著：《法理学问题》，苏力译，中国政法大学出版社1994年版，序言第1页。

② 参见沈宗灵主编：《法理学》（第四版），北京大学出版社2014年版，第18页。

③ 参见郭道晖：《法理学的定位与使命》，载《上海师范大学学报（哲学社会科学版）》2007年第6期。

日本学者穗积重远认为法理学是一种特别的哲学，是关于法律现象根本原理的学问，介乎现实法学与一般哲学之间。[①]李达是我国最早运用马克思主义理论研究法理学的学者，他认为法理学是一种特殊哲学，是哲学中的一个分支。这种观点认为哲学与法学是指导与被指导的关系，强调哲学在法学领域中的应用和扩张，并且认为法理学存在多种不同学派的原因在于各学派所依据的哲学基础不同。李达认为，法理学的任务首先是认识世界法律发展的普遍规律和原理，并且认识法律的发展与世界的发展二者的关系，然后运用所发现的规律和原理来认识我国的法律，指导法律适应特定阶段社会发展的要求。[②]

认为法理学属于哲学学科体系的依据有两个：一是法理学研究包括法学方法论的研究，而方法论是一个哲学概念，必然涉及哲学范畴；二是法理学研究是哲学在法律中的适用，如李达认为各种法理学都是一种特定的哲学在法学领域中的应用和扩张。

### （三）法理学与法哲学关系

关于法理学与法哲学的关系，主要存在同一说和区别说两种观点。

支持同一说观点的学者将法理学与法哲学等同，即认为“法哲学是从哲学的角度、用哲学的方法来研究和思考法的理论与实践问题的一门综合学科和一种重要思想方法论，其目的在于提升我们的法律思维的理论层次和思想高度，以揭示法的最深刻本质和最普遍规律性，为法学研究和法律实践提供世界观和方法论的指导。”[③]采取此观点的学者，如考夫曼，认为法律哲学与法律理论之区别并不明确。虽然法律哲学较倾向于内容，而法律理论较倾向于形式，但有内容而无形式以及有形式而无内容的情形皆不存在，因而无法得出精确的区别。[④]我国法理学者卓泽渊教授指出，法理学是以整个法律现

---

① 参见付子堂主编:《法理学高阶》(第二版)，高等教育出版社2018年版，第17页。
② 参见付子堂主编:《法理学高阶》(第二版)，高等教育出版社2018年版，第16页。
③ 参见付子堂主编:《法理学高阶》(第二版)，高等教育出版社2018年版，第27页。
④ 参见［德］考夫曼著:《法律哲学》，刘幸义等译，法律出版社2003年版，第16页。

象的共同规律和共同性问题作为研究对象的法学理论学科，又可称为法哲学或法律哲学，不区分法理学与法哲学。

采取区别说观点的学者则主张法理学不同于法哲学，二者既有联系又有区别。付子堂教授认为，法哲学与法理学的联系在于它们都属于理论法学，都要研究法的基本理论或一般理论；区别在于二者的研究角度和理论层次不同。狭义上的法哲学是从哲学的角度和用哲学的方法来研究与思考法的理论和实践问题，是理论法学的最高层次。法理学则主要从法学的角度、用法学的方法来研究与思考法的理论和实践问题，在理论法学中的层次仅次于法哲学。陈景辉教授也曾探讨过法哲学、法理学和法理论三者的关系，主张法理学和法理论无实质上的区别，此二者的范围均包括法哲学，法哲学仅限于“二阶理论”这个较为哲学化的讨论领域，而法理学与法理论均包括规范理论以及作为“二阶理论”的法哲学这两个部分。①

## 二、法理学的学科特征

法理学则属于“理论法学”中的牵头性学科。理论法学属于思想性、思维性学科，它相对区别于法学中的直接以具体法律制度为研究对象的部门法学。②

一种研究如果称得上是科学研究，那么其通过研究所形成的成果就要符合“知识”的特征，而所谓的“知识”，就其通常含义来说，就是符合“真理”的检验，从而被确认为真。③

法理学当然是实践性的。与“自上而下”的指导模式不同，“实践参与模式”在处理法理学与部门法教义学之关系时，所采取的是“辩护

---

① 陈景辉：《法理论为什么是重要的——法学的知识框架及法理学在其中的位置》，载《法学》2014年第3期。

② 刘作翔：《法理学的定位——关于法理学学科性质、特点、功能、名称等的思考》，载《环球法律评论》2008年第4期。

③ 泮伟江：《在科学性与实践性之间——论法理学的学科定位与性质》，载《法学家》2019年第6期。

梯度上升”的阶梯模式。[①]

（一）理论性

根据研究对象的不同，法学学科体系大致可分为理论法学和应用法学两种。法理学不同于部门法学，它是思考法律现象之根本性问题的学科，属于本源性的思考，而这种思考是一种思维性的研究方式。刘作翔教授认为法理学属于思想性、思维性的学科。法理学中的“理”，主要是指它的研究对象和研究方法的思维性。法理学从整体法律现象和根本性的法律问题出发，通过经验性理论研究或纯理论研究等方法去发现一般的法律规律和原理，此种研究必然是一种超实证的理论研究，且这种研究必定是抽象的而非具体的。因此，法理学就其学科本性而言，属于理论思维科学，而此种理论思维科学是形而上的而非形而下的。[②]

（二）科学性

法理学具有高度个性化和分散化的特征，也具有极高的包容性，采取不同立场和研究方法的自然法学派、实证分析主义法学派和社会法学派三大法理学流派在法理学大家庭中处于三足鼎立的状态，彼此相安无事。法理学的个性化和分散化往往也成为有些学者批判其不具有科学性的理由。有观点认为，评价一门学科是否具有科学性的标准在于该学科能否形成一个稳定、融贯和完整的知识体系。

法理学的科学性究竟如何？关键在于科学性的判断标准。将能否形成一个稳定、融贯和完整的知识体系作为评价一门学科是否具备科学性的标准过于简单，最重要的是没有体现科学的本质。德国学者魏德士在其《法理学》一书中曾给“科学”下过定义：“科学就是由社会组织起来的认知活动的一

① 泮伟江：《在科学性与实践性之间——论法理学的学科定位与性质》，载《法学家》2019年第6期。

② 参见刘作翔：《法理学的定位——关于法理学学科性质、特点、功能、名称等的思考》，载《环球法律评论》2008年第4期。

种特殊形式，其目的在于对某个对象作出令人信服的表达，科学也必须经得起持不同世界观的反对者的检验，即必须满足两个前提：表达必须能够被证明；而证明又必须经受得住考验。”[①]国内外学者关于“科学”的定义、用语虽有不同程度的差别，但基本上都赞同科学的本质是某一认知活动需符合“真理”的检验，即可被证明。根据“科学”的定义，只要某一学科针对该学科的研究对象所形成的结论和成果能够被证明，就可以说该学科具有科学性。

此处的可被证明不同于自然科学领域可以通过量化方法来证明，而是应理解为研究结论符合客观事实或经验事实。法理学以法律的一般性问题和根本性问题为研究对象，研究素材必然包括现实生活中的法律现象，并采取归纳、演绎、类比等方法概括出整体法律现象的一般性、共同性规律。从理论上看，法理学的研究有事实依据，并遵循科学的研究方法，在此基础上得出的结论通常具有客观性，或符合经验事实。从实践上看，法理学关于“权力”“权利”“义务”“责任”等概念的研究成果普遍适用于立法、执法、司法等法律活动中，如法理学关于司法裁判理论的研究成果是司法实践得以有效运作的重要遵循，法官在裁判案件时需依据证据理论和规则认定案件事实，依据法律解释、法律漏洞填补等理论适用法律。尤其是在疑难复杂案件的审理中，法理学发挥着举足轻重的作用。若某一学科的研究成果在实践中得到直接或间接的广泛适用，足以证明该学科符合客观事实、经验事实，能经受得住实践的检验，因为不符合客观事实和经验事实的理论是绝不能生存和发展的，法理学也是如此。因此，无论是从理论上还是实践上，均可认为法理学是具有科学性的。

### （三）实践性

法理学是思想性、思维性的学科，法理学研究具有理论性，但不可据此否认法理学的实践性。正如泮伟江所言，我们需要更新对“实践”一词的理解，法律系统内部分化出许多子系统，法理学和司法裁判均包含其中，不同

① ［德］伯恩·魏德士著：《法理学》，丁晓春、吴越译，法律出版社2013年版，第13页。

子系统之间协调运转的过程就可以理解为“实践”。[①]无论是法理学，还是部门法学均在司法实践中发挥着不可替代的作用，只是二者发挥作用的梯度不同。在具体的法律实践中，首先发挥作用的是部门法学，即法官或者其他法律工作者先根据部门法学研究的成果适用相关法律法规、解决具体法律问题，如果问题得不到合理有效的解决，则需要从第一梯度上升到第二梯度，而第二梯度通常有两种做法，一是运用司法裁判的理论，如法律解释、法律续造等方法进行解决；二是对疑难案件所包含的一些法律概念、原则等进行哲学、伦理学的思考。此种解决法理学与部门法学在法律实践中关系的模式称为“辩护梯度上升”模式。[②]科学性与实践性并不是一对非此即彼的矛盾概念，二者也可以实现和平共处并保持良好的互动。为合理解决法理学科学性与实践性的有机统一问题，我国学者陈景辉也曾提出法理学的“二元论”，即法理学分为涉及价值判断的理想性规范理论和价值中立的后设理论，规范理论符合实践性的需要，后设理论符合科学性的需要。[③]正是因为法理学具有科学性与实践性，其才能拥有源源不断的发展动力，用科学性指导实践性，以实践性发展科学性。

## 三、法理学的知识属性

法理学是一种比较抽象的理论思考与理论表达形式。与具体法律科学相比，法理学更具有一般性和普遍性，也更具有整体性和宏观性。[④]

抽象性、概括性、一般性、普遍性，以及概而言之的理论性是这门学科的应有属性和特色。[⑤]

---

① 参见泮伟江：《在科学性与实践性之间——论法理学的学科定位与性质》，载《法学家》2019年第6期。

② 参见泮伟江：《在科学性与实践性之间——论法理学的学科定位与性质》，载《法学家》2019年第6期。

③ 参见陈景辉：《法理学的性质：一元论还是二元论？》，载《清华法学》2015年第6期。

④ 姚建宗编著：《法理学——一般法律科学》，中国政法大学出版社2004年版，第4页。

⑤ 刘作翔：《我们需要什么样的法理学——比较·借鉴·革新》，载《法学》1994年第8期。

### （一）一般性

一般性是与特殊性相对的概念，法理学的一般性强调的是法理学研究对象的一般性。法理学是法的一般理论的科学，其研究对象具有一般性与普遍性，涉及古今中外的法律及与法律相关的事物。法理学的一般性体现在法理学的研究范围、过程和时间跨度上。

从法理学研究对象的范围上看，法理学对法律现象的研究，不局限于某一具体的法律部门，而是涵盖了所有法律部门，并从中概括出作为所有部门法共通适用的一般规律。从法理学研究的动态过程上看，包括立法、执法、司法、守法、法律监督各个环节。从研究的时间跨度上看，法理学不局限于某一历史时期的法律现象，它涵括了奴隶社会、封建社会、资本主义社会、社会主义社会等不同历史阶段和社会制度之下的人类共同的法律现象。正如波斯纳所言，“法理学的许多问题是跨越原理、时间和民族的界限的”。①对法理学来说，一般性要求其从所有个别的法律现象中总结归纳出所有法律均具备的共同特征或本质属性，法理学的一般性视角导致其不可能依附特定的法秩序，必须在高度概括、抽象和普遍的意义上思考法律的一般性问题和规律。

### （二）综合性

法理学具有高度的综合性，体现为研究对象的综合性和研究方法的综合性。法律只是人的存在与人的生活的一个维度，而人的存在和人的生活是由多个维度构成的，如政治、经济、文化等维度。人类生活中的每一个维度均是彼此相连、互相融合、互相促进的。每一个维度又可能是其他科学的研究领域，法理学作为研究法律现象的科学，不可避免地会与社会学、政治学、经济学、伦理学等学科领域交叉。法理学是以整体的而非个别的法律现象作为研究对象的，不同的法律现象会涉及人类生活的各个领域。法理学研究方法的综合性在于它与多学科、多领域的研究密切相关。将其他学科的研究

① ［美］波斯纳著：《法理学问题》，苏力译，中国政法大学出版社1994年版，序言第1页。

方法引入法理学研究中，进而形成许多新的学派，如将社会学的研究理念与法理学结合形成了社会法学，将经济学的研究方法与法理学研究结合形成了经济分析法学，将语义分析哲学引入法理学研究中发展成新分析实证主义法学。简言之，“法理学的理论研究应当既在法律现象之内又在法律现象之外进行，但更主要的恰恰应当在法律现象之外来进行”。[①]

（三）抽象性

法理学是一种抽象的理论思考与理论表达形式。法理学的抽象性表现在其概念、命题和结论之中。法理学的抽象性与一般性分不开，法理学的研究贯穿古今中外，其目的在于从世界纷繁复杂的法律现象中提取出最核心的问题，这个提取的过程必定是抽象的思维活动。法理学具有抽象性不意味着法理学是空想之物，它有着丰富的法律实践素材。新自然法学代表人物德沃金充分说明了法理学与部门法学之于法律实践的区别：部门法学旨在阐释法律实践某一方面的内容，而法理学需要透过法律实践的整体表象去发现法律实践的内在结构和特点。[②]法理学的发展离不开法律实践，由于法律实践涉及错综的生活环境和样态，会出现许多疑难复杂案件，这给法理学的适用与发展带来了契机。

（四）描述性

从结构上去分析实在法，而不是从心理或经济上去解释它的条件，或从道德上或政治上对它的目的进行评价。[③]

法理学并不是个价值中立的描述主义的理论，而是一个跟价值判断有关的诠释主义的理论。[④]

---

① 姚建宗编著：《法理学——一般法律科学》，中国政法大学出版社2004年版，第5页。

② 参见［美］德沃金著：《法律帝国》，李常青译，中国大百科全书出版社1996年版，第83页。

③ ［奥］凯尔森著：《法与国家的一般理论》，沈宗灵译，中国大百科全书出版社1995年版，序言第2页。

④ 陈景辉：《法理学的性质：关于法律一般属性的讨论如何可靠》，载《吉林大学社会科学学报》2019年第4期。

法理学的描述性不是对法律事实或状态所进行的说明，此处“描述性”意指价值中立。[①]法理学是否具有描述性存在两种相反的观点，一种观点认为法理学是描述性的，将法律视为一种社会事实；而另一种观点则将法律视为一种规范事实，并因此认为法理学是诠释性的。分析实证主义法学代表人物凯尔森认为法理学作为一门科学，其目的在于认识法律而不在于形成法律，因此应摒弃不符合其目的的一切因素。也就是说，法理学只针对法律是什么进行研究，而不应根据特定的价值观或者政治背景对法律进行优劣、好坏与否的评价。我国法理学者雷磊也认为法理学具有描述性，因为法理学持一种内部观察者的研究视角，既是关于法的形式理论，又是关于法的结构理论，是内在于法学的描述性学科。[②]新自然法学代表人物德沃金则认为法律应符合公平、正义理念的要求或者符合道德的观念，因此法律必然蕴含价值，是一种“诠释性的实践”。[③]

## 四、总结

法理学是一门极具争议性的学科，甚至连法理学的学科定位都存在着实质性的争论。一种观点认为法理学以一般法的共同性问题为研究对象，主要研究法的基本概念、基本原理和一般性规律，是我国法学体系中处于基础理论地位的理论学科。另一种观点则认为法理学是哲学在法律或法律实践中的应用，是特别哲学，属于哲学的一支。关于法理学与法哲学的关系，存在着同一说和区别说两种不同见解。同一说主张法理学与法哲学并无实质的不同，二者没有精确的区分；区别说则认为二者虽有联系，但仍有区别。有的学者提出法理学和法哲学均属于理论法学，只是二者层次不同；也有学者认

① 陈景辉：《法理学的性质：关于法律一般属性的讨论如何可靠》，载《吉林大学社会科学学报》2019年第4期。

② 参见雷磊：《法理论：历史形成、学科属性及其中国化》，载《法学研究》2020年第2期。

③ 参见陈景辉：《法理学的性质：关于法律一般属性的讨论如何可靠》，载《吉林大学社会科学学报》2019年第4期。

为法理学的范围宽于法哲学，法哲学是法理学的一部分。

无论法理学是法学的一支还是哲学的一支，均不影响法理学的理论性。法理学的理论性主要是指它的研究对象、研究方法、研究结论的思维性。法理学的研究对象是一般法的普遍性和根本性问题，此种研究必然是一种理论研究，因此法理学是思想性、思维性的学科，具有高度理论性。法理学是否具备科学性、实践性以及二者的关系为何？有的学者认为法理学具有高度的个性化和分散化特征，不能形成统一、稳定和融贯的知识体系，因此不具有科学性；而有的学者则主张法理学只要符合其领域学术研究确定的规范和伦理，即可认为法理学具有科学性。对于法理学的实践性如何这个问题，有观点认为法理学是理论性学科，其不同于部门法学以具体的法律制度为研究对象，法理学的研究与司法实践脱轨从而不具有实践性。相反的观点则认为法理学具有实践性，并提出“辩护梯度上升”的理论模式。对于一般的法律问题，部门法学能够解决的，不需要上升到第二梯度；遇到部门法学不能解决的疑难案件时，则需要上升到第二梯度，即从法理学的角度解决。法理学的科学性与实践性并不是非此即彼的，二者可以相互依存、相互促进。

法理学研究的是古今中外整体法律现象的一般性、根本性问题，涉及多领域、多学科及多种研究方法。法理学的研究需要从个别的、分散的法律现象中抽象出具有普遍适用效力的共同性规律和理论。因此，法理学具有一般性、综合性、抽象性、普遍性等知识属性。关于法理学研究的法律现象是一种社会事实还是一种规范事实有两种不同的观点。实证主义法学认为法理学的研究对象是实在法，不涉及道德、正义等因素，属于社会事实，与之相匹配的方法论必然是描述性的，即价值中立。而自然法学则认为法理学的研究对象是自然法，自然法代表着理性、正义与善的观念，自然法必然蕴含着价值判断，因此，法理学的研究不是描述性的，而是与价值判断有关的诠释性。

# 第二节　研究对象

## 一、自然法学派的研究对象

> 自然法学的研究对象是自然法，即“自然秩序”中所通行的、治理人的行为的规则，这些规则来自于上帝、自然或理性，而被认为是善的、正确的和正义的规则。[①]

自然法观念起源于古希腊时代，经过古罗马时代和中世纪，到资产阶级革命时期形成了盛极一时的古典自然法学派，但在19世纪经历了百年衰落，直到20世纪才重新恢复起来。自然法学的发展大体可分为三个时期：一是前古典时期，指古代和中世纪的自然法学；二是古典时期，指近代的自然法学；三是复兴时期，指现代的自然法学。

自然法是更高层次的法，它能够解答所有的问题，是检验实证法的标准，它是我们对善法与恶法感知的直接来源，辅助我们区分善恶，位于所有法律之上，是所有法律规范的检验标准。在自然法学发展的不同时期，对于这一概念的理解都是不尽相同的。前古典时期通常认为自然法是自然正义，自然法渊源于自然理性，永恒不变，普遍适用。古典时期则强调，自然法是人类理性和个人权利的表现，提出了社会契约论、人身与财产不可侵犯、契约自由、法律面前人人平等、罪刑法定等理论和原则。复兴时期则强调法的内在道德基础和法的价值标准，主张自然法内容可变。[②]无论对自然法的理解产生了怎样的不同，其思想的内核都是一脉相承的。自然法学派以“超越法律”的自然法为研究对象，坚持正义的绝对性，将代表着和谐秩序的自然

① ［英］哈特著：《法律的概念》，张文显、郑成良等译，中国大百科全书出版社1996年版，第427页。

② 陈业精、刘学灵编著：《法理》，上海社会科学院出版1987年版，第332页。

法作为正义准绳。自然法具有两个功能，一方面，它可以为既有政治秩序的现行法寻找依据。这样，它可以起到稳定制度的保守作用。另一方面，它也可以批判现有的秩序，并要求对其进行彻底的修改。这样，它可以在极端情况下为反抗实在法提供依据。革命能在法律上得到辩护的唯一基础就是自然法。自然法思想之所以长久存在于历史中，其原因就在于此。①

自然法学派的研究对象主要包含三个方面的内容。自然法学派研究的第一个方面是法的本质。关于法的本质，自然法学派认为法在本质上是一种客观规律，客观规律即事物、人性乃至自然宇宙的化身，是“理性”的表现，所有法律的制定都必须以客观规律为基础。第二个方面是法的来源。自然法学派认为法源自永恒不变的本性、自然性、社会性、理性，是永恒正义的化身，具有普遍的适用性，它是永恒正确的，正确的法律应该与之相符，应该将自然法的来源作为其基础。第三个方面是法的目的和功能。自然法学派认为法以实现正义为其功能与目的，法律应当与人们的价值观念、道德观念相一致，自然法是人类寻求正义之绝对标准的结果。②

总的来说，自然法学派十分重视正义、自由、平等、理性等价值目标，认为法应以客观规律为基础追求法律价值的实现。自然法学致力于探索法律的终极价值目标和客观基础，对人们认识法的本质以及进一步完善法发挥着重要的作用。这种作用主要表现为一种在法学研究过程中激进的理想主义追求，以正义、自由、平等、理性等价值探索法、追求法、衡量法，在打破传统思想，塑造完善的法律过程中产生了卓越的功效。

## 二、分析实证法学派的研究对象

分析实证主义把某种特定的法律制度作为其出发点，并主要通过归纳的方法从该法律制度中提取出一些基本的观念、概念和特点，将它们

① ［德］魏德士著：《法理学》，丁晓春、吴越译，法律出版社2013年版，第186页。

② 时显群编著：《法理学》，中国政法大学出版社2013年版，第49—50页。

> 同其他法律制度中的基本观念、概念和特点进行比较，以确定某些共同的因素。①
>
> 对于一个法律的存在来说，有两个最低限度的条件是必需的和充分的。一方面，根据这个制度的最终效力标准是有效的那些行为规则必须普遍地被遵守；另一方面，该制度规定法律效力标准的承认规则及其改变规则和审判规则，必须被其官方有效地接受为公务行为的普遍的公共标准。②

通常意义上来说，法理学学科的建立者为实证分析法学家奥斯丁。19世纪，最早将法理学作为一个学科来研究和教授的便是奥斯丁。奥斯丁认为法学只应研究“实际上是这样的法”，即实在法，而不像自然法学家那样研究“应当是这样的法”，即理想法或正义法。分析实证法学派落脚于实际生活的法律现象，它将功利主义作为理论基础，实证研究作为基本方法，是基于实在法进行研究分析而不纠结于价值判断与价值分析的西方法学流派。该学派以对法律的客观分析作为研究核心，重点研究现实的法律规范，坚持“恶法亦法”。分析实证主义法学主张将法理学的研究对象界定为现实生活中由人实际制定的法律，划定了法理学的研究对象为实在法及其相关的法律要素、法律体系、逻辑结构等。分析实证主义法学派的代表人物主要有奥斯丁、凯尔森、哈特、拉兹，这些代表人物关于分析实证主义法学的基本观点在各自时期虽有不同的表述，但其宗旨和主要特征是一脉相承的。

### （一）实在法的内涵

分析实证主义法学派关于实在法的内涵，经历了奥斯丁的“主权者命令说”、凯尔森的“规范说”、哈特的“规则说”三个阶段。奥斯丁认为法律

① ［美］博登海默著：《法理学：法律哲学与法律方法》，邓正来译，中国政法大学出版社2004年版，第123页。

② ［英］哈特著：《法律的概念》，张文显、郑成良等译，中国大百科全书出版社1996年版，第116页。

是主权者的命令，法律的三种要素是主权、命令和制裁。凯尔森则认为法律不是主权者的命令，而是规定了制裁的规范，法律规范之所以具有效力，是因为法律是基础规范授权立法者制定的，基础规范是所有法律规范的效力来源。哈特在分析实在法时第一次引入“规则”的观念，他提出法律包括第一性规则和第二性规则，前者是设定义务的规则，后者是授权性规则，拉兹基本延续了哈特的这一观点。

奥斯丁主张，法律是主权者的命令。他认为由于法律是至高无上的主权者制定的，法律义务指向的主体必须服从法律，否则会受到来自主权者的制裁。因此，政治社会中的个人遵守法律是基于主权者强制性制裁的威吓，而与制定出来的法律本身合乎正义与否、好坏与否无关。奥斯丁认为严格意义上的法律判定标准在于主权、命令和制裁，具备这三种要素的法律就是严格意义上的法律，与非严格意义上的法律区别开来。[①]奥斯丁的法律体系不仅包括严格意义上的法律，也包括非严格意义上的法律。首先是解释性质的法，其作用在于说明现存的由人制定的法律的含义；其次是废除或撤销现存的由人制定的法律的那部分法律，其目的在于废除其他的法律；最后是没有要求他人必须服从的目的的那部分法律，或不具有强制要求性质的义务的那部分法律。[②]

对于实在法的具体内涵，凯尔森的认识不同于奥斯丁的法律主权者命令说。凯尔森认为：“命令的约束力并不‘来’自命令本身，而却来自发出命令的条件。”[③]换言之，一个命令是否具有约束力要以命令人是否被授予发出有约束力的权限为依据，这种权限来源于一个被预定是有约束力的规范性命令。基于此，凯尔森认为法律不是主权者的“命令”，也不是立法者的“意志”，法首先是人的行为的一种秩序，它并不是某一个具体的规则，而是被

① 何勤华、严存生编著：《西方法理学史》，清华大学出版社2008年版，第78页。

② 王轶：《法律规范类型区分理论的比较与评析》，载《比较法研究》2017年第5期。

③ ［奥］凯尔森著：《法与国家的一般理论》，沈宗灵译，中国大百科全书出版社1995年版，第33页。

人们所理解的具有统一性的呈体系化的规则。[①]法律规则之所以具有效力，是因为它规定了制裁的规范。凯尔森认为“规范”本身就是一个规则，它意味着某个人或者说某类人应当按照某种具体的方式行为而不是所有人都需要像那样行为。[②]根据法律规范的形式与功能，凯尔森将法律规范划分为一般规范和个别规范、假设性规范与绝对规范、独立性规范、依赖性规范及命令规范、授权规范和撤销规范。[③]

哈特是新实证分析法学的开创者，他将规则引入法理学研究中，并将规则分为第一性规则和第二性规则两大类。第一类规则设定义务，第二类规则授予权力——公权力或私权力。[④]法律应当包括第一性规则和第二性规则，由于第一性规则体制具有不确定性、静态性和无效性的缺陷，因此社会中需要三种相应的第二性规则来进行补救。哈特引入了“承认规则”用以补救第一性规则体制的不确定性，承认规则提供法律的权威性标准。“改变规则”用以补救第一性规则体制的静态性，这种改变规则可以授权个人或群体引入新的第一性规则或废除旧规则；对于第一性规则体制的无效性则通过引入“审判规则”来补救，“审判规则”确认具有审判权的主体和审判应遵循的程序，还界定了法官、法院、审判权和审判等重要的法律概念。哈特认为一个法律的存在必须具备两个最低限度的条件：其一，该制度确定的有效行为规则必须普遍被遵守；其二，该制度规定法律效力标准的承认规则、改变规则以及审判规则，必须被官方有效地接受为公务行为的普遍的公共标准。[⑤]

---

① ［奥］凯尔森著：《法与国家的一般理论》，沈宗灵译，中国大百科全书出版社1995年版，第3页。

② ［奥］凯尔森著：《法与国家的一般理论》，沈宗灵译，中国大百科全书出版社1995年版，第37页。

③ 王轶：《法律规范类型区分理论的比较与评析》，载《比较法研究》2017年第5期。

④ ［英］哈特著：《法律的概念》，张文显、郑成良等译，中国大百科全书出版社1996年版，第83页。

⑤ ［英］哈特著：《法律的概念》，张文显、郑成良等译，中国大百科全书出版社1996年版，第116页。

## （二）法律体系的理解

实在法不是单一的法律规范，任何一条法律规范都必然归属于某一种法律体系，因此，实在法研究不仅限于法律规范的研究，也包括法律体系的研究。不同时期的分析法学家关于法律体系的理解都经历了一个发展的过程。奥斯丁认为法律体系应是主权者发布的一系列命令的集合。凯尔森则拟制了“基础规范”这一概念，以此构建整个法律体系，即一个法律体系是由基础规范授权制定的所有法律规范的组合。哈特认为法律体系是第一性规则和第二性规则的结合，由此，哈特的法律体系的结构是由第一性规则、第二性规则构成的。拉兹则从法律体系的存在问题、特征问题、结构问题和内容问题四个方面对法律体系进行了系统的分析。

凯尔森认为法律秩序是一个规范体系，规范体系内所有的规范都可以从同一个基础规范中追溯各自的效力，基础规范是指不能从一个更高的规范中获得自己效力的规范。法律秩序中的规范是从基础规范得来的，因此是具有效力的。规范体系有静态规范体系和动态规范体系之分。静态规范体系是指一个体系的所有特殊规范，只能通过一种智力的作用，即通过从一般到特殊的推论才能得到的体系。[①]动态规范体系则是通过基础规范的授权，委托另一个较低的权威从而创造出该体系的诸规范，法律体系就是这样一种动态规范体系。

拉兹认为一种法律必然属于一种法律体系，从分析的角度出发，一种完整的法律体系理论应该包括四个方面的研究：第一，存在问题，一种法律体系的存在标准是什么；第二，特征问题，决定某一种法律归属于某一体系的标准是什么；第三，结构问题，所有或某类法律体系是否具有共同的结构，某一法律体系的法律是否具有反复出现的关系模式；第四，内容问题，所有或某类法律体系中是否存在共同的内容。[②]

---

① ［奥］凯尔森著：《法与国家的一般理论》，沈宗灵译，中国大百科全书出版社1995年版，第127页。

② ［英］拉兹著：《法律体系的概念》，吴玉章译，中国法制出版社2003年版，导言第2—3页。

## 三、社会法学派的研究对象

> 社会法学派学者，以社会学的观点和方法研究法，认为法是一种社会现象，并着重强调法对社会生活的作用或效果，以及各种社会因素对于法的影响。①
>
> 法律社会学是对法律现象形成和运动的机制与规律以及法律体系的功能进行客观研究的社会科学。②

社会法学派是19世纪末在社会学的影响下，在批判分析法学的基础上所产生的一种西方法学思潮，属于功利主义法学中的社会功利派。他们用社会学的理论和方法来认识和研究法律问题，提出了一种与分析法学不同的实在法观念，即“活的法”或“事实上的法”的观念。③社会法学派内部的支派有很多，包括利益法学派、自由法学派、社会连带主义法学派以及现实主义法学派等。

社会法学派研究的内容主要包含三个方面。第一，实际上的法。其实质就是活的法的观念，这种法律观念与分析法学派的观点相悖，认为法是在社会生活被人们认可且遵守的社会秩序本身，它具有许多表现形式，如风俗习惯、法律解释、规章制度等。④第二，法的运行和实效。由于在实际生活当中社会法学家不仅需要关注立法还需要重视司法，再加上社会法学派一直都强调法律与现实社会的联系，所以法的运行和实效就成为社会法学派研究的第二个方面的内容。在这一方面它重视法的事实研究，具体包含两个维度：其一，法在运行过程中所面临的问题，主要包括运行的规律及影响运行的各

---

① 陈明华：《法社会学刍议》，载《西北政法学院学报》1987年第4期。

② 赵震江、季卫东、齐海滨：《论法律社会学的意义与研究框架》，载《社会学研究》1988年第3期。

③ 严存生著：《西方法律思想史》，中国法制出版社2012年版，第277页。

④ 严存生著：《西方法律思想史》，中国法制出版社2012年版，第282页。

种因素与结果；其二，法在运行过程中所达成的效果与目的，主要表现为社会法学家对法律所产生的实际效果的研究。[①]第三，法与社会的实际关系。社会法学派强调法律研究必须扎根于社会，而不仅仅是用社会学的角度来看法律。在社会法学派看来，法的根源来自社会冲突，而社会冲突发源于人与人之间不同的利益诉求。因此，社会法学家区分了不同的利益诉求，认为法律就是不同利益诉求的调和剂。

概言之，社会法学派作为一个法学派别，主要有三个特征：第一，从法学研究的方法来看，注重使用社会学的观点和方法研究法律。第二，从价值取向来看，社会法学派强调社会利益的重要性。第三，社会法学家对法律的看法有两个特点：其一，他们将关注的重心从国家机关转向社会实际，也就是重视非成文法，轻视国家制定的成文法。其二，他们对法律的理解与定义发生了扩展理解，在形式上，认为法律不仅包含成文法还包括习惯法、判例法等非成文法，在构成上，认为法律不仅包含法律规则还包括原则和政策等。[②]作为一个独立的法学学派，社会法学派将法律在实际运行过程中的规则、原则、惯例、程序等视为同等重要的社会构成要素来看待，形成了一个特定的研究社会功能和效果的学派。

## 四、总结：作为研究对象的法理

以法理作为法理学研究对象和中心主题，并不是一个纯粹的学理逻辑问题，而是有其广泛的实践基础和实践需要。在法治实践、政治生活和公共生活中，法理几乎无所不在，无时不有，无所不能。[③]

“法理”涵盖了法律的事实、规范和价值三个主要论域，包括了法学之理、法律之理、法治之理；‘法理’具有基本法理、一般法理、具

① ［美］罗斯柯·庞德著：《法理学》（第一卷），邓正来译，中国政法大学出版社2004年版，第356—358页。

② 严存生：《西方法律思想史》，中国法制出版社2012年版，第282—284页。

③ 张文显：《法理：法理学的中心主题和法学的共同关注》，载《清华法学》2017年第4期。

体法理的不同层次结构；等等。[①]

关于法理学研究对象的论述各有不同，但是都包含于“法理”这一要素之中。张文显教授在《法理：法理学的中心主题和法学的共同关注》一文中指出，“法理”包含法之道理、法之原理、法之条理、法之公理、法之原则、法之美德、法之价值、法理学八个方面的内涵。[②]也就是说，“法理”这一概念既包含了从社会经验层面探究人类社会历史的发展演变与变革的客观规律及内在价值，也包括从逻辑推理等方法论角度归纳提炼出的法律体系内部的逻辑结构、效力位阶、研究方法等方面的内容，还涵盖了法在价值判断方面所体现出的法律运行过程中的价值追求与价值标准等方面的内容。这使得“法理”的概念涵括了法律所触及的三个主要论域，即经验事实领域、逻辑规范领域与价值判断领域。其中，自然法学派着重研究价值判断领域的法理，实证分析法学派着重研究逻辑规范领域的法理，社会法学派则注重经验事实领域的法理。除了宽广的研究领域，“法理”本身还具有层次丰富的逻辑结构，包含了基础法理、一般法理和具体法理，这些抽象程度不同、结构关系有别的法理共同构成了一个紧密联系但又层次相对分明的法理体系。[③]因此，“法理”作为法理学的研究对象就是对法理学最准确的理解与定位。

## 第三节　实践功能

### 一、法理学实践功能的类型

可以将法理学之于法律实践的功用及限度具体总结为如下三个方

① 瞿郑龙：《如何理解“法理”？——法学理论角度的一个分析》，载《法制与社会发展》2018年第6期。

② 张文显：《法理：法理学的中心主题和法学的共同关注》，载《清华法学》2017年第4期。

③ 瞿郑龙：《如何理解“法理”？——法学理论角度的一个分析》，载《法制与社会发展》2018年第6期。

面：首先，它可以设定法律实践中的前提条件，从而为法律职业的理性展开提供一种可理性化的范畴、工具；其次，它可以奠定整个法律实践之某一层面的合法性基础，也就是说，它可以为法律实践的具体做法提供理论层面的说明、证立以及操作平台；最后，尽管有时候法理学可以为法律实践提供直接可用的方案，但从根本上讲它本身却主要的并不具有这一面向的功能。[①]

法理学的实践功能主要由以下三个方面体现：首先，法理学为法律实践提供观察、分析、表述问题的分析工具；其次，法理学为法律实践提供论证理由；最后，在特殊情形下，法理学也可以为法律实践提供直接依据。

### （一）法律实践的分析工具

法理学可以为法律实践提供观察、分析、表述问题的范畴性工具。只有通过各种法律概念和法律术语，法律工作者才能进行交流和实践，处理法律实务中遇到的问题。正如周赟教授所言，先由理论工作者为法律术语、法律原则等订立规则，之后立法者再运用这些概念和原则来立法。而此处的理论，当然首先指的就是法理学理论。[②]法理学提供的法律概念，“不仅仅在立法和法律推理中必然运用，而且在适用法律规则和原则时也必不可少，在法律实践中具有不可替代的作用和直接意义”。[③]这里所指的不可替代的作用和直接意义之一就是区分归类纷繁复杂的法律事实因素，为法律实践创造条件。将法律归纳为法的要素，将繁冗复杂化为简单正是法理学研究的重要议题之一。这些法的要素，正如李龙教授指出：“可以指引研究者在研究法律过程中避开虚无主义和空想主义，在理解法律过程中避免陷入主观主义的泥潭，使法律在此过程中保持生机与活力。”[④]

① 周赟著：《法理学》，清华大学出版社2013年版，第9页。
② 周赟著：《法理学》，清华大学出版社2013年版，第8页。
③ 张正德、付子堂主编：《法理学》，重庆大学出版社2003年版，第83页。
④ 李龙主编：《法理学》，武汉大学出版社2011年版，第115页。

（二）法律实践的论证理由

法理学为法律实践提供合理性说明，是法律实践的论证理由。德沃金指出："实践中的任何法律论证，无论如何琐碎与有限，都预设着法理学所提供的抽象基础……法理学是裁判的总则部分，是任何法律决定的无声前言。"①每项法律实践，都应该有其法理根据，否则难以解释其存在的正当性。在司法裁判中，法官如果只是单纯地将法律事实涵摄于法规范之下，做出"合法性"判断，这仅是为个案的裁判作出了一个标准框架，难以彰显法律的精神。只有结合"法理"和"规范"，对裁判结果进行充分的论证，才能让法律的精神深入人心，推动法治进程的实质进展。正如王夏昊教授所言："只有通过法理学，现行法规范在司法实践中才能得到正当性适用，否则法律实践者就难以在特定语境下对法规范做出正确解释，也就更无所谓'正当法律决定'了。"②

（三）法律实践的直接依据

在特殊情形下，法理学也可以为法律实践提供可直接运用的理据。《民法典》第8条和第10条中都规定"不得违背公序良俗"，其实是把"公序良俗"这一法理原则纳作民事法律实践的兜底条款。在司法实践中，当穷尽其他法律渊源，仍然无法为案件找到法律依据时，法理可以成为司法裁判的最后理据。由于法律规则存在漏洞、模糊或者相互之间存在冲突，所以法官需要运用法理作为司法裁判的依据，弥补现行法律规则的不足。法官直接运用法律原则进行司法裁判的案例并不少见，这是法理作为实践直接依据的主要表现形式。

---

① ［美］德沃金著：《法律帝国》，李常青译，中国大百科全书出版社1996年版，第83页。

② 王夏昊：《从法教义学到法理学——兼论法理学的特性、作用与功能局限》，载《华东政法大学学报》2019年第3期。

## 二、法理学与部门法的关系

> 法理学人对于“法理学与部门法学的关系”的研讨，在一定程度上表征出了法理学人对于法理学本身存在合理性和独立性给予证成的欲望和雄心，也在一定程度上彰显了法理学的多元内涵。①

对法理学与部门法关系的理解，不仅关系到对两者在法学界地位的认识，而且会影响学者自身定位。法学界目前的主流观点可分为指导型、平等型两大类，除此之外，还有一些学者持有其他观点。一方面，法理学界关于法理学与部门法学的关系类型的分歧，体现了学界对证明法理学独立性和合理性的期待；另一方面，正是因为法理学内涵的多元性，使得学者产生了理解上的分歧。

### （一）指导型

> 法理学可以引领中国法学发展，同时法理学也要从部门法学中抽象出一般问题阐释法理，由此才能逐步走向中国法学的法理时代。②

指导型关系意指法理学与部门法学之间是一种指导与被指导的关系，两者并不处于平等地位。关于指导型关系有两种不同的观点。第一种观点认为指导关系是单向的，仅指法理学对部门法学的指导，部门法并无反向指导、帮助作用。这种观点在学界较为少见，以徐爱国教授为代表。他将法哲学奉为法理学原意，将法理学奉为法学神祇，认为法理学是绝对的纯粹理性，不能被降低到教义学层次，否则就会沦落到与市井之技一流。③

---

① 李拥军、侯明明：《法理学二元划分的意义与功用——对法理学与部门法学关系的深层省思》，载《学习与探索》2019年第4期。

② 封丽霞：《法理学研究中的几个问题》，载《理论视野》2002年第6期。

③ 徐爱国：《论中国法理学的“死亡”》，载《中国法律评论》2016年第2期。

第二种观点则认为法理学和部门法的关系是相互促进的，法理学指导部门法的研究，部门法是法理学研究的切入点，对法理学的研究有借鉴、参考意义。持这种观点的学者比较多。钱继磊教授曾撰文与徐爱国教授商榷，指出："法理学需要部门法学科提供研究素材和资料，部门法学科也需要法理学在宏观上做出指导，理论上提供支撑。"①

法理学对部门法学的指导作用主要体现为如下三个方面：法理学指引部门法以及法史学深入研究的方向，并为其提供深厚的理论支撑；②法理学为部门法学提供可作为理论基础的学说和方法；③法理学发挥着提供基本概念和问题分析基础性框架的作用。④

### （二）平等型

> 人为赋予法学理论对部门法学的教授指导意义实际上是长期以来的一个认识误区，是包括当下法理学界在内的整个法学界集体虚构出来的。法学理论在于求知，在于解释问题，而部门法学侧重于应用，解决实际法律问题，因此，两者之间明显存在着学术上的"劳动分工"，而不是相互贯通的关系。⑤

平等型关系意指法理学和部门法学处于平等的地位，两者分工不同，互相参考借鉴。持此观点的学者也不在少数。郭道晖教授指出："法理学并非凌驾于其他法学学科之上，而应是根植其中并有超然地位的，虽然部门法可以从中获得一些法哲学营养，但不能对其有过高实践指导作用的期待，而应将目光投向其他社会学科，获得经济学、伦理学等学科的实用帮助。"⑥李拥

① 钱继磊：《迈向法理时代的中国法学———兼与徐爱国教授商榷》，载《法学评论》2018年第1期。

② 张文显：《法理：法理学的中心主题和法学的共同关注》，载《清华法学》2017年第4期。

③ 李林：《中国法理学的时代使命》，载《中国法律评论》2019年第3期。

④ 童之伟：《法理新话题须本改革开放精神阐释》，载《法学》2008年第12期。

⑤ 侯猛：《当代中国法学理论学科的知识变迁》，载《法商研究》2006年第5期。

⑥ 郭道晖：《法理学的定位与使命》，载《上海师范大学学报（哲学社会科学版）》2007年第6期。

军教授从研究特征的不同指出法理学与部门法学的平等地位，他认为法理学研究的思维方式为其本质特征，而部门法学则更多的是研究既定前提下的问题解决对策，通过各种科学的方式分析解决问题的方法，两者在各自领域内发挥着作用。①雷磊教授对法理学与部门法学的关系研究得更为深入，认为其至少有三个方面的表现：其一，抽象与反哺，法理学从部门法学提供的原型中抽象出的一般法律概念和体系化的法学方法，并对部分法学予以反哺；其二，输入与运用，法理学从其他学科中汲取观点和方法，完成输入工作，部门法学再对此进行运用；其三，蕴含或融合，法理学本身就蕴含着或融合了部门法学的理论研究成果，两者不可能割裂开。②他认为法理学与部门法学既关系密切，又保持着超然距离，发挥着体系构造、学说批判和知识筛选输入的功能，而法理学研究更要融会兼收部门法学研究成果，发挥正向互动效应。③

### （三）其他型

除了指导型和平等型两大类主流观点，还有一些学者持有其他观点。

陈景辉教授将规范理论依据道德原则的实现性分为理想性和非理想性两类，其中理想性只衡量道德原则本身是否最优，而不理会该道德原则的外部实现条件是否满足，非理想性则恰恰相反。他认为理想化的规范理论也就是法理学，与非理想化的规范理论也就是部门法学，是单向批判关系，通过批判不断地推动部门法学朝着理想化发展。④

田夫教授对指导型关系持否定态度，他认为对二者关系这一开放性问题的探讨不必限于传统意义上的社会主义法系。他指出，指导型关系是基于“苏式法理学”中法理学与部门法学研究对象不同这一基础原理产生的。“苏

① 李拥军：《当代中国法理学的思维方式与研究路径》，载《法治现代化研究》2018年第4期。

② 雷磊：《法理学与部门法学的三重关系》，载《河北法学》2020年第2期。

③ 雷磊：《法理论：历史形成、学科属性及其中国化》，载《法学研究》2020年第2期。

④ 陈景辉：《法理论为什么是重要的——法学的知识框架及法理学在其中的位置》，载《法学》2014年3期。

式法理学”认为，法理学研究的是整体，生产出指导性知识；部门法学研究的是部分，辅助指导性知识的生产。法律关系理论对应着正向的法理学指导性知识生产机制，法律行为理论则对应着反向的部门法辅助生产机制。通过检讨这两种理论，田夫教授得出了法理学生产出来的指导性知识并不能实际对部门法起到指导作用的结论。[①]

### （四）存在分歧的原因

通过梳理国内研究文献，我们发现，学界之所以在法理学与部门法学关系上存在重大分歧，重要原因在于对法理学内涵没有清晰的界定和广泛的共识。因为缺乏清晰的界定，所以学者在两者关系上的认知迥然不同。有的学者认为法理学就是法哲学，两者几乎是重合的。其中，李龙教授就认为法理学是理论法学中探讨基础理论的法学学科，也就是西方所称的法哲学。[②]有的学者认为法理学不是法哲学，两者性质与思考对象皆不相同。谢晖教授就明确指出两者具有本质区别，法理学关注的重点是对各种法律现象作出学理描述，而法哲学的目的在于哲理思辨。[③]杨建军教授认为法哲学只是狭义法理学的一个方面，狭义法理学还包括另一方面，即研究实在法。[④]由于法理学内涵的多元化，造成了学界在讨论二者关系的时候，出现了在不同语境下争论该问题的现象，从而产生了“二者关系复杂、混乱”的认知。

## 三、法理在司法实践中的功能

法理在司法实践中到处显现，其意义集中体现为三个方面：一是为司法提供补充法源或兜底法源；二是增强司法解释等规范性文件的理论

① 田夫：《法理学“指导”型知识生产机制及其困难——从法理学教材出发》，载《北方法学》2014第6期。

② 李龙主编：《法理学》，武汉大学出版社1996年版，第12—13页。

③ 谢晖：《见识多元与知识整合：中国法理学的两难境遇》，载《法学评论》2000年第1期。

④ 杨建军：《“法理”词义考》，载《宁夏社会科学》2008年第6期。

> 依据；三是增强司法文书，特别是裁判文书的说理性、说服力和可接受性。[①]

法理是法理学的研究对象和中心主题。法理贯穿于司法实践中的各个方面。近年来，人们高度关注司法实践的法理依据，司法实务中运用法理予以裁判、说理、解释的案例也日益增多。从法理对司法适用的功能而言，可以概括为三个方面，即法理作为司法裁判的法律渊源，法理作为司法解释的理据，法理提高司法裁判的说理性。

### （一）法理作为司法裁判的法律渊源

> 在世界范围内，司法机关在穷尽了其他法律渊源仍然无法为当前案件找到法律依据的情况下，都会把法理作为最后的依据，在这个意义上，法理是司法裁判的终极性依据。[②]

尽管我国法律没有明确将法理作为司法裁判的法律渊源，但是在司法裁判中，法官会直接或间接地运用法理。因为没有不存在漏洞的法律规范，而法官又不能拒绝裁判，法院在裁判时要遵循宪法的价值标准、法的基本原则、一般法律规范的评价等，也就是要遵循法律秩序的内在体系。[③]特别是在疑难案件的审理中，法官往往难以找到合适的法律规范，因而需要用法理来作为补充渊源，为非机械遵循明文之判决的结果提供正当性依据，实现相对合理的“超越法律”。[④]因而在法官穷尽其他法律渊源仍无法对案件做出裁判，或者在适用其他法律渊源时会得出严重不公、无法被社会接受的结论时，法理可以作为兜底性渊源加以适用。

---

① 张文显：《法理：法理学的中心主题和法学的共同关注》，载《清华法学》2017年第4期。

② 张文显：《法理：法理学的中心主题和法学的共同关注》，载《清华法学》2017年第4期。

③ ［德］魏德士著：《法理学》，丁晓春、吴越译，法律出版社2007版，第389页。

④ 杨群、施建辉：《〈民法总则〉“法理”法源规则缺失与实践重建》，载《南京大学学报（哲学·人文科学·社会科学）》2019年第3期。

（二）法理作为司法解释的理据

将法理作为理据运用于司法解释，有利于揭示出法律条文、法律规范、法律原则的本真内涵与精髓。[①]

在司法实践中，司法解释表现为两种形态：一是由最高法或者最高检出台的司法解释，这类司法解释是正式的官方解释；二是法官在司法裁判过程中对法律作出的解释，也被称为法官解释。这两种类型的司法解释都离不开对法理的恰当理解和应用。比如，保价独立保函这一司法解释运用了商事效率原则、商事外观主义原则等法理依据。[②]《最高人民法院关于适用〈中华人民共和国民事诉讼法〉的解释》第249条所确定的当事人恒定则是基于程序安定性原则。[③]

法官在个案的司法裁判中，也会经常用法理来解释具体的法条。比如，“家园公司诉森得瑞公司合同纠纷案”判决书中写道：“认定显失公平一是要考察合同对一方当事人是否明显不公平。根据民法通则和合同法的有关规定，签订合同作为一种双方的民事法律行为，应贯彻公平原则。公平原则的实质在于均衡合同双方当事人的利益。因此，对合同显失公平的认定应结合双方当事人权利义务是否对等、一方获得的利益或另一方所受损失是否违背法律或者交易习惯等方面综合衡量。”[④]该判决对显示公平规则作出了更为细致的解释，其依据就是公平原则这一法理。

（三）法理提高司法裁判的说理性

以法理作为审判理据，有数千年的传统，在现代世界范围内已经成

① 张文显：《法理：法理学的中心主题和法学的共同关注》，载《清华法学》2017年第4期。

② 刘斌：《独立担保的独立性：法理内涵与制度效力——兼评最高人民法院独立保函司法解释》，载《比较法研究》2017年第5期。

③ 宋春龙：《当事人恒定的法理基础与司法适用》，载《当代法学》2018年第4期。

④ 最高人民法院办公厅编：《中华人民共和国最高人民法院公报》（2007年卷），人民法院出版社2007年版，第450—454页。

为范式。[①]

随着公民法律意识和对司法关注度的提高，公民对法官裁判的说理性、说服性要求越来越高，法官要在结论中将推理过程、价值判断过程进行公开的表述，用恰当的方式解释裁判结果，从而提高司法裁判公信力。法官以法理说理，可以缓解民意与司法裁判的冲突。[②]法官在司法裁判时，如果面对合法律性与合理性的冲突，可以通过法理对规则中的概念或案件中的事实进行重新解释，从而提升司法裁判结果的说服力。[③]同时，法官理应在法律价值与民俗价值、法律秩序与社会生活秩序之间作出价值判断与考量，通过充分论证，得出一个具有“可接受性”的裁判结果。[④]

在司法实践中，法官也会运用法理予以说理。比如，在指导性案例30号“兰建军、杭州小拇指汽车维修科技股份有限公司诉天津市小拇指汽车维修服务有限公司等侵害商标权及不正当竞争纠纷案”中，法官运用诚实信用原则这一法理予以说理，认定天津小拇指公司恶意使用杭州小拇指公司已经具有一定知名度的商标，足以造成市场混淆，构成不正当竞争，应当承担民事责任。在有的判决书中，法官会直接使用“法理”这一概念予以说理。

## 四、总结

通过梳理法理学的实践功能，我们可以看出法理学与法律实践的关系相当密切，法律实践无法离开法理学，法理学渗透于法律实践之中。首先，法理学是法律实践的分析工具，为法律实践提供观察、分析、表述问题的范畴

① 张文显：《法理：法理学的中心主题和法学的共同关注》，载《清华法学》2017年第4期。

② 参见于晓青：《法官的法理认同及裁判说理》，载《法学》2012年第8期。

③ 参见李拥军：《合法律还是合情理：“掏鸟窝案”背后的司法冲突与调和》，载《法学》2017年第11期。

④ 孙梦娇：《公序良俗司法应用之法理分析：功能、理据与实证机制》，载《法制与社会发展》2020年第2期。

性工具。其次，法理学是法律实践的论证理由，为法律实践提供合理性说明。最后，在特殊情形下，法理学也可以为法律实践提供可直接运用的理据。所以，法理学虽然是抽象的，但并不意味着法理学没有实践功能，只不过法理学“旨在阐释法律实践的主要特点和基本结构而不是法律实践的某一具体方面或具体部分”①。

通过梳理我国法学界对于法理学和部门法学关系的研究，我们发现目前关于法理学与部门法学关系研究的主流可分为指导型、平等型两大类，除此之外，还有一些学者持有其他观点。指导型关系和平等型关系观点的根本区别在于：法理学与部门法学之间是否具有平等地位。指导型关系认为法理学对部门法学有指导作用，而平等型关系将法理学与部门法学放在平等的位置上，认为它们互相参考借鉴，平等交流。对于法理学与部门法学关系这一问题产生争论的主要原因在于对法理学的概念界定缺乏基本共识，导致不同学者对法理学与部门法学关系的认知状况有着相当不同的判断。

法理在司法实践中到处显现，其作用主要体现在以下三个方面：首先，法理是司法裁判的兜底性渊源，在法官穷尽其他法律渊源仍无法对案件做出裁判，或者在适用其他法律渊源会得出严重不公、无法被社会接受的结论时，法理可以作为司法裁判的法律渊源加以运用；其次，法理是司法解释的理据，可以更好地揭示出法律规则的内涵；最后，法理作为审判理据，可以提高司法裁判的说理性，从而提高司法裁判的公信力。

① ［美］德沃金著：《法律帝国》，李常青译，中国大百科全书出版社1996年版，第83页。

# 第二章

# 我国法理学研究的新兴范式：法律教义学与法律社会学之争

## 第一节　我国法理学研究范式的发展轨迹

### 一、范式的含义之辩

“范式”是包括规律、理论、标准、方法等在内的一整套信念，是某一科学领域的世界观，决定着某一时期的科学家观察世界、研究世界的方式。”[①]“范式”为彼此不同的理论模式或彼此冲突的理论模式所共同信奉的且未经质疑的一整套或某种规范性信念。[②]

服膺于同一套理论或者信念的历史家形成某种学术共同体，范式正是一个学术共同体成员所共有的东西。[③]

“范式”这个概念最早由美国哲学家库恩明确提出，他在《科学革命的结构》中对“范式”作了系统的阐述。在他看来，“范式”实质上是某种信

① 苏力：《也许正在发生——中国当代法学发展的一个概览》，载《比较法研究》2001年第3期。

② 邓正来：《中国法学向何处去（上）——建构“中国法律理想图景”时代的论纲》，载《政法论坛》2005年第1期。

③ 张文显、于宁：《当代中国法哲学研究范式的转换　从阶级斗争范式到权利本位范式》，载《中国法学》2001年第1期。

念[①]，且具有两个重要的基本特征，即“范式”能够吸引对之深信不疑的拥护者以及“范式”的成就能够为新的信仰者带来新的问题。[②]

邓正来教授概括中国法学界采用“范式”概念的方式主要有三种。第一种方式是苏力教授所采用的“范式”概念。苏力教授认为范式是“学术共同体”，该“学术共同体”有着坚定的拥护者，并且共享某些特定领域核心问题的研究进路和研究成果。[③]2001年，苏力教授在其发表的《也许正在发生——中国当代法学发展的一个概览》一文中提到中国法学研究的“三个范式”：政法法学、诠释法学与社科法学。第二种方式是指梁治平教授所采用的“范式”概念。梁治平教授认为“范式”是指一整套令人不容置喙的理论或信念，支持该套理论或信念的人则能够形成某种学术共同体，他们有着相同或类似的研究进路以及方法，共享研究成果甚至意识形态。[④]第三种方式为张文显教授所采用的“范式”概念。张文显教授沿袭了库恩的“范式”概念，并对库恩所提出的“范式”概念进行了详细的说明。他认为，权利本位遵循的是法哲学研究范式的论证，因此才有了对“权利本位范式”的明确提出。

邓正来教授对于“范式”的理解更侧重于不同甚至冲突的理论模式之间的相似性。在《中国法学向何处去（上）——建构“中国法律理想图景”时代的论纲》一文中，邓正来教授对库恩的“范式”概念作了几项界定。首先，他指出在人文社科领域的“范式”应该是多元的。其次，“范式”不同于理论模式，因为在人文社科领域中的“范式”与具体的理论模式相比，其涵盖内容更广，影响力更大。最后，他指出自己在文中对现代化“范式”的批判针对的并不是某一种理论或者某一群体，而是针对整个中国法学在现代

---

① 张文显、于宁：《当代中国法哲学研究范式的转换　从阶级斗争范式到权利本位范式》，载《中国法学》2001年第1期。

② ［美］托马斯·库恩：《科学革命的结构》，金吾伦、胡新和译，北京大学出版社2003年版，第9页。

③ 苏力：《也许正在发生——中国当代法学发展的一个概览》，载《比较法研究》2001年第3期。

④ 梁治平：《法律史的视界：方法、旨趣与范式》，载《中国文化》2002年Z1期。

化范式的背景下所发生的状况。[①]

关于“范式”的概念，学界至今并没有得出一致的结论。然而，尽管学界对“范式”概念有着不同的理解，但是“范式会发生变化”这一观点却得到了承认。正如库恩所言，研究范式转换实际上是“常规科学”革命的表现形式，因为其能够使得原有的理论知识逐步被新的理论知识取代，不断更新人们的旧观念，推动科学认知的进一步发展。对于法学研究范式也是如此，每一次的范式转换都推动着法学研究的进步。我国法理学界自20世纪90年代起开始关注法学研究方法，随后逐步提出了中国法学研究的“派别”或者“范式”。

## 二、研究范式的转换

> 范式不是永恒不变的，当既有的理论和方法被新的理论和方法取代，便会发生范式的转换。[②]

1988年，“法学基本范畴研讨会”上探索性地提出了“权利本位论”的新范式，权利义务成为“权利本位论”新范式的逻辑起点，为审视、重构法的本体理论提供了有力的思想武器，成为法学研究的可靠基石。

1997年“依法治国”基本治国方略被确定，1999年“依法治国”被写入宪法，中国社会主义现代化法治建设进入新阶段。在这样的大背景下，法律教义学范式应运而生。[③]法律教义学范式更注重对法律自身特性的研究，吸引了大量法学者的追随，各部门法学者纷纷投身于法律教义学的研究之中，法律教义学研究呈现出日益蓬勃之势。“法教义学范式”以解释实在法、使法律体系化为根本宗旨，以精准的概念、深刻的命题和严谨的逻辑为法律体

① 邓正来：《中国法学向何处去（上）——建构“中国法律理想图景”时代的论纲》，载《政法论坛》2005年第1期。

② 潘德勇：《知识生产视角下的法学研究方法》，载《西部法学评论》2005年第5期。

③ 郭晔：《法理主题论——新时代中国法学新范式》，载《法制与社会发展》2020年第2期。

系的形成提供基础，成为推动我国法治建设走向成熟的重要推手。

与此同时，在政治、经济、文化、社会等诸多环境的整体变化下，法律事件数量增加，且发生越来越多的疑难案件，传统法教义学的方法，已经不能满足法律实践对于法律学术研究提出的更高要求。在这样的背景下，部分法学者引入社会学、经济学等社会科学的方法来分析法律问题，由于社会科学方法密切关注法律体系与制度实践的联系，着力于解决中国本土法治的实践难题，因此越来越受到法学者的重视。“法律社会学”范式逐渐形成，其不仅为我国经济社会科技领域等方面的前沿立法以及中国法治本土资源的挖掘工作提供了难能可贵的理论支持，还在一定程度上更新了法学，带来了法学研究范式的转化。

自21世纪以来，学界对于法学研究方法的讨论甚多。由于法律教义学范式与法律社会学范式都是新近出现的研究范式，在法学领域的追随者数量也是不相上下，因此对于法律教义学与法律社会学的讨论尤为众多。通过较多的讨论，“法律社会学”与“法律教义学”作为新时期的法学研究范式为更多人所熟知。越来越多的人也加入两者的对话与争论之中。两者的对话从阐明观点、明确立场、互相批判之后，现阶段已经深入司法裁判理论、未来法治发展道路的选择、法学发展向何处去等问题的探讨。

## 第二节　法律教义学和法律社会学研究的兴起

### 一、概念界定

#### （一）法律社会学

法律社会学是对法律现象形成和运动的机制与规律以及法律体系的功能进行客观研究的社会科学。[①]

---

① 文正邦、高其才：《法社会学的方法论意义》，载《四川师范学院学报》1985年第2期。

> 法律社会学或称法社会学，是以法和社会的关系为研究对象，横跨法学和社会学两个领域的边缘学科。①
>
> 法律社会学就是研究法律社会化过程及其规律的科学。②

奥地利法学家埃利希是现代法律社会学的代表人物之一。他主张社会学与法学相结合，并且用社会学的方法来研究法律问题。他认为法律是来源于社会的，因此法律必须符合社会现实，满足社会需要。

在我国，学界对法律社会学的理解根据研究对象的不同可以分为以下几种：（1）特征论，持特征论观点的学者认为法律社会学主要的研究对象是法律现象的社会特征。③法学研究必须以经验材料为基础，不能脱离社会整体。④（2）关系论，关系论认为法律社会学的研究对象是法和社会的关系，尤其强调法的社会意义。⑤（3）过程论，有的学者认为法律社会学的研究对象就是法律社会化的过程及其社会化的规律。⑥（4）条件论，该观点主张法律社会学的研究对象是法现实化的社会条件。⑦

### （二）法律教义学

> 法教义学乃是将现行实在法秩序作为其坚定信奉而不加怀疑的前提，并以此为出发点开展体系化与解释工作的一门规范科学。⑧
>
> 法教义学是一门将现行实在法秩序作为坚定信奉而不加怀疑的前提，并以此为出发点开展体系化与解释工作的规范科学。⑨

---

① 王子琳主编：《法律社会学》，吉林大学出版社1991年版，第1页。

② 陈信勇著：《法律社会学》，中国社会科学出版1991版，第7页。

③ 文正邦、高其才：《法社会学的方法论意义》，载《四川师范学院学报》1985年第2期。

④ 赵震江、季卫东、齐海滨：《论法律社会学的意义与研究框架》，载《社会学研究》，1988年第3期。

⑤ 王子琳主编：《法律社会学》，吉林大学出版社1991年版，第1页。

⑥ 陈信勇著：《法律社会学》，中国社会科学出版1991版，第7页。

⑦ 陈明华：《法社会学研究引论》，载《社会学研究》1988年第1期。

⑧ 白斌：《论法教义学：源流、特征及其功能》，载《环球法律评论》2010年第3期。

⑨ 王泽鉴：《人格权法——法释义学、比较法、案例研究》，北京大学出版社2013年版，第11页。

法教义学这一概念源于德国，在国内翻译的样态千差万别，但其实质是相同的。然而对于法教义学“是什么”，学界至今仍无定论。提起法律教义学，很多人会将其与“概念主义”“法条主义”联系起来。拉伦茨认为，法教义学是法学的同义词，法学自诞生之时起便自带教义性。①我国学界目前对法律教义学的内涵主要有以下几种理解：白斌教授认为法教义学就是对实在法进行解释，并将其体系化的规范科学。②许德风教授指出法教义学的实质是制定、编纂、发展、运用和阐释法律，但必须应用法律本身的原理，遵循法律的逻辑，运用一些基本的概念、原则、规则。③雷磊教授则认为法教义学是知识与方法的统一。④就中国学者目前关于法律教义学的界定来看，法律教义学开展的前提是不对现行实在法背后所隐含的秩序予以质疑。

## 二、研究成果

由于法律社会学是运用社会科学的方法来研究现实生活中的法律问题，因此“法律社会学”自从在中国兴起以来，便吸引了大量学者的关注，中国法学界也产生了一大批高质量的“法律社会学”的学术研究成果。⑤自此，法律社会学的学术共同体逐渐形成，尽管他们对于研究进路并没有达成一致的意见，但他们却有相同的出发点——着眼于现实生活中的具体法律问题。总体来说，法律社会学为解决中国法治实践的现实问题提供了一定的帮助，为解决我国制度转型时期的法治问题提供了新的视角。

① ［德］魏德士著：《法理学》，丁晓春、吴越译，法律出版社2005年版，第136页。

② 白斌：《论法教义学：源流、特征及其功能》，载《环球法律评论》2010年第3期。

③ 许德风：《法教义学的应用》，载《中外法学》，2013年第5期。

④ 雷磊：《什么是法教义学？——基于19世纪以后德国学说史的简要考察》，载《法制与社会发展》，2018年第4期。

⑤ 这一阶段具有代表性的作品有苏力著：《送法下乡：中国基层司法制度研究》，中国政法大学出版社2000年版；侯猛著：《中国最高人民法院研究：以司法的影响力切入》，法律出版社2007年版；朱晓阳著：《小村故事：罪过与惩罚（1993—1997）》，法律出版社2011年版；刘思达著：《割据的逻辑：中国法律服务市场的生态分析》，上海三联书店2011年版；陈柏峰著：《乡村江湖——两湖平原“混混”研究》，中国政法大学出版社2011年版等。

与此同时，中国学者开始对法律教义学范式进行自省。2006年，焦宝乾教授系统考察西方法教义学，研究西方法教义学的观念演变，为学界重新认识法教义学提供了知识及方法论层面的指导。[①]自此以后，对法律教义学理论及其应用进行反思的学术作品逐渐增多。[②]法律教义学的体系化方法吸引了部门法学者的注意，他们从不同的部门法出发，研究体系化的法教义学方法，产生了众多高质量、体系化的法律教义学的学术成果。[③]中国的法律教义学研究通过法理学者的理论阐述，通过部门法学者对不同部门法的教义学体系的建构，逐步形成了一个相对成熟的研究范式。

## 三、争论的爆发

> 社科法学是作为法教义学的挑战者出现的，虽然社科法学的研究甚嚣尘上，却依然没有在法学院的教育和法律实践意见中成为主流范式。[④]

2013年1月，陈景辉教授发表《法律与社会科学研究的方法论批判》一文，引发了法律社会学与法律教义学的争论。当时的中国法学研究出现分殊化现象，陈景辉教授通过批判法律社会学研究的方法论，想要达到捍卫法律教义学在二者之争中的优势地位。其在文中直接指出，法律社会学的学术努力注定以失败告终。[⑤]面对如此绝对且严厉的批判，法律社会学者王博阳专门发表文章予以回应。[⑥]同年，苏力教授和孙笑侠教授也开展了关于“法律

① 焦宝乾：《法教义学的观念及其演变》，载《法商研究》2006年第4期。

② 白斌：《论法教义学：源流、特征及其功能》，载《环球法律评论》2010年第3期。

③ 这一阶段的代表性成果有张翔著：《宪法释义学：原理·技术·实践》，法律出版社2013年版；陈兴良著：《教义刑法学》，中国人民大学出版社2010年版；朱庆育著：《民法总论》，北京大学出版社2013年版等。

④ 孟涛、鲁楠、宋旭光、杨天江、刘振宇、黄涛：《笔谈六篇：法理学的反思——法理学的性质与当下中国法理学的流派》，载《重庆文理学院学报》2016年第6期。

⑤ 陈景辉：《法律与社会科学研究的方法论批判》，载《政法论坛》2013年第1期。

⑥ 王博阳：《关于法律和社会科学的一种非典型性误读——与陈景辉先生商榷》，载《政法论坛》2013年第6期。

人思维”的争论。[①]

2014年5月底、6月初，中南财经政法大学法学院主办了“社科法学与法教义学的对话”的学术研讨会，该场研讨会吸引了70多位法学学者参与其中。这是两大理论阵营首次以学术会议的形式就两者的知识竞争及合作空间等问题展开对话，其目的在于消除两方之间的误解并加强合作。以学术研讨会形式展开的对话反映了双方对竞争态势的清醒认识，两方之间的争议焦点也更加明朗。[②]

2014年8月13日，《光明日报》刊登了三篇关于法律社会学与法律教义学之争状况的文章。王启梁教授论述了社科法学所反对的研究范式，阐述了社科法学的可能贡献。他指出，法律社会学所反对的是僵化的“法条主义”以及法律教义学学者孤立的认知法学，法律社会学并不反对对法律展开规范性研究。[③]雷磊教授则认为，当今的法教义学研究早已不再是当初封闭僵化的“法条主义”，法教义学研究对经验知识与价值判断并不排斥，只是更侧重致力于将其“体系化”与“规范化”。[④]尤陈俊教授在对法律社会学与法律教义学的理论资源进行梳理后指出，法律教义学和法律社会学的范式之争，在一定程度上反映了德国传统的法学知识与美国传统的法学知识在中国法学界的影响与应用状况。[⑤]

2014年9月，《法商研究》2014年第5期刊登了“中国法学研究中的社科法学”研究专题，进一步明确了法律社会学的内涵、边界及立场，指出了法律社会学的功用与竞争优势，梳理了法律社会学与法律教义学的关系，并探讨了两者在中国法学研究格局中进行沟通合作的可能性。陈柏峰教授从法律社会学的前提倾向性及工作特色入手，指出法律社会学的土壤存在于时代需

① 苏力：《法律人思维？》，载《北大法律评论》（第14卷第2辑），北京大学出版社2013年版，第429—469页。

② 袭春霞：《竞争与合作：超越学科内部的藩篱》，载《光明日报》2014年6月18日，第16版。

③ 王启梁：《中国需要社科法学吗》，载《光明日报》2014年8月13日，第16版。

④ 雷磊：《什么是我们所认同的法教义学》，载《光明日报》2014年8月13日，第16版。

⑤ 尤陈俊：《不在场的在场：社科法学和法教义学之争的背后》，载《光明日报》2014年8月13日，第16版。

求和社会需求中，对理解中国法治实践、参与中国法治建设具有十分重要的意义。[①]李晟教授从实践视角出发，探讨了社科法学与法教义学的差异以及合作的可能性。[②]谢海定教授则在中国法学发展的大背景下，讨论了社科法学与法教义学的分化与竞争的形成过程、主要表现、意义及问题，进而指出各种研究进路之间只有进行有效的沟通与合作，才能有益于中国法学的整体发展进步。[③]

## 第三节　法律教义学与法律社会学的争论焦点

### 一、立场之争

在立场上，法教义学的确具有独一无二的特点：那就是其法律实定主义的彻底性。[④]

社科法学虽然重视法条，围绕法条来展开工作，但是绝对不会奉为圭臬，而是采用实用主义的态度。[⑤]

法律社会学与法律教义学范式之争的核心便是关于立场的争论。法律教义学的出发点在于对实定法秩序的坚定信奉。法律社会学虽然也重视法条，围绕法条来展开工作，但绝不会将法条视为金科玉律，而是对现行法律条文保持警惕。法律社会学批判法律教义学是“法条主义”，并将法教义学与西方法学语境中的“概念法学”“机械法学”等同起来，批判法律教义学认同封闭自足的概念体系，从而缺乏对现实问题的关切。面对这一批判，法律教

① 陈柏峰：《社科法学及其功用》，载《法商研究》2014年第5期。

② 李晟：《实践视角下的社科法学：以法教义学为对照》，载《法商研究》2014年第5期。

③ 谢海定：《法学研究进路的分化与合作——基于社科法学与法教义学的考察》，载《法商研究》2014年第5期。

④ 凌斌：《什么是法教义学：一个法哲学追问》，载《中外法学》2015年第1期。

⑤ 侯猛：《社科法学的传统与挑战》，载《法商研究》2014年第5期。

义学学者主张区分法条主义和法教义学，明确表达现今的法教义学具有一定的开放性。①

## 二、方法论之争

> 社科法学是用社会科学的方法分析法律问题、案件相关的经验素材，将法律拉回到社会科学的问题意识当中，用经验进路辨析因果关系，从实践出发提炼概念和理论，以法律之外的视角描述法律现象，解决法律问题，甚或评判法律本身。②
>
> 法教义学的方法则是体系化和解释，法教义学通过对现行实在法的解释和体系化将立法与司法的实定法规范融为一体，并且通过形式推理为司法实践找到答案，在立足实践的基础上以解释和体系化的方法实现实定法规范与法律实践活动的互动以及自身的螺旋上升。③

法律社会学往往批判法律教义学在智识上的孤立，即法律教义学者往往满足于对法律的注释研究以及对法律进行演绎性的适用，却不对后果作考量，这样可能会引起部分法教义学者的盲目自信，从而对法律规范性理论以外的观点采取坚定的拒绝态度。④法律社会学的研究者认为，随着近年来法律社会学知识的增长与制度化，法律社会学包含的内容逐渐增多，多方合作对话的法律社会学格局逐渐形成，这一发展趋势对于转型时期的中国法学研究具有重要意义。中国社会转型过程中出现的新问题，为各种法律社会学理论和方法提供了更多的展示与应用的机会，为各种学术竞争与合作提供了可靠的平台。⑤法律教义学学者则认为，如果要将社会科学知识运用到法学研

---

① 黄井：《论法学通说》（又名：《法条主义者宣言》），载《北大法律评论》（第12卷第2辑），北京大学出版社2011年版，第374页。

② 陈柏峰：《社科法学及其功用》，载《法商研究》2014年第5期。

③ 王纲：《社科法学与法教义学之争：焦点与缘起》，载《知与行》2017年第6期

④ 王启梁：《中国需要社科法学吗》，载《光明日报》2014年8月13日，第16版。

⑤ 侯猛：《社科法学的传统与挑战》，载《法商研究》2014年第5期。

究中，必须要坚持法学学科的自主性，不然会引起混乱。法教义学所倡导的学科自主并非封闭自满、故步自封，相反，在跨界研究格局正在形成的大背景下，法律教义学必然要接纳其他学科知识作为必要补充。张嘉尹教授认为："法学与其他学科的科际整合只有两种可能：将其他研究取向整合进法学，或是将法学整合到其他研究取向。"①

## 三、思维之争

> 不存在一个法律人可以用来独立于社会判断、作为真理之基础和标准，并得此主张自己君临天下的法律人思维。②
>
> 法律人的思维从来就是基于法律职业及其方法而存在。③

作为法律社会学代表人物之一的苏力教授曾指出，法律人的思维与普通人的思维并没有不同。法学的研究不能仅仅满足于对法律的注释研究以及对法律进行演绎性的适用，却不对后果作考量，而是要善于运用经验生活、社会政治等方面的知识，对法律问题做出合适的判断。④赞同法律教义学的孙笑侠教授则认为，法律人具有一种独立于普通人的思维。因为法律方法不同于其他解决问题的方法，法律方法的不同也就意味着使用该方法的法律人的思维也是不同的。因为法律思维与法律方法是密切相关的，法律方法的特殊性就意味着法律思维也是特殊的，思维影响着方法，方法反映着思维。孙笑侠教授进一步指出，苏力教授反对法律职业同质性是受到波斯纳"异质化观点"的影响，但是波斯纳的观点针对的是美国语境下的法治，并不适合我们

① 张嘉尹：《法释义学的作用与限制》，载张文显、徐显明主编：《全球化背景下东亚的法治与和谐》（下），山东人民出版社2009年版，第1017页。

② 苏力：《法律人思维？》，载《北大法律评论》（第14卷第2辑），北京大学出版社2013年版，第466页。

③ 孙笑侠：《法律人思维的二元论——兼与苏力商榷》，载《中外法学》2013年第6期。

④ 苏力：《法律人思维？》，载《北大法律评论》（第14卷第2辑），北京大学出版社2013年版，第466页。

这个正逐步建设法治、处于法治发展阶段的国家。[①]

## 四、教育论之争

必须将通识教育始终贯彻到法律教育中，特别是政治哲学和社会理论以及法律社会学、法律经济学和法律人类学，应当成为每个法学院学生，尤其是进行高端培养的研究生，必须修习的课程。[②]

只有将以法教义学为核心的法律规范内部视角展开的研究作为法学教育的主要部分，才能够体现法学院存在的意义。[③]

法学院作为法学知识传授的主要阵地，必然是法律社会学与法律教义学争论的焦点所在，这些争论主要集中在法学教育的目标定位上。谢海定梳理了学界对于法学教育之目标导向的争论后指出，法律社会学的教育目标是致力于培养“法律人/政治家”，以适应多样化的职业需求，而法律教义学的目标则是致力于培养面向法律实务的“理想的法官”。[④]虽然法律社会学与法律教义学都不曾主张将自身研究进路的传承作为法学教育的最终目标，但是两者间确实存在法学教育的“主流”之争。郑永流教授认为，法学院在本科教育阶段，最主要的任务是对学生进行法律专业训练。凌斌教授认为，法学院在本科教育阶段有两个重要的使命，即对学生进行人文教育和职业教育。[⑤]孙笑侠教授曾将这一状况归结为“法学学术生态多元化到来前的混沌而蓬勃的发展态势，法学因没有确立主流学而失去了方向”[⑥]。这就将法学教育论之

① 孙笑侠：《法律人思维的二元论——兼与苏力商榷》，载《中外法学》2013年第6期。

② 苏力：《当代中国法学教育的挑战与机遇》，载《法学》2006年第5期。

③ 李晟：《实践视角下的社科法学：以法教义学为对照》，载《法商研究》2014年第5期。

④ 李晟：《实践视角下的社科法学：以法教义学为对照》，载《法商研究》2014年第5期。

⑤ 侯猛、胡凌、李晟：《“法律的社会科学研究”研讨会观点综述》，载《法学》2005年第10期。

⑥ 孙笑侠：《作为职业知识体系的法学——迈向规范科学意义上的法学》，载《现代法学》2007年第4期。

争上升到法学范式之争的层面。对于这样的状况，颜厥安教授认为，虽然其他科学知识会成为增强法学论证的力量，但是运用其他科学知识的论证所得出的都是事实性论据，决定性的法学论据还需依靠法学知识，因此开展跨学科研究与教育的基础依然是法律教义学。①如果忽视对法学生进行必要的法学训练，而一味地强调灌输社会科学知识，那么很显然，接受这样教育的法学生是难以完成出色跨学科研究的。②

## 五、总结与反思

> 法学各种研究进路之间只有呈现有效的沟通与合作，才能有益于中国法学的整体发展进步。③
>
> 社科法学与法教义学的竞争与合作从总体上说有益于法治实践，只要双方都能坚持真诚的学习竞争的态度，努力在理性交流的基础上凝聚重叠共识，就能够共同推进中国法治的建设。④

通过梳理在这场竞争中双方所取得的研究成果，可以发现当代中国法学的基本面向。一方面，多元化的竞争格局已基本形成；另一方面，学者们的讨论多从微观的角度展开，而缺少对宏观问题的讨论。虽然法律社会学的研究成果斐然，但是，法律社会学到底该如何定义？法律社会学该坚持怎样的研究立场和原则？法律社会学的研究范式较法律教义学范式的独特优势有哪些？对于这些基本问题，法律社会学的研究者们并没有给出充分的论述。

不过，以批判并修正法律教义学为主要理论指向的法律社会学在某种程

① 颜厥安著：《规范、论证与行动——法认识论论文集》，元照出版有限公司2004年版，第19页。

② 孙海波：《法教义学与社科法学之争的方法论反省——以法学与司法的互动关系为重点》，载《东方法学》2015第4期。

③ 谢海定：《法学研究进路的分化与合作——基于社科法学与法教义学的考察》，载《法商研究》2014年第5期。

④ 李晟：《实践视角下的社科法学：以法教义学为对照》，载《法商研究》2014年第5期。

度上是成功的，它至少通过理论的自觉性及对实践问题的关注赢得了法律教义学学者的尊重，成为中国法学研究中不容忽视的一股力量。与此同时，作为“防守方”的法律教义学研究在众多批判之下逐步完善，不再拘泥于概念与逻辑的“教条主义”，而是面向理论与实践的双重维度，既回应了社会对法学研究的期待，又保持了法律知识的科学性。

法律社会学与法律教义学的这场旷日持久的竞争，在一定程度上激发了双方理论研究的自我反省与成长。当然，该场争论也暴露出了一些问题，法律社会学和法律教义学两大阵营的研究都存在一定的缺陷，都尚未成为中国法学的主导性研究范式。在未来，两大阵营不应局限于法律社会学和法律教义学两派的研究，而应该扩大视角，充分想象，在中国法学研究的大背景中予以审视判断，才可能实质性地超越两大阵营的对抗。

# 第三章

# 法律教义学方法的传统理论

## 第一节　法律解释

法律教义学方法的核心部分是通过解释来完成的。[①]在法律教义学看来，法律秩序是一个“封闭”的体系，它为一切案件准备好了答案，但这一答案可能是看不见的，法律教义学的任务便是揭示这一“看不见的答案”，揭示的方法就是法律解释。[②]

### 一、法律解释的概念

在法律适用过程中，法律解释可以被视为整个法律推理或法律思考过程中的一个基本环节。如果把适用法律的结果即司法判决作为某种法律推理或法律思考的产物，那么有关的法律解释论点则构成了证明这种结果正当性的基本理由。司法裁判是法律解释发生的典型场合，解释论点的最常见作用，就是在司法判决书中被用作证明判决正当的

① 参见白斌：《论法教义学：源流、特征及其功能》，载《环球法律评论》2010年第3期。

② 参见［德］乌尔弗里德·诺伊曼：《法律教义学在德国法文化中的意义》，载郑永流主编：《法哲学与法社会学论丛》（第5辑），中国政法大学出版社2002年版，第17页。

理由。而与这种证明作用相关联的其他两个显著作用，则是基于一定的解释论点提出解释问题，以及用一定的解释论点攻击和削弱其他解释的论点。①

解释的标的是“承载”意义的法律文字，解释就是要探求这项意义。假使要与字义相连结，则“解释”意指，将已包含于文字之中，但被遮掩住的意义“分解”、摊开并且予以说明。透过解释，我们可以“谈论”这项意义，换言之，我们用其他语词更清楚、更精确地表达它，使它可以传达给他人。②

法律解释，是指对法律的内容和含义所做的说明。在法律适用的过程中，对于法律规范以及包含于其中的法律概念难免存有疑义。“法律经常利用的日常用语与数理逻辑及科学性语言不同，它并不是外延明确的概念，毋宁是多少具有弹性的表达方式，后者的可能意义在一定的波段宽度之间摇摆不定，端视该当的情况、指涉的事物、言说的脉络，在句中的位置以及用语的强调，而可能有不同的意涵。即使是较为明确的概念，仍然经常包含一些本身欠缺明确界限的要素。”③再者，“针对同一案件事实，有两个法条赋予彼此相互排斥的法效果，如此亦将产生解释的必要性。即使多数法效果并不相互排斥，仍然会发生如下的问题：它们并行出现，或者此一规范应‘排斥’另一规范的适用”。④这些问题导致法律规范难以直接作为得出判决结论的正当理由，必须采用一定的方法对其加以阐释。因此，法律适用在很大程度上就是一个解释的过程。“法律解释的任务就在于：清除可能的规范矛盾，回答规范竞合及不同之规定竞合的问题，更一般的，它要决定每项规定的效力范围，如有必要，必须划定其彼此间的界限。”⑤

① 张志铭著：《法律解释的操作分析》，中国政法大学出版社1999年版，第158页。
② ［德］卡尔·拉伦茨著：《法学方法论》，陈爱娥译，商务印书馆2004年版，第194页。
③ ［德］卡尔·拉伦茨著：《法学方法论》，陈爱娥译，商务印书馆2004年版，第193页。
④ ［德］卡尔·拉伦茨著：《法学方法论》，陈爱娥译，商务印书馆2004年版，第194页。
⑤ ［德］卡尔·拉伦茨著：《法学方法论》，陈爱娥译，商务印书馆2004年版，第194页。

按照法律解释主体和解释效力的不同，可以将法律解释分为正式解释（亦称作法定解释或有权解释）和非正式解释（亦称作学理解释或无权解释）。正式解释（法定解释或有权解释）是指由特定的国家机关、官员和其他有解释权的人对法律所作出的具有法律约束力的解释。根据法律解释机关的不同，正式解释又被分为立法解释、司法解释和行政解释。有权对法进行解释的机关、官员和个人，在不同国家或不同的历史时期存在差异，至于哪些机关和个人有权对法律进行解释，一般由一个国家的法律确定。非正式解释（学理解释或无权解释）则是指由学者或其他个人和组织对法律规定所作的不具有法律约束力的解释。这种解释不能作为执行法律或适用法律的依据，仅具有学术意义。这种解释虽然不是具有法律约束力的解释，但对法律适用、法学教育、法律发展有着重要的影响。

## 二、法律解释的方法构成

萨维尼指出："解释法律，系法律学的开端，并为其基础，系一项科学性的工作，但又为一种艺术。"①法律解释作为一项科学和艺术，必须以科学的解释方法为基础。法律解释的方法就是法官或法律适用者在解释法律文本意义的过程中所遵循的一种规准或规范。②萨维尼曾经提出了法律解释的四个"基本要素"，即语法要素、逻辑要素、历史要素、体系化要素。这些要素常常作为法律解释的"准则"被引用，并且直到今天仍被视为有效的。虽然这些要素并非法律规定或者具有约束力，但是当今几乎一切法律适用者都遵循萨维尼提出的准则，不过其称谓有所不同。这些不同的称谓包括文义解释、体系解释、历史解释、目的（目的论）解释。③

① Savigny, *System Des Romischen Rechts*, I, 1841, S.206. 转引自王泽鉴著：《法律思维与民法实例：请求权基础理论体系》，中国政法大学出版社2001年版，第212页。

② 参见王夏昊：《论法律解释方法的规范性质及功能》，载《现代法学》2017年第6期。

③ 参见［德］伯恩·魏德士著：《法理学》，丁晓春、吴越译，法律出版社2013年版，第301—302页。

## （一）文义解释方法

文义解释又称语法解释或文理解释，即根据文法规则分析法律的语法结构、文字排列和标点符号等，依照法律语词所表达的含义进行解释。文义是解释的起点，因为立法者想表达什么通常都会以一般能够理解的方式来使用语词，法律的语词既有一般语言，也有特定的法学术语，但这些术语也是以一般语言为基础的，因而必须依靠语言的用法来理解法律。法律语词通常都具有多重用法，如果已被赋予特定含义，那么就应以该特定含义进行解释，即法律语言的特殊用法优先于语言的一般用法。文义也是解释的界限，“尊重文义，为法律解释正当性的基础，旨在维持法律尊严及其适用的安定性”。[①]运用文义解释方法的一个基本前提是字面含义是否清楚，如果字面含义是清楚的，则不需要解释。而确定字面含义是否清楚最主要的方法就是语法规则。在确定法律文本确实存在可以选择和判断的字面含义后，如果法律仍然需要解释，则要适用通常的含义规则，在一些例外情况下还需要寻找次要含义加以弥补。[②]

## （二）体系解释方法

体系解释方法是指将某个法律概念或条文置于整个法律体系中并根据其在该体系中的地位确定含义，即在法律的上下文语境中进行解释。“由上下文脉络可以确定某段文字应作何解，同样地，法律的意义脉络也有助于个别字句的理解。”[③]这是因为特定的法律总是由具有内在联系的法律条文构成的逻辑体系，只有在该体系中才能准确把握相关概念和条文的含义。运用体系解释方法首先要求考虑法律上下文之间的关系，也要考虑整个法律体系中的条文在事理上的一致性、对法律的外部安排以及内在的概念体系。当存在疑义时，应该选择最能维持法律体系一致性的解释。例如，根据我国《刑法》

① 王泽鉴著：《民法总则》（增订新版），新学林出版股份有限公司2014年版，第67页。
② 参见致远：《文义解释法的具体应用规则》，载《法律适用》2001年第9期。
③ ［德］卡尔·拉伦茨著：《法学方法论》，陈爱娥译，商务印书馆2004年版，第204页。

第114条的规定，以危险方法危害公共安全罪，是指以放火、决水、爆炸以及投放毒害性、放射性、传染病病原体等物质以外的其他危险方法危害公共安全的行为。在司法实践中，为判断某一行为是否属于其他危险方法，宜采取体系解释对“其他危险方法”进行解释。《刑法》将“以危险方法危害公共安全罪”与放火、决水、爆炸、投放危险物质等罪名一同列入“危害公共安全罪”一章的首要位置，并适用相同的法定刑，这就意味着该罪的犯罪性质和社会危害与放火、决水、爆炸以及投放毒害性、放射性、传染病病原体等物质等具有相当程度的一致性，故而只有与放火、决水、爆炸以及投放毒害性、放射性、传染病病原体等物质等犯罪性质相当的行为，才能认定为以危险方法危害公共安全罪的“危险方法”。

### （三）历史解释方法

历史解释方法是指通过对法律产生的历史背景、发展过程的分析发现法律的真实含义，即探求最能符合历史上的立法者之规定意向、目标或规范想法的解释，又称为法意解释。假如根据法律的字义及其意义脉络仍然有作不同解释的空间，就应当优先采纳最能符合立法者的规定意向及规范目的的解释，亦即历史的目的论的解释。[①]“法律文本明示可见，历史背景却是无形的、隐含的。但是，法律文本的真实含义（的一部分）是从这种背景、情境中提取出来的。所以，重新考虑法律通过时的环境与背景十分重要。”[②]历史解释方法强调依据立法史料，探求立法者在制定法律时所依据的事实、情势、目的等来获知立法者意思，通常可以从法律起草资料、法律草案的理由说明等历史性因素中获取相关信息。例如，在“六小龄童诉游戏公司肖像权案”中，法院就借助了立法说明进行了解释：“现实生活中产生的矛盾，会使立法当初没有充分讨论的问题凸显出来。这时，司法者必须通过解释法律、适用法律来解决纠纷。我国《侵权责任法》[③]第20条是关于侵害人身权

① 参见［德］卡尔·拉伦茨著：《法学方法论》，陈爱娥译，商务印书馆2004年版，第220页。

② 蒋惠岭：《历史解释法在司法裁判中的应用》，载《法律适用》2002年第11期。

③ 已失效。

益造成财产损失赔偿方面的规定，根据该条的立法说明能够明确推导出立法的意图，就是承认人格权中所蕴含的财产利益，并应该对人格权中的财产利益给予充分的保护。”[①]不过，立法准备及法律起草者的规范想法等历史性资料并不具有约束力，只能对解释法律起到协助作用。

### （四）客观目的解释方法

客观目的解释方法是指以法律的客观目的为依据来确定法律的含义。耶林曾言：“目的是整个法的创造者。”[②]任何法律规范背后都有其特定的目的，法律解释必然要有助于实现法律规范所追求的目的。法律的目的既包括主观的立法目的，也包括客观的合理的目的。当根据前述各种方法和标准均不能解答法律的疑义时，客观目的论的解释标准就会发生决定性的作用。拉伦茨认为有两类客观目的论的解释标准：其一是涉及被规整的事物领域的结构，即连立法者也不能改变的实际的既存状态，这与“事物的本质”关系密切；其二是一些法伦理性的原则，其隐含于规整之中，只有借助这些原则才能掌握并且表达出规整与法理念间的意义关联。之所以称为客观的目的论的标准，是因为立法者在立法时是否意识到它们的意义并不重要。[③]换句话说，这类客观目的可能一开始并不存在，但随着社会生活的发展而渐渐地发展出来；也有可能原本就存在，但立法者在立法时没有发现，随着司法者适用法律而逐渐显现出来。[④]例如，在我国当前的司法中，我们强调法律效果与社会效果的统一，将社会效果纳入法律的适用之中，这实际上就是按照客观目的解释和适用法律的重要方面。[⑤]

---

① 参见北京市第一中级人民法院（2013）一中民终字第05303号民事判决书。

② R.v. Jhering, *Der Zweck im Recht*, 2 Bänd, Nachdruck Hidesheim 1970，转引自［德］伯恩·魏德士著：《法理学》，丁晓春、吴越译，法律出版社2013年版，第233页。

③ 参见［德］卡尔·拉伦茨著：《法学方法论》，陈爱娥译，商务印书馆2004年版，第221页。

④ 参见郑文革：《客观目的论解释方法探究》，载《武汉理工大学学报（社会科学版）》2015年第4期。

⑤ 参见孔祥俊著：《法律解释与适用方法》，中国法制出版社2017年版，第506页。

## 三、法律解释方法的实例展示

### 案例3-1 韩某坤与李沧区多某批发超市产品责任纠纷上诉案[①]

**基本案情**

2018年7月1日、7月5日，原告韩某坤在被告李沧区多某批发超市先后两次各购买了6瓶SALVALAI红酒（品名：阿玛罗尼·威爵红葡萄酒2010年），共计12瓶。原告通过刷卡方式向被告支付酒款共计20160元，被告给原告开具了增值税发票。原告提供了购买过程的录像视频，拍摄的内容显示了原告进入被告店铺、购买进口红酒、被告取货、原告结账付款、被告向原告开具发票、原告携购买的红酒走出被告店铺及上车查验的全过程。在录像视频中显示了原告向被告购买红酒时及上车后将所购红酒拿出检查，并将每瓶红酒酒瓶360度旋转拍摄，以显示酒瓶上均没有粘贴中文标签。庭审中原告向法庭出示案涉12瓶红酒的实物证据，没有中文标签和中文说明。在被告提交的4份生效判决中，广东省珠海市香洲区人民法院作出的（2017）粤0402民初6920号民事判决，查明原告在该院同时起诉了多个不同的被告，且均是以所购产品没有中文标签为由要求被告退还货款并支付货款10倍的赔偿，原告在多个案件中提交的证据形式也基本一致。据统计，该批案件数量在50宗以上，涉案标的达400万元以上。广东省珠海市斗门区人民法院（2016）粤0403民初2701号民事判决、（2016）粤0403民初2695号民事判决及广东省珠海市中级人民法院（2017）粤04民终1728号民事判决均驳回原告主张10倍赔偿的诉讼请求。

一审法院认为，本案的争议焦点之一在于原告是否属于消费者。依据《消费者权益保护法》第2条的规定，消费者是相对于销售者和生产者的概念。只

① 注：该案经山东省高级人民法院作出的（2020）鲁民再386号再审民事判决书改判，撤销了山东省青岛市中级人民法院（2019）02民终263号民事判决，维持青岛市李沧区人民法院（2018）鲁0213民初3860号民事判决。

要在市场交易中购买、使用商品或接受服务是为了个人、家庭生活需要，而不是为了生产经营活动或者以营利为目的而购买、使用商品或接受服务的，就应当认定为“为生活消费需要”的消费者，属于《消费者权益保护法》调整的范围。原告当庭出示了全部涉案红酒，可以证明原告并未进行饮用，而是在数次购买之后向法院提起本案诉讼，结合之前其曾在其他法院提起若干起进口红酒无中文标识索赔案件，可以认定原告在被告处购买涉案红酒的目的是营利，故原告不属于消费者。因此，一审法院对原告诉请支付该购货款10倍赔偿金201600元不予支持。一审宣判后，韩某坤不服，向青岛市中级人民法院提起上诉。

关于上诉人是不是消费者的问题，二审法院认为，消费分为生产资料的消费和生活资料的消费，只有生活资料的消费才是《消费者权益保护法》所保护的消费。因此，判断一个自然人是不是消费者不是以他的主观状态为标准，而应以购买的商品的性质为标准，只要他购买的商品是生活资料，他就是《消费者权益保护法》所指的消费者。《消费者权益保护法》第2条“消费者为生活消费需要购买、使用商品或者接受服务，其权益受本法保护；本法未作规定的，受其他有关法律、法规保护”的规定不是给消费者下定义，而是明确该法的调整范围。这可以从《消费者权益保护法》第62条得到印证，该条规定：“农民购买、使用直接用于农业生产的生产资料，参照本法执行。”本案上诉人购买的是生活资料，因而是消费者。

关于职业打假者是不是消费者的问题，二审法院认为，（1）判断消费者的标准不是以购买主体的主观状态，而是以标的物的性质为标准。（2）难以给职业打假者下定义。消费者打假有指标吗？普通打假者打假多少次就转变成职业打假者？难以给出这样的标准。（3）打假是好事不是坏事。法律规定成功的打假者有权主张惩罚性赔偿金，表明法律鼓励打假，打假是好事。打一次假是好事，打十次假不可能变成坏事。（4）即使是社会公认的职业打假者购买生活资料时，也改变不了其消费者的身份。（5）徒法不能自行。惩罚欺诈消费者行为的法律、保护食品安全的法律，不会因为颁布了就自行得到落实了。法律的生命力在于实施，法律条文就是通过一件一件的案件逐步得以落实的，没有案件就没有法律的落实。每一起消费者针对经营者经营不符合食品安全标准的食品的行为提起的诉讼，都会或多或少地促使经营者更加重视食品安全，促使消费者更加关注食品安全，进而使法律的规定得到进一步的落实。当所有的消费者都觉醒了，都成为潜在的打假者了，那么制假、售假的行为也就失去了市场。没有了制假、售假行为，打假现象自然而然就消失了。打假的目的可能是获利，但任何人诉讼都是为了利益，谁也不是纯粹为了体验诉讼程序而到法院来走一遭的，民事诉讼如此，行政诉讼、刑事诉讼也是如此，不能因为当事人的目的是获利，法院就驳回起诉者的诉讼请求。利益分为合法利益和非法利益，法院保护的是合法利益，否定的是非法利益。制假、售假获取的是非法利益，打假获取的是合法利益，为了获取合法利益，无可厚非。要求法院支持制假、售假的利益，否定打假的利益，是与制假、售假者一个立场的腔调。有些人把法律的枪口对准打假者，做出让打假者痛，制假、售假者快的事情，背离最基本的人民意志，因为人人都是消费者，《消费者权益保护法》体现的是人民的意志。打假也需要专业，如果多次打假者可以定义为职业打假者的话，那么职业打假者就是消费者的先驱，自然受《消费者权益保护法》的保护。

**法理解析**

随着"王海打假"事件的出现，学界关于"知假买假者"是否属于"消费者"的问题一直争论不休。反对者认为《消费者权益保护法》第2条规定的消费者是为生活消费购买、使用商品或接受服务，"知假买假"且以营利为目的则不是消费者；肯定者认为，消费者是与经营者相对应的主体，即使明知商品存在瑕疵，但只要不是为了销售，不是为了再次投入市场交易，就不应当否定"知假买假者"的消费者身份。我国《消费者权益保护法》第2条规定："消费者为生活消费需要购买、使用商品或者接受服务，其权益受本法保护；本法未作规定的，受其他有关法律、法规保护。"由此可见，《消费者权益保护法》将"生活消费"视为"消费者"概念的核心内涵。要具有"消费者"的身份，则购买、使用商品或者服务的行为就必须是为了"生活消费"的需要。因此，对"生活消费"的理解是判断"知假买假者"是否属于消费者的关键。

在上述案例中，法院并未局限于“为生活消费需要”的主观状态，而是以购买的商品的性质为标准判定消费者身份，只要购买的商品是生活资料，就是《消费者权益保护法》所指的消费者；《消费者权益保护法》第2条也不是给消费者下定义，而是明确该法的调整范围。为此，法院通过《消费者权益保护法》第62条“农民购买、使用直接用于农业生产的生产资料，参照本法执行”的规定，从体系解释角度加以印证。从目的解释角度来看，《消费者权益保护法》在我国首次确立了惩罚性赔偿制度，其立法目的就是通过惩罚性赔偿的激励机制来鼓励广大消费者同欺诈行为作斗争，从而达到最终保护消费者的目的。“知假买假者”在购买商品后不再将其转售或投入生产，故其不是经营者；同时，“知假买假者”也不是严格意义上的消费者。当在其是否为“消费者”的问题上存有疑义时，推定其为消费者是符合立法目的的，有利于打击日渐猖獗的假冒伪劣现象，使消费者的权益最终得到保障。如果否认“知假买假者”为消费者，实际上是缩小了消费者的范围，这时惩罚性赔偿的运用就会大大减少。同时，那些非知假买假者，即所谓“真正的消费者”，可能会因为诉讼耗费时间和精力而放弃自己的权利，从而使这种惩罚性赔偿的运用变得更少。由于惩罚性赔偿的减少，知假售假的风险成本大大减少，售假仍有利可图，并且相当可观，因此知假售假者并不会被偶然主张权利的几个人吓倒，反而会继续知假售假，最终利益受损的仍然是每一个消费者。显然，否认“知假买假者”是消费者，会弱化对消费者的保护，这是与《消费者权益保护法》的立法目的相违背的。①

## 第二节　法律续造

自19世纪末以来，那种认为“封闭”的法律体系已经为一切案件准备好

① 参见宋征、胡明：《从王海打假案看知假买假者是否消费者——法解释学意义上的分析》，载《当代法学》2003年第1期。

了一个正确答案的法律观招致了越来越多的批判，新的法律观把法律视为开放的、未终了的、有待具体化的规范体系，这使得法律教义学方法得到了拓展。“应用法律不（仅）是一个将事实与规范对接的法律推论活动，毋宁说，它（还）是一个续造既有法律或发现新法律的过程。”[①]

## 一、法律续造的理论脉络

> 也许在所有那些拥有一种在时间上可作历史追溯的法律编纂的国家里，这种认识都得到了贯彻：哪怕是一种在布局上包罗广泛的法律编纂也正好有其漏洞，而这些漏洞必须由法官来弥补。[②]
>
> 法律解释与法官的法的续造并非本质截然不同之事，毋宁应视其为同一思考过程的不同阶段。此意谓：如果是首度，或偏离之前解释的情形，则法院单纯的法律解释已经是一种法的续造，虽然法院多未意识及此；另外，超越解释界限之法官的法的续造，广义而言亦运用“解释性”的方法。狭义的解释之界限是可能的字义范围。超越此等界限，而仍在立法者原本的计划、目的范围之内的法的续造，性质上乃是漏洞填补=法律内的法的续造，假使法的续造更逾越此等界限，唯仍在整体法秩序的基本原则范围内者，则属超越法律的法的续造。[③]

在现代法治国家，法官的首要职责就是依照法律进行裁判，尊重立法者的法律制定特权。然而，社会生活是复杂多变的，无论如何审慎地制定或者解释法律，仍然不可避免地会存在漏洞。法律漏洞是一种法律“违反计划的不圆满性”[④]，是立法者对本应规整的事项因未能预见到而形成的立法盲点。

① 郑永流：《法学方法抑或法律方法》，载郑永流主编：《法哲学与法社会学论丛》（第6辑），中国政法大学出版社2003年版，第25页。

② ［德］H.科殷著：《法哲学》，林荣远译，华夏出版社2002年版，第225页。

③ ［德］卡尔·拉伦茨著：《法学方法论》，陈爱娥译，商务印书馆2004年版，第246页。

④ ［德］卡尔·拉伦茨著：《法学方法论》，陈爱娥译，商务印书馆2004年版，第251页。

"在立法者对需要解决的法律问题未作出规定时，法官不得（以法无规定为由）拒绝对其作出规定，而必须自行加以解决。"[①]即对于法官而言，"如有法律漏洞，亦有填补漏洞的义务"，[②]"法官的法的续造，有时不仅在填补法律漏洞，毋宁在采纳乃至发展一些——在法律中至多只是隐约提及的——新的法律思想，于此，司法裁判已超越法律原本的计划，而对之作或多或少的修正"。[③]可见，法律续造就是指法官对法律漏洞进行填补或者在不违背整体法秩序范围内进行立法之外的创制。

法律续造的前提在于法律存有"漏洞"。早在古希腊时期，思想家们就意识到了法律"漏洞"的存在。例如，柏拉图曾指出："法律从来……不能精确地规定社会每一成员在任何时刻都知道什么是好的，怎样做是正确的。人与人之间有差异，人的行为有差异，人的经历各不相同，由此造成的不稳定使得无论何种技艺，无论何种统治，想要在所有时候良好地处理所有问题都是不可能的。"[④]亚里士多德也认为："法律所未及的问题或法律虽有所涉及而并不周详的问题确实是有的。"[⑤]随着法律的演进和发展，人们逐渐对法律产生了"完美无缺"的理想化追求，尤其是在17世纪、18世纪盛行于欧陆的理性主义思潮影响之下，当时的法学家们认为能够凭借理性为社会建构出一套体系完备、逻辑严密的法律制度。在19世纪的概念法学看来，法律概念是独立的、具有自我生产能力的"智慧的存在"，按照逻辑的规律，法学概念构成一座"金字塔"，位于金字塔顶端的是法的概念，从其往下人们能够推导出公理以及工具，之后推导出具体的权利，最后用演绎的方法得出具体的法律规则。[⑥]概念法学的这一构想实为一种"概念

① ［德］齐佩利乌斯著：《法学方法论》，金振豹译，法律出版社2009年版，第121页。

② ［德］卡尔·拉伦茨著：《法学方法论》，陈爱娥译，商务印书馆2004年版，第246—247页。

③ ［德］卡尔·拉伦茨著：《法学方法论》，陈爱娥译，商务印书馆2004年版，第246页。

④ ［古希腊］柏拉图著：《柏拉图全集》（第3卷），王晓朝译，人民出版社2003年版，第145—146页。

⑤ ［古希腊］亚里士多德著：《政治学》，吴寿彭译，商务印书馆2017年版，第166页。

⑥ 参见［德］伯恩·魏德士著：《法理学》，丁晓春、吴越译，法律出版社2013年版，第203—204页。

天国”[①]，因为“人类立法者不可能预知未来可能发生之所有可能情况的组合”[②]。19世纪下半叶，伴随着理论界对概念法学的批评，法律漏洞以及法律续造的观念又重新回到了人们的视野当中。“时至今日，已无人再将法官视为一个制定法的自动机器，认为只需阅读完整的法律规定，就可由此纯粹演绎地推导出判决。”“人们已摆脱法秩序的完备性与无漏洞性的信条，并且因为不能改变不得以无法律而拒绝审判的禁令，而赋予法官填补漏洞的创造性任务。”[③]

## 二、法律续造的方法构成

法律续造的方法关乎法律续造的界限问题。要使法律续造的结果仍然能被视为现行法秩序中的“法”，那么法律续造就必须遵循一定的方法或者标准。否则，法官就是在行使不属于他们的权力。

### （一）法律之内的法的续造方法

法律之内的法的续造即超越了狭义的解释界限但仍在立法者原本的计划、目的范围之内，其性质上乃是对法律漏洞的填补。法律漏洞分为开放型漏洞和隐藏型漏洞，前者是指法律就特定事件欠缺适用的规则；后者是指法律对某类事件虽有可以适用的规则，但是依其目的及意义而言，对此类事件并不适宜。[④]法律之内的法律续造方法有以下三种。

第一，类推适用。对于开放型法律漏洞，通常以类推适用的方法予以填补。所谓类推适用，是指将法律针对某构成要件（A）或多数彼此相类似的构成要件而赋予之规则，转用于法律所未规定而与前述构成要件相类似的构

---

① 该术语源自耶林的《法学的概念天国》，具体阐释可参见［德］鲁道夫·冯·耶林著：《法学的概念天国》，柯伟才、于庆生译，中国法制出版社2009年版。

② ［英］H.L.A.哈特著：《法律的概念》，许家馨、李冠宜译，法律出版社2011年版，第117页。

③ ［德］考夫曼著：《法律哲学》，刘幸义等译，法律出版社2004年版，第72—73页。

④ 参见［德］卡尔·拉伦茨著：《法学方法论》，陈爱娥译，商务印书馆2004年版，第254页。

成要件（B）。转用的基础在于二者的构成要件彼此类似，应作相同的评价，即根据正义要求，同类事物应作相同的处理。例如，最高人民法院在（2017）最高法民再287号判决书中认为，现行法律未就原物毁损、灭失或者因其他法律或者事实上的原因返还不能时，受益人应当对返还的不当利益的范围作出规定，系因法律未作规定而构成的开放的漏洞，可以类推适用有关占有关系中占有人和权利人之间的权利义务规则，即在确定不当得利返还义务范围时，对现存利益和受领人的主观心理状态加以考量，区分受领人善意或者恶意。如果受领人主观上是善意的，其返还义务的范围应以现存利益为限，没有现存利益的，不再负有不当得利的返还义务；如果受领人主观上为恶意，即使没有现存利益，也不能免除其返还所受不当利益的义务。①

第二，目的论限缩。对于隐藏型法律漏洞，则是通过目的论限缩的方法予以填补。由于隐藏型法律漏洞是因法律规范的字义过宽而适用范围过大所致，故而该规范应被限制仅适用于那些宜于适用的范围，即该规范的适用范围应被限缩，而“限缩若系根据法律规范之目的而为者，方法论上即称之为目的性限缩”。②换言之，目的论限缩即对法律规范附加合乎法律目的的限制性条件，使其无法适用至原本依照字义可以涵盖的事实之上。与类推适用的正当理由不同，目的论限缩的正当理由在于不同类的事件应作不同的处理，此亦是正义原则的要求。由于目的论限缩将原本由法律规范文义所涵盖的案件类型排除在适用范围之外，因而是一种违反法律文义的裁判，这便同仍处于法律文义范围之内所进行的法律解释（限缩解释）区别开来。

第三，目的论扩张。这种方式与类推适用的作用极为相近，二者均是将某条法律规范的适用范围扩大，即适用于依其字义并未涵盖的案件之上。德国学者卡纳里斯明确将“目的论扩张”与“类推适用”相区别，用“目的论扩张”指称不具备相似性的“类推”。例如，《德国商法典》第49条第2款的主要内容是授权经理人为土地让与和为土地设定负担，但是该款的表达只能

① 参见最高人民法院（2017）最高法民再287号民事判决书。

② 王鹏翔：《目的性限缩之论证结构》，载《月旦民商法杂志》2004年第4期。

理解为授权经理人为物权行为，而非债权行为。但若如此，则此授权的目的确实不能完成。因为完整的土地所有权移转或者他物权的设定必须同时包含债权行为与物权行为，所以应当将法律关于物权行为之规定扩张到债权行为上。一般认为这种扩张即法律的类推适用。但是在卡纳里斯看来，物权行为与债权行为并无任何相似之处，故不应认定为类推适用，而应当视为利用立法意旨进行的扩展，名之曰“目的论扩张”。[①]

### （二）超越法律的法的续造方法

法官进行法的续造有时并不仅仅是填补法律漏洞，而是基于法律交易上的需要，或者基于宪法和法律原则的考量，创建出一些原本并未包含在法律计划内甚至与之背道而驰的法律制度。由于这种法的续造已经超越了单纯的漏洞填补之界限，故而被称为超越法律的法的续造。对于超越法律的法的续造来说，其标准已不再只是法律本身，而必须以法秩序的意义整体为根据，即此种法的续造不能与法秩序的一般原则以及宪法的价值秩序相抵触，相反，只有与法秩序保持一致，才能使该种法的续造得以正当化，即其虽然在“法律之外”，但是仍必须在“法秩序之内”，坚持整体法秩序和根本的法律原则界限。[②]超越法律的法的续造也必须辅之以方法上的考量，以解决其界限问题。而从事实与规范的二分视角出发，其可能的续造方法或许只包括以下两种。

第一，基于事物的本质进行法律续造。“生活关系在其自身中就或多或少地包含其自身的标准和内在秩序。人们把这种内在于事物之中的秩序称为‘事物的本质’。勤于思考的法学家在缺乏实体法规定或在其不完善抑或不清晰时必须诉诸于它。”[③]如果法律之规定与“事物的本质”相违背，那么法官在司法裁判中就需要通过超越法律的法的续造来对法律予以修正。例如，根

① 参见钱炜江：《论民事司法中的类推适用》，载《法制与社会发展》2016年第5期。

② 参见［德］卡尔·拉伦茨著：《法学方法论》，陈爱娥译，商务印书馆2004年版，第286—287页。

③ Heinrich Dernburg, *Pandekten*, 3 Aufl., Bd. 1, Berlin, 1892, S.87.

据《德国民法典》，无权利能力社团适用关于合伙的规定。但是这一规定忽略了典型的民法合伙与无权利能力的社团之间在基本结构上的差异。民法上的合伙通常是少数彼此有信赖关系之人的结合，因此，在对外关系上，合伙也是多数人的结合，而非单一的个体，合伙事务原则上由合伙人全体共同执行。然而，即便社团没有权利能力，从结构上来看，它仍然属于人合团体，独立于社团成员之外。对于此种人合团体，需要一些规定以调整社团入社、退社、内部意志的形成、对外代表等。而关于合伙的大多数规定都是任意规定，因此，法官在进行司法裁判时可以通过章程以及对章程的解释，在某种程度上配合社团的结构。[①]不过，“事物的本质”这个概念也具有不确定性且可能有多种含义。在从“事物的本质”中得出法律规范时，只有法律适用者才能对何为“本质”、何为“事物”，以及有什么样的内容作出判断。法律适用者的世界观的前理解、在其人类形象与世界观的影响之下对调整领域进行的阐释，可能决定性地影响从“事物的本质”中得出的结果。[②]为了保证法律适用者关于特定案件的法律决定具有可预测性或确定性，法律适用者至少必须遵循两个准则：其一，必须保证其所证成的“事物的本质”能够使关于特定社会关系或社会生活的所有法律规范成为一个更融贯、更完整的整体；其二，必须保证其所证成的法律决定与尽可能多的其他关于该社会关系或社会生活的法律规范是融贯的。[③]

第二，基于法伦理性原则进行法律续造。法伦理性原则的基础在于实质的正义内涵，可以理解为法理念的特殊表现，其构成了法律秩序内在统一性与评价一贯性的基础。在一个宪法国家中，法伦理性原则往往体现为宪法明文规定的基本法律原则以及可从宪法价值中引申而来的一般法伦理与法秩序原则，因而也被称为“基本法律原则”[④]。通常来说，法伦理性原则并不能直

---

① 参见［德］卡尔·拉伦茨著：《法学方法论》，陈爱娥译，商务印书馆2004年版，第292页。

② 参见［德］伯恩·魏德士著：《法理学》，丁晓春、吴越译，法律出版社2013年版，第377—378页。

③ 参见舒国滢、王夏昊、雷磊著：《法学方法论》，中国政法大学出版社2018年版，第436页。

④ 参见雷磊：《论依据一般法律原则的法律修正——以台湾地区“司法院大法官会议”释字352号为例》，载《华东政法大学学报》2014年第6期。

接适用于具体的个案，而是作为一种指导思想，通过立法或者由司法裁判根据具体化原则的程序，或者形成较为特定的原则，将其转化为能被用作裁判标准的具体法律规则。在拉伦茨看来，通常是因为法伦理性原则（或其新的适用领域）首次被发现，并且以具有说服力的方式被表达出来，才会基于法伦理性原则进行超越法律的法的续造。尚未实证化的法律原则在被表达出来后，因为其内存的说服力而逐渐被当时的法意识所普遍承认，或者虽未被认识，但已经不知不觉地被当作司法裁判的标准，或者与那些已经得到承认的基本原则相吻合；接着再借助一些案件使该原则变得清晰，划定与其他原则和实定法之间的界限，通过一些案件类型得以具体化之后，最终扩充为稳固的学理。①

### （三）个案中的法益衡量

个案中的法益衡量是法律续造的一种方法，它有助于答复一些法律未明确规定如何解决的规范冲突问题，对适用范围重叠的规范划定其各自的适用空间，借此使保护范围尚不明确的权利得以具体化。②在很多时候，法律都要面对大量的利益冲突问题，法官必须考虑如何在相互冲突的利益之间进行衡量。法益衡量方法最困难的地方在于其并非取向于某种一般性的标准，而是须同时考量当下具体的情况。但由于缺乏确定的衡量标准，因而这种方法也隐藏着法官滥用裁判权的危险。因此，在个案中进行法益衡量必须遵循一定的原则，否则法官所作裁判即无从控制。拉伦茨归纳了以下法益衡量方法的原则：首先，法益衡量取决于根据法的价值秩序而涉及的一种法益较他种法益是否有明显的价值优越性。例如，相较于财产性利益，人的生命或尊严具有较高的位阶。其次，当涉及位阶相同的权利之间的冲突，而无从作抽象的比较时，如个人自由权与国民健康的冲突、新闻自由与国家安全利益的冲突，在这种情况下，法益衡量一方面要取决于应受保护的法益被影响的程

① 参见［德］卡尔·拉伦茨著：《法学方法论》，陈爱娥译，商务印书馆2004年版，第293—294页。

② 参见［德］卡尔·拉伦茨著：《法学方法论》，陈爱娥译，商务印书馆2004年版，第286页。

度，另一方面要取决于某种利益需让步时其受侵害的程度。最后，比例原则，即为保护某种较为优越性的法益而不得不侵害另一种法益时，不得逾越达此目的所必要的程度。拉伦茨同时指出，即使遵守上述原则，法官仍然有很大的自为评价的判断余地。但即便如此，法益衡量也并非单纯的法感，不是一种无法合理掌握的过程，在某种程度上其仍须遵循若干可具体指称的原则，在此程度上，法益衡量也是可审查的。[①]

当然，法的续造也存在一定的限制。如在刑法领域，根据罪刑法定原则，“司法无权通过造法的途径，创造——诸如为了平等之故——犯罪行为的新的事实构成”。[②]换言之，如果刑法没有明确规定，法官就不应当进行法律续造，否则就会扩大被告人受到刑事追责的可能性，即所谓“法无明文规定不为罪”和“法无明文规定不处罚”。

## 三、法律续造方法的实例展示

### 案例3–2 上海恺某网络科技有限公司、浙江盛某网络科技有限公司诉苏州仙某网络科技股份有限公司著作权纠纷案[③]

**基本案情**

浙江盛某网络科技有限公司（以下简称盛某公司）系涉案网页游戏《蓝某传奇》的著作权人，上海恺某网络科技有限公司（以下简称恺某公司）系《蓝某传奇》独家授权的发行运营公司，亦享有《蓝某传奇》的著作权许可。盛某公司与恺某公司认为，苏州仙某网络科技股份有限公司（以下简称仙某公司）运营的手机游戏《烈某武尊》在整体上复制了《蓝某传奇》的基本表达，侵犯了其著作权，故共同起诉请求判令仙某公司立即停止复制、发行及

① 参见［德］卡尔·拉伦茨著：《法学方法论》，陈爱娥译，商务印书馆2004年版，第285—286页。

② 参见［德］H.科殷著：《法哲学》，林荣远译，华夏出版社2002年版，第227页。

③ 参见杭州市中级人民法院（2018）浙01民初3728号（先行判决），以及浙江省高级人民法院（2019）浙民终709号民事判决书。

通过信息网络传播等方式向公众提供、宣传、运营《烈某武尊》并在仙某公司的官网首页刊登声明以消除不良影响，同时赔偿盛某公司和恺某公司经济损失及合理支出共计3065万元。

杭州市中级人民法院经审理认为，著作权法保护的本质在于对独创性表达的保护，但由于作品类型法定之限制，对角色扮演类电子游戏等具备独创性但未被法律类型化的客体，需要适用法律解释和漏洞填补规则进行保护。角色扮演类电子游戏不仅在连续动态画面上构成独创性表达，其情节具体到一定程度并可体现出创作者富有个性的安排时，同样可以构成独创性表达。关于角色扮演类电子游戏的保护应适用何种规则，一审法院认为，我国著作权法立法时所规定的类电作品显然不包括网络游戏，径行将网络游戏认定为类电作品有违文义解释和立法解释，对游戏的保护应当考虑适用法律漏洞填补规则。角色扮演类电子游戏在独创性表达上与类电作品相近，从著作权法激励创作的立法目的出发，并在考虑到对该类游戏进行保护并不会为公众增加额外负担的情况下，可以类推适用类电作品的规则处理角色扮演类电子游戏侵权纠纷。涉案《蓝某传奇》在连续的动态画面及游戏所包含的情节上均具备著作权法保护所要求的独创性，应当受到著作权法的保护，因《烈某武尊》包含了大量与《蓝某传奇》相同或近似的具体情节，且其部分游戏界面与《蓝某传奇》的游戏界面在外观上基本一致，故认定仙某公司的侵权行为成立。综上，杭州市中级人民法院判决仙某公司立即停止复制或通过信息网络传播《烈某武尊》手机游戏。一审先行判决宣判后，仙某公司不服，向浙江省高级人民法院提起上诉。经审理，浙江省高级人民法院判决驳回上诉，维持原判。

**法理解析**

网络游戏著作权纠纷及不正当竞争纠纷近年频发，引起了相关法律问题的大讨论，产生了诸多争议。当今社会每天都有新生事物不断涌现出来，但人的认识能力是有限的，立法者不可能将未来出现的新生事物概括无遗。制定《著作权法》的根本目的就在于鼓励创新、保护创新。如果被认定作品具有独创性和可复制性（并符合其他构成要件），却没有在《著作权法》所列举的范围之内，这恰恰说明这些作品是我们以前没有认识的，是新生事物，是真正意义上的创新。[①]《著作权法》（2010年）[②]并没有规定专门的网络游戏作品类别，在关于类电作品的规定中也没有明确网络游戏是否可以纳入其范畴。《著作权法实施条例》（2013年）第4条第11项规定："电影作品和以类似摄制电影的方法创作的作品，是指摄制在一定介质上，由一系列有伴音或者无伴音的画面组成，并且借助适当装置放映或者以其他方式传播的作品。"网络游戏在《著作权法》关于类电作品的规定中难以完全"对号入座"，因为它没有被事先"摄制"在一定的"介质"上。在我国司法实践中，法院判决将游戏认定为类电作品的并不多，代表性的案件如广西桂林市中级人民法院审理的捕鱼达人游戏著作权侵权纠纷案、上海市浦东区人民法院审理的《奇迹MU》纠纷案，以及上海市第一中级人民法院审理的"卧龙传说"著作权纠纷案等。之所以如此，可能是认为网络游戏不满足类电作品的独创性要求，即如果独创性程度不高，则不构成类电作品。[③]本案中法官并未直接将游戏认定为类电作品，而是科学地根据法律漏洞填补原则，类推适用法律加以保护。

## 案例3-3　张某银诉徐州市人民政府房屋登记行政复议决定案[④]

### 基本案情

1988年5月31日，原告张某银向徐州市房产管理机关申请办理民安巷31号的7间房屋产权和土地使用权登记。徐州市鼓楼区房地产登记发证办公室根据张某银提交的申请材料，经调查后于1988年9月28日为张某银填发了鼓房字第1741号房屋所有权证，并加盖徐州市人民政府的印章，将199.78平方

① 参见张继成：《对"作品"一词内涵外延及其适用方法的法逻辑诠释》，载《求是学刊》2019年第6期。

② 《著作权法》于2020年再次修订，依然没有规定专门的网络游戏作品类别，不过"类电作品"被调整为"视听作品"，并明确了开放性的"智力成果作品类型"，留下了必要的空间。

③ 参见冯晓青：《网络游戏直播画面的作品属性及其相关著作权问题研究》，载《知识产权》2017年第1期。

④ 参见《中华人民共和国最高人民法院公报》2005年第3期。

米的国有土地使用权登记为张某银使用。民安巷31号的房屋历经1991年的新建、1994年的扩建、1997年的赠与和1998年的新建，徐州市房产管理机关经公告征询无产权异议后，相应地为张某银办理了产权登记，颁发了房屋所有权证。徐州市土地管理局亦于1996年12月3日向张某银颁发了国有土地使用证。2003年10月28日，第三人曹某芳向徐州市人民政府申请行政复议，请求撤销1988年将民安巷31号房屋产权和土地使用权确权登记给张某银的具体行政行为。徐州市人民政府于2004年4月29日作出了徐政行决（2004）24号行政复议决定：确认徐州市房地产管理局（被申请人徐州市房产管理局的前身）将民安巷31号房屋产权及国有土地使用权确权给张某银的具体行政行为违法。

江苏省徐州市中级人民法院认为，行政机关在进行行政复议时虽可以采取书面审查的办法，但张某银作为原徐州市房地产管理机关1988年颁发的鼓房字第1741号房屋所有权证的持证人，与徐州市人民政府对该证的复议审查结果有着直接的利害关系，徐州市人民政府应当通知张某银参加行政复议，由于徐州市人民政府无法证明已采取适当的方式通知张某银参加行政复议，应属严重违反行政程序，且作出的徐政行决（2004）24号行政复议决定的结论中也有复议审查对象不具体的瑕疵。因此，徐州市中级人民法院一审判决撤销徐州市人民政府于2004年4月29日作出的徐政行决（2004）24号行政复议决定。宣判后，第三人曹某芳不服，向江苏省高级人民法院提起上诉。

二审法院认为，本案的主要争议焦点是行政机关在依照行政复议法复议行政决定时，如果可能直接影响到他人的利益，是否必须以适当的方式通知其参加复议并听取意见。江苏省高级人民法院在判决中指出："行政复议法虽然没有明确规定行政复议机关必须通知第三人参加复议，但根据正当程序的要求，行政机关在可能作出对他人不利的行政决定时，应当专门听取利害关系人的意见。本案中，复议机关审查的对象是颁发鼓房字第1741号房屋所有权证的行为，复议的决定结果与现持证人张某银有着直接的利害关系，故复议机关在行政复议时应正式通知张某银参加复议。本案中，徐州市人民政府虽声明曾采取电话的方式口头通知张某银参加行政复议，但无法予以证明，而利害关系人持有异议的，应认定其没有采取适当的方式正式通知当事人参加行政复议，故徐州市人民政府认定张某银自动放弃参加行政复议的理由欠妥。在此情形下，徐州市人民政府未听取利害关系人的意见即作出于其不利的行政复议决定，构成严重违反法定程序。”故江苏省高级人民法院驳回第三人曹某芳的上诉请求，维持原判。

**法理解析**

法律续造可以根据法律交易上的需要、事物的本质、法伦理原则（一般法律原则）等进行。“在司法过程中，法律原则是法律职业者进行法律解释和法律推理的基础或出发点，它可以克服规则的刚性，弥补成文法的漏洞、纠正法律的失误，利于个案公平的实现，并具有发展法律、增强法律的权威性等功能。”[①]正当程序原则作为对法定程序的补充，相当于最低限度的程序要求。该原则的内涵包括三个方面：一是公平，亦即行政机关在作出行政行为时要听取当事人意见，典型的如听证制度；二是公正，亦即要求行政机关避免做出带有偏见的决定，典型的如回避制度；三是公开，亦即作出行政行为的过程对外公开，典型的如信息公开制度。行政裁决要求行政机关听取各方当事人的意见，因此，正当程序原则便是本案裁判过程中可能涉及的法律原则之一。这个原则落实到本案中，要求对行政机关设定通知第三人参加复议的义务。本案基于正当程序原则的下位原则行政参与原则进行法律续造，由此创制出来的新规则可以表述为：在利害关系第三人相对确定，且不主动通知第三人，其合法权益将有可能得不到保护的情形下，行政复议机关必须以适当的方式通知第三人参加复议。[②]

① 庞凌：《法律原则的识别和适用》，载《法学》2004年第10期。

② 参见蒋成旭：《基于行政法基本原则裁判的一般方法初探——以张成银诉徐州市人民政府房屋登记行政复议决定案为例》，载《行政法学研究》2015年第5期。

第四章

# 法律教义学方法的延伸：法律论证

## 第一节　法律论证的理论脉络与方法构成

法律论证是20世纪70年代以来在欧美兴起的一种法学方法。1971年在布鲁塞尔召开的第九届世界法哲学与社会哲学（IVR）大会第一次将法律论证作为大会讨论的主题之一（该次会议总主题为法律推理），这标志着法律论证理论的兴起。[①]随着法律实务工作者和理论家对法律论证的关注日益深入，关于司法判决的理性证立问题已经逐渐成为法律论证理论的核心议题。

### 一、法律论证的概念

#### （一）论证

“进行论证”意味着拿出一组理由或证据来支持一个结论。论证不仅仅是表达观点，也不仅仅是争论。论证是用理由去支持某些观点的过程。[②]

① 参见雷磊：《域外法学方法论论著我国大陆传播考略——以欧陆译作与我们台湾地区作品为主线》，载《东方法学》2015年第4期。

② ［英］安东尼·韦斯顿著：《论证是一门学问》，卿松竹译，新华出版社2011年版，导论第5页。

什么是“论证”？通俗地说，论证就是讲道理。日常生活中有很多讲道理的方式。例如，为命令提供理由，为受到指责的行为辩解，解释一个自然现象，通过推理找出凶手，权衡轻重作出决定，等等。[①]在传统的逻辑学意义上，一般把论证定义为“前提—结论”序对组成的命题集，这些命题中有一个是结论，其他为前提。例如，柯匹认为：“论证严格地指谓任一这样的命题组：一个命题从其他命题推出，后者给前者之为真提供支持。对任一可能的推论，都有一个与之相应的论证……一个论证不只是一组命题的汇集，而是包含一定结构的命题簇，正是由于这种结构，才可把捉或显示推论。我们用‘前提’和‘结论’来描述这种结构。一个论证的结论，就是以论证中的其他命题为根据所得出的那个命题，而这些其他命题，即被肯定（或假定）为接受结论的根据或理由的命题，则是该论证的前提。”[②]自20世纪中叶起，斯蒂芬·图尔敏（Stephen E. Toulmin）、沙伊姆·佩雷尔曼（Chaim Perelman）等学者开始关注论证的主体及其参与的语境，认为论证并非置于空对空的境地，它的目标是要获得听众的认同，而听众的认同是基于论证中推理的可接受性，因而论证的一种形式就是要试图说服听众。[③]荷兰学者爱默伦等人认为：“论证是一种言语活动，指的是它是通过使用语言的方式来进行的；作为一种社会活动，意味着它是由社会的规则所制约的。”[④]哈贝马斯认为，论证是“一种言语类型，在论证过程中，参与者把有争议的有效性要求提出来，并尝试用论据对它们加以兑现或检验”。[⑤]拉伦茨认为，论证是指“提出一些似乎可以正当化某项主张，或使其至少看来值得讨论的理由。为满足前述目的，这些理由必须具备以下性质：它们必须能够说服预期的讨

---

① 参见陈嘉映：《事物，事实，论证》，载赵汀阳主编：《论证》，辽海出版社1999年版，第19—20页。

② ［美］欧文·M.柯匹、［美］卡尔·科恩著：《逻辑学导论》，张建军等译，中国人民大学出版社2014年版，第9—10页。

③ 参见黄金华著：《法庭证人询问中的推理研究》，知识产权出版社2014年版，第37页。

④ Van Eemeren F., Grootendorst R., *A Systematic Theory of Argumentation: The pragma-dialectical approach*, Cambridge: Cambridge University Press, 2004, p.2.

⑤ ［德］尤尔根·哈贝马斯著：《交往行为理论：行为合理性与社会合理化》（第1卷），曹卫东译，上海人民出版社2004年版，第17页。

论伙伴，克服其可能提出的反对理由”。[①]总之，论证不只是形式逻辑的一种运用，也是一种沟通的形式，是通过一定的理由（前提）来支持某种主张、陈述、判断，是用理由去证明某些观点的过程。

论证和推理有着密切的联系。“论证要使用推理，甚至可以说论证就是推理：一个简单的论证就是一个推理，它的论据相当于推理的前提，论点相当于推理的结论，从论据导出论点的过程（即论证方式）相当于推理形式。一个复杂的论证则是由一连串相同或者不同的推理所构成的，只不过其中的推理过程和形式可能错综复杂。正是在这一意义上，常常把论证和推理同等看待。”[②]但是二者之间也存在区别。第一，论证与推理的认识过程不同，论证是先有论题后找论据，再用论据对论题进行论证；推理是先有前提，然后得出结论。第二，论证与推理的目的不同，论证的目的在于确立结论的真实性、正当性、可接受性，而推理（特别是形式推理）的目的在于建立命题的逻辑关系，即真值关系。第三，论证与推理的前提的性质不同，论证特别强调前提的真实性、正当性，前提、论据、理由一旦被识别为假或不具有正当性，则对论证的评估就没有必要进行了；推理并不要求前提可信或真实，甚至以逻辑矛盾为前提也可构成一个有效推理，推理形式的有效性并不要求前提的真实或具有正当性，推理的有效性与前提的真假没有必然的内在联系。所以，任何论证都要运用推理，但并非任何推理都是论证。第四，论证与推理的前提和结论的关系不同，论证的前提与结论是一种支持关系、保证关系，它可以回答“结论何以为真”的问题，若前提假或不具有正当性，则论证不再具有意义；推理的前提与结论是一种真值蕴涵关系，它只能回答“前提与结论有何关联”的问题，这种关系本质上是“如果……则……”的表达关系，“如果……则……”的关系不能被看成前件对后件的支持，因为它不保证前件真且后件真，只保证前件真时后件不假。[③]

论证广泛地出现于各种理性思维活动中，具有非常重要的意义。通过论

① ［德］卡尔·拉伦茨著：《法学方法论》，陈爱娥译，商务印书馆2004年版，第31页。
② 陈波著：《逻辑学是什么》，北京大学出版社2002年版，第51—52页。
③ 参见张继成主编：《实用法律逻辑教程》，中国政法大学出版社2012年版，第385—386页。

证，我们可以在不同的观点中发现居于优势地位的观点，因为并不是所有的观点都具有同等的说服力，有些观点拥有充足的理由作为支持，而有的观点则不具备好的理由。因此，只有当我们根据各种理由经过充分证实得出结论时，即通过论证对这个结论予以解释和辩护时，才能使其他人接受这个结论。

（二）法律论证

> 论证（argumentation）在法律中起着重要作用。提出某一法律命题的人都要提供支持该命题的论述（argument）。律师向法院提交案件时，必须通过论述证立（justify）其案件。法官作出裁决，则要通过论述支持其裁决。立法者在议会提出一个法案时，要有充足的理由支持他的提案。甚至法学者向学生表述某些观点时，也必须对其予以证立。任何提出法律主张并期望为他人接受的人，都必须提出论证充分的论述。①

法律论证是指通过提出一定的根据和理由来证明某种立法意见、法律表述、法律陈述或法律决定的正确性和正当性。②具体而言，法律论证涉及的主要是如何通过合乎逻辑、事实或理性的方式来证明立法意见、司法决定（包括司法判决、裁定、决定及其形成过程）、法律陈述（法庭上有关法律人的法律陈述）等有关法律主张的正确性和正当性。③从广义上来说，法律论证包括了诸如立法论证、执法论证、司法论证等；从狭义上而言，法律论证一般是指司法裁判过程中法官、律师或当事人等就案件事实与法律进行论辩，追求合理裁判结论的思维过程。④在阿列克西看来，有完全不同种类的法律论辩。譬如，我们可以区分为法学的（教义学的）争论，法官的商谈，

---

① ［荷］伊芙琳·T.菲特丽丝著：《法律论证原理——司法裁决之证立理论概览》，张其山等译，商务印书馆2005年版，导论第3页。

② 参见张文显主编：《法理学》，高等教育出版社2018年版，第301页。

③ 参见葛洪义：《试论法律论证的概念、意义与方法》，载《浙江社会科学》2004年第2期。

④ 参见焦宝乾著：《法律论证导论》，山东人民出版社2006年版，第72页。

法庭的争议，立法机关（委员会和常委会）对法律问题的讨论，学生之间、律师之间、政府或企业的法律顾问之间的辩论，以及媒体有关法律问题所进行的带有法律论辩性质的争辩。[①]这些不同种类的法律论证之间既存在多种多样的区别，又有着多种多样的类似性和联系性，其中最重要的共同特征在于：在所有的这些形式的论证中，都（至少部分地）通过法律进行论辩。

## 二、法律论证的理论脉络

在20世纪70年代以前，法律论证研究主要是在法理学和法哲学的语境下进行，影响法律论述的各种问题被视为诸如法律裁决和成文法解释这样的一般法学问题的一部分。自20世纪70年代起，法律论证成了一项独立的研究课题，法律裁决之证立的合理性问题成为围绕法律论证理论发展的核心主题之一。[②]在法律论证理论的发展过程中，不同的论证理论呈现出各自的特点。

### （一）图尔敏的论证模型

图尔敏的论证理论主要体现在《论证的使用》这本书之中。该书研究的对象是实际进行论证的逻辑，不过图尔敏所理解的“逻辑”并不是指数理逻辑或形式逻辑，在他看来，“逻辑主要是一种回顾性、辩护性工作——利用随后能够提出的论证，证明我们的主张，即所得结论是可验证的，因而是可接受的”。[③]图尔敏放弃了自亚里士多德以来的将数学作为追求理想的逻辑传统，他认为，“数学模型引导我们所建构的这种理想化逻辑无法与实践应用

---

① 参见［德］罗伯特·阿列克西著：《法律论证理论——作为法律证立理论的理性论辩理论》，舒国滢译，中国法制出版社2002年版，第262页。

② ［荷］伊芙琳·T.菲特丽丝著：《法律论证原理——司法裁决之证立理论概览》，张其山等译，商务印书馆2005年版，第9—10页。

③ ［英］斯蒂芬·图尔敏著：《论证的使用》，谢小庆、王丽译，北京语言大学出版社2016年版，第11页。

保持有意义的联系"[①]，因而他试图对逻辑理论进行重整。为了达到重整的目的，图尔敏研究了不同领域中所使用的论证，并认为这些论证在本质上具有相同的结构。在这些领域中，作出主张的同时提出应予承认的主张；如果这个主张受到怀疑，那么它就必须进行证立，把事实作为理由提出来，由此就可以进行这个活动。图尔敏认为，逻辑和法学是相似的，他甚至认为"逻辑是一种广义法学"[②]。论证可以与诉讼相比较，在法学之外的其他背景下提出和论证的主张可以与法庭上提出的主张相比较，用以支持每种主张的各种论据也可以相互比较。图尔敏运用法律的类比，将法律论证视为一般情况下的理性论证的特殊情况，提出了一套复杂性不低于法律程序的论证模式来展示论证并正确理解"逻辑推理过程"的实质。[③]

图尔敏以法律论证为实践论证的典范，提出了一般情况下的理性论证的结构，该论证结构包括六个要素：（1）主张（C，claim）或结论；（2）数据（D，data），即作为主张之基础的事实；（3）理据（W，warrant），用以展示以数据为起点得出主张或结论的步骤是适当且合法的，具有"如果D，那么C"的形式，更明确的方式为"D一类的数据使人们得出类似C的结论或提出类似C的主张"；（4）限定语（Q，qualifier），理据是多种多样的，对于其所证实的结论可能产生不同级别的效力，有的情况下能够给结论加上"必然"，有的情况下则是"很可能""可预料的"，这些关于效力级别的提示就是限定语；（5）反驳条件（R，Rebuttal），表示理据的一般性依据应予排除的情形；（6）理据的支撑（B，backing），即理据背后的保障，如果没有这些保障，理据就无法显示出权威性和有效性。[④]据此，就得出了如下论证形式：

---

① ［英］斯蒂芬·图尔敏著：《论证的使用》，谢小庆、王丽译，北京语言大学出版社2016年版，第127页。

② ［英］斯蒂芬·图尔敏著：《论证的使用》，谢小庆、王丽译，北京语言大学出版社2016年版，第12页。

③ 参见［英］斯蒂芬·图尔敏著：《论证的使用》，谢小庆、王丽译，北京语言大学出版社2016年版，第85页。

④ 参见［英］斯蒂芬·图尔敏著：《论证的使用》，谢小庆、王丽译，北京语言大学出版社2016年版，第85—91页。

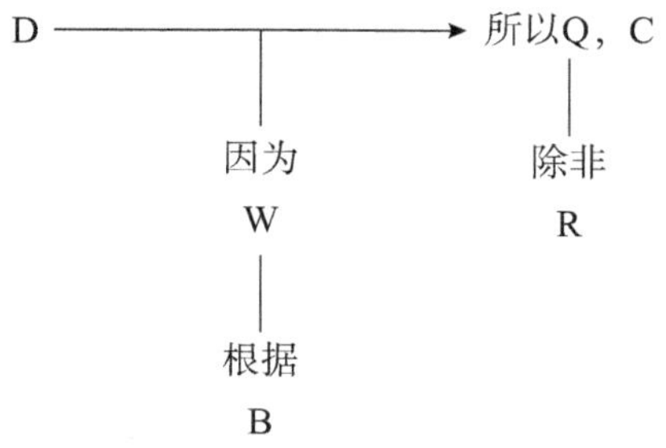


举例来说，为了支持“哈利是英国人”这一主张（C），我们寻求他出生于百慕大这一数据（D），理据（W）可以表述为“出生在百慕大的人可以被认定为英国人”；但是，鉴于国籍问题总是要取决于限定条件，必须在结论前面插入限定语“大概”（Q），并指出结论的可反驳性（R），即他们的父母均为外国人，或者他已经加入美国国籍。最后，如果对理据本身提出质疑，那么就要提出其支撑（B）：该支撑将记录有关殖民地出生者国籍的立法议案和其他法律法规的内容和制定日期。①这一论证的形式如下：

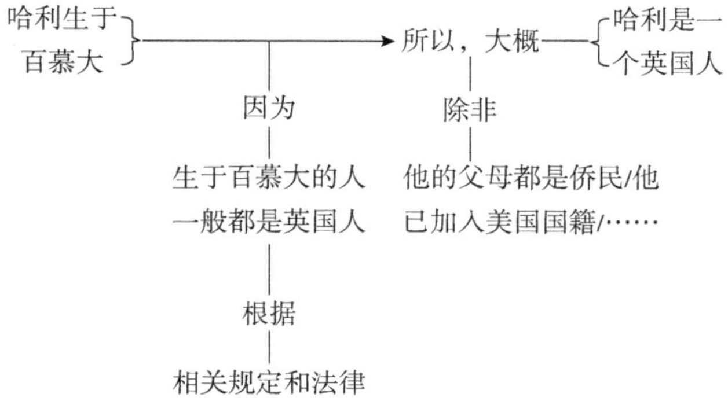


尽管对于图尔敏的论证模型存在不少批评意见，但其仍然在诸多学科领域获得了影响力。在法学界，图尔敏模型被用作分析和评估法律实践领域论证的工具，构成了法律实践论证分析的一个良好的出发点。②就法律论证而

① 参见［英］斯蒂芬·图尔敏著：《论证的使用》，谢小庆、王丽译，北京语言大学出版社2016年版，第91—92页。

② 参见舒国滢：《法学实践知识之困与图尔敏论证模型》，载《国家检察官学院学报》2018年第5期。

言，图尔敏的论证模型是可以用来分析简单案件的，即如果不要求对规则的解释或案件定性作进一步的证立，那么该模型便可以作为法律论证的基础；但是在疑难案件分析中则有局限性，因为在疑难案件中，法律规则需要解释，案件需要定性，而该模型没有提供可以用来描述支持法律解释或者案件定性的各种论证的区分。所以，图尔敏的论证模型并不适合分析复杂的法律论证。[①]

### （二）佩雷尔曼的新修辞学

佩雷尔曼的新修辞学的出发点是基于这一认识：理性的论证不限于演绎或归纳推论；即使对构成论证、辩证法和修辞学之根本对象领域的评价，也可以理性地讨论。他主张可以理性地讨论规范和决定，存在着新修辞学的基本命题。[②]佩雷尔曼认为，在19世纪末的欧洲，修辞学几乎已经死亡，亚里士多德的修辞学和其他古典作者的修辞学已经被局限为古人所说的演说术，修辞学降格为对演讲修辞的研究，而不再被视为对推理的研究；[③]从古典修辞学到现代逻辑，修辞学几乎成了逻辑的分支。佩雷尔曼所构建的理论则是以修辞学的方法，特别关注价值判断在逻辑推理中的运用，故而将其称为“新修辞学”。[④]

佩雷尔曼的新修辞学以听众理论为基础，“听众”是一个集合名词，是“言说者意欲通过其论证来影响的那些人的聚合”。[⑤]听众既可以是言说者自身，即言说者私下反思着应如何来应对某个需要小心处理的情形；也可以是

① ［荷］伊芙琳·T.菲特丽丝著：《法律论证原理——司法裁决之证立理论概览》，张其山等译，商务印书馆2005年版，第45页。

② 参见［德］乌尔弗里德·诺伊曼著：《法律论证学》，张青波译，法律出版社2014年版，第76页。

③ 参见［比利时］佩雷尔曼：《旧修辞学与新修辞学》，载郑永流主编：《法哲学与法社会学论丛》（2005年总第8期），北京大学出版社2005年版，第34—41页。

④ 参见侯学勇：《佩雷尔曼修辞论证理论研究》，载陈金钊、谢晖主编：《法律方法》（第4卷），山东人民出版社2005年版，第502页。

⑤ Chaim Perelman. *The Realm of Rhetoric*, Notre Dame and London: University of Notre Dame Press, 1982, pp.13–14.

人类全体，或至少是所有那些有能力和明智的人，即“普遍听众”。[①]“普遍听众意味着一群能回应逻辑的谈话的合乎理性的人。”[②]“普遍听众”不能被看作一个具体的、实存的人群，它是在特定情势下，论辩者关于理性人愿意接受的观点的一种建构。由于“普遍听众”的定义取决于论辩者在特定时刻对被视为普遍接受的内容的理解，所以“普遍听众”的概念通常依赖于历史的、文化的和社会的因素。[③]如果言说者向作为特殊听众的具体人群讲话，那么论证就是在进行劝说；如果言说者想追求普遍听众的认同，那么论证就是在进行说服。为了获得听众的认同，言说者必须符合某种论证的结构：从某个确定的起点开始，以此一般出发点为起点，用确定的论证方案赢得别人对其观点的认同。论证的起点可以分为涉及“真实”的起点和涉及“什么是更可取”的起点。涉及“真实”的起点包括事实、真理与推论。涉及“什么是更可取”的起点则针对特殊听众的偏好，包括价值、价值序位和“论题”。论证方案是从对起点的认同到欲证立的主张之间的传递途径，分为关联论证和分离论证两种类型。关联论证是将先前被认为是独立实体的各个要素放到一个特定的论证系络之中，它又可以分为三种类型：准逻辑系络、基于现实结构的系络和建立现实结构的系络。分离论证则意在将先前被认为构成一个单一实体的概念拆解开来加以考虑。[④]

佩雷尔曼将法学视为新修辞学的一个重要范例，[⑤]因而法律论证也就是上述一般论证的一个特例。佩雷尔曼认为，在法学中，一个裁决的证立并不是形式上的证明，即裁决并不只是给出将案件事实归于一个法律规则的形式

---

① See Chaim Perelman. *The Realm of Rhetoric*, Notre Dame and London: University of Notre Dame Press, 1982, p.14.

② ［比利时］沙伊姆·佩雷尔曼：《旧修辞学与新修辞学》，载郑永流主编：《法哲学与法社会学论丛》(2005年总第8期)，北京大学出版社2005年版，第40页。

③ 参见［荷］伊芙琳·T.菲特丽丝著：《法律论证原理——司法裁决之证立理论概览》，张其山等译，商务印书馆2005年版，第48页。

④ 参见［荷］伊芙琳·T.菲特丽丝著：《法律论证原理——司法裁决之证立理论概览》，张其山等译，商务印书馆2005年版，第48—49页。

⑤ 参见［荷］伊芙琳·T.菲特丽丝著：《法律论证原理——司法裁决之证立理论概览》，张其山等译，商务印书馆2005年版，第46页。

证明。在具体案件中，如果法律规则的含义不清楚，法官就必须对其加以解释，某种特定解释的选择常常是根据价值衡量作出的，为此，法官需要表明他所作出的选择以及所依据的价值不是立足于主观的选择，必须表明这一选择是精心探究的、能够证明为主体间可接受的。换言之，法官必须通过说明其裁决合乎法律起点和推理形式，力争获得法律听众的认同。在佩雷尔曼看来，法官必须取得争议当事人、法律职业者、社会公众三种听众的认同。在论证起点方面，法官可以将法律规则、一般法律原则和特定法律共同体所接受的法律原则作为起点。在论证方案方面，佩雷尔曼列举了法律解释规则的各种论述形式，即矛盾论述、相似性论述、类推论述、充分论述、完备性论证、融贯性论证、心理学论证、历史论证、目的论论证、典型论证和系统论证，法官证立裁决采用何种方式依赖于其对法律概念的理解。①

佩雷尔曼的新修辞学法律论证理论在世界范围内产生了广泛的影响，以致成为当代一般论证和法律论证领域最具代表性的理论之一。②不过，在菲特丽丝看来，佩雷尔曼的理论并不适于作为分析和评价法律论证的实践工具，因为他没有提供任何实践性的指南，用于以一种主体之间符合出发点和论证方案的正确方式解释具体的论证案例；由于佩雷尔曼没有注意根据特殊听众和普遍听众去区别正当的和不正当的论证标准，所以他没有提出用于评价法律论述的实践框架。③

### （三）麦考密克的二阶证立理论

尼尔·麦考密克（Neil MacCormick）提出了法律裁判的二阶证立模式：第一阶证立是演绎性证明，即法律裁判是被演绎地推导出来的；第二阶证立涉及对演绎性证明之前提的证成。

① 参见［荷］伊芙琳·T.菲特丽丝著：《法律论证原理——司法裁决之证立理论概览》，张其山等译，商务印书馆2005年版，第51—53页。

② 参见王国龙：《佩雷尔曼新修辞学与法律论辩思想》，载葛洪义主编：《法律方法与法律思维》（第5辑），法律出版社2008年版，第155页。

③ 参见［荷］伊芙琳·T.菲特丽丝著：《法律论证原理——司法裁决之证立理论概览》，张其山等译，商务印书馆2005年版，第59页。

麦考密克认为，对于简单案件而言，由于存在显而易见且没有争议的法律规则和案件事实，因此裁判过程就表现为一种三段论式的演绎推理，裁判的正当性以三段论本身的正当性而获得证明，即完全是借助演绎性论证方式在法律上进行证明的。所谓演绎性证明，即“一个结论性命题隐含于另一个或者若干个命题当中，后者是前者的‘前提’。无论前提和结论的内容是什么，只要从形式上前提中包含着（或者等同于）结论，一个演绎性判断就是成立的”。[①]演绎性证明的整个论证过程可以被典型地表示为：

在任何情形中，如果$p$那么$q$；
在本案中因为$p$，
所以，在本案中$q$。

但是，演绎性证明也存在局限性。“并不是所有的法律规则，即使是那些‘用确定的语言表述’的规则，也不可能对于每一个具体问题都能给出精确的结论。涉及一些极富争议或者发人深思的诉讼时，人们还可能发现，几乎任何规则都模棱两可，含混不清。”[②]当演绎性证明不能为判决结论提供充足的证明时，法律结论如何证成？对于疑难案件而言，“即使我们用尽所有的规则，恐怕也难以满足做判决的所有要求——因为规则通常是模糊的，或者那些试图根据规则对相关事实做出严格区分的努力总是招致争议，甚至也因为，连对于某些诉讼主张和判决在根本上没有法律依据这一问题，人们都难以达成一致”。[③]在这种情况下，演绎性证明是无能为力的，需要进行二次证明。

二次证明“意味着对做选择所依据的理由进行论证，即论证如何在相互

① ［英］尼尔·麦考密克著：《法律推理与法律理论》，姜峰译，法律出版社2005年版，第20页。

② ［英］尼尔·麦考密克著：《法律推理与法律理论》，姜峰译，法律出版社2005年版，第62页。

③ ［英］尼尔·麦考密克著：《法律推理与法律理论》，姜峰译，法律出版社2005年版，第94页。

对立的裁判可能之间做出选择”。[①]二次证明包含两个基本要素：一是后果主义论辩，二是一致性和协调性（融贯性）论辩。后果主义论辩方式要对各种裁判可能进行仔细辨别，通过考量各种裁判规则可能引发的情势来决定做出哪一种判决。后果主义论辩所关注的，是不同判决方式带来的后果如何，或者说是后果的可接受性和不可接受性如何。法官需要在对立的可能裁判方式所造成的后果之间进行权衡，价值偏好常常起到重要作用，所以后果主义论辩是评价性的，而且在一定程度上也是主观性的。一致性和协调性（融贯性）论辩旨在对所提出的裁判规则进行检验以确定是否与现行法律制度相一致和协调（融贯），因为法律制度乃是一个一致和协调（融贯）的规则整体，裁判必须与生效的和具有拘束力的制度规则不相抵触，法官们必须遵从法律实现正义，无论一个判决在后果主义考量看来多么易于接受或者令人心驰神往，都必须同时找到法律上的依据。[②]

### （四）哈贝马斯的法律商谈理论

尤尔根·哈贝马斯（Jurgen Habermas）认为，规范性陈述可以利用与经验命题相同的方式予以证立，从这一角度来说，经验命题的真实性与规范性陈述的正确性是相吻合的。经验命题的真实性涉及真理的标准，在哈贝马斯看来，古典的真理理论并不能解决与真理概念相关的问题，从而提出了共识论的真理标准，即真理乃是“话语主体通过语言交往而达成的共识”[③]。根据真理共识论，非规范性命题的真实性和规范命题的正确性的一个基本条件就是所有的人的潜在同意。但所有的人的同意是难以实现的，即使能够实现，也是不充分的。故而需诉诸有证立根据的共识，将此作为真理的标准。[④]

① ［英］尼尔·麦考密克著：《法律推理与法律理论》，姜峰译，法律出版社2005年版，第96页。

② 参见［英］尼尔·麦考密克著：《法律推理与法律理论》，姜峰译，法律出版社2005年版，第99—102页。

③ ［德］得特勒夫·霍尔斯特著：《哈贝马斯传》，章国锋译，东方出版中心2000年版，第77页。

④ 参见［德］罗伯特·阿列克西著：《法律论证理论——作为法律证立理论的理性论辩理论》，舒国滢译，中国法制出版社2002年版，第141页。

要获得理性建立起来的共识，则必须依赖于“理想的言谈情境”。所谓“理想的言谈情境”，是指一种“交往活动既不受外界偶然因素的干扰，也不受来自交往结构自身之强迫的阻碍”的言谈情境，而“只有所有的论辩参与者预先被规定有对称性的分配机会来选择和行使言语行为时”，交往才不会导致“任何强迫的阻碍”。[①]要达到交往行为的合理性和言语的有效性，应该达到四个要求：一是可理解性，言说者必须选择一个可领会的表达以便说者和听者能够相互理解；二是真实性，言说者必须有提供一个真实陈述的意向，以便听者能分享说者的知识；三是真诚性，言说者必须真诚地表达他的意向以便听者能相信说者的话语；四是正确性，言说者必须选择一种本身是正确的话语，以便听者能够接受之，从而使言说者和听者能在以公认的规范为背景的话语中达到认同。[②]要实现交往理性，除了具备上述条件，哈贝马斯认为还需要一个重要的前提条件，即一个平等、开放、自由之“理想的言谈情境”。“理想的言谈情境”需要满足：（1）任何可言说者均可参加论辩；（2）任何人均可质疑任何主张，任何人均可在论辩中提出任何主张，任何人均可表达其态度、愿望和需求；（3）任何言说者均不因受到论辩内或论辩外的某种强制的阻碍而无法行使其在（1）和（2）中所确定的权利。[③]

哈贝马斯认为，通过论证而有效建立起来的共识是理论性和实践性言辞之可接受性的最终标准。只有当所有潜在的谈话者在“理想的言谈情境”下达成对论辩中言辞的认可时，这样的言辞才能看作合乎理性而建立起来的真实的言辞。论辩要成为具有基础的共识，不仅要满足“理想的言谈情境”之形式要求，也要满足特定的、实质性的道义要求。哈贝马斯区分了交往理性的三个层次。其一，作为结果的逻辑论证层次，即在逻辑层面，论证被看作结果，是为了提出可接受的、使人确信的论述以支持特定立场下的有效性主

① 参见［德］罗伯特·阿列克西著：《法律论证理论——作为法律证立理论的理性论辩理论》，舒国滢译，中国法制出版社2002年版，第150页。

② 参见［德］哈贝马斯著：《交往与社会进化》，张博树译，重庆出版社1989年版，第3页。

③ 参见［荷］伊芙琳·T.菲特丽丝著：《法律论证原理——司法裁决之证立理论概览》，张其山等译，商务印书馆2005年版，第62页。

张。这种支持某一立场的目的使论证带有一个特定的逻辑结构，为了在逻辑层面上评价论证的正当性，需要应用逻辑和语用规则。其二，作为程序的对话论证层次，即在对话层面上，论证被视为商谈程序的一部分，借此，参与人试图达成共识。在这一层次上，要运用共同探寻真理的语用学前设。其三，作为过程的修辞论证层次，即在修辞层面上，论证被看作一个交往过程，在这一层次上，任何人均可无条件地参与论辩。①总之，为了达成理性建立起来的共识，必须满足不同性质的各种要求，即论辩中提出的论证应该满足特定的逻辑要求，在论辩过程中参与人应该遵守特定的辩论规则，以及交往过程应该满足理想言谈情境的要求。

然而日常论辩通常只能部分满足"理想的言谈情境"要求，毕竟"理想的言谈情境"是一种"纯化"的理想，现实中难以完全符合这种"情境"，但是可以无限地接近这种"情境"。换言之，当我们意识到商谈程序的合理性和结果的可接受性很大程度取决于"理想的言谈情境"时，就应尽可能地改进或创造这种言谈情境，以确保商谈富有成效。②在法律论证中，保证得到尽可能满足"理想的言谈情境"要求的最后解决方案是必要的。因此，在法律情境下，必须有确定的"制度性预防措施"来消除理性商谈的障碍。哈贝马斯认为，法律程序为一个有约束力的裁决可以在有关行为规范的冲突中达成提供了保证。比如，结论必须在合理的时限内得出，论辩的方案要受到限制，要求有一个最后的裁决，并且法官要保持中立，等等。在哈贝马斯看来，法律的合法性也要取决于法律程序的程序合理性，法律的可接受性亦取决于法律程序是否能保证其结果符合"理想的言谈情境"之要求。一是法律程序的公正性。比如，通过法官作为公正仲裁人的角色、兼听则明的原则、举证责任的分担规则和法官证立其裁决的义务，从而使公正性得到保证。二是法律必须在所有公民自由平等地参与政治和法律秩序的民主决策过程中生

① 参见[荷]伊芙琳·T.菲特丽丝著:《法律论证原理——司法裁决之证立理论概览》，张其山等译，商务印书馆2005年版，第63—64页。

② 参见高鸿钧:《走向交往理性的政治哲学和法学理论(上)——哈贝马斯的民主法治思想及对中国的借鉴意义》，载《政法论坛》2008年第5期。

成。保证法律可接受的唯一方式是要求它们成为所有相关人之间自由论辩的对象，并在所有相关人中存在共识，这是法律合法性的先在条件。①

## （五）阿列克西的法律论证理论

罗伯特·阿列克西（Robert Alexy）将法律论证看作一种发生在不同场合（如诉讼和法学研讨）中的言语活动，这个言语活动旨在讨论规范性命题的正确性。在他看来，法律论辩是普遍实践论辩的特殊情形。②法律论辩之于普遍实践论辩的特殊性在于它是在一系列受限的条件下进行的，必须受制定法的约束，必须尊重判例，受制于由制度化推动的法学所阐释的教义学，以及必须受诉讼制度的限制，等等。③为了考察一个规范性命题何以理性地得以证立，阿列克西首先讨论了一系列相关理论，涉及分析伦理学领域的斯蒂文森、黑尔、图尔敏、拜尔的学说，哈贝马斯的真理共识论，埃尔朗根学派的实践商谈理论以及佩雷尔曼的论证理论，并通过对这些理论的讨论概括出普遍的理性实践论辩理论，提出了普遍的理性实践论辩的规则。第一组“基本规则”是每个涉及真实性或正确性问题的语言交往之可能性的先决条件，包括不矛盾规则，参与讨论者的真诚性要求，可普遍化原则，表达的清晰性，语言表达的共同性；第二组“理性规则”表达的是对论辩理性的最大化要求，包括普遍证立要求、论辩的平等权利要求、普遍性要求和无强迫性要求；第三组“论证负担规则”是为防止无限递归或循环论证而设定的一套规则，包括区别对待的论证负担、惯性原理要求、反证的要求、持不相干立场或主张的论证负担；第四组“证立规则”是涉及论辩中欲证立的命题或规则内容的规则，包括可普遍化要求、可普遍传授的要求、规范的批判生成要求、可实现性要求；第五组“过渡规则”是有关实践论辩中出现的借助实践

① 参见［荷］伊芙琳·T.菲特丽丝著：《法律论证原理——司法裁决之证立理论概览》，张其山等译，商务印书馆2005年版，第66—67页。

② 参见［德］罗伯特·阿列克西著：《法律论证理论——作为法律证立理论的理性论辩理论》，舒国滢译，中国法制出版社2002年版，第18页。

③ 参见［德］罗伯特·阿列克西著：《法律论证理论——作为法律证立理论的理性论辩理论》，舒国滢译，中国法制出版社2002年版，第19—20页。

论辩不可能得以解决的难题转入其他形式的论辩之可能性的规则。[①]

阿列克西认为，法律论辩讨论的是什么应做、什么不应做或什么允许做、什么不允许做等实践问题，而且这些问题的讨论与正确性要求相关联，因而法律论辩与普遍实践论辩在正确性上具有局部一致性，在规则、形式方面具有结构上的一致性，普遍实践论辩的规则和形式可以用于论证法律规范性命题。但由于法律论辩的特殊性，其也并非普遍实践论辩的简单应用。

法律论辩涉及的是作为特殊规范性命题的法律判断的证成，阿列克西将其区分为两个层面，即内部证成和外部证成。“内部证成处理的问题是：判断是否从为了证立而引述的前提中逻辑地推导出来；外部证成的对象是这个前提的正确性问题。”[②]内部证成涉及如何从前提中推导出结论，因而其在本质上是对应用逻辑的操作。阿列克西运用现代符号逻辑来推证一些必要的条件，从而使内部证成更加合理。他从内部证成最简单的形式出发，推导出一系列内部证成的规则。内部证成具有三个方面的功能：首先，在内部证成过程中，到底什么样的前提需要通过外部证成加以证立显得越来越清楚；其次，通过内部证成的分析，提高了识别错误和批判错误的可能性；最后，对一般规则进行论述最终将能够容易做到裁判（决定）的一致性，并同时促进达成正义和法的安定性。

外部证成的目的在于为内部证成的前提确立理性（合理）的基础。阿列克西认为，外部证成是法律论述的基本点，并因此成为法律论证理论的中心议题。外部证成的基本问题是内部证成中使用的论述根据法律标准是否可接受。[③]外部证成所要证立的前提可以分为实在法规则、经验命题、既非经验命题亦非实在法规则三类。外部证成的规则和形式分为六组：（1）解释的规则和形式；（2）教义学论证的规则和形式；（3）判例适用的规则和形式；

① 参见［德］罗伯特·阿列克西著：《法律论证理论——作为法律证立理论的理性论辩理论》，舒国滢译，中国法制出版社2002年版，第221—256页。

② ［德］罗伯特·阿列克西著：《法律论证理论——作为法律证立理论的理性论辩理论》，舒国滢译，中国法制出版社2002年版，第274页。

③ 参见［荷］伊芙琳·T.菲特丽丝著：《法律论证原理——司法裁决之证立理论概览》，张其山等译，商务印书馆2005年版，第106页。

（4）普遍实践论证的规则和形式；（5）经验论证的规则和形式；（6）特殊的法律论述形式。外部证成理论的任务就是对这六组中概括在一起的论述形式进行逻辑分析，这个分析的最重要的成果在于审视判断它们之间相互联结的必要性和可能性，考察各种不同形式的论述之互动，搞清楚经验论证和普遍实践论证在法律论辩中的作用。①

阿列克西的法律论证理论的基础（普遍理性商谈理论）在根本前提上与哈贝马斯的商谈理论是一致的。论证的理性通过运用实践论辩的规则和形式予以保障，这些规则和形式确定了一定的程序，所以，在阿列克西的法律论证理论中，规范性陈述的正确性是与程序关联在一起的，这也标志着阿列克西的法律论证理论是一种程序性理论。②

### （六）佩策尼克的法律证成理论

亚历山大·佩策尼克（Aleksander Peczenik）认为，法学结论、司法裁决等既可以在法律语境之中充分证成，也可以在它之外加以证成。因此，他提出了"法律语境内充分证成"和"深度证成"两种证成模式。"法律语境内充分证成"意指这种证成是在法律推理的框架之内进行的，它讨论的是被接受为法律材料的内容，论证者或解释者不需要提出当前的法律渊源类型为什么必须、应当或者可以被运用，为什么我们必须遵循这样的解释或论证规则。"法律语境内充分证成"以既有的法律传统为基础，而由于法律传统本身具有不同的目的和不同的语境，这就需要其他类型的证成，即"深度证成"。③

佩策尼克的法律证成理论建立在其法律"转化"理论基础之上。他认为法律论证在根本上依据的是非演绎推论，这构成了其法律"转化"理论的起

① 参见［德］罗伯特·阿列克西著：《法律论证理论——作为法律证立理论的理性论辩理论》，舒国滢译，中国法制出版社2002年版，第286—287页。

② 参见［德］乌尔弗里德·诺伊曼著：《法律论证学》，张青波译，法律出版社2014年版，第88页。

③ 参见舒国滢：《亚历山大·佩策尼克的法律转化与法律证成理论》，载《北方法学》2020年第1期。

点。[①]佩策尼克在讨论证成过程时发现，人类的认识和被证成的评价经常依赖于从一个（认识）层面到另一个（认识）层面的“跳跃”或“转化”。最简单的“转化”图式为“pTq”，表示从p转化为q，当且仅当满足下列条件：（1）p的真值性（或有效性等）被陈述为确认q的真值性的一个充足理由；（2）p并非演绎地蕴涵q；（3）添加一个平常的、众所周知的（隐含的）前提并不会使从p到q的过渡成为一个演绎过程。如果p和q由不止一个陈述组成，就产生了更为复杂的转化图式：（$p_1$，$\cdots p_m T q_1$，$\cdots q_n$）。[②]“转化”是根据规则发生的，“转化规则”是实质的推论规则：假如一个命题（或命题集）q从另一个命题（或命题集）p推导出来，一个推论规则可能证成这个推导，那么，命题“若p，则q”就可以得到证成。

法官作出裁决就是将法律规则适用于具体的案件事实，从中得出法律结论。在简单案件中，结论q可以从前提p（事实）和推论规则p→q（法律规则）中演绎得到，因为存在一个证成从前提得到结论的公认的规则。但是，在多数案件中，事实并不能轻易地为公认规则所涵摄，必须对法律规则进行解释或者创制新的规则。佩策尼克认为，在诸如此类的疑难案件中，裁决不会从前提中演绎得到，从事实（p）到裁决（q）之间有所跨越，要认可从案件事实（P）到结论（q）这一步骤，法官必须进行转化。[③]在法律推理中，第一种转化是从一组无法律调整的社会现实和价值出发，指出特别的规则体系也是一种值得关注的法律体系，这种转化是向法律内部的转化。第二种转化依赖于这样一种法律体系的存在，即裁决的作出必须将某些渊源视为法律渊源。首先，它确立于当作出法律裁决时哪些规则可以利用；其次，它取决于这些规则作何规定；最后，它决定于普遍规则在具体案件中该如何适用。在这三种情况下，实施的是法律内部的转化。

① 参见［德］乌尔弗里德·诺伊曼著：《法律论证学》，张青波译，法律出版社2014年版，第113页。

② 参见舒国滢：《亚历山大·佩策尼克的法律转化与法律证成理论》，载《北方法学》2020年第1期。

③ 参见［荷］伊芙琳·T.菲特丽丝著：《法律论证原理——司法裁决之证立理论概览》，张其山等译，商务印书馆2005年版，第143页。

在法律语境内充分证成之后就应当转向深度证成。通常，法律论证在法律共同体所默认的出发点框架内发生。在法律证成中，法律渊源、建构规则、解释规则以及论证规则都是在普遍认可的含义上使用的。为了维护证成中的法律出发点的适用，出发点的选择必须在深度证成中获得支持。深度证成必须从证明法律证成达到合理性的一般要求开始。佩策尼克将合理性区分为三种：逻辑合理性、支持合理性、推论合理性。逻辑合理性意味着法律论证的结论是从一组逻辑连贯且表述恰当的前提中符合逻辑地推导而出的。支持合理性是指结论从一组融贯的前提中符合逻辑地推导而出。推论合理性则指论证符合理性商谈的要求，推论合理性需要以支持合理性为先决条件，而支持合理性又需要以逻辑合理性为先决条件。[①]法律裁决的深度证成需要的不仅仅是符合理性要求的论证，还必须与某种法律共同体的出发点保持一致。佩策尼克将这种出发点称为法律意识形态。法律意识形态包含许多不同的组成部分，如必须渊源、应当渊源、可以渊源，以及渊源规范，判定某一规则是否是有效法律标准、基本规范，从法律角度指明宪法应当予以遵守的先决条件的基本规范，以及解释规范、建构规范和冲突规范等。[②]

## 三、法律论证的方法构成

法律论证的具体进路主要包括逻辑方法、修辞方法和对话方法。[③]逻辑方法注重论证的形式有效性，修辞方法注重论证内容的可接受性，对话方法主张将法律论证置于理性商谈的规则之下进行。

---

① 参见［荷］伊芙琳·T.菲特丽丝著：《法律论证原理——司法裁决之证立理论概览》，张其山等译，商务印书馆2005年版，第159—160页。

② 参见［荷］伊芙琳·T.菲特丽丝著：《法律论证原理——司法裁决之证立理论概览》，张其山等译，商务印书馆2005年版，第163页。

③ 参见焦宝乾：《逻辑、修辞与对话：法律论证的方法》，载《厦门大学法律评论》2005年第2期。

### （一）逻辑方法

> 逻辑推论和法律论证很大程度上被等同……判决证立被相应地构造为逻辑演绎；法律论证至少在其核心范围（涵摄到法律或其他法则之下）显示了或必然显示为三段论的结构。[①]
>
> 逻辑规则对法律论证的约束性是当然的。违反逻辑规则的法律论证，在法律上也是错的。但从中却推不出，法律主张的逻辑推导就能被看作证立。[②]

论证与逻辑有着密切的关联，在日常论辩中，我们攻击对方主张、辩护己方观点时，是否符合逻辑规则是最直接、最有效的方法或手段。在法律领域，尤其是在法庭论辩中，逻辑方法是各方论证自己观点、攻击对方观点最有效的方法。在法律论证中，逻辑方法的基本要求就是形式有效性。“逻辑方法强调形式有效性作为法律论证合理性标准的作用。”[③]逻辑有效的论述能够使结论得自论证的前提，在这种论述形式中，前提的真值性保证了结论的真值性。换言之，法律论证在形式维度上必须是正确的，结论必须是从前提中得出的。“一个演绎性判断，亦即一个结论性命题隐含于另一个或者若干个命题当中，后者是前者的‘前提’。无论前提和结论的内容是什么，只要从形式上前提中包含着结论，一个演绎性判断就是成立的。”[④]所以，无论是什么样的法律结论，它必须在逻辑上可以被重构，或者能够用有效的逻辑论述表达出来，大前提、小前提和结论这三者之间的关系必须在逻辑上是有效的。

最古老的逻辑系统是亚里士多德提出的三段论逻辑，它用于分析被称为

---

① ［德］乌尔弗里德·诺伊曼著：《法律论证学》，张青波译，法律出版社2014年版，第18页。

② ［德］乌尔弗里德·诺伊曼著：《法律论证学》，张青波译，法律出版社2014年版，第19页。

③ ［荷］伊芙琳·T.菲特丽丝著：《法律论证原理——司法裁决之证立理论概览》，张其山等译，商务印书馆2005年版，导论第23页。

④ ［英］尼尔·麦考密克著：《法律推理与法律理论》，姜峰译，法律出版社2005年版，第20页。

三段论的论述。三段论包括两个前提（大前提和小前提）和一个结论，例如：

大前提：任何人都会死。
小前提：苏格拉底是人。

---

结论：所以，苏格拉底会死。

这是典型的三段论推理，任何人都不会怀疑它的有效性，是我们在日常论辩中经常使用的一种逻辑方法。在法律论证中，这种逻辑方法是法官、律师经常使用的。比如，律师要证明某一具体案件必须受某个一般规则的调整，三段论能用于联结该一般规则与具体案件，法律规则表述在大前提中，小前提则表明某具体案件受该法律规则调整，结论表明适用于大前提中案件类型的法律后果同样也适用于小前提中的案件。例如，法律规定“故意杀人，应当判处死刑”，甲持刀故意杀死乙，所以甲应当被判处死刑。

大前提：故意杀人，应当判处死刑。（法律规则）
小前提：甲持刀故意杀死乙。（具体案件）

---

结论：甲应当被判处死刑。

逻辑方法的另一层含义是前后一致。在法律论证中，逻辑上前后一致的要求即法律裁决应当基于一种普遍规则，这种要求也被称作“一般化原则”或“可普遍化原则”。[①]换句话说，当有人主张一个法律裁决是基于一种普遍法律规则时，他即主张这种解决办法也适用于同类案件。

现代逻辑发展出了不同的逻辑系统。命题逻辑是以简单命题为单位，研究命题经逻辑联结词构成的复合命题的逻辑性质以及关于复合命题之间的推

① 参见陈金钊等著：《法律方法论研究》，山东人民出版社2010年版，第464页。

理关系。[1]命题逻辑阐明了如何使用诸如“如果……那么……”“和”“或者”等逻辑联结词来表达命题之间的关系。法律规则可以被看作得出某一特定法律后果的条件描述，可以用“如果……那么……”的形式重构一个法律规则。例如，《民法典》第1202条“因产品存在缺陷造成他人损害的，生产者应当承担侵权责任”用“如果……那么……”的形式来表述，即“如果因产品存在缺陷造成他人损害的，那么生产者应当承担侵权责任”。当在具体案件中证明了该规则适用的各项要求都已符合，则可得出相应的结论。

如果因产品存在缺陷造成他人损害，那么生产者应承担侵权责任。（如果p，那么q）

被告生产的产品存在缺陷造成他人损害。（p）

---

因此，被告应承担侵权责任。（因此，q）

用于分析法律论证的另一个逻辑系统是谓词逻辑。谓词逻辑系统是命题逻辑系统的展开式，除了使用效力取决于像“如果……那么……”这种表述的含义的论述，谓词逻辑还使用像“任何”“所有”“有的”这样的限定性的表达式和谓语。用谓词逻辑的形式对法律规则进行重构的例子如：

任何因产品存在缺陷造成他人损害的生产者应当承担侵权责任。

甲生产的产品存在缺陷造成他人损害。

---

因此，甲应当承担侵权责任。

如果使用符号，那么上述重构可以表达为：

① 参见李娜著：《数理逻辑的思想与方法》，南开大学出版社2012年版，第116页。

（1）$Tx \rightarrow ORx$

（2）$Ta$

（3）$ORa$ （1），（2）

在这个表达式中，“x”表示变量，用来指某个人；“T”表示谓语，其中某规范的适用条件被表述为“x”的某一属性；“OR”表示x做什么或应该如何处置x，“a”表示某个具体的人。

逻辑方法是法律论证的基本方法，但是这种方法所侧重的是法律论证的形式有效性，而非实质有效性。实质有效性要求前提的正确性，通过有效的逻辑推理，得出正确的结论。但是如果大前提不具有正确性，即使运用有效的逻辑推理方式，所得出的结论也必定不具有正确性。例如：

如果一个人是律师，那么他就是法官。（如果p，那么q）

乙是律师。（p）

---

因此，乙是法官（因此，q）

这一论述尽管是有效的，但是结论却不为真，因为它的大前提不为真。“一个论断在逻辑上成立，并不能确保它的结论的真理性，强调这一点是至关重要的。如果前提为真那么结论必为真，这是一个有效的论证所需要的。但是，逻辑本身不能保证前提的真实性。前提是否真实乃是（或至少可能是）一个经验问题。”[①]所以，逻辑方法只能保证法律论证由前提到结论的推理有效性，却无法保证法律论证中的大前提的正确性。换句话说，逻辑方法只能保证法律论证在形式上有效，不能保证法律论证的结论在实体内容上正当合理。“逻辑有效性是合理性的一个必要条件，尽管它本身不是充分条件。逻辑只涉及前提和结论之间的形式关系，而对从实质意义上前提是否能够令人

① ［英］尼尔·麦考密克著：《法律推理与法律理论》，姜峰译，法律出版社2005年版，第23页。

接受，以及在各种法律规则之间作出的选择是否得以证立的问题不置可否。在逻辑方法中，合理性并不同于形式有效性。”[①]总而言之，逻辑方法是分析法律论证的重要方法，是重构法律论证的形式结构及其隐含的要素的工具，只不过逻辑并不提供评价法律论证的实质和程序内容的标准。

（二）修辞方法

> 修辞是一套理性方法，当逻辑技巧以及其他精密方法都无能为力之际，可用修辞来说服人。[②]
>
> 作为对逻辑方法及其强调法律论证形式方面的回应，修辞方法注重论述的内容以及可接受性之语境的依赖向度。[③]

在法律论证中，逻辑方法虽然是首要的方法，但并不是唯一的方法，真正形成认同和接受的是言说者和受众之间的具体关系及各自主张的修辞表达。汉语中的修辞指的是表达者（说写者）为了达到特定的交际目标而应合题旨情境，对语言进行调配以期收到尽可能好的表达效果的一种有意识的、积极的语言活动。[④]在西方语境中，修辞（rhetoric）传统上一直被等同于“言说的艺术”（the art of speaking）或“说服的艺术”（the art of persuasion）。[⑤]修辞最早源于古希腊时期的法律诉讼，在当时的法庭上，修辞被大量运用，并衍生出了一套关于演说与论辩技巧的修辞学。“修辞术是论辩术的对应物，因为二者都论证那种在一定程度上是人人都能认识的事理，而且都不属于任何一种科学。人人都使用这两种艺术，因为人人都企图批评一个论点或者支

---

① ［荷］伊芙琳·T.菲特丽丝著：《法律论证原理——司法裁决之证立理论概览》，张其山等译，商务印书馆2005年版，第36页。

② ［美］波斯纳著：《法官如何思考》，苏力译，北京大学出版社2009年版，第109页。

③ ［荷］伊芙琳·T.菲特丽丝著：《法律论证原理——司法裁决之证立理论概览》，张其山等译，商务印书馆2005年版，第13页。

④ 参见吴礼权著：《现代汉语修辞学》，复旦大学出版社2006年版，第1—2页。

⑤ 参见刘亚猛著：《西方修辞学史》，外语教学与研究出版社2008年版，第1页。

持一个论点，为自己辩护或者控告别人。”[①]通过对修辞手段的运用，人们能够在那些无法通过逻辑或科学证明的论辩领域中，说服他人接受某种可能的观点或立场。

在法律领域，修辞的功能在于：在传统的分析推理之外，或者在逻辑推理失去其有效性之处，作为一种独立的、特定的推理论证方式，以弥补传统分析推理的缺陷与不足。[②]法律修辞并不仅仅等同于遣词造句的语言修辞。法律修辞是为了实现一个好的法律论证。为了令人信服地证立结论，就必须符合一定的正当性标准。法律在形式上以逻辑为中心，在内容上则以价值判断为中心。不同于法律论证的逻辑方法对形式方面的强调，修辞方法注重的是法律论证的内容及其可接受性。在法律论证中，修辞的方法就是以正确适用法律、有效解决纠纷为目的，使用各种语言技巧说明法律主张在内容上的正当性，说服听众接受自己的法律主张。

从法官的角度来说，其不仅要通过判决书阐明自己的裁判结论，还需要说明这种结论从何而来，尤其是对于争议较大的疑难案件，法官必须进行详细而缜密的论证。在这一过程中，对法官提出最大挑战的，可能并不是推理中的逻辑验证，而是对于某些或然性的问题如何证明裁判的正确性。这给予了修辞以广阔的适用空间，因为修辞的价值便在于“对无法定论的问题作出最佳结论，为无法解决的问题找到解决办法，为人类活动中在需要作出决定又无固定办法的关键时刻找到办法的方法、策略和研究原则”。作为具体的论证方法，修辞能帮助法官在特定案件的裁判中增强说服力。具体而言，在法律论证的过程中，法官至少可以在事实叙事、法律适用与情理说服三个方面借助于修辞方法实现论证目的。[③]法官在裁判书中运用修辞方法，可以有效地针对认定的案件事实和适用的法律规范进行说理，从而提升裁判结论的可接受性。“作为既有法律服务者的法官，其职责在于促成人们对法律制度

① ［古希腊］亚理斯多德著：《修辞学》，罗念生译，上海人民出版社2006年版，第19页。

② 参见焦宝乾著：《法律论证导论》，山东人民出版社2006年版，第324页。

③ 参见焦宝乾等著：《法律修辞学导论：司法视角的探讨》，山东人民出版社2012年版，第181—182页。

的接受。他要向人表明，他所作出的判决不仅合法，并且因其合理而可以被接受。每次在他需要处理相对立的观点、解释、利益与价值时，他都必须寻求那些既合乎法律又具可接受性的解决方案。”[①]

从律师的角度来说，律师的角色带有一定的目的性和倾向性，在陈述时必然带有自己的态度，努力影响听众作出对己方有利的判断。律师需要凭借自己的法律知识，借助语言表达中修辞用语的力量，努力说服听众接受自己的观点。为了达到说服的目的，律师有时候必须借助于高超的语言技巧，而修辞就是提高语言魅力的一种手段。听众是所有带有说服意味的演讲或者辩论的中心，律师使用修辞的目的是通过辩论技巧影响听众的思维和判断。由于一些听众法律知识的匮乏，其在接收律师所说的信息时，有时会出现各种障碍，注意力可能很难集中。律师可以在辩论中把握节奏，使用修辞手法，加入一些能抓住听众注意力的兴趣点，使听众保持注意力。另外，除了理性分析，律师还可以诉诸感性，可以适当地改变自己使用的修辞手法，以自己的情感来影响听众，使自己的言语更加具有感染力。[②]

修辞论证方法的具体运用既可以体现为口头方式，也可以体现为书面方式。“只要是有公开的论辩过程的地方，就会有修辞。”[③]口头方式如法庭诉讼中检察官和辩护律师分别对法官和合议庭（陪审团）组成的听众进行致辞。口头论辩是一种灵活机动、实践性很强的活动，尤其是在法庭论辩中，需要运用多样化的语言技巧，如要善于利用沉默、以动情的语言服人、让语言栩栩如生、通过重复强调重点、善用比喻手段、善于把握节奏、控制好情感、使用有力的语言风格、善用修辞问话、做到条理清晰，等等。[④]修辞论证方法的书面形式比较典型地体现在法律文书的写作中。律师在辩护词中恰当地

① ［比利时］佩雷尔曼：《法律与修辞学》，朱庆育译，戚渊校，载陈金钊、谢晖主编：《法律方法》（第2卷），山东人民出版社2003年版，第148页。

② 参见刘悦淼：《律师在刑事案件中的修辞用语及其辩护技巧》，载《齐鲁学刊》2016年第4期。

③ ［英］尼尔·麦考密克著：《修辞与法治：一种法律推理理论》，程朝阳、孙光宁译，北京大学出版社2014年版，第23页。

④ 参见廖美珍著：《法庭语言技巧》，法律出版社2005年版，第55页。

使用修辞，不仅能增强语言的美感，而且能使法庭辩护收到理想的效果，从而强化或改变法官、公诉人、诉讼参与人和其他听众的观点，进而获得有利于己方的判断和判决。[①]在判决书中，一方面，判决书必须最大限度地减少法律事实与客观事实之间的差距，需要运用消极修辞对认定的案件事实进行说明，在援引法律规范时，法官也要依据严格的逻辑关系处理具体的案情，进而得出合法与合理的判决结论；另一方面，判决书也并不完全排除积极修辞的运用，为了保持司法领域与社会公众的有效沟通，判决书的写作就不能仅仅使用“法言法语”，还应当照顾到特定社会公众的理解能力，恰当运用积极修辞以取得良好的社会效果。[②]

法律论证的修辞方法也存在一定的局限性，并不必然具有可靠性。麦考密克指出：“在法律实践中，训练有素的律师向法庭尽可能有说服力地提出各种案例，法官则在权衡他们就法律问题所提出的竞争性论证之后做出裁决。在陪审团负责裁决事实，或者依据主审法官所阐明的法律而对自身的事实发现做出法律结论的法律体系中，法庭论辩的修辞性特征愈加明显。但是从实践理性的观点看，一项论证的即刻而具体的说服性并不必然等同于它的可靠性。”[③]所以，法律论证的修辞方法是一柄“双刃剑”。一方面，通过正当的修辞在相当程度上能强化法律论证（判决）的正当性，修辞学可以成为一种“让真理听起来更像真理的手段，在许多时候，这还是唯一可能获得的手段”；但是另一方面，不当的修辞也会“指鹿为马”“颠倒黑白”，以修辞的力量颠覆逻辑、遮蔽常识，从而损害法律正义，甚至导致枉法裁判而成为滋生司法腐败的温床。[④]因此，“修辞方法必须在崇尚程序规制的法律论证框架下使用，才能坚持司法判决的首要目标是依法正确判决，然后才是通过修辞

① 参见张翼：《积极修辞在刑事案件辩护词写作中的运用——以夏俊峰故意杀人罪死刑辩护词为例》，载《福建警察学院学报》2013年第5期。

② 参见孙光宁：《判决书写作中的消极修辞与积极修辞》，载《法制与社会发展》2011年第3期。

③ ［英］尼尔·麦考密克著：《修辞与法治：一种法律推理理论》，程朝阳、孙光宁译，北京大学出版社2014年版，第25页。

④ 参见王彬：《法律修辞学的源流与旨趣》，载《北方法学》2013年第1期。

的合理包装送达当事人和社会”。[①]

（三）对话方法

对话最早源自苏格拉底的“助产术”辩论方式。在古希腊时期，论辩术就被当作一种专门的技艺传授，主要应用于公众集会场合和法庭辩论。对话方法的基本程序可以分解为：首先确定一个需要讨论的论题；然后讨论者提出一个构成这一论题的肯定观点，并举出支持这一观点的若干理由；接着提出一个反对的观点，并举出相应的理由；继而衡量正反两方面的理由；最后给出对这一论题的回答，并说明理由。这种对话式的论证方法其实就是我们常见的辩论赛。

从理论来源而言，对话论证方法是哈贝马斯的“商谈理论”在法律领域的具体体现。在更为宏观的领域中，商谈理论在实质上强调了交往理性和程序主义的观点，这一观点不同于传统形式主义和实质主义，而是强调各方通过程序的运作而获得某种特定结果。[②]在法律论证的对话方法中，法律论述被看成一场关于某种法律观点可接受性对话的组成部分，即从商谈程序的视角来考虑法律论证，法律论述的合理性取决于商谈程序是否符合可接受性的某些形式标准和实质标准。[③]

在法庭论辩中，控辩方之间对诉讼问题的辩论也是以对话的方式进行的，民事诉讼中的对抗式诉讼模式就是这种对话方法的典型表现。对话方法有助于提高论辩能力，从正反两方面认识问题的关键所在。尤其是在疑难案件中，通过对话更有助于法律职业人员法律思维能力以及问题分析能力的提高。（1）在司法活动中贯彻对话方法，有助于实现拟制的平等。为了保证商谈的顺利进行，参与者应当在进入商谈程序之前就具有平等的地位，唯此才

---

① 侯学勇、杨颖：《法律修辞在中国兴起的背景及其在司法审判中的作用》，载《政法论丛》2012年第4期。

② 参见孙光宁：《对话方法的价值与局限——法律论证理论的视角》，载《青海社会科学》2008年第3期。

③ 参见［荷］伊芙琳·T.菲特丽丝著：《法律论证原理——司法裁决之证立理论概览》，张其山等译，商务印书馆2005年版，第16页。

能保证各种意见得到平等的对待和交流。司法程序正是为了实现这一目的而进行的制度设计。当事人在诉讼程序中（尤其是在民事诉讼程序中）享有几乎相同的诉讼权利和义务，使得当事人在表达和交流意见上实现了平等。（2）在司法活动中贯彻对话方法，可以充分发挥各方当事人的积极性。对话方法的引入使当事人在平等的基础上为了更好地维护自身利益而加强对相关事实和规范的“挖掘”，不但能提出自身诉求，而且能积极地提供相关的理由和论证。（3）由于对话方法的引入发挥了参与者的积极性，司法过程可以实现“兼听则明”的效果。法律论证的主要特征就是开放性，这在对话论证方法中表现得尤为明显。在对话过程中，各方都可以提出观点和意见，只要有支持该观点和意见的合法与合理的理由，都会对案件的最终结果产生直接或间接的影响。一般来说，各方观点表达得越充分和全面，就越有利于法官作出合法且合理的判决。[①]总而言之，从现代法治理念的角度而言，法律论证的对话方法给予了论辩者一个平等参与、表达自己意见的程序性权利，这对于司法公正尤为重要。

在法律论证中运用对话方法也需要一定的条件，这些条件所要实现的形式特性就是哈贝马斯所称的“理想的言谈情境”的特性，即“交往活动既不受外界偶然因素的干扰，也不受来自交往结构自身之强迫的阻碍”。换句话说，对话只有在不受阻碍并且公平地进行时才能达成彼此观点的澄清。“只有当对手不再过度简化或扭曲反对意见的论据、不再提出未经证成的非难、不再用那些以自己意见之正确性作为前提的论据（所谓的循环论证）驳斥反对意见，并且，尽力去了解与深入探讨反对阵营的各种论点时，对话才能澄清双方的看法。一个如此的公平对话，不仅会让对话者更能理解对手的意见，并且也能让对话者更加了解自己的立场。”[②]当然，在实际的诉讼过程中，由于受各种现实因素的局限，各方的对话实际上不可能达成“理想的言谈情

---

① 参见孙光宁：《对话方法的价值与局限——法律论证理论的视角》，载《青海社会科学》2008年第3期。

② ［德］英格博格·普珀著：《法学思维小学堂：法律人的6堂思维训练课》，蔡圣伟译，北京大学出版社2011年版，第176页。

境”。然而，实际因素的局限并不应成为否认对话方法在法律论证中的重要意义的理由。

## 第二节　法律论证的广义扩充：事实论证

只有被解释过和被诠释过的事实构成，才能被涵摄到抽象的制定法上的事实构成之中。①

### 一、案件事实论证的概念

#### （一）案件事实论证于法律论证中的逻辑定位

阿列克西将法律论证区分为内部证成与外部证成两个向度，内部证成处理的问题是判断是否从为了证立而引述的前提中逻辑地推导出来；外部证成的对象是这个前提的正确性问题。②

内部证成的基本要求是法律判断应从为了证立而引述的前提中逻辑地推导出来。这一要求可以转化为两个基本的证立规则：（1）欲证立法律判断，必须至少引入一个普遍性的规范；（2）法律判断必须至少从一个普遍性的规范连同其他命题逻辑地推导出来。③第一个证立规则中所要求引用的普遍性的规范在我国法律体制下首先指成文法规范，但不仅限于此。单凭一个普遍性规范尚无法得出法律判断（判决结论），它必须结合案件事实并且在逻辑上涵摄该案件事实才能够推出结论，如以下这一结构：

---

① ［德］卡尔·拉伦茨著：《法律行为解释之方法——兼论意思表示理论》，范雪飞、吴训祥译，法律出版社2018年版，第12页。

② 参见［德］罗伯特·阿列克西著：《法律论证理论——作为法律证立理论的理性论辩理论》，舒国滢译，中国法制出版社2002年版，第274页。

③ 参见［德］罗伯特·阿列克西著：《法律论证理论——作为法律证立理论的理性论辩理论》，舒国滢译，中国法制出版社2002年版，第276页。

大前提：故意杀人，应当判处死刑。

小前提：甲持刀故意砍死乙。

---

结论：甲应当被判处死刑。

这表明，任何一个如“甲应当被判处死刑”这样的具体判断都应当能够被重构为如“法律前提（法律规则）+事实前提（案件事实）→裁判结论”的逻辑形式。但是，前提并非天然成立，因而外部证成的对象就是对内部证成所使用的各个前提的证立，[①]即对内部证成所使用的法律命题和事实命题提供证成。案件事实论证就是对案件事实进行理性证立，这构成了广义上的法律论证的重要组成部分。

（二）案件事实论证的一般界说

在外部证成中，事实命题证成的核心问题在于，司法裁判所要采纳的小前提即案件事实是什么？[②]对案件事实的确认是法律论证的思维起点，是推导出判决结论的事实依据。法律论证能否成立，关键就在于构建的小前提能否成立，即取决于对案件事实的确认能否成立。作为法律论证的小前提，案件事实并不等同于现实世界中发生的事件，而是一种语言陈述，即事实命题，因此必须区分几组相关概念。

第一，区分事件与事实。事件是实际上发生的某种状态或过程，事实则是用语言陈述出来的对象。一般来说，一个事件就是一个事实，事实可以从“事件”中截取，我们描述、陈述、解释这个事件，也就是在描述、陈述、解释这个事实。[③]案件首先呈现为事件，但最终形成作为法律论证之事实命题的则是案件事实。为了形成作为陈述的案件事实，除了要用语言描述事件，

① 参见［德］罗伯特·阿列克西著：《法律论证理论——作为法律证立理论的理性论辩理论》，舒国滢译，中国法制出版社2002年版，第285页。

② 参见舒国滢、王夏昊、雷磊著：《法学方法论》，中国政法大学出版社2018年版，第220页。

③ 参见张继成：《事实、命题与证据》，载《中国社会科学》2001年第5期。

还要进行选择，一方面必须考虑个别事实在法律上的重要性，另一方面也需要依据一定的方法来确定。

第二，区分生活事实与案件事实。虽然生活事实、要件事实、案件事实都是用语言来表述的，但是彼此并不相同。其一，用日常语言描述现实世界实际发生了什么。这涉及的是生活事实问题。其二，对生活事实的诸要素进行选择并重构出具有法律意义的事实。这涉及的是要件事实，需要依据法律规范对生活事实进行比对和选择，以确立哪些事实要素具有法律上的重要性和关联性。不具有法律上的重要性和关联性的事实要素不能成为要件事实的组成部分。即使是具有法律上的重要性和关联性的事实要素，也需要经过证据法、程序法的检验，因为有些事实要素虽然在实体法上具有重要意义，但是如果存在证据法、程序法上的瑕疵，也不能成为要件事实的组成部分。从生活事实到案件事实是一个关涉法律规范综合运用经验法则、自然法则、证据法则、诉讼规定等考量的过程，最终形成的案件事实才是法律论证的小前提。需要指出的是，从生活事实到案件事实的划分仅仅是逻辑上的，在实际操作中，案件事实的形成往往是一个来回往复的过程，并不像逻辑上那样可以清晰地区分。[①]

案件事实的形成是一个动态的过程，是一个从事件到事实、从生活事实到案件事实的过程。在案件事实的形成过程中，将事件陈述为事实是必不可少的第一步，即原、被告双方或控辩双方对发生的事件进行陈述并形成各自的事实。但是，将事件陈述为事实首先可能只是一种生活事实，要形成案件事实，还必须将生活事实在法律概念下进行筛选、重构。这一过程并不是单向的，因为法律规范可能需要解释，要件事实也可能需要剪裁，故而其更多地表现为一种互动和循环的过程。

① 参见舒国滢、王夏昊、雷磊著：《法学方法论》，中国政法大学出版社2018年版，第221—222页。

## 二、案件事实论证的修辞与法律叙事方法

案件事实论证的逻辑起点是提取生活事实。生活事实是独立于人的意识之外的“自在之物”，是案件事实原始的、最初的状态。并非所有的生活事实都能成为案件事实，也并非所有的生活事实都是真实可靠的，其原因在于时间之流的单向度性决定了生活事实虽然可以模拟，但任一具体事实却无以复现。此外，构成纠纷的具体生活事实大多呈现出发散性和多点性的特点，加之主体认知能力本身的有限性，决定了生活事实在主体认识活动中的复现不可全得，人们仅能利用其残存的信息对实际上已发生的案件事实展开合理的想象。一旦关涉事实何时、何地、怎样发生时，则只能依赖于生活事实亲历者的陈述或以其他证据形式予以呈现。在诉讼中，各方当事人都有其自身需要“建构”的案件事实，所选择的事实也是用于支持其自身意图的事实，因此每个描述都是有选择性的。“如果某人宣称看到或者记得某事，或者结合其他必要的解释因素，在它们都是真实的情况下，这种宣称实际上就是对现实世界的一种陈述。如果这个人是诚实的而且表达准确，那么，其陈述就可以被合理地接受为对既往事件的可能陈述。”①

史蒂文·伯顿在《法律和法律推理导论》一书中认为：“案件是关于法院曾经或可能作出解决纠纷行为的某个事件的简短故事”“把案件看作一个简短的故事强调的是它有一个开端、中间阶段和结局”“把案件看作关于某个事件的简短故事意在强调，每个案件在其所有特殊之处都是独一无二的。一个案件涉及两个或两个以上的当事方，他们永远不可能重复在他们之间引起纠纷的那种行为。我们可以用足以涵盖不同时空下不同当事人之间的不同纠纷的一般术语，去描述一个案件中的诸般事项。我们也可以用仅仅能够包含在一时一地的这些当事人之间发生的纠纷的特定术语，对它们加以描

① ［英］尼尔·麦考密克著：《修辞与法治：一种法律推理理论》，程朝阳、孙光宁译，北京大学出版社2014年版，第298页。

述。”[1]所以，在事件发生后，对我们来说，该案件就是一种叙事，证明案件事实也要基于证人的叙事以及对事件的描述。只有通过那些被说是发生事情的叙事性表述，他们（法律人）才能够在事件发生之后——有时候相隔很长时间——接触到这些事件。随着时间的推移，案件逐渐发展出关于过去时间的叙事，这些叙事的建构都是与有效法律相关的，而且通过这种方式可以导致定罪和处罚的权力，这些都属于法院既有的权力范围。[2]

作为“故事”的案件事实不仅是证据的产物，更是一种在修辞中完成的语言产物。案件事实论证就是一个法律叙事的过程。所谓叙事，最直观的解释就是讲故事的行为，也就是以形成故事文本为目的使用语言的活动。在这里，“故事”指的是具备下列要素的描述事情的口头或书面语言形式：（1）作为起始结构的开头，交代事情发生的动因和背景；（2）作为终局结构的结尾，给出事情的结局或评价；（3）交代事情如何能够从开头运行到结尾的一种情节发展和推进；（4）比较明确的中心主题，也就是通常所说的必须能够使读者或听众分辨出“这到底是一个关于什么的故事”。[3]而修辞正是发生在如何将已知的材料内容组织成叙事的形式的过程之中。在案件留下的痕迹中，其负载着能被人们所获取的信息，这些信息可以通过证据载体的形式予以反映。选择哪些事件或删除哪些事件，是由叙事者希望营造何种故事主题、气氛和人物形象所决定的，其关联着的乃是对特定主题的建构和对人物形象的塑造是否有利。

修辞方法的选择是修辞论证中最为关键的部分，直接决定着修辞论证的展开和修辞的整体布局。修辞方法首先要从案件的法律争议点出发进行初步选择，其次要结合案件可能的论辩前提体系再次进行筛选和确定。具体来说：（1）个案中的法律论证必须根据案件的法律争议点选择具有相关性的修辞方

① 参见［美］史蒂文·J.伯顿著：《法律和法律推理导论》，张志铭、解兴权译，中国政法大学出版社1998年版，第13—14页。

② 参见［英］尼尔·麦考密克著：《修辞与法治：一种法律推理理论》，程朝阳、孙光宁译，北京大学出版社2014年版，第289—290页。

③ 参见刘燕著：《法庭上的修辞：案件事实叙事研究》，光明日报出版社2013年版，第176页。

法。修辞论证总是以影响、说服他人为出发点的，是面向听众的讲演，而非修辞者自己内心的独白。修辞学意义上的相关性强调论证内容和修辞语境的语用关系，所以论辩者只能选择有助于法律争议点论辩的修辞方法和论辩技巧。（2）结合案件可能构成的论辩前提体系再次进行筛选和确定修辞方法。法律论证的修辞方法除了要根据案件的法律争议点进行初步选择之外，还应该使其与个案中可能使用的论辩前提体系勾连起来，从而实现其最终的筛选和确定。通常而言，法律概念、法律规则、法律原则等作为“正式法律渊源”的表现形式或内在组成部分，具有当然的法律效力和听众不得任意挑战的法律权威，可以构成修辞方法的客观前提或完全的前提；法学原理、一般法理、法律学说以及部门法学说等作为有效法的教义性知识，具有根本的教义学属性，能够生产和提供关于法律和法律体系的相关信息，也属于修辞方法的主要论辩前提。在修辞方法中，这些论辩前提之间的体系关系和效力结构在案件争议点之外也会影响具体修辞方法的选择。[①]

## 第三节　判例法制度及案例指导制度下的法律论证

对于法律论证而言，制定法的论证模式基本上相对比较确定，但是就司法判例的适用论证，因其法源定位不同会有所差异。一般而言，判例制度的法律论证由多种推理类型构成，它们各司其职，为裁判结论提供充分的论证。当下，我国已经建立起案例指导制度，但仍有不少人习惯将它等同于“判例制度”，认为拿案例来指导司法裁判就等于是引进与现有裁判思维大相径庭的判例法推理模式，故排斥甚至拒绝接纳案例指导制度。这种观点应当得到纠正。因此，有必要了解判例制度法律推理构成类型，并通过与案例指导制度法律推理构成类型的比较来展现案例指导制度在司法适用上的独到之处。

① 参见吕玉赞：《案件说理的法律修辞方法选择》，载《东方法学》2015年第1期。

## 一、判决理由决定判例制度法律推理构成类型

### （一）判例制度法律推理的法律前提和事实前提

论证是对主张进行辩护，而理由与主张之间的关系就如前提与结论之间的关系。推理强调的就是如何从前提得出结论的推导过程。一个完整的法律论证也是一个完整的法律推理过程。法律推理的前提按照性质可分为事实前提和法律前提。事实前提是经证据证明的案件事实，它的承载形式和表现形态在任何制度下的法律推理中都是同一的。不同的是规则前提，它是案件裁判所依据的法律规则。由于不同制度下法律规则的承载形式和表现形态不同，因而法律推理的推理构成类型也不同，如成文法制度下的法律推理就主要由演绎推理构成，而判例制度下的法律推理则包括归纳推理、类比推理和演绎推理三种类型。那么，究竟是什么构成了判例制度法律推理的法律前提？

众所周知，判例法传统的基本原则是“遵循先例”，它要求待决案件的裁判应当受到先前判决的约束。从内容结构上看，先例一般由三个部分组成，即案件事实、判决理由和附随意见，但是并非先例的所有内容都对待决案件具有拘束力，享有拘束力的是先例当中的判决理由。①附随意见尽管也表达了一些法律观点，但它没有拘束力，无法构成裁判待决案件的大前提。一个先例的判决理由是判例法裁判的绝对核心，所谓“遵循先例”其实就是遵循先例中的判决理由，它将构成待决案件裁判推理与论证的必要材料。虽然判决理由的拘束力有等级上的差别，但是，效力的等级与来源只是表明了待决案件将受到哪些“适格先例”的拘束，它对如何运用先例进行推理和论证而言并不重要。

迄今为止，对于何谓判决理由存在诸多观点。例如，Zander认为，判

① 参见［英］鲁伯特·克罗斯、J.W.哈里斯著：《英国法中的先例》，苗文龙译，北京大学出版社2011年版，第39页。

决理由是指在重要事实（material fact）基础上能够裁定案件的法律命题（a proportion of law）。[①]Montronse表示，判决理由在使用时拥有两重含义：（1）判例据以作为约束性权威的法律规则；（2）在法官判决意见书里，作为判决基础的法律规则。[②]也有学者认为判决理由可能体现为法律原则，[③]等等。不过，撇开这些精致而细微的差别，从推理前提的组成来看，判决理由的实质就是案件裁判的规则，[④]不管是称其为法律命题，还是称其为法律规则、原则，它都将构成案件裁判推理的法律前提，与事实前提一道构成法律推理的前提集合。可是，既然不同制度下的事实前提都指代案件事实，那么判决理由到底是如何影响判例制度法律推理的构成类型的呢？

### （二）判决理由何以决定判例制度法律推理的构成类型

先例的判决理由虽然与成文法的法律条文一样同为规则，但是它需要由待决案件的法官通过概括、提炼，从先例当中进行确定。例如，State v. Rhodes案，[⑤]待决案件的法官有可能会关心丈夫用木棍责打妻子时妻子的挑衅行为。如果他认为“挑衅行为”与先例规则相关，即先例规则的构造在一定程度上依赖是否存在“挑衅行为”，那么“挑衅行为”就可能构成判决理由的组成部分。但要是丈夫的责打行为对于妻子的挑衅或者不挑衅而言无关紧要，那么规则就会把这两种情形都囊括进来，而不仅仅指代“挑衅行为”这个事实。由此可见，判决理由作为案件裁判的法律规则就存在一个如何确定的问题，它的关键在于法律规则（即法律前提）应当在多宽或者多窄的范围内被陈述。换言之，案例事实应当被概括、归纳到何种抽象层次？这在成文法制

---

① See Michael. Zander, *The Law—Making Process*, 7th ed., Hart Publishing, 2015, p.255.

② 参见［英］鲁伯特·克罗斯、J.W.哈里斯著：《英国法中的先例》，苗文龙译，北京大学出版社2011年版，第81页。

③ 参见易延友主编：《中国案例法评论》（第1辑），法律出版社2015年版，第8—9页。

④ 卢埃林、万堡（Wambaugh）、格兰维尔·威廉姆斯（Glanville Williams）、克罗斯和哈里斯等都表达了类似观点。参见［美］博西格诺等著：《法律之门》，邓子滨译，华夏出版社2007年版，第33页；［英］鲁伯特·克罗斯、J.W.哈里斯著：《英国法中的先例》，苗文龙译，北京大学出版社2011年版，第45—85页。

⑤ See State v. Rhodes 61 N.C.453（1868）.

度下是难以想象的。成文法规则就陈列在法典里，根本不需要法官通过抽象、归纳等额外过程进行规则塑造。所以，在判例制度下，要想从事实前提和法律前提中推导得出裁判结论，首先就势必要确定法律前提，即从先例当中提炼、归纳出判决理由，这就涉及了归纳推理。不过，由于判决理由是从先例事实当中抽取而来的，而且它必须能够适用于先例事实。因此，案件事实要想适用该判决理由就必须与先例事实构成类似或相同。这与列维所描述的判例推理过程大致相同，即“将一项由先例提炼出的论断视同一项法则并将之适用于后一个类似的情景之中”。[①]类似或相同的判断则属于类比推理。最后，当法律前提得以确定，案件事实适用判决理由还需要借助演绎。所以，判例制度的法律推理就是由归纳推理、类比推理和演绎推理所组成的混合推理。[②]

## 二、判例制度的法律推理构成Ⅰ：归纳推理

### （一）判例制度下归纳推理的表达式

归纳推理是指“从个别性例证到一般性原理的推理”。[③]对于判例制度的法律推理而言，判决理由表达的就是“一般性原理”，它是从一个或者更多的“个别性”先例中抽取、归纳而来。卡多佐就曾直言：“普通法的运作并不是从一些普世的和效力不变的前提真理中演绎推导结论。它的方法是归纳的，它从具体中得出它的一般。”[④]不过，在判例法裁判中作为一般原理的判决理由表达的不是一个由系词“是”主导的事实命题，而是由“应当”（尽管不一定被表示出来）主导的规范命题。因此，判例制度下归纳推理的表达式就可以表述为：

---

① ［美］艾德华·H.列维著：《法律推理引论》，庄重译，中国政法大学出版社2002版，第320页。

② 也有学者以不同的方式论证了这一观点。参见李安：《归纳法在判例主义法律推理中的有效性与论证》，载《法律科学》2007年第2期。

③ 陈波著：《逻辑学导论》，中国人民出版社2006年版，第222页。

④ ［美］本杰明·卡多佐著：《司法过程的性质》，苏力译，商务印书馆1998年版，第10页。

前提：

$A_1$应当S；

$A_2$应当S；

……

$A_n$应当S；

$A_1$，$A_2$…$A_n$是A的部分对象，并且其中没有A不应当S。

---

结论：所有的A都应当S。

事实命题与规范命题看似只是出现了语词上“是”和“应当”的更迭，然而，判例制度下的归纳推理与通常自然科学意义上的归纳推理已经在论证上产生了实质差异。自然科学意义上的归纳推理追求的是完全归纳推理，它强调前提要尽可能地充分、完全，不能仅仅通过枚举几个例子就给出结论，否则容易被视为草率的、不严谨的。比如，仅仅通过“麻雀会飞”“乌鸦会飞”两个个例，就推导出“所有鸟都会飞”的结论，这在自然科学的归纳推理中是一大禁忌。虽然归纳推理“不是以‘严格地正确’来达到必然真理”，而是“以某种程度的‘可靠性’或‘或然性’来达到概率真理”，①但是，尽可能寻求最大多数的前提则是自然科学上运用归纳推理的必然要求，因为前提越多，结论越可靠。与之相反，判例法裁判当中的归纳推理则没有这个要求。事实上，法官经常由一个或者几个个例就完成了归纳，从而将一般原理适用到待决案件中去。就确定先例的判决理由而言，法官并非不愿意对所有先例进行考虑，而是没有必要，因为判例法传统既要求遵循判决理由，又假定判决理由不是百分之百正确的，即他们对判决理由是抱着一种可以发展和演化的态度。“有时，人们会发现，对这个规则或原则的系统阐述过于狭窄或过于宽泛，必须重新予以构造；有时，人们接受它为此后推理的一个先决

① 参见李安：《归纳法在判例主义法律推理中的有效性与论证》，载《法律科学》2007年第2期。

条件，而忘了它的起源。”[①]所以，就算判决理由不适用于某个案例也不意味着这个判决理由就是错误的，这种态度与自然科学追求事实命题的真假形成了巨大反差，自然科学归纳推理的结论要是遇到一个反例，则这个结论就是错误的。显然，非真即假的归纳态度并不适合判例制度的法律推理领域。

### （二）判例制度下归纳推理的论证要点

归纳推理的独特个性很好地解释了为什么待决案件的法官总是有理由限缩、扩展，甚至推翻先例的判决理由。也正因如此，在确定判决理由的归纳推理中，它的主要问题可能并不在于归纳的前提是否充足，而是先例事实$A_1$，$A_2$…$A_n$应当被抽象到什么程度的事实类型，到底是A还是其他。因为在无法保证归纳的前提是否充足的情况下，个例的抽象程度决定了归纳结论的可靠程度。那么，到底应当抽象到什么程度？倘若归纳结论要对个例（$n \geqslant 1$）和待决案件都适用，则至少应当抽象到刚好能容纳这两者共同特征的程度。这就是决定抽象程度的衡量标准。如果抽象的程度只能容纳个别特征，或者超过了共同特征的界限，则判决理由可能会面临挑战。于是，比对个例的事实特征，找到并论证一个能够恰当涵盖共同特征的概念就成了归纳推理的关键和论证重点。然而，这只是理想的描述，现实是能够恰好涵盖共同特征的概念几乎不存在，自然语言不像符号语言是确定、封闭的，因而退而求其次，归纳所得的概念至少一定能够涵盖个例（$n \geqslant 1$）以及大致能够涵盖待决案件，至于到底能否适用归纳结论（即判决理由：所有的A都应当S）则将涉及类比推理。

## 三、判例制度的法律推理构成Ⅱ和Ⅲ：类比推理和演绎推理

### （一）判例制度下类比推理的表达式

将判例制度的法律推理构成类型分为归纳、类比与演绎，并不意味着它

① ［美］本杰明·卡多佐著：《司法过程的性质》，苏力译，商务印书馆1998年版，第28页。

们是按顺序阶段性发生的，在确定判决理由的归纳推理之前，就已经存在类比思维活动。[①]类比推理是从个别到个别的推理，它根据两个事物具有一系列的相同属性，断定其中一个事物也具有另一个事物的其他属性。就判例法裁判的类比推理而言，它要比较的是待决案件事实是否与先例事实相同，如果相同，那么就可以断定待决案件也能够适用先例的判决理由。因此，判例法裁判下类比推理的基本表达式为：

前提：

待决案例C和先例D相同。

先例D适用判决理由。（A应当S）

---

结论：待决案例C也适用判决理由。（A应当S）

（二）判例制度下类比推理的论证要点

**1. 判决理由限定事实比较范围**

如何比较事实的相同或者不同是类比推理的关键。可是，待决案件事实到底应当与先例当中的哪些事实进行比较呢？以待决案件Burd V. Vercruyssen[②]为例，它所遵循的先例是Falzone V. Busch。[③]Burd V. Vercruyssen的部分内容如下：

最高法庭在Falzone V. Busch案中宣布无撞击规则（“no impact” rule）不再是新泽西州的法律。尽管该案扩展了规则的范围，但它确实也对“无撞击”的主张设置了界限。虽然法庭主张撞击并不是恢复由惊吓所导致的实质

---

① 在归纳推理中，概念要想精确涵盖多个个例，就应当知晓个例的共同特征，而这就要求进行比对。类似观点也可参见［英］鲁伯特·克罗斯、J.W.哈里斯著：《英国法中的先例》，苗文龙译，北京大学出版社2011年版，第209页。

② See Burd V. Vercruyssen 142 N.J. Super.344（1976）.

③ See Falzone V. Busch 45 N.J.559（1965）.

性身体伤害或疾病的先决条件；但是，它将恢复的权利限制在“惊吓源自对身体即刻伤害的合理担忧……”（出自Falzone V. Busch）Burd女士的精神伤害并非源自对自己身体伤害的担忧，而是因为她儿子的夭折和她儿子的境况。也可参见Caputzal V. The Lindsay Co.案，Falzone和Caputzal案呈现了无撞击规则的外部限制，基于此排除了原告的诉讼主张。

Burd V.Vercruyssen案通过事实比对与Falzone V. Busch案进行了区别。本案的比对内容主要是“Burd女士的精神伤害并非源自对自己身体伤害的担忧，而是因为她儿子的夭折和她儿子所处的境况”。其中，“源自对自己身体伤害的担忧”就是Falzone V. Busch案的事实抽象，它出自Burd V.Vercruyssen案对Falzone V. Busch案所确定的判决理由当中，即虽然法庭主张撞击并不是恢复由惊吓所导致的实质性身体伤害或疾病的先决条件，但是它将恢复的权利限制在“惊吓源自对身体即刻伤害的合理担忧……”该判决理由又出自Falzone V. Busch案的以下判决内容：

因此，我们主张，当过失引起了惊吓，而这种惊吓源自对人身即刻伤害的合理担忧，并且惊吓又被充分证明已经导致了实质性的身体损伤或疾病，那么，假定这类身体损伤或疾病被视为损害的合理要素，正如它们好像是由直接身体损伤而非惊吓所引起的后果一样，则受到伤害的人就能够主张恢复赔偿。当然，当惊吓未造成实质性身体损伤或疾病时，它将被视为太过缺乏严重性、太过于推测，而无法给责任的负担提供正当理由。

显而易见，区别所针对的事实是精神伤害的来源，它是案件事实比较的争议焦点，而它来源于先例的判决理由。这也不难理解，因为既然待决案件的裁判需要讨论的是先例判决理由是否适用的问题，则与判决理由无关的事实就注定无法进入讨论的范围，它只能讨论那些构成了判决理由的特定事实类型，否则比较毫无意义，也没什么关键可言。这就是说，判决理由为待决案件与先例划定了事实比较的范围，在这个范围内，所有事实都将可能成为用来比对的重要事实。

**2. 关键事实的比较是类比推理的论证要点**

然而，我们应当同时注意到，虽然判决理由限定了事实的比较范围，但真正进行比较论证的则是精神伤害的来源，即部分判决理由（这种惊吓源自对人身即刻伤害的合理担忧）所指陈的事实，即“当时坐在距离她丈夫被撞现场很近的合法停泊的车内，由于过失驾驶，被告的汽车转向公路对面并朝着原告的方向行驶，当时距离原告非常近，以至于她担心自身安全而受到了惊吓”。[①]这就说明在这部分事实的异同比较上是存在争议的，它决定了案件裁判的最终走向，因而这部分事实是案件事实的真正比较点，是关键事实，或称争议事实、必要事实。[②]关键事实相同，则案件相同；关键事实不同，则案件不同。

（1）关键事实与非关键事实的区分

如何区分关键事实和非关键事实呢？处在判决理由指陈事实范围内的非关键事实，它们的相同与否从直观上就能够确定。比如，对于Falzone V. Busch案判决理由的其他部分所指陈的事实，法官就没有进行比对，只要陈述Burd V. Vercruyssen案的相关事实就能够证明其与Falzone V. Busch案相同。因而，非关键事实就是那些在直观上能够确定是否相同的事实。对此，若非要刨根问底地追问，那么唯一的解释就是这些事实符合人们共同的感知经验。“法官及法律共同体的法律经验、法律知识素养和法律专业技能对于妥当进行类比推理和类似案件判断具有重要意义。”[③]由于没有争议，法官也就没有必要再进行论证。所以，对于那些简易的、严格遵循先例的案件而言，判决理由一旦确定，结果就已经确定，在这样的判决陈述中很少见到事实比较。唯有那些需要识别的案件，事实的比对才占据了重要的位置。区别技术作为判例法裁判的独特技术，其要旨就在于表明待决案件与先例在关键事实方面存在

① See Falzone V. Busch 45 N.J.559.

② 参见张骐：《论类似案件的判断》，载《中外法学》2014年第2期。

③ 张骐：《再论类似案件的判断与指导性案例的使用——以当代中国法官对指导性案例的使用经验为契口》，载《法制与社会发展》2015年第5期。

差异，从而证明应当适用的规则是与先例不同的。这就表明，待决案件事实的真正比较对象应当是关键事实。可是，如何比较关键事实，从而确定它们是相同还是不同呢?

（2）关键事实的异同比较

所谓关键事实相同与否的比较，其实就是指待决案件是否能在关键事实上与先例一样被处理成判决理由中的事实类型。孙斯坦在他描绘的类比推理五个步骤中给出了恰当的说明："类比推理的过程大致可以分为五个步骤。（1）某种事实模式A（即'源'案例）有某些特征；我们可以把这些特征称作X、Y和Z。（2）事实模式B（即'目标'案例）有特征X、Y和A，或者X、Y、Z和A。（3）A在法律中是以某种方式处理的。（4）在思考A、B及其之间关系的过程中建立或发现了一些能够解释为什么那样处理A的原则。（5）因为B和A具有共同之处，B也应当得到同样处理。这为同一原则所涵盖。"①

孙斯坦认为第4步是关键，即要建立或发现一些能够解释为什么那样处理A的原则。结合步骤5，这就意味着要将争议的待决案件事实（关键事实）处理成同判决理由一样的事实类型，就应当得到原则的支持。该原则就是支持判决理由成立的原则，在判例法国家，这样的原则可能是道德、实证资料或者社会政策等。若支持，则它就与先例事实一样属于相同的事实类型；若不支持，则构成了实质上的差异。"所谓相同或者不同应当是法律意义上相同或者不同"这个观点的根源就在于此，这就是类比推理中"同案"证明的核心要点。

### （三）判例制度的法律推理构成Ⅲ：演绎推理

演绎推理在判例法裁判的过程中看起来是微不足道的，因为当类比推理终止时，判决理由的适用就自然导出了判决结论。尽管如此，它依旧不可

---

① ［美］凯恩·R.孙斯坦著：《法律推理与政治冲突》，金朝武、胡爱平、高建勋译，法律出版社2004年版，第77页。

或缺。演绎推理保证了结论的有效性。有效性是一个逻辑学概念，它表明，只要保证前提为真，则必然能推出真的结论。假定判决理由为A→S，先例为$A_1$，待决案件为$A_2$，则由于$A_1$就是A，故（A→S）∧$A_1$→S，类比推导$A_2$=$A_1$，故$A_2$也是A（即也应当适用先例的判决理由）。因此，就有以下演绎推理形式：（A→S）∧$A_2$→S。结论的有效性源于演绎推理形式的有效性，（A→S）∧$A_2$→S的真正形式是（A→S）∧A→S，它是有效的，可以用真值表检验（只要不存在前提真结论假的情况，形式即为有效），如下表所示：

| | A | S | A→S | （A→S）∧A |
|---|---|---|---|---|
| 第一栏 | T | T | T | T |
| 第二栏 | T | F | F | F |
| 第三栏 | F | T | T | F |
| 第四栏 | F | F | T | F |

撇开演绎推理的真值问题，它事实上传达了这样一个不可侵犯的观念：既然判决理由确定只要出现A就一定能够得到结果S，那么当任一事件$A_2$通过类比确定属于A时，它也一定能够得到S，而非其他结果。这就是演绎的力量，尽管推理、论证的重点不在于此，但它在最后给予了结论不可辨驳的力量。

以上就是判例制度法律推理的构成类型，那么案例指导的法律推理是否也同判例法裁判一样包括了归纳推理、类比推理、演绎推理？它们之间又有什么联系和区别？

## 四、与案例指导制度法律推理构成类型比较

案例指导制度尽管在制度设计上与判例制度相去甚远，但它的裁判方法要面对与判例制度相同的问题，即如何运用案例（先例）进行法律推理，从而裁判待决案件。为了与判例制度法律推理构成类型进行充分比较，我们需要先了解案例指导制度下法律推理的构成类型。

## （一）案例指导制度下的法律推理构成类型

### 1.案例指导制度的法律推理构造

案例指导制度的法律推理构造建立在成文法推理模式的基础上，其裁判过程大致可被描述为：根据完整的成文法规则和经证据证明的案件事实，同时参照由特殊程序和方法所获取的指导性案例，通过必要推理、论证来获得裁判结论，因而摆在法官面前的推理前提包括三个部分：成文法规则、待决案件事实和指导性案例。那么，在该前提下，法律推理的焦点就转变成如何通过以上三个前提来得出裁判结论。案例指导制度下法律推理的推理模式和形式逻辑表达如下。[①]

法律前提：成文法规则+（指导性案例）裁判要点。

事实前提：待决案件事实。

---

裁判结论：

（1）$\forall x(Tx \rightarrow ORx)$

（2）$\forall x(Mx \rightarrow Tx)$

（3）$\forall x((Mx \vee Msimx) \rightarrow (Tx \wedge ORx))$

（4）$\forall x(Hx \rightarrow Msimx)$

（5）$Hb$

（6）$ORb$　　　　　（1）（2）（3）（4）（5）

其中，前提（1）是成文法规则（法律及其司法解释）；前提（2）是指导性案例中的裁判要点，它是对成文法规则构成要件的进一步解释；前提（3）是法律形式正义原则的符号化表达：对于任何指导性案例以及与它相同

① 参见黄泽敏、张继成：《案例指导制度下的法律推理及其规则》，载《法学研究》2013年第2期。

或相似的案件［（Mx ∨ Msimx）］，应当认定它们都符合法律规则的构成要件，并赋予它们相同的法效果［Tx ∧ ORx］。前提（1）、（2）、（3）在案例指导推理结构中是作为已被证明的前提而被确立的，要想参照指导性案例（严格说是适用裁判要点）并赋予待决案件以法效果［ORb］，就必须证立前提（4），即证明待决案件与指导性案例相同或相类似［Hx→Msimx］。①

**2. 法律推理前提比较：裁判要点VS. 判决理由**

从以上推理构造中可知，案例指导制度法律推理的法律前提相较于判例法法律推理多了成文法规则这一要素。真正需要比较的是它们所各自拥有的裁判规则：裁判要点和判决理由。那么，到底有哪些异同点呢？

第一，裁判要点与判决理由的相同之处。依前述所言，先例判决理由在裁判过程中扮演了至关重要的角色，它确定了案件事实的比较范围，而且其中的事实类型描述得越具体，则其约束的范围就越狭小；反之，抽象的程度越高，则判决理由所能掌控的范围就越广，即涵盖了更多的事实情形。因此，每个待决案件的具体事实都只是在该抽象事实类型下来认定是否与先例事实构成相同或类似。同样地，在我国的案例指导制度下，裁判要点是从指导性案例事实中抽取、概括出来，也描绘了特定的抽象事实类型，对以后的裁判具有指引作用，并且，它又具有作为一般行为规则的形态和含义，包含了规则的适用条件、具体行为模式和相关法律后果等规范逻辑要素，因而将其承载的规范内容称为“裁判规则”。②也正因如此，裁判要点就是作为判断、证明待决案件事实是否与指导性案例事实构成相同的识别依据，它与判决理由一样确立了“同案”比较的基础（即事实类型），或者说是确定了“相同”或者类似与否的事实比较范围，如在类型概念A之下，比较事实a和b是否都是A。这是它们的相同之处。

第二，裁判要点与判决理由的区别。裁判要点与判决理由具有两点本质上的区别。首先，在判例制度下，判决理由是需要待决案件法官进行确

① 参见黄泽敏、张继成：《案例指导制度下的法律推理及其规则》，载《法学研究》2013年第2期。

② 参见张志铭：《中国法院案例指导制度价值功能之认知》，载《学习与探索》2010年第3期。

定的；而在案例指导制度下，裁判要点对于法官而言则是既定的，即待决案件的法官在参照指导性案例时无须对其所蕴含的规则进行提炼、确定，因为它作为现成的体例要素已经在指导性案例当中。其次，就算判决理由已经由法官确定，它也不一定构成待决案件的裁判规则，它只是“看似可以直接适用手头上的案件”，[①]因而判决理由与待决案件的裁判规则事实上存在着转换过程，这种转换的过程正是判例法裁判推理与论证的要旨所在。通常而言，严格遵循先例是常态，因此判决理由就是裁判规则，转换过程就不容易被察觉，但是，要是出现规避或者扩展适用，甚至推翻的情形，那么判决理由就与裁判规则产生了明显的差异，转换就不可避免。这在案例指导制度下是不可想象的，裁判要点作为参照的裁判规则，要是待决案件法官发现它不可适用，那么只有规避的可能，而不可能做出扩展、限制，甚至推翻重新创设的举动，这就完全违背了成文法传统的要求，奔向了判例法裁判的边缘。所以，判决理由只是提供了大致、可能的裁判规则（或曰规则前提），而裁判要点就是提供了裁判规则，它要么适用，要么不适用。

**3. 案例指导制度法律推理的构成类型**

正是由于承担了“判决理由”功能的裁判要点提供的是无法变更的现成规则，案例指导制度下的法官就无须再对指导性案例的裁判规则进行抽取、归纳，这就导致了案例指导制度法律推理的构造只包括类比推理［前提（3）和（4）的推理实质就是类比推理］和演绎推理，而不包括归纳推理。因此，案例指导制度法律推理构成类型和判例制度法律推理构成类型的比较如下：

①案例指导制度法律推理构成类型：类比推理和演绎推理。

②判例法裁判的法律推理构成类型：归纳推理、类比推理和演绎推理。

---

① ［美］迈尔文·艾隆·艾森伯格著：《普通法的本质》，张曙光等译，法律出版社2004年版，第112页。

但是，除却推理构成类型的区别，案例指导制度与判例制度的类比推理与演绎推理是否有所差异呢？

## （二）案例指导制度类比推理VS.判例制度类比推理

### 1.案例指导制度的类比推理

案例指导制度下类比推理的焦点毫无疑问也是案件事实的异同比较，那么，在裁判要点和判决理由相区别的情况下，比较又是如何展开的呢？

裁判要点虽然提供了事实的比较范围，即事实类型，但它只是从指导性案例（包括其原始案例）的众多事实特征当中抽取了部分特征所概括出来的规则，所以，作为参照适用对象的指导性案例就应当告知裁判者：（1）裁判要点到底是从哪些事实（特征）中抽象而来的；以及（2）为什么是由这些而非那些事实特征构成裁判要点（所描述的事实类型）。其中，第（2）点甚为重要，它的意思是，裁判要点作为规则，不仅描述了事实类型，更为重要的是赋予了该事实类型以特定的效果。然而，考虑到它不是通常意义上的法律，也不是司法解释，指导性案例若要按照裁判要点来处理，则裁判要点的形式特征不能给予这种处理以权威性和正当性，还需要实质理由来为处理提供正当性基础，[①]即证明为什么赋予这些而非那些事实（特征）以特定的效果。因此，裁判要点的适用是要受到条件限制的，即需要获得“实质理由”的支撑。什么是实质理由？与“实质理由”最为相近的体例要素是指导性案例中的裁判理由。裁判理由是“论证裁判要点正当性的法律科学依据，裁判要点能否立得起来，能否说服别人去参照，需要裁判理由的支持”[②]。所以，要将待决案件按照裁判要点做出与指导性案例相同的处理，就必须获得裁判理由的有效支持，裁判理由是论证待决案例与指导性案例是否相同的实质理

---

① 参见黄泽敏、张继成：《案例指导制度下的法律推理及其规则》，载《法学研究》2013年第2期。

② 参见郎贵梅：《论裁判要旨的性质、分类和编写》，载《人民法院报》2008年7月23日，第3版。

由。[①]那么，这对于案件事实的异同比较又有何影响呢？

粗略看来，案件事实的异同比较只需要在事实特征层面上进行，一旦能够断定“相同”或者类似，待决案件就理所应当适用裁判要点。不过，因为适用裁判要点需要获得实质理由支持，所以“相同”或者类似与否的判断还需要通过实质理由的验证。正是鉴于这种区分，案例指导制度下“相同”或者类似与否的类比推理应当包括“初步”与“最终”两个阶段。初步阶段是通过事实特征的直接比对来证明待决案件是否符合裁判要点的事实描述。最终阶段则是通过实质理由论证来最终确定是否构成“相同”或者类似。[②]

以上即为案例指导制度类比推理的核心内容，接下来我们就可以将其与判例制度类比推理进行比较总结。

**2.类比推理的比较**

第一，相同。上述对判例制度类比推理的研究业已表明，并非每个判决理由的每一次适用，也并非判决理由的所有部分都需要经过严格意义上的事实识别与比对，或者“同案”的证明，只有那些在判决理由指陈的事实范围内存在争议的部分才需要严格比对、证明，那部分事实才是关键事实。这对于案例指导制度也是一样的。在大多数情况下，只要通过直观的案情比较就能够确定“相同”或者类似，从而确定裁判要点的适用，如若不然，案例指导制度的优点又将体现在哪里呢？因此，在类比推理的事实直观比对阶段，案例指导制度的类比推理与判例法裁判并没有差异，它们共同遵循了孙斯坦教授类比推理步骤的（1）和（2）。但是，它们之间是否存在差异呢？

第二，差异。案例指导制度下的事实比对，其“相同”或者类似与否需要得到实质理由的支持，这就与判例制度下的类比推理形成了重要的区别：其一，在判例制度下，只有在关键事实上的比较才需要得到“原则”的支

① 参见黄泽敏、张继成：《案例指导制度下的法律推理及其规则》，载《法学研究》2013年第2期。

② 参见黄泽敏、张继成：《案例指导制度下的法律推理及其规则》，载《法学研究》2013年第2期。

持，但是在案例指导制度下，哪怕事实比对在直观上没有争议，其仍需要经过“实质理由”的验证；其二，支持判决理由［步骤（3）］成立的“原则”是需要法官在待决案件审判中去建立和发现的，即孙斯坦教授的类比推理步骤（4）；而支持裁判要点成立的实质理由则是已经附着在既有的指导性案例体例要素（裁判理由）之中，不需要待决案件法官再去建立和发现。这种现成的实质理由如同上述裁判要点，将对法官的主观能动性进行严格限制，因而一旦发生案件事实不符合裁判要点，或者实质理由不支持的情形，待决案件的裁判就将回归至成文法法律推理模式当中。[①]这就是案例指导制度类比推理与判例制度类比推理的最大区别，也是案例指导制度法律推理独特的地方。

### （三）案例指导制度演绎推理VS.判例制度演绎推理

演绎推理在案例指导制度下的法律推理构造中居于次要位置，与判例法裁判相同，它主要也是为了给予判决结论有效性。只不过判例法裁判的演绎推理主要是在最后导出法效果的那一步，而案例指导制度下演绎推理则存在两个层级：第一层级是确保待决案件事实获得裁判要点的处理结果；第二层级则确保获得最终的法效果。这是因为裁判要点是一个中介性判断，大体处于成文法规则和案件事实之间，用以保证案件事实能够顺利归属在成文法规则的构成要件之下。[②]对此，我们可以指导性案例11号为例，它自身的推理结构可表述为：

前提①：法律规则——国家工作人员利用职务上的便利，侵吞、窃取、骗取或者以其他手段非法占有公共财物的，是贪污罪。

前提②：裁判规则——贪污罪中的“利用职务上的便利”，是指利用职

① 参见黄泽敏、张继成：《案例指导制度下的法律推理及其规则》，载《法学研究》2013年第2期。

② 参见黄泽敏、张继成：《指导性案例援引方式之规范研究——以将裁判要点作为排他性判决理由为核心》，载《法商研究》2014年第4期。

务上主管、管理、经手公共财物的权力及方便条件，既包括利用本人职务上主管、管理公共财物的职务便利，也包括利用职务上有隶属关系的其他国家工作人员的职务便利。

前提③：杨某虎等人“非法所得的建设用地90平方米……作为指挥部总指挥的杨某虎具有对该科室的领导职权……才使得王某芳等人虚报的拆迁安置得以实现”的犯罪事实。

---

判决结论：杨某虎等人构成贪污罪。

假定裁判要点形式化为M→T，指导性案例事实为M，待决案件事实为H，成文法规则为T→OP；那么，经过类比推理可知，H等同于M（H=M），则两层级的演绎推理可以表述为：①（M→T）∧M→T；②（T→OP）∧T→OP。由于判例法裁判中的裁判规则直接指向法效果，其导出结论的演绎推理就只有一个层级，而裁判要点则是指向成文法规则的构成要件，因而其导出结论的演绎推理就分化成两个层级。当然，这只是为了与判例制度法律推理进行严格区分，在本质上，演绎推理作为结论有效性的保障是没有区别的。

## 五、实例展示：案例指导制度下的法律论证

### 案例　某集团北京勘测设计研究院有限公司等与丽江五某河水电开发有限公司信用证欺诈纠纷①

**基本案情**

某集团北京勘测设计研究院有限公司（以下简称某勘测设计院）申请某银行股份有限公司北京朝阳支行（以下简称某银行朝阳支行）向丽江五某河水电开发有限公司（以下简称五某河公司）开立书面《履约保函》，经一审

① 参见北京市第三中级人民法院（2019）京03民终10555号民事判决书。

法院认定，该履约保函在法律性质上为独立保函，双方争议焦点为是否存在保函申请人某勘测设计院所主张的保函欺诈情形。一审法院判定某勘测设计院以现有证据主张五某河公司滥用受益人权利，恶意向某银行朝阳支行提出保函索赔申请，构成保函欺诈，法律依据不足，应予驳回。

二审法院确认了一审查明的事实，并认为本案的争议焦点之一在于五某河公司是否构成独立保函欺诈。某勘测设计院通过对双方之间的基础交易暨建设工程合同纠纷中履行细节还原的举证方式向法院力证其未构成基础合同的违约，但二审法院认为本案并非双方之间基础法律关系的建设工程合同纠纷，而是与金融领域有关的独立保函欺诈纠纷，其审查方法与基础合同存在区别，故本案首要的问题在于根据本案的性质确立审查尺度原则和审查方法。在此背景下，进一步审查五某河公司是否存在与司法解释规定相符的独立保函欺诈情形。

为协助法院处理本案纠纷，双方当事人均提交了案例供法院参照或者参考，在提交的案例中包括2019年2月最高人民法院发布的指导案例109号。因109号指导案例涉及独立保函欺诈的审查原则和方法，二审法院据此结合该案案情对109号指导案例在该案的适用问题进行了论述。法院认为，109号指导案例系《最高人民法院关于审理独立保函纠纷案件若干问题的规定》生效后，由最高人民法院作出判决并经审委会通过发布的在独立保函欺诈纠纷领域中最具有指导意义的审判案例，该案例的裁判要点中确立了对独立保函欺诈审查的尺度原则及审查范围，这些都是人民法院审理与独立保函欺诈纠纷相关案件的基础性问题，而本案系独立保函欺诈纠纷，故应当参照该指导案例的裁判要点进行裁判。109号指导案例的裁判要点1载明：认定构成独立保函欺诈需对基础交易进行审查时，应坚持有限及必要原则，审查范围应限于受益人是否明知基础合同的相对人并不存在基础合同项下的违约事实，以及是否存在受益人明知自己没有付款请求权的事实。参照上述裁判要点，法院认为：本案应当坚持有限及必要原则对本案某勘测设计院主张的欺诈情形进行审查，审查范围应限于五某河公司是否明知某勘测设计院并不存在基础合同项下的违约事实，以及是否存在五某河公司明知自己没有付款请求权的事实。

关于五某河公司在基础合同中是否有违约行为对独立保函的索款是否有影响，法院认为：《最高人民法院关于审理独立保函纠纷案件若干问题的规定》第14条第2款规定："止付申请人以受益人在基础交易中违约为由请求止付的，人民法院不予支持。"法院据此认为，独立保函独立于委托人和受益人之间的基础交易，出具独立保函的银行只负责审查受益人提交的单据是否符合保函条款的规定并有权自行决定是否付款，其付款义务不受委托人与受益人之间基础交易项下抗辩权的影响。此外，正如109号指导案例确立的裁判要点第2点所载明的："受益人在基础合同项下的违约情形，并不影响其按照独立保函的规定提交单据并进行索款的权利。"根据上述司法解释并参照指导案例的裁判要点，具体到本案，无论五某河公司在基础合同中有无违约，基于独立保函的独立性，都不影响五某河公司进行索款的权利，因此五某河公司有无违约行为都不影响本案的裁判结果。

**法理解析**

案例指导制度下的法律推理要求指导性案例必须成为作出有效判决必不可少的构成要素。在案例指导制度之下，法官用来进行法律推理的前提除了完整的制定法规则和经证据证明了的案件事实，还包括对应的指导性案例。从法律推理的角度来看，如何参照指导性案例的问题就变成了如何运用指导性案例进行法律推理的问题。仅仅参照指导性案例中的裁判要点和裁判理由而不顾及指导性案例中的基本案情和裁判结果的做法从直觉上不符合参照指导性案例进行审判的观念。《最高人民法院关于案例指导工作的规定》第7条规定："最高人民法院发布的指导性案例，各级人民法院审判类似案例时应当参照。"因此，若要参照指导性案例进行审判，必须先得保证待决案例与指导性案例类似，即要求待决案件在事实特征和法律特征上与指导性案例相似。既然要判断待决案例与指导性案例是否类似，就应当把待决案件与指导性案例进行全面比较。所以，参照指导性案例进行司法审判的法律推理就可以表述为：对待决案件事实与指导性案件事实经过往返穿梭式的比较、分析，若待决案件中的主要相关事实特征和法律特征与指导性案例类似，就应当同时根据法律和相应的司法解释，并参照指导性案例的裁判理由、裁判要点和裁判结果，依据“相似案件相似处理”的法律原则，对待决案件中的当事人作出与指导性案例相似的司法裁判。也就是说，在参照指导性案例进行法律推理的过程中，不仅要直接参照指导性案件中的裁判要点和裁判理由，而且要参照指导性案件中的基本案情和裁判结果，然后依据有关法律规则、法律解释以及类似案件相同处理的法律原则，才可能做出一个兼具合法性和合理性的裁判结论。[①]

在上述判决中，首先，法院处理了本案是否应当参照109号指导案例的问题。法院认为，109号指导案例的裁判要点中确立了对独立保函欺诈审查的尺度原则及审查范围，这是人民法院审理与独立保函欺诈纠纷相关案件的基础性问题。本案系独立保函欺诈纠纷，故应当参照该指导案例的裁判要点进行裁判。其次，法院处理了本案的审查原则与审查范围问题。法院认为，109号指导案例裁判要点1载明：“认定构成独立保函欺诈需对基础交易进行审查时，应坚持有限及必要原则，审查范围应限于受益人是否明知基础合同的相对人并不存在基础合同项下的违约事实，以及是否存在受益人明知自己没有付款请求权的事实。”参照该裁判要点，本案应当坚持有限及必要原则对本案某勘测设计院主张的欺诈情形进行审查，审查范围应限于五某河公司是否明知某勘测设计院并不存在基础合同项下的违约事实，以及是否存在五某河公司明知自己没有付款请求权的事实。最后，法院处理了五某河公司在基础合同中是否有违约行为对独立保函索款是否有影响的问题。法院认为，《最高人民法院关于审理独立保函纠纷案件若干问题的规定》第14条第2款规定：“止付申请人以受益人在基础交易中违约为由请求止付的，人民法院不予支持。”109号指导案例裁判要点2载明：“受益人在基础合同项下的违约情形，并不影响其按照独立保函的规定提交单据并进行索款的权利。”因此，无论五某河公司在基础合同中有无违约，基于独立保函的独立性，都不影响五某河公司进行索款的权利，据此五某河公司有无违约行为都不影响本案的裁判结果。

---

① 参见黄泽敏、张继成：《案例指导制度下的法律推理及其规则》，载《法学研究》2013年第2期。

第五章

# 古典法律社会学的理论旨趣

现代性研究是社会学研究的核心内容，亦是法律社会学研究的重要参照。现代性是对近代以来社会形态巨大变迁的一种精炼概括，古典社会学三大家对现代性曾予以不同角度的阐释。马克思认为现代性意味着资本主义生产背景下阶级关系、生产模式与生存状态的变迁，涂尔干认为现代性意味着分工方式改变所诱发的社会团结模式、社会道德形态与社会认同结构的变迁，韦伯认为现代性意味着理性化趋势背景下社会合法性基础、支配模式与组织形态的变迁。上述视角描绘了现代社会在社会生产模式、社会管理方式、社会认同模式等层面的变迁，共同刻画出现代社会如何日益迈向复杂化、抽象化与理性化。这些变迁以一定方式传导至法律层面，具体而言：第一，资本主义生产模式下的剩余价值规律与资本主义竞争规律，使得法律规范在功能层面服务于资本主义劳动秩序的形成；第二，理性化趋势使得现代社会整体奠基于法理型基础之上，同时形成了一套高度理性的科层制并依靠法律进行运作；第三，在分工细化的趋势下，社会向有机团结的迈进让法律作为一种凝聚社会的外部事实显得越发重要。这些无疑是古典社会学为当今法学研究留下的重要财富。

# 第一节　马克思：资本主义批判与法律秩序

## 一、问题与展开

理念变成了独立的主体，而家庭与市民社会对国家现实关系变成了理念所具有的想象的内部活动。实际上，家庭与市民社会是国家的前提，它们才是真正的活动者，而思辨的思维却把这一切头足倒置，如果理念变成独立的主体，那么现实的主体在这里就会变成与它们自身不同的、非现实的、理念的客观要素……家庭与市民社会本身把自己变成国家，它们才是原动力，可是在黑格尔看来却相反，它们是由现实的理念产生的，它们结合成国家，不是它们自己生产过程的结果，相反地，是理念在自己的生产过程中从自身中把它们分离出来。[①]

### （一）基本背景：黑格尔理论基本观点阐释

马克思的理论起点源于对黑格尔理论的批判。黑格尔认为，法是自由意志的体现，他指出，“法的基础是一般的精神，它的确定的位置和出发点是意志。意志是自由的，所以自由就构成法的实体和规定性”。[②]自由意志在抽象层面被表述为人格，人格意味着个体具有意识到权利并对此进行实践的能力。人格的实现存在客观与主观两种途径：一方面，黑格尔将客观途径表述为抽象法。假设每个人都有自由意志则可从中抽象出一种普遍性的权利，基于此，黑格尔进一步将其划分为三种类型，分别为所有权、契约与刑罚。[③]

① 马克思：《黑格尔法哲学批判》，载《马克思恩格斯全集》（第一卷），中央编译局译，人民出版社1956年版，第250—251页。

② 黑格尔著：《法哲学原理：或自然法和国家学纲要》，范扬、张企泰译，商务印书馆1961年版，第21页。

③ 黑格尔著：《法哲学原理：或自然法和国家学纲要》，范扬、张企泰译，商务印书馆1961年版，第51—109页。

所有权意味着通过拥有财产而实现意志自由，契约意味着财产权的让渡转移，刑罚则意味着用强制手段对意志自由进行维护。另一方面，黑格尔将主观途径表述为道德，道德意味着自由意志在个体内心中的实现，是一种主观形态的法。基于此，黑格尔进一步对道德的发展进行了三阶段划分，分别为故意与责任、意图与福利、善与良心。故意与责任意味着以主观目的来界定行为是否道德，意图与福利意味着综合主观目的与行为后果来界定行为是否道德，善与良心则意味着依据一种作为“客观精神”的善来界定行为是否道德。[①]在善与良心的阶段，道德便需要以主客观统一的方式进行运作，由此便迈入了人格实现的第三种途径——伦理途径。如黑格尔指出，“主观的善和客观的、自在自为地存在的善的统一就是伦理，在伦理中产生了根据概念的调和”。[②]伦理被黑格尔构想为一种精神性的社会实体，对此他划分出伦理发展的三个阶段，分别为家庭阶段、市民社会与国家阶段。具体而言：第一，就家庭阶段看，家庭以婚姻进行维系，婚姻表现为“具有法的意义的伦理性的爱”，[③]家庭亦因此作为一种具有自然性与基本性的伦理共同体存在。第二，就市民社会看，随着家庭的瓦解，原子化个体出于“利己目的”联合起来构建了一套相互依赖的制度，这套制度被表述为市民社会。市民社会以三个层面进行维系，分别为“需要的体系”“司法”与“警察和同业公会”。第三，就国家阶段看，市民社会的高度利己特征使其丧失了伦理色彩，进而使得特殊利益与普遍利益的冲突越发尖锐。随着客观精神的运动，市民社会逐渐过渡至国家，国家“是绝对自在自为的理性东西……是客观精神，所以个人本身只有成为国家成员才具有客观性、真理性和伦理性”。[④]黑格尔认

① 黑格尔著：《法哲学原理：或自然法和国家学纲要》，范扬、张企泰译，商务印书馆1961年版，第111—145页。

② 黑格尔著：《法哲学原理：或自然法和国家学纲要》，范扬、张企泰译，商务印书馆1961年版，第162页。

③ 黑格尔著：《法哲学原理：或自然法和国家学纲要》，范扬、张企泰译，商务印书馆1961年版，第177页。

④ 黑格尔著：《法哲学原理：或自然法和国家学纲要》，范扬、张企泰译，商务印书馆1961年版，第253—254页。

为，国家是伦理理念的现实状态，能实现特殊利益与普遍利益的统一，进而赋予个体以伦理性。

黑格尔的上述论述实际上是“客观精神”自我运动的一种产物。在“自由意志”的前提预设下，按照特殊——一般—特殊的扬弃路径来论述国家与法律的演进。第一，抽象法起源于社会事实，人类基于自由意志对物进行占有与交换。为了使这种占有与交换持续进行，人类将这种自由意志间的协调与共存表述为所有权与契约，通过权力设定与契约规范来进行协调，同时设置刑罚为自由意志提供兜底性保障。第二，道德是对抽象法进行扬弃的产物。抽象法提供的“他律”无法涵盖主体本身的“自律”，黑格尔论述的道德类似于康德提出的“自我立法”，主体依据理性将自由意志上升为道德律令，从而作为一种判断主体行为妥当性的抽象标准。第三，伦理是对道德进行扬弃的产物。尽管道德提供了超验层面的行动判断标准，但是无法在具体情境下为主体行为提供指引。为了兼顾自律与他律、主观与客观，则必须将抽象法与道德予以融合，以伦理的形态进行表达。在伦理三阶段中，市民社会与政治国家的二元对立居于核心地位。一方面，市民社会作为自利个体聚集而形成的一种“需要的体系”，不仅通过所有权、契约等抽象法保障市民社会内特殊利益的表达，而且通过警察、同业公会、司法等组织保障市民社会内普遍利益的表达。另一方面，国家是超个体的“理性构造”，市民社会无法依据一种普遍的理想来规避预期存在的混乱状态，而国家则不仅可以承认与保障市民社会内部的个体特殊利益，而且也能在更大范围内依据理性提炼出一种相对客观的标准来保障普遍利益，以此规避混乱状态，最终实现特殊利益与普遍利益的均衡。

在黑格尔的理论框架中，法被理解为一种抽象的自由意志，而法律则被理解为抽象权利客体化的产物，自由意志的最终实现不仅是个体自由意志的表达，也是不同个体自由意志间的协调共存。市民社会与政治国家的二元构造作为一种伦理状态为自由意志的最终实现提供了必要前提，市民社会的特殊利益与政治国家的普遍利益最终通过实证法律予以表达。上述理解意味着两点：第一，法律存在一个先验源头，理念所规定的逻辑结构与价值形态对法律内容进行限制，自由意志是法律的核心范畴；第二，法以一种扬弃的方式不断向更高形态迈进，市民社会向国家的扬弃过程暗示法律会依据某种客观理念进行演化，国家颁布的实证法成为法律的理想形态。上述两点成为马克思进一步思考的重要支持：第一，法律是否以先验源头为逻辑起点？马克思的早期论述延续了黑格尔的观点。例如，他指出："立法者应该把自己看作一个自然科学家，他不是在制造法律，不是在发明法律，而仅仅是在表述法律，他把精神关系的内在规律表现在有意识的现行法律中。"[①]但他后期否定了该观点，转向对法律背后的社会关系进行考察。第二，国家的扬弃终点在哪里？马克思的理论尤其关注对资本主义社会的批判，通过揭示资本主义社会存在的弊端与悖论来揭示共产主义社会的必然性，对共产主义社会的论述则最终导向国家的消灭乃至法的消灭这一结论。

### （二）论述起点：黑格尔理论的批判与扬弃

在《黑格尔法哲学批判》中，马克思开始对黑格尔的观点进行批判与扬弃。他先是对黑格尔的论证逻辑进行了批判。马克思认为黑格尔将"理念变成独立的主体"的论证无疑是"逻辑的泛神论的神秘主义"[②]，这种论证强行割裂了市民社会与国家之间存在的因果联系，将国家视为一种由理念所决定以弥补市民社会缺陷的偶然产物，进而使得整个论证逻辑并未从一种实证的角度对这个问题进行解释。接下来，马克思提出了国家的演进性逻辑。基于对黑格尔观点的批判，他认为家庭、市民社会与国家之间存在着一种演进性关系，家庭的自然基础与市民社会的人为基础为国家的产生提供了必要条件。基于此，马克思进一步以长子继承制为切口来分析这种演进性关系，具体而言：一方面，长子继承制是私有财产制的特殊体现。马克思指出，长子继承制是土地占有制本身的结果，是最独立与最发达的私有财产。此处马克思批

① 马克思：《论离婚法草案》，载《马克思恩格斯全集》（第一卷），中央编译局译，人民出版社1956年版，第183页。

② 马克思：《黑格尔法哲学批判》，载《马克思恩格斯全集》（第一卷），中央编译局译，人民出版社1956年版，第250页。

判了黑格尔“政治国家决定长子继承制”的观点，认为这种论证是将长子继承制的结果视为原因。在此批判的基础上，马克思试图进一步论证私有财产制如何决定国家形态。另一方面，国家形态奠基于私有财产制的演进。马克思认为，“私有财产是一个普遍的范畴，是一种普遍的国家联系，各种类型的商业和工业是各种特殊的同业公会的私有财产。宫廷官职和审判权等是各个特殊等级的私有财产……我的权利也是特殊的私有财产。主权——这里指民族——是皇帝的私有财产”。[①]此处马克思指出家庭、市民社会与国家的形态均是私有财产制的具体体现，黑格尔意义上的各种抽象概念的内涵由私有财产制决定，家庭内部形态、市民社会团体与国家政治结构的本质是私有财产的某种划分方式。基于上述两个层面的论述，马克思实际上已经构建了这样一种逻辑——私有财产制决定社会形态与国家形态，但此时依然未澄清私有财产制的源头。马克思对此指出，“私有财产的真正基础，即占有，是一个事实，是不可解释的事实，而不是权利，只是由于社会赋予实际占有以法律的规定，实际占有才具有合法占有的性质，才具有私有财产的性质”。[②]马克思认为私有财产制起源于“占有”这种社会事实，当这种社会事实在长期实践过程中普遍化以后，人类采用法律这种形式为该事实赋予概念范畴与合法表达。

基于对黑格尔理论的批判，马克思已然形成了其理论的雏形：从社会事实解释思想、文化与制度等社会现象。而在诸社会事实中，马克思将社会物质状况置于理论的关键地位，私有财产制成为其后期理论中始终存在的核心范畴。基于一种高度实证性与经验性的研究方法，马克思考察了私有财产制在不同历史时期的具体表现，进而论证了国家、思想、法律等现象是如何奠基于私有财产制而得以形成。尽管后期马克思采用了一套更为抽象化与概念化的术语，但是早期研究中的理论指向与方法指向奠定了整个马克思理论谱系的基调。

---

① 马克思：《黑格尔法哲学批判》，载《马克思恩格斯全集》（第一卷），中央编译局译，人民出版社1956年版，第381页。

② 马克思：《黑格尔法哲学批判》，载《马克思恩格斯全集》（第一卷），中央编译局译，人民出版社1956年版，第382页。

## 二、法律的性质：物质制约与阶级意志

> 一切共同的规章都是以国家为中介的，都带有政治形式。由此便产生了一种错觉，好像法律是以意志为基础的，而且是以脱离现实基础的自由意志为基础的。同样，法随后也被归结为法律……相互制约的生产方式和交往形式，是国家的现实基础，而在一切还必须有分工与私有制的阶段上，都是完全不依个人的意志为转移的……在这种关系中占统治地位的个人除必须以国家的形式组织自己的力量外，他们还必须给予他们自己的由这些特定关系所决定的意志以国家意志即法律的一般表现形式。这种表现形式的内容总是决定于这个阶级的关系。①

如果说马克思早期的文章中对法律“规范性因素”的推崇在《黑格尔法哲学批判》中已受到冲击，那么马克思在《德意志意识形态》中对法律性质的分析则试图揭露法律规范性因素背后的机制性结构。对此，马克思展开了多个层面的分析。

### （一）国家的起源：阶级利益普遍化策略

马克思的论证起点在于证明物质生产如何塑造社会关系。对此，他从以下三个方面展开论证。

第一，物质资料生产是作为人类的本质。马克思认为界分人与动物的关键在于，“人生产他们所必需的生活资料”，人类进行生活资料生产的过程同时也是人类活动方式与生活方式的凝结。马克思总结说，“个人是什么样的，这取决于他们进行生产的物质条件”。②

---

① 马克思：《德意志意识形态》，载《马克思恩格斯全集》（第三卷），中央编译局译，人民出版社1998年版，第70—71页、第377—378页。

② 马克思：《德意志意识形态》，载《马克思恩格斯全集》（第三卷），中央编译局译，人民出版社1998年版，第24页。

第二，物质资料生产塑造社会关系。马克思认为，“以一定的方式进行生产活动的一定的个人，发生一定的社会关系和政治关系，社会结构和国家经常是从一定个人的生活过程中产生的”。[①]人类生产物质资料的过程必然会存在协作，当协作规模扩大时，则会带来劳动类型的分工。分工意味着劳动条件、劳动工具、劳动产品在不同主体间的分配，[②]这是社会关系的集中反映领域。分工的持续带来劳动资本在不同主体间积累程度的差异，进而引发社会关系的层级性分化。不同分工形态固化为一定社会内的所有制，部落所有制、公社所有制、封建所有制的演进实质上是分工越发细化的表现。在具有不同所有制的社会中，也形成了不同的社会关系、经济关系与政治关系。部落所有制呈现为家庭结构的扩大和以部落范围占有财产，公社所有制以公民/奴隶的分化维持着公民共同私有制，封建所有制以领主/农奴的分化维持着贵族财产私有制与城市行会体制。[③]

第三，阶级分化与国家的诞生。物质资料生产必然带来劳动分工，物质资料生产方式的演进致使分工越发细化，分工的细化带来两个后果：一是在存在剩余产品的背景下，不同分工位阶的群体占有不同物质资料，进而导致阶级分化加剧；二是在分工具有自发性的背景下，社会分工格局下的个体需违背自身意愿从事某项社会必需的劳动，进而导致特殊利益与普遍利益分化的加剧。在此基础上，一方面特殊利益以阶级利益的形态表现，另一方面普遍利益需采取一种“虚幻共同体的形式”表现。例如，马克思指出，“这些特殊利益始终在真正地反对共同利益和虚幻的共同利益，这些特殊利益的实际斗争使得通过以国家姿态出现的虚幻的‘普遍’利益来对特殊利益进行实际的干涉和约束成为必要”。[④]在这两重因素交织的背景下——国家得以诞生。

① 马克思:《德意志意识形态》，载《马克思恩格斯全集》(第三卷)，中央编译局译，人民出版社1998年版，第29页。

② 马克思:《德意志意识形态》，载《马克思恩格斯全集》(第三卷)，中央编译局译，人民出版社1998年版，第74页。

③ 马克思:《德意志意识形态》，载《马克思恩格斯全集》(第三卷)，中央编译局译，人民出版社1998年版，第25—28页。

④ 马克思:《德意志意识形态》，载《马克思恩格斯全集》(第三卷)，中央编译局译，人民出版社1998年版，第38页。

对国家概念的界定可以从多个方面展开：一是国家的功能是塑造一种普遍利益以对抗特殊利益。社会分工的演进导致了阶级分化和利益分化，阶级冲突与利益矛盾使得国家成为超越特定群体与特殊利益的实体，从而抑制冲突与维系秩序。二是国家的构成是统治阶级与被统治阶级。阶级矛盾的不可调和使得国家产生，国家内部的公众依据其经济地位与政治权力被划分为统治阶级与被统治阶级，这使得国家并非理念的自我运动产物，而是阶级分出及其矛盾激化这一社会历史现象的必然结果。三是国家的本质是统治阶级用以将其特殊利益表述为普遍利益的工具。[①]国家表述普遍利益的重要方式包括暴力与意识形态，国家或可以在特定空间内构建暴力组织以实现对被统治阶级利益的压制，或可以通过法律、宗教、道德等意识形态工具为统治阶级利益赋予“正当性”表征以实现“普遍化”。

### （二）法律的属性：思想观念与阶级意志

法律在马克思的理论框架中具有两种定位：一是作为一种思想观念。伴随着分工的细化，物质活动与精神活动发生了分化，从而导致思想观念生产从物质生产过程中分离出来，并成为一种独立形态。法律作为一种思想观念或精神产物，也是在物质生产活动中逐渐形成并独立分出的。二是作为一种普遍利益表述。国家是人类特定历史阶段的产物，剩余产品与私有财产制导致阶级分化与利益冲突加剧，进而导致国家诞生。国家在以暴力这种刚性手段维系“普遍利益幻象”的同时，也需要用法律这种“看似公允”的柔性手段来将本阶级意志进行“普遍化处理”，以法律形态呈现的阶级意志由此获得了“普遍化”的外观。如马克思指出，“这种把权利归结为纯粹意志的法律幻想，在所有制关系进一步发展的情况下，必然会造成这样的现象：某人在法律上可以享有对某物的占有权，但实际上并没有占有某物”。[②]此处马克

① 马克思：《德意志意识形态》，选自《马克思恩格斯全集》(第三卷)，中央编译局译，人民出版社1998年版，第38页。

② 马克思：《德意志意识形态》，载《马克思恩格斯全集》(第三卷)，中央编译局译，人民出版社1998年版，第72页。

思提出了一种与黑格尔截然不同的“意志论”表述，黑格尔将法律权利诉诸“自由意志”这种个体性概念，马克思则将法律权利诉诸“阶级意志”这种群体性概念。阶级意志支配的法律试图用高度抽象与客观的法律概念来制造一种普遍平等的幻象，但是实际上这种法律概念维护的是统治阶级对物质资料的稳固占有，“自由意志”只是概念上的虚幻操作罢了。马克思进而论证了个体意志与阶级意志的关系。他指出，“这些个人通过法律形式来实现自己的意志，同时使其不受他们之中任何一个单个人的任性所左右，这一点不取决于他们的意志……他们的个人统治必须同时是一个一般的统治。他们个人的权力的基础就是他们的生活条件”。[①]此处马克思意图处理黑格尔的“遗留问题”，即如何解释法律内部的自由意志属性。他认为，即使某个最高统治者的个体“自由意志”被表述为法律，但是由于统治本身呈现为“阶级统治”，最高统治者必须服从于阶级意志才能保证统治的稳定，因此个体“自由意志”表述为法律的过程实际上属于阶级意志表达的宏观过程，若统治者的个体自由意志违背阶级意志，则会使得法律难以在国家内部持续运作。

在上述分析中，马克思实际上否定了法律内部存在某种独立的规范性因素，这种否定比早期马克思对黑格尔的批判更为激烈与彻底。马克思的论述逻辑依然从物质资料生产开始，而后以分工为媒介勾连物质资料生产过程特定社会形态下的社会关系形成。在此基础上，马克思进一步论证分工如何导致阶级产生与利益分化，这两重因素使得国家在特定历史阶段下得以产生。需要注意的是，马克思语境下的法律有两重特征：一是物质制约性，即法律作为一种精神现象从属于独立分出的精神活动，这种特征构成了法律的本质属性。在诸多“前国家社会”中，某些具有规范性特征的规则即可视为这个层面的法律。二是阶级意志性，即法律作为特定国家内统治阶级普遍利益的表述方式而存在，这种特征构成了法律的关键属性。自国家产生后，国家采取暴力与法律两种手段实现统治阶级意志的普遍化。

---

① 马克思：《德意志意识形态》，载《马克思恩格斯全集》（第三卷），中央编译局译，人民出版社1998年版，第378页。

与此同时，还需要注意的是，马克思理论中法律的物质制约性特征具有更为关键的地位，物质资料生产的发展构成了法律发展的动力。例如，他指出，“法的历史表明，在最早的和原始的时代，这些个人的、实际的关系是以最粗鲁的形态直接地表现出来的。随着市民社会的发展，即随着个人利益之发展到阶级利益，法律关系改变了，它们的表现方式也变文明了。它们不再被看作个人的关系，而被看作一般的关系了。与此同时，对彼此冲突着的个人利益的维护也由于分工而转入少数人手中，从而法的野蛮的行使方式也就消失了”。[①]在这段对法律“由野蛮转向文明”的分析中，马克思实际上揭示了两个问题：一是国家与法律的关系问题。在尚未形成阶级统治的前国家时代，法律内部的“个人意志性”因素更多，使得法律运作更为残酷与野蛮，较少用一种柔性的普遍化方式来缓和不同对立群体间的矛盾；而随着国家时代的来临，法律便需要用一种更为柔和的普遍化方式来维系自身的“普遍性幻象”，以此使阶级统治更为稳固。二是法律发展的动因问题。马克思将法律发展的核心动因归结为“分工引起的这些物质力量的发展”[②]，物质资料生产演进导致社会关系与经济关系的变迁，进而使得法律所面对的法律关系存在变动，外部法律关系变迁进而引起法律内部概念结构与规则体系的调整。

这种法律观点在后期被马克思完善与提炼为“物质基础对上层建筑的制约性关系”。例如，他指出，“物质生活的生产方式制约着整个社会生活、政治生活与精神生活的过程……随着经济基础的变更，全部庞大的上层建筑也或慢或快地发生变革。在考察这些变革时，必须时刻把下面两者区分开来：一种是生产的经济条件方面所发生的物质的、可以用自然科学精确指明的变革，另一种是人们借以意识到这个冲突并力求把它克服的那些法

① 马克思：《德意志意识形态》，载《马克思恩格斯全集》（第三卷），中央编译局译，人民出版社1998年版，第395页。

② 马克思：《德意志意识形态》，载《马克思恩格斯全集》（第三卷），中央编译局译，人民出版社1998年版，第396页。

律的、政治的、宗教的、艺术的或哲学的，简言之，意识形态的形式”。[①]此处马克思修正了早期研究中的观点，将物质制约性与阶级利益性置入“意识形态”概念中，而后再以“意识形态”为媒介勾连起物质基础与法律之间的联系。具体而言：第一，从静态概念范畴看，马克思认为意识形态是一套预设性的认知框架，这套认知框架由一整套概念体系构成，是个体在持续社会化过程中形成的产物，个体基于意识形态所提供的认知框架处理经验并最终形成对现象的理解[②]。法律则作为阶级社会中重要的意识形态而存在，主导阶级的整体利益认知被形塑为意识形态，法律在根据意识形态制定的同时，亦在传播、论证与稳固意识形态。第二，从动态过程范畴看，马克思认为经济基础具有某种制约性作用，这种制约性分为直接影响与间接制约两个层面：从直接影响看，经济基础的变迁会引起生产关系的变迁，进而重塑经济交易模式与社会交往形态，衍生出的问题与矛盾直接对法律演进提出相应的需求；从间接制约看，经济基础的变迁引起生产关系的变迁，进而重塑社会的权力结构与阶级关系，主导阶级将阶级利益共识塑造为特定的意识形态标准，而后在意识形态标准划定的范畴内进行法律的制定与修正。

正因如此，基于马克思的法律观点可以合理衍生出马克思视角下法律的两类功能：第一类功能是法律的意识形态稳固功能。社会阶级分化的出现必然导致主导意识形态的塑造，主导意识形态的稳固需要借由法律予以实施。法律通过将行为与特定后果联结的方式提出了一套“理想”的行为模式，这套行为模式的实施保障了主导意识形态的稳固。第二类功能是法律的社会冲突解决功能。生产力演进使得生产关系越发复杂化，经济活动中个体冲突的概率不断提高，经济活动的复杂化必然需要更为抽象、更为复杂的法律予以规制和解决，通过法律保证生产关系的稳固。

① 马克思：《政治经济学批判导言》，载《马克思恩格斯选集》（第二卷），中央编译局译，人民出版社2012年版，第2—3页。

② ［英］柯林斯著：《马克思主义与法律》，邱昭继译，法律出版社2011年版，第37—38页。

## 三、法律的演进：对资本主义社会的考察

马克思的研究方法高度实证化、经验化与批判化，他通过对经验材料的梳理提炼出某种规律，而后以这些规律为依据对当下社会进行批判。在这个层面上，理解马克思理论的关键在于对资本主义社会进行剖析。如前文所述，物质资料生产在马克思理论架构中具有核心地位，物质资料生产的演进塑造了不同时代的社会关系，而马克思关注的核心便是其所处的资本主义社会形态。正因如此，对资本主义社会的理解关乎对马克思理论框架中法律的理解，资本主义社会的关系形态、秩序结构与生产模式决定着法律的结构样态。

### （一）法律转换：市民社会与政治国家分离

> 在私法中，现存的所有制关系表现为普遍意志的结果……每当工业和商业的发展创造出新的交往形式，例如保险公司等等的时候，法便不得不承认它们是获得财产的新方式。[①]

马克思将资本主义社会转型表述为市民社会与政治国家的相对分离。市民社会作为黑格尔提出的一个概念，用以表述以私人关系为核心的社会经济关系领域，而国家则用以表述以公共关系为核心的社会政治关系领域，故国家是作为对市民社会缺陷的伦理跃升而存在。马克思则试图将市民社会作为一种切实存在的社会物质生活样态，他的唯物史观则基于对市民社会在不同历史阶段的变迁来解读国家、法律与文化的变迁。

马克思认为市民社会存在两个发展阶段：第一，市民社会与政治国家尚未分离的阶段。马克思指出，“旧社会的性质是什么呢？一句话：封建主义。旧的市民社会直接地具有政治性质，就是说，市民生活的要素，如财产、家

① 马克思：《德意志意识形态》，载《马克思恩格斯全集》（第三卷），中央编译局译，人民出版社1998年版，第71—72页。

庭、劳动方式，已经以领主权、等级与同业公会的形式升为国家生活的要素，它们以这种形式确定了个人与国家政体的关系”。[①]旧有市民社会具有浓厚的政治色彩，市民社会内部的商业交易、财产转移、个体劳动等私人活动被打上了浓厚的政治烙印，各种私人活动归属于某种以等级划分为依据的政治秩序中，个体对一定区域内领主的人身依附关系使得私人活动尚未取得独立地位，相应的法律亦呈现出一种“身份法”的特征。

第二，市民社会与政治国家已然分离的阶段。马克思指出，“封建社会已经瓦解，只剩下了自己的基础——人，但这是作为它的真正基础的人，即利己主义的人，因此，这种人，市民社会的成员，就是政治国家的基础、前提，国家通过人权承认的正是这样的人”[②]。随着作为市民社会内部构成要素的劳动方式、商业形式与物质规模的增长，在商业活动与生产活动中活跃的各类商人、手工业者逐渐作为资产阶级而登上历史舞台。随着资产阶级规模的壮大，维护私有财产、保护市场交易、打破贸易壁垒等资产阶级利益亟须一种“普遍化”表达。由此带来的结果是，资产阶级在全国范围内组织起来，并通过政治革命的形式夺取政权，构建起与维护资产阶级私有制相适应的国家形态。[③]这种国家形态要求市民社会从政治国家中独立分出，市民社会作为资产阶级日常活动与特殊利益的集中体现而不受到政治国家的侵犯，且政治国家需要采取诸多措施肯定与保护市民社会的日常运作。为了顺应这种利益要求，此阶段资产阶级制定的法律呈现出几个特征：一是在法律中逐渐出现个体主义倾向。马克思指出，“市民社会分解为独立的个人——这些个人的关系通过权利表现出来”。[④]马克思认为市民社会与政治国家的分离需

① 马克思:《论犹太人问题》，载《马克思恩格斯全集》(第一卷)，中央编译局译，人民出版社1956年版，第441页。

② 马克思:《论犹太人问题》，载《马克思恩格斯全集》(第一卷)，中央编译局译，人民出版社1956年版，第442页。

③ 马克思:《德意志意识形态》，载《马克思恩格斯全集》(第三卷)，中央编译局译，人民出版社1998年版，第70—71页。

④ 马克思:《论犹太人问题》，载《马克思恩格斯全集》(第一卷)，中央编译局译，人民出版社1956年版，第442页。

要在概念层面肯定“独立个体”存在的必要性，为此法律需要以人权概念将个体从诸多封建身份关系中解脱出来，进而使个体基于权利在市民社会中自由地展开商业活动。二是以罗马法为代表的私法逐渐复兴。马克思基于对历史材料的梳理指出，“当工业和商业进一步发展了私有制的时候，详细拟定的罗马私法便立即得到恢复并重新取得威信。后来资产阶级强大起来，国王开始保护它的利益，以便依靠它的帮助来摧毁封建贵族，这时候法便在一切国家里开始真正地发展起来了，除了英国以外，这种发展到处都是以罗马法典为基础的”。[①]马克思认为工商业的发展使得罗马私法在近代欧洲诸国的复兴，工商业的发展使得社会经济关系更为复杂化，由此需要引入罗马法的概念与体系对复杂经济关系进行处理。三是公法与私法二分格局逐渐形成。马克思指出，“政治解放一方面把人变成市民社会的成员，变成利己、独立的个人，另一方面把人变成公民，变成法人”。[②]马克思认为市民社会与政治国家的分离带来的重要结果便是个体需要过一种“双重生活”，一方面是市民社会内部的私人往来，另一方面是政治国家内部的公共活动。由此，政治国家需要制定法律规范个体公共活动，个体公共参与、国家权力监督与政治机构划分逐渐成为法律中的重要内容，且以公法的形态在近代法律体系中存在。

市民社会/政治国家的相对分离模式成为马克思探讨资本主义社会的基本架构。在这一探讨中，私有财产制的变迁成为马克思解释法律演进的核心指向。私有财产制自人类社会早期诞生，在不同的历史阶段存在不同的形态转变，资本主义社会中政治国家对市民社会的疏离亦使得私有财产制在该历史阶段呈现为“纯粹私有财产制”，强调绝对的私有财产占有，消除国家力量对私有财产的影响与干预。这种取向使得资本主义社会的法律以维护纯粹私有财产制为目标，进而使得近代法律强调抽象权利，即一方面以抽象权利

① 马克思：《德意志意识形态》，载《马克思恩格斯全集》（第三卷），中央编译局译，人民出版社1998年版，第71页。

② 马克思：《论犹太人问题》，载《马克思恩格斯全集》（第一卷），中央编译局译，人民出版社1956年版，第443页。

为载体构建一种概念意义上的平等主体，另一方面以抽象权利为基础构建一种绝对性的私有财产保护制度。[①]

在后期论述中，马克思试图将对私有财产制的探讨与资本主义商品生产模式结合展开分析。资本主义财富的堆积表现为“商品堆积”，资本主义私有财产制则意味着对商品的排他性占有。资产阶级与无产阶级在商品价值贡献与商品占有程度上的差异，则集中呈现出资本主义社会的基本矛盾，由此使得资本主义社会的法律亦需要对该问题予以解决与回应。在马克思对资本主义商品生产规律的探讨中，有两条规律居于核心地位：第一，剩余价值生产规律。马克思认为资本积累的关键在于资本家无偿占有工人的剩余劳动，工资只能覆盖工人劳动中的必要劳动部分，而剩余劳动则被资本家无偿占有。[②]第二，资本主义竞争规律。随着竞争的持续，单个资本家采取绝对剩余价值生产或相对剩余价值生产获取的超额利润率会逐渐向社会平均利润率靠拢。上述两条规律进一步导致两个问题：一是在私有财产制下，资本家对剩余价值的无偿占有使得资本家与无产阶级之间的分化逐渐扩大；二是在资本主义竞争下，资本家逐渐扩大不变资本比重，减少有机资本使用，进而导致劳动力后备军的形成，工人工资相对降低。上述两个问题导致资本主义危机的产生，即生产规模的扩大与消费能力降低之间的矛盾。有鉴于此，资本主义法律需在一定程度上对于阶级分化问题予以缓和，通过制定劳资关系法律保障工人权益，以此缓和社会内部矛盾。

### （二）法律终点：资本主义异化与法的消灭

> 劳动所生产的对象，即劳动的产品，作为一种异己的存在物，作为不依赖于生产者的力量，同劳动相对立。在被国民经济学作为前提的那种状态下，劳动的这种实现表现为工人的失去现实性，对象化表现为对

---

① 马克思：《德意志意识形态》，载《马克思恩格斯全集》（第三卷），中央编译局译，人民出版社1998年版，第69—70页。

② 马克思：《资本论》，载《马克思恩格斯选集》（第二卷），中央编译局译，人民出版社2012年版，第48—49页。

象的丧失和被对象奴役，占有表现为异化、外化……通过异化劳动，人不仅生产出他同作为异己的、敌对的力量的生产对象和生产行为的关系，而且生产出其他人同他的生产和他的产品的关系，以及他同这些人的关系。[①]

马克思的经验研究指出了法律背后的物质因素与阶级意志。这种实然层面的探究剔除了以往法律理论中的规范性因素，将法律视作一种纯粹受其他机制影响的产物。但是该观点并不必然导向法律不存在价值追求的结论，在马克思的理论谱系中，“人的异化”与“人的解放”始终居于核心地位，对人类生存处境的关怀构成了马克思经验研究背后的人文取向，而这种人文取向在一定程度上也为法律的价值追求提供了某种导向。

马克思认为，实践是一种主客观统一的活动。个体依循自身的主观意志，通过实践改变外部世界。劳动作为一种实践形态，理想的劳动模式亦应呈现为个体依循主观意志进行劳动，劳动生产的客观产品符合劳动者的主观意愿。在这种主客观统一的状态下，人类依据自己的意愿对外部世界进行改变，由此人类便是一种“类的存在”，人类的活动便是自由的活动。[②]在这种理想标准下，马克思认为资本主义社会劳动的本质是“异化劳动”，异化可以理解为一种主客观分离的状态，劳动并非出于劳动者的主观意愿展开，且劳动产品无法被劳动者所占有，由此导致劳动产品与劳动过程如同一种异己的力量与劳动者对立，劳动者在劳动中无法感到意愿的满足与精神的享受。[③]此时劳动过程中的“主观意愿”因素已然丧失，劳动者被某种外在的经济规律决定而被迫开展劳动，作为手段的劳动已然成为一种目的对劳动者进行支配。如马克思指出，“人的类特性恰恰就是自由的自觉的活动。生活本身却

① 马克思：《1844年经济学哲学手稿》，载《马克思恩格斯全集》（第四十二卷），中央编译局译，人民出版社1998年版，第91、99页。

② 马克思：《1844年经济学哲学手稿》，载《马克思恩格斯全集》（第四十二卷），中央编译局译，人民出版社1998年版，第96页。

③ 马克思：《1844年经济学哲学手稿》，载《马克思恩格斯全集》（第四十二卷），中央编译局译，人民出版社1998年版，第93—94页。

仅仅成为生活的手段……异化劳动把自我活动、自由活动贬低为手段，也就把人的类生活变成维持人的肉体生存的手段”。①

异化劳动是私有财产制的原因，也是私有财产制的结果。马克思认为异化劳动是一种客观的历史现象，在各个历史阶段均存在。物质资料生产必要性与物质资料环境有限性之间的矛盾使得人类的劳动在一定程度上会脱离主观意愿划定的范畴，进而使人类单纯为应对生存危机或外部压力而展开劳动。②随着剩余产品的出现，异化劳动的主客体分离属性使得剩余产品不一定归属劳动者本身，对产品客体的占有支配着人类的主观世界，此时占有产品成为目的，而生活则成为服从于该目的的手段，它意味着“人变成了对自己说来是对象性的，同时变成了异己的和非人的对象”。③私有财产制便以这样一种自我异化的形态出现。正如马克思所指出的：“私有财产是外化劳动即工人同自然界和自身的外在关系的产物、结果和必然后果。因此，我们通过分析，从外化劳动这一概念，即从外化的人、异化劳动、异化的生命、异化的人这一概念得出私有财产这一概念。”④随着私有财产制发展到资本主义时期的“纯粹私有制”，劳动产品与劳动方式的异化进一步加深，且体现在多个方面。具体而言：第一，劳动产品的异化。前文已指出，资本主义生产的核心特征在于资本家占有工人的剩余价值，缺乏生产资料的工人只能将自己作为商品以出卖劳动力来换取工资，这种模式导致工人生产的商品完全作为一种同生产者本身相对立的异己对象而存在。商品成了劳动的目的，而劳动者则作为服务于商品生产的手段而存在。第二，劳动过程的异化。马克思认为协作生产、手工场生产与大工业生产的演进亦是对工人劳动进行严密规

① 马克思：《1844年经济学哲学手稿》，载《马克思恩格斯全集》（第四十二卷），中央编译局译，人民出版社1998年版，第96—97页。

② 参见亚历山大著：《社会学的理论逻辑（第二卷）古典思想中的矛盾：马克思与涂尔干》，赵立玮译，商务印书馆2016年版，第506页。

③ 马克思：《1844年经济学哲学手稿》，载《马克思恩格斯全集》（第四十二卷），中央编译局译，人民出版社1998年版，第123页。

④ 马克思：《1844年经济学哲学手稿》，载《马克思恩格斯全集》（第四十二卷），中央编译局译，人民出版社1998年版，第99页。

范与监督的过程。他指出，“一切规模较大的直接社会劳动或共同劳动，都或多或少地需要指挥，以协调个人的活动，并执行生产总体的运动……一旦从属于资本的劳动成为协作劳动，这种管理、监督和调节的职能就成为资本的职能，这种管理的职能作为资本的特殊职能取得了特殊的性质”。[①]资本主义生产模式的变化为工人劳动设定了空间范围，将劳动者置于狭窄的空间范围内，且对该空间内的劳动者设置各种监控机制与纪律规范，从而使劳动过程“极度地损害了神经系统，同时它又压抑肌肉的多方面运动，夺去身体上和精神上的一切自有活动”[②]，劳动者亦必须服从生产规律而被迫持续进行劳动。

资本主义社会中的异化劳动意味着对个体行为与社会关系的重新塑造。异化劳动的主客体分离状态使得某种独立于个体的外部秩序得以存在，个体需让渡意志自由而服从于这种外部秩序。这种外部秩序对个体行为与社会关系存在巨大影响，具体而言：第一，就个体行为塑造而言，前文描述的“劳动过程异化”实际上就是在生产规律支配下，各种监控机制与纪律规范对个体行为塑造的状态。马克思指出，“一切机器上从事的劳动，都要求训练工人从小就学会使自己的动作适应自动机的划一的连续运动，只要机器本身是一个由各种各样的、同时动作并结合在一起的机器构成的体系”。[③]机器生产有严密的流程逻辑，个体需要不断规范与转变自身的行为模式以服从于这种机器流程逻辑。如果从该观点进一步延展，实际上资本主义社会中“工作纪律”在一定程度上具有法律的功能，工作空间内设定的纪律能在行为与观念两个层面对个体施加约束与塑造，使个体的行为逐渐规范化与标准化。第二，就外部秩序塑造而言，马克思认为异化劳动最终会导向一种工具化的秩序，这种秩序意味着以“交换价值”与“功利标准”来衡量社会关系与伦理

① 马克思：《资本论》，载《马克思恩格斯选集》（第二卷），中央编译局译，人民出版社2012年版，第208页。

② 马克思：《资本论》，载《马克思恩格斯选集》（第二卷），中央编译局译，人民出版社2012年版，第227页。

③ 马克思：《资本论》，载《马克思恩格斯选集》（第二卷），中央编译局译，人民出版社2012年版，第225页。

道德。马克思指出，“它使人和人之间除了赤裸裸的利害关系即冷酷无情的‘现金交易’之外，再也找不到任何别的联系了。它把高尚激昂的宗教虔诚、义侠的血性、庸人的温情一概淹没在利己主义打算的冷水之中。它把人的个人尊严变成了交换价值，它把无数特许的和自力挣得的自由都用一种没有良心的贸易自由来代替了”。[①]马克思将资本主义社会秩序描述成一种工具化秩序，伦理标准、亲缘关系与个体意愿在工具标准的衡量下仅仅成为实现某种“财富增长”的手段，进而使得社会关系与道德伦理的神圣性由此消散，成为赤裸裸的利益关系。

摆脱异化处境的出路在于废除私有制。马克思指出，“私有财产的扬弃，是人的一切感觉和特性的彻底解放；但这种扬弃之所以是这种解放，正是因为这些感觉和特性无论在主体上还是在客体上都变成人的（感觉和特性）”。[②]异化的摆脱意味着人类实践的主观层面与客观层面重新统一，而私有制作为一种人类自我异化现象的集中体现，其存在意味着人类必然将产品视作目的而将生活视作手段，私有制的废除则可以重新凸显人类生活与人类主观世界的重要性。私有制废除导向几个结果：第一，人类行为模式的改变。人类实践的主客观层面重新统一，人类劳动以一种出自本心的方式进行，此时人类便从必然迈向了自由。第二，社会形态的改变。私有制的废除意味其反面——生产资料公有制的实施，生产资料公有制则在两个层面重塑社会形态：一是阶级分化的消弭，生产资料私有制引发的剩余占有是阶级分化的前提，而私有制的废除则使阶级分化逐渐消失；二是生产关系的变迁，资本主义私有制必然引发生产的无序性与周期性的社会危机，私有制的废除则使一种更加理性且更加集中的生产模式得以形成。上述两类改变使得法律的前提——阶级与国家不复存在，进而使得法律必然迈向消亡。正因如此，马克思预想的法律终点便是这样一种世界：人类摆脱异化而成为一种理性存

① 马克思：《共产党宣言》，载《马克思恩格斯全集》（第四卷），中央编译局译，人民出版社1998年版，第468页。

② 马克思：《1844年经济学哲学手稿》，载《马克思恩格斯全集》（第四十二卷），中央编译局译，人民出版社1998年版，第124页。

在、自由存在、平等存在，这种状况下已然无须由法律来执行秩序维护功能，仅仅依靠人类自身便得以完成。

## 四、总结

马克思对法律社会学的贡献主要体现在方法与理论两个层面。

### （一）方法贡献：经验研究与科学规律提炼

> 在研究国家生活现象时，很容易走入歧途，即忽视各种关系的客观本性，而用当事人的意志来解释一切。但是存在这样一些关系，这些关系决定私人和个别政权代表者的行动，而且就像呼吸一样不以他们为转移。只要我们一开始就站在这种客观立场上，我们就不会忽此忽彼地去寻找善意与恶意，而会在初看起来似乎只有人在活动的地方看到客观关系的作用。既然已经证明，一定的现象必然由当时存在的关系引起，那么就不难确定，在何种外在条件下这种现象会真正产生。这几乎同化学家能够确定在何种外在条件下具有亲和力的物质化合物一样，是可以确确实实地确定下来的。[①]

作为德国理论家，马克思对当时德国学界强调概念思辨的方法不屑一顾，指出那些方法实际上是“认为宗教、概念、普遍的东西统治着现存世界”，这无疑颠倒了思想与社会之间的真实关系。基于对这种方法的批判，马克思始终强调一种经验化与科学化的研究方法，如在上段引文中，马克思首先否认了用意志这种“精神因素”来解释社会事实的可行性，进而认为解释社会事实需要借助于对当时社会内部“客观关系”的解释，而在社会关系与社会现象之间存在着某种客观规律。由此马克思对研究方法中的两个向度

① 马克思：《摩塞尔记者的辩护》，载《马克思恩格斯全集》（第一卷），中央编译局译，人民出版社1956年版，第216页。

便十分清晰。一方面，马克思擅长用经验研究的方法寻找特定社会形态下的社会关系。在《德意志意识形态》《1844年经济学哲学手稿》等著作中，马克思大篇幅地对不同社会形态下的生产关系进行了考察，基于对不同社会形态下社会关系的经验事实进行比较分析，马克思进一步从中提炼出相应的规律。另一方面，马克思强调经验事实需要上升为某种“客观规律”。马克思将社会学研究类比为自然科学研究，认为可以从经验材料中发现社会内部的某种客观规律，这种客观规律的揭示成为马克思理论建构的终点。在《资本论》中，马克思便将资本主义社会商品生产模式总结为剩余价值生产规律、资本主义竞争规律等，以此揭示出资本主义内在矛盾的必然性。此外，马克思强调经验认识兼具主观特征与客观特征，这在马克思的“意识形态”概念中有所体现，意识形态既作为一种源自物质世界的客观经验事实，同时也作为经过主导阶级解释的主观经验事实，意识形态主客观统一的特征使其成为勾连客观物质世界与主观社会世界的关键概念。

### （二）理论贡献：法律与社会关系新解释

在法与社会关系的关系上，马克思理论提供的视角在于，从物质资料生产角度去考察国家与法律的诞生。在马克思之前，法律被归结为一种精神因素自我运动所导致的结果，如自然法学派将法律提炼为自然规律逻辑推导后的表达，又如历史法学派将法律视作特定民族的民族精神的集中表达。针对之前的法律理论，马克思以批判黑格尔法哲学观点为切入口，提出了一套家庭、市民社会、国家的逐层演进范式，并且把这种演进过程的动力归结为物质资料生产的发展。由此法律获得了某种“社会结构”背景，一定的社会结构决定一定的法律成为后来诸多学者探讨法律的基本出发点，在这个层面上，马克思的理论无疑具有某种启蒙性意义。同时，马克思理论的批判性向度亦成为后世法律社会学研究的重要理论资源。

然而，马克思对法律的观点亦面临着诸多批评，面临着来自法学、社会学等领域的挑战。批评主要包括以下方面：第一，对法律阶级工具论的批评，认为马克思的阶级工具论无法解释资本主义社会中诸多“有利于被统治阶级利益”的现象。[①]第二，对经济基础制约论的批评，认为马克思的经济基础制约论无法解释资本主义社会中诸多“承袭及延续自封建社会”的法律。[②]第三，对法律非独立论的批评，认为马克思对法律的“社会解释模型”无法解释司法审判中的一致性、封闭性与融贯性特征。[③]

对于上述批评，马克思主义法学流派存在不同的回应方案。具体而言：第一，针对阶级工具论的批评，有学者认为，最根本的阶级利益体现在稳固既有的生产关系，而生产关系稳固构成了阶级利益的核心范畴，其后凝聚为主导性的意识形态，法律便在意识形态设定的范畴中进行修正。那些有利于“被统治阶级”的法律在本质上是对既有利益格局进行微小的调整，并未在整体层面对生产关系与阶级结构造成冲击，未超越意识形态设定的基本范畴，因此法律仍然以一种间接的柔性化方式服务于“统治阶级”。[④]第二，针对经济基础制约论的批评，有学者认为，尽管资本主义社会的诸多法律在规范表达上延续自传统社会（如对罗马法的延续），但是这种表层的连续性实质上掩盖了法律功能的断裂与变迁。一方面，法律通过连续性的规范表达为法律塑造出一种普遍性特征与稳定性外观，以此规避法律正当性问题的追溯且将法律正当性诉诸某种连贯的传统之上；另一方面，法律通过配套性制度设置实现法律功能的实质性变迁，以此实现普遍化外观之下的功能隐秘变迁。[⑤]因此，资本主义社会的法律并非封闭且独立的功能体，它与其他社会制度相互协作，共同服务于维护既有生产关系的总体目标。第三，针对法律非独立论的批评，有学者认为，法律方法预设法律已然是具有权威性与合法

---

① ［英］柯林斯著：《马克思主义与法律》，邱昭继译，法律出版社2011年版，第47页。

② ［英］柯林斯著：《马克思主义与法律》，邱昭继译，法律出版社2011年版，第62页。

③ ［奥］凯尔森著：《共产主义的法律理论》，王名扬译，中国法制出版社2004年版，第1页。

④ ［英］柯林斯著：《马克思主义与法律》，邱昭继译，法律出版社2011年版，第51页。

⑤ 例如，卡尔·伦纳在考察“财产权”概念时发现：封建社会的财产权概念强调对物的绝对性支配，而资本主义社会的所有权概念更强调基于对资本支配衍生出的人身劳动支配权。尽管两类法律都采取了相似的规范表达，但是资本主义社会的“财产权”概念通过与工资制度、契约制度的协作，使该法律概念在“绝对保障私权”的外观之下，实际上行使着稳固既有劳动秩序、权力关系与阶级结构的功能。参见卡尔·伦纳著：《私法的制度及其社会功能》，王家国译，法律出版社2013年版，第117—122页。

性的规范体系，而后采取融贯性的解释方法与逻辑方法从规范体系中选择对个案适用的规则，由此产生一种法律判决服从于“客观形式逻辑”而非“主观阶级意志”的现象。然而在实际情况中，一方面，在诸多疑难案件中，规则难以得到精确适用，这反映出案件背后道德评判与利益衡量的艰难，涉及主导意识形态划定范畴内的选择与权衡，法律方法的融贯性表征实际上只是对上述“艰难权衡”的转换与掩盖，以防止法律内在矛盾对法律体系稳定性的冲击；另一方面，法律方法展开的逻辑前提依赖于一定的价值预设，而这种价值预设是由主导意识形态设定的，法律方法的逻辑展开与推导结果尚未超脱主导意识形态设定的框架。①

## 第二节　涂尔干：有机团结与社会整合理论

### 一、问题与展开

#### （一）学术传统：社会有机体论

在动物世界中，有一种个性是“在有机体组合之外产生出来的”。它不管在结构方式上，还是在团结类型上，都与我们所说的环节社会是完全相同的。②

器官的进化和社会的进化是完全一致的，起初，分工制还借用了环节组织的框架，但后来它逐渐摆脱了这种框架，逐渐发展成为一种自治形式。③

整个19世纪见证了众多生物学上的非凡成就：通过显微镜的分析弄清了细胞的结构，并因此得出所有有机体都是由具有类似结构的细胞组成的结

① ［英］柯林斯著：《马克思主义与法律》，邱昭继译，法律出版社2011年版，第70—73页。

② ［法］涂尔干著：《社会分工论》，渠东译，生活·读书·新知三联书店2013年版，第151页。

③ ［法］涂尔干著：《社会分工论》，渠东译，生活·读书·新知三联书店2013年版，第152页。

论。达尔文生物进化论著作的出版在19世纪的最后几十年给社会思想领域造成异乎寻常的冲击。实证研究和进化论的观点强有力地结合在一起，再没有什么能比这个更能激发同时代人的想象力。于是社会学家提出，社会是一个整合的统一体，在一定意义上可以比作一个生物有机体。

孔德最初将社会学命名为“社会物理学”的原因就在于，他希望这门科学使用物理学研究自然科学的实证方法来研究社会现象。在他所划分的五种科学（天文学、物理学、化学、生物学、社会学）中，社会学对于生物学的依赖最为紧密。生物学和社会学的研究都必须在认识到研究对象的整体意义后才是科学的，生物学的研究对象是个体有机体，而社会学的研究对象是社会有机体，二者的研究路线都必须是从整体到部分。[①]这项工作如何进行？孔德按照解剖学和生物学的区分，将社会学分为社会静力学和社会动力学：社会静力学的任务是研究社会秩序，探讨社会系统之间如何形成平衡；社会动力学的任务是研究社会现象更替的规律，寻求社会不断向完美状态发展的动力。[②]

斯宾塞进一步发展了社会有机体论，他将生物进化的原则进一步应用于社会领域。社会和生物都是有机体，它们在发展趋势、结构进化、功能分化、整体和部分的关系等方面具有相似性，都表现出不断生长发展、复杂性不断增加、功能不断分化以及整体与部分相互依存的状态。[③]既然社会具有有机体性质，那么它的发展趋势和动力是什么？社会是不断进化和发展的，暂时的停滞或倒退并不影响社会进化的整体趋势，并且社会进化是自发的，个人的有意识的活动并不能阻止该进程。[④]

涂尔干的早期著作关注的是一群当代德国学者的思想，他们的理论前提是，支配动物有机体功能和演化的既定法则为我们提供了一种模式，在这一模式的基础上，可以建立社会的科学架构。这影响到涂尔干后来的研究兴趣

① 贾春增主编：《外国社会学史》，中国人民大学出版社2000年版，第23—25页。
② 贾春增主编：《外国社会学史》，中国人民大学出版社2000年版，第26—27页。
③ 贾春增主编：《外国社会学史》，中国人民大学出版社2000年版，第48页。
④ 贾春增主编：《外国社会学史》，中国人民大学出版社2000年版，第51页。

和取得的研究成果，使得他能够从社会有机联系的角度来看待社会。在孔德和斯宾塞理论的基础上，涂尔干追溯了现代个人和社会的关系的发展，试图运用新的社会学科检视现代社会的诸多道德危机。为此，他的研究进入了社会团结领域，试图从社会有机联系的角度来解释社会。

涂尔干认为存在两种社会团结的类型：机械团结和有机团结。机械团结所体现的社会联系类似于环节生物所具备的内部关系，是在相似性的基础上实现的，“以这种方式相互凝聚的社会分子要想一致活动，就必须丧失掉自己的运动，就像无机物中的分子一样”[①]。有机团结所体现的社会联系与高级生物的内部构造则是依靠功能分化实现，整体与部分都能得到同步的发展。在分析中，涂尔干曾经感叹，“这种团结与我们所看到的高等生物是何等相似啊！当每个器官都获得了自己的特性和自由度的时候，有机体也会具有更大程度的一致性，同时它的各个部分的个性也会得到印证”。[②]对于生物有机体而言，内部分化程度越高，它的发展程度就越高。社会的发展也是如此，社会内部各功能的专业化程度越高，社会形态就越高级。有机团结在社会整合中的优势递增是社会发展的趋势。

总之，支配生物有机体功能和演化的既定法则为社会学的发展提供了一种模式，涂尔干在这种模式的影响下从社会有机联系的角度解释社会现象，致力于研究社会变更所带来的分化和整合问题。因此，在研究起点上，涂尔干的提问是，当社会分化日趋严重，生活领域出现明显的个性化特征时，如何防止社会的分裂，继续维持它的凝聚力和社会团结？他的核心理论是，现代社会不是通过人们之间行为的相似性整合起来的，相反，劳动分工促使人们相互依赖，使人们团结协作。

### （二）核心观点：分工的道德性

分工绝不会造成社会的支解和崩溃，它的各个部分的功能都彼此充

① ［法］涂尔干著：《社会分工论》，渠东译，生活·读书·新知三联书店2013年版，第91页。

② ［法］涂尔干著：《社会分工论》，渠东译，生活·读书·新知三联书店2013年版，第92页。

> 分地联系在一起，倾向于形成一种平衡，形成一种自我调节的机制。①
>
> 分工不仅变成了社会团结的主要源泉，同时也变成了道德秩序的基础。②

分工不仅与经济生活关系密切，更是关系到整个社会秩序的构建，“它已经渐渐地成为社会秩序最重要的基础”，分工已然成为每个社会成员都应当遵守的行为规范，即各为其用、各尽所能。③但是社会中对于分工存在着两种的观点，一种观点希望通过专业化来增加劳动密度，提升经济活动水平，另一种观点担心专业化会对个人造成损害。

涂尔干认为分工本质上是一种社会凝聚的力量。“如果说分工带来了经济收益，这当然是很有可能的。但是，在任何情况下，它都超出了纯粹经济利益的范围，构成了社会和道德秩序本身。”④分工可以使不同功能之间更好地协作，创造出更多的经济利益，而它更重要的作用在于为个人提供了一个道德环境，促进个性与社会的同步发展，将社会各部分因差异性而紧密结合起来，从而构建现代社会的秩序。

但是，处于失范状态下的分工不能产生足够的社会团结。“团结的作用并不在于彻底根除竞争，而是在于调节竞争。”⑤在分工活动中需要有一套完善的规则体系来确定相互协作的方式，而社会所面临的困境在于这种规范体系的缺失。当集体意识不再成为社会凝聚的主导力量时，分工又未能及时地形成道德约束，个性变得放纵或者无所适从。

涂尔干认为，必须重建社会规范体系，加强人与人之间的交流合作，通过分工形成社会规范，实现社会的重新整合。在现代社会的形成过程中，国家与个人之间越来越远，公共道德已经丧失了使它们充分互动的能力，个人

① ［法］涂尔干著：《社会分工论》，渠东译，生活·读书·新知三联书店2013年版，第二版序言第16页。

② ［法］涂尔干著：《社会分工论》，渠东译，生活·读书·新知三联书店2013年版，第359页。

③ ［法］涂尔干著：《社会分工论》，渠东译，生活·读书·新知三联书店2013年版，第4—6页。

④ ［法］涂尔干著：《社会分工论》，渠东译，生活·读书·新知三联书店2013年版，第24页。

⑤ ［法］涂尔干著：《社会分工论》，渠东译，生活·读书·新知三联书店2013年版，第325页。

不可避免地陷入利己主义。建立合理的次级群体，形成合理的社会互动模式，在国家、次级群体和个人之间通过有机团结联系起来，这是涂尔干对社会整合问题提出的解决方案。

## 二、机械团结和有机团结

机械团结和有机团结是涂尔干所划分的两种社会团结的类型，也是涂尔干区分社会形态、阐明社会发展趋势的依据。社会凝聚力的主要来源从机械团结转变为有机团结，在个人层面相应地表现为个性不断发展、个人意识不断突破集体意识压制的过程。

因此，社会团结理论不可避免地与作为大革命思想基础的社会契约论发生冲突。“契约论的假设完全是与分工的原则不相容的。这就意味着，分工越是显得重要，我们就越应该彻底否定卢梭的前提。”[①]社会契约论认为，社会秩序来源于人与人之间的契约行为。涂尔干并不认为早期人类会具有足够的个人意识来形成自由意志达成合意，他认为契约的真正的基础不是双方达成的合意状态，而是社会，契约借助社会获得约束。[②]他通过对两种社会团结的分析，展示出不同于契约论的对个人和社会关系的思考。

### （一）机械团结

> 社会团结（机械团结）是存在的，因为同一社会的所有成员共同具有某些同样的意识……无论范围是大是小，它所具有的一般的社会整合功能显然是建立在包含着某种共同意识同时又受到这种共同意识规定的社会生活的基础之上的。[③]
>
> （机械）团结的作用不仅在于能够使普遍的、无定的个人系属于群

① ［法］涂尔干著：《社会分工论》，渠东译，生活·读书·新知三联书店2013年版，第160页。
② ［法］涂尔干著：《社会分工论》，渠东译，生活·读书·新知三联书店2013年版，第169页。
③ ［法］涂尔干著：《社会分工论》，渠东译，生活·读书·新知三联书店2013年版，第71页。

体，它还能够使人们具体的行为相互一致。[①]

共同意识及其所产生的团结并不能完全通过刑法表现出来，共同意识所结成的关系并不完全是通过压制力量来保护的。共同意识里许多微弱和模糊的状态，只能依靠某些对道德和舆论的感觉发生作用，而且，正是这些状态才能使法律具有维持社会整合的效力。[②]

**1.机械团结的来源**

机械团结来源于社会成员之间的相似性，是建立在共同意识之上的社会团结。所谓共同意识，就是“社会成员平均具有的信仰和感情的总和”。共同意识不具有独立的形态，它分散在整个社会范围内。同时，共同意识又是与个人意识“界限分明的实在”，即使个人意识是共同意识存在的基础，也不影响共同意识独立于个人存在，单个社会成员并不会对共同意识产生影响。也就是说，涂尔干用“共同意识”一词描述出社会相似性构成的总体。[③]

共同意识强调社会成员的一致性，它不但要求成员在行为上具有统一的模式，而且力求覆盖成员的意识，以使整个社会形成统一而强烈的集体认知。共同意识这种社会心理类型使所有群体成员不仅因为相似性而相互吸引，并且因为具有了集体类型的生活条件而结成社会。机械团结正是在这种个人与社会的直接关系中，在个人之间的相似性中生成的。

**2.机械团结的作用及其条件**

机械团结的作用在于通过维持社会成员的相似性来实现社会凝聚力。涂尔干认为，每个社会成员的内心都存在两种意识：一种是体现着个性、只属于个人的意识，代表着个人的人格；另一种是全社会共有的意识，代表着社会。[④]正是这两种意识的紧密结合才能使机械团结发挥作用，如果社会成员具有同样的集体动机，那么他们的意志和行为也就具有一致性了。在早期社

① ［法］涂尔干著：《社会分工论》，渠东译，生活·读书·新知三联书店2013年版，第68页。

② ［法］涂尔干著：《社会分工论》，渠东译，生活·读书·新知三联书店2013年版，第108页。

③ ［法］涂尔干著：《社会分工论》，渠东译，生活·读书·新知三联书店2013年版，第42—43页。

④ ［法］涂尔干著：《社会分工论》，渠东译，生活·读书·新知三联书店2013年版，第68页。

会中，社会成员的个性发展程度较低，社会凝聚力完全通过相似性产生，机械团结也就成了主要的社会纽带。

在条件上，只有共同意识达到一定程度，机械团结才能发挥作用。“第一种团结（机械团结）的强度必须达到这种程度：所有社会成员的共同观念和共同倾向在数量和强度上都超过了成员自身的观念和倾向。”[①]具体而言，由机械团结产生的社会关系的紧密程度主要取决于以下三个条件：共同意识与个人意识之间的关系、共同意识的平均强度和共同意识的确定程度。[②]共同意识越是能够涵盖个人意识，这种社会关系就越紧密。如果共同意识超过了个人意识的强度，那么共同意识就越有活力，对个人的作用就越强。如果集体意识构筑了一个统一的模型，成员的所有观念和行为都能够纳入其中，机械团结的作用就会得到充分发挥。

**3. 维持机械团结的手段**

维持机械团结的重要手段是公共道德和刑法。机械团结对应的道德形态是公共道德。“道德是由群体团结构成的，也伴随着群体团结的变化而变化。”[③]公共道德从共同信仰和情感中产生出来，作为社会生活中的常态覆盖整个社会范围并时时刻刻约束成员的意识和行为。宗教与公共道德关系紧密，“与宗教相对应的就是共同意识的中心”[④]。宗教和公共道德都来源于共同意识，都表达出社会的思考方式和内容，都要求社会成员进行克制和无私，追求社会性的利益。

刑法则通过压制的方式维持机械团结。刑法所惩罚的犯罪行为，是对共同意识进行侵犯达到一定程度的行为。“一切犯罪都是直接或间接地从集体意识出发的”[⑤]，所以刑法所规定的惩罚就带有情感上的反抗，即对于犯罪者在思想上进行压制，惩罚的强度与犯罪行为侵犯共同意识的程度相关。[⑥]刑

① ［法］涂尔干著：《社会分工论》，渠东译，生活·读书·新知三联书店2013年版，第90页。
② ［法］涂尔干著：《社会分工论》，渠东译，生活·读书·新知三联书店2013年版，第113页。
③ ［法］涂尔干著：《社会分工论》，渠东译，生活·读书·新知三联书店2013年版，第357页。
④ ［法］涂尔干著：《社会分工论》，渠东译，生活·读书·新知三联书店2013年版，第130页。
⑤ ［法］涂尔干著：《社会分工论》，渠东译，生活·读书·新知三联书店2013年版，第48页。
⑥ ［法］涂尔干著：《社会分工论》，渠东译，生活·读书·新知三联书店2013年版，第59页。

法作为压制手段，是在犯罪行为发生后才主动进行惩罚，这与公共道德的作用方式是不同的，但二者之间也存在着联系，即它们都直接或间接地来自共同意识。刑法需要符合公共道德才能实现对社会团结的维持。

（二）有机团结

> 协作性法律和恢复性制裁所规定的关系，以及它所体现的团结，都是从社会分工中产生出来的。①
>
> 社会容量和社会密度是分工变化的直接原因，在社会发展的过程中，分工之所以能够不断进步，是因为社会密度的恒定增加和社会容量的普遍扩大。②
>
> 由此，整体的个性和部分的个性都得到了同步发展，社会能够更加有效地采取一致行动，而它的元素也可以更加特殊地进行自我运动。③
>
> 倘若没有规范，有机团结就是不可能的，或不完善的。然而，只有规范还不够，还必须要有公平。④

**1.有机团结的来源**

有机团结以个人差异性为基础，从社会分工中产生出来。分工不仅是劳动力的划分，更具有一种内在的自发性。“所谓分工，就是去分担以前的共同职能，但是这种分配并没有任何预定计划。”⑤自发的社会分工才能使社会各部分在功能分化的过程中不断保持交往关系，相应的规范也从其中生成，分工在本质上才能成为一种社会团结的力量。

分工产生和发展的直接原因在于社会容量的扩大和社会密度的增加，并且这两种趋势是同步发展的。社会容量的不断扩大表明社会成员的不断增

① ［法］涂尔干著：《社会分工论》，渠东译，生活·读书·新知三联书店2013年版，第88页。
② ［法］涂尔干著：《社会分工论》，渠东译，生活·读书·新知三联书店2013年版，第219页。
③ ［法］涂尔干著：《社会分工论》，渠东译，生活·读书·新知三联书店2013年版，第92页。
④ ［法］涂尔干著：《社会分工论》，渠东译，生活·读书·新知三联书店2013年版，第365页。
⑤ ［法］涂尔干著：《社会分工论》，渠东译，生活·读书·新知三联书店2013年版，第233页。

加，社会关系越来越多、越来越紧密，分工也就越有必要；社会密度表现为人口密度、城镇的发展水平以及沟通手段和传播手段的数量和速度，社会密度的增加带来的社会集中化决定了分工的发展，而分工本身又进一步加强了社会的集中化趋势。[①]在这两种社会变化中，分工是为满足社会需要而产生的，而并不是相反的情形。

社会容量的扩大和社会密度的增加描述的是社会环境的变化，涂尔干进一步指出了分工的根源。他认为，分工是人们面对社会环境的改变而采取的应对措施：人类社会也存在着物竞天择的法则，同质性成员之间的竞争是残酷的，而分工减少了竞争，使绝大多数人得以保留；同时人类的需求也是不断增加的，作为分工结果的产品总是与人类需求相一致的，分工跟随着需求的变化而发展。[②]因此，涂尔干所认为的分工的因果关系与一般观点是有区别的。他认为，分工的主要原因不在于提升生产力，恰好相反，分工是人们面对社会环境的改变不得不做出的行为，生产力的提高只是分工的结果而已。

**2.有机团结的作用**

有机团结的作用在于通过社会与个人的协同发展实现社会凝聚。有机团结所反映的个人与社会的关系与机械团结不同，机械团结反映了个人对于社会的直接依附，社会共同意识通过对个性和人格进行覆盖和压制来实现社会的整合；而有机团结中个人依赖于社会的各组成部分，社会发展不以个性的牺牲为条件，功能的多样化使社会和个人结合得更加紧密，个人和社会得以共同发展。这种整体与部分的关系同高等生物与其器官的关系类似，这正是“有机”特性的体现。

个人在社会凝聚中能够发展个性，是因为分工与个性是同步发展的。“环节社会的消失必然要求专业化同时得到发展，要求将个人意识从支撑它的有

① ［法］涂尔干著：《社会分工论》，渠东译，生活·读书·新知三联书店2013年版，第214—217页。

② ［法］涂尔干著：《社会分工论》，渠东译，生活·读书·新知三联书店2013年版，第228—229页。

机环境和涵盖它的社会环境中解放出来。”[①]分工是在个人差异中发展出来的，同时分工比共同意识给予个人更多的发展空间：共同意识试图将所有社会成员以及他们的全部生活领域纳入其中，职业规范只作用于少数人的意识并且只在职业生活中产生影响，在这个范围以外，个人享有更大程度的自由发展空间。[②]

社会在个性发展中能够维持团结。分工把社会成员归属于不同的职业类型，但本质上是一种团结力量，这是因为分工不是随意、盲目的，功能的分化而是为了相互补足进行的，各部分在分离的过程中不断保持交往，彼此适应。[③]分工本就是在统一的基础上进行的，分散的表象并不是本质。从个人的角度来看，个人生活是从集体生活里产生出来的，处于分工中的个人一方面从集体中解放出来，另一方面又能与集体本身相适应，分工中的个人也就不会破坏社会团结。[④]

**3. 维持有机团结的手段**

建立规范体系是维持有机团结的重要手段。有机团结对应的道德形态是职业道德，对应的法律规范是协作性法律，这两种规范的存在对于有机团结的实现是必要的，分工要持续存在就需要通过规范将协作方式和内容固定下来。

这些规范应当是随分工的自发进行而产生的。“能够为组织社会和有机体产生统一性特征的只能是各个部分之间自发而成的共意状态。”[⑤]规范的表达可能在形式上借助于国家，但它从根本上来说绝不是依靠国家或政府产生的。这是因为分工形成了不同的职业群体，规范将他们的交往方式表示出来：分工带来的是功能，需要确定不同功能之间的行为方式，保证功能之间

① ［法］涂尔干著：《社会分工论》，渠东译，生活·读书·新知三联书店2013年版，第361页。

② ［法］涂尔干著：《社会分工论》，渠东译，生活·读书·新知三联书店2013年版，第260页。

③ ［法］涂尔干著：《社会分工论》，渠东译，生活·读书·新知三联书店2013年版，第233—234页。

④ ［法］涂尔干著：《社会分工论》，渠东译，生活·读书·新知三联书店2013年版，第326—237页。

⑤ ［法］涂尔干著：《社会分工论》，渠东译，生活·读书·新知三联书店2013年版，第320页。

的关系在稳定性和规范性方面达到同一水平；在这种约束的重复过程中，形成了习惯，进而在其强制程度达到一定水平后形成了行为规范。涂尔干指出："规范本身没有确立具有固定联系的机构之间的相互依赖状态，它作为在特定情况下的功能，通过一种可感的和确定的形式把这种状态表现出来。"[①]分工在形成社会各功能之间的协作关系的同时产生了有机团结。

涂尔干在论述中强调这些规范必须遵循公平原则。"最发达的社会的根本任务就是去完成建立公正的使命。"[②]在依靠共同意识维持凝聚力的低等社会中，个性的发展程度较低，个人更需要集体生活的道德意义而非公平。在有机团结占主导地位的社会中，个性同分工一样取得了巨大发展，个人意识对公平的诉求越来越强烈，社会规范需要不断清除历史中遗留的违背公平原则的因素，如阶级和种姓制度，在这个过程中有机团结和机械团结不断冲突和对抗。决定分工形式的唯一依据就是能力差异。[③]要实现公平，分工的各种外部条件就应该是平等的，在社会组成部分的协作表现出不公时，就需要这样的规范通过外部力量的干预作用使社会重获平衡。

## 三、失范的社会分工

两种社会团结对应不同的社会类型，涂尔干在论述中展示了机械团结所对应的群居社会在朝向有机团结所对应的现代社会发展。在这个过程中，分工的发展水平或者协作法的比例是判断社会所处阶段的重要依据，即分工的水平越高，协作法越发达，在法律规范中的比例就越大，社会就处于越高级的形态。

但是社会的发展是一个过程，分工在其中可能处于失范的状态，即当分工活动缺乏规范的约束时，社会凝聚力的消退使整个社会陷入分裂和无序的状态。"尽管在以前经济只居于次要的地位，而今天它已经站在最醒目的位

① ［法］涂尔干著：《社会分工论》，渠东译，生活·读书·新知三联书店2013年版，第326页。
② ［法］涂尔干著：《社会分工论》，渠东译，生活·读书·新知三联书店2013年版，第345页。
③ ［法］涂尔干著：《社会分工论》，渠东译，生活·读书·新知三联书店2013年版，第335页。

置上了……我们的社会在本质上已经在向工业社会发展……既然一种行为模式在整个社会生活中占据了如此重要的地位，如果这个社会没有经历过深刻的动荡，也就不会存在混乱失序的状态。特别值得注意的是，这正是道德沦丧的根源。”[①]社会混乱状态的根源在于：在经济活动发展过程中，分工开辟了大量的社会领域，却未能生成相应的规范，而原本的主要社会纽带——共同意识已经不能完成社会整合的任务，因此人们趋向无助或放纵。

## （一）社会分工失范的原因

功能的分化不可避免会带来道德的分化，两者是同时形成的。而且，我们也很清楚这两种现象共同出现的原由是什么。集体感情已经没有能力去限制分工所导致的离心倾向了；一方面，这种倾向随着劳动分工的发展而逐渐显露出来，另一方面，集体感情本身也日趋没落了。[②]

在任何情况下，如果分工不能产生团结，那是因为各个机构间的关系还没有得到规定，它们已经陷入了失范状态。[③]

某些道德因素已经不可补救地被动摇了，而我们所需要的道德却还在襁褓之中。[④]

### 1.社会分工的离心倾向

分散和统一同时存在于分工活动中。社会分工是一个功能的分化过程，人们不再需要掌握庞杂的技能，社会分工追求的是成员的个人能力的差异性。功能分化的同时，道德的分化也存在。功能是理想的分工状态下确定社会各部分的地位的唯一标准，功能的多样性意味着职业道德的多样性。在分化的另一面，分工本身还具有统一的能力，社会各部分因差异性产生的依赖

① ［法］涂尔干著：《社会分工论》，渠东译，生活·读书·新知三联书店2013年版，第二版序言第15—16页。

② ［法］涂尔干著：《社会分工论》，渠东译，生活·读书·新知三联书店2013年版，第322页。

③ ［法］涂尔干著：《社会分工论》，渠东译，生活·读书·新知三联书店2013年版，第328页。

④ ［法］涂尔干著：《社会分工论》，渠东译，生活·读书·新知三联书店2013年版，第367页。

关系比因相似性产生的关系更为牢固。无序的分工只是一种反常情况，规范调节下的分工才是正常状态。

“只要这些机构能够得到充分的接触，并形成牢固的关系，失范状态就不可能产生。”[①]要使分散倾向被长期且稳定地压制，就需要完善的规则体系确定各功能之间的关系。而这个规则体系应当是从各社会功能中自发形成的。这种“充分的接触”需要社会各部分之间进行长久而持续的交流，相互感受彼此的需求，在有序的交换活动中不断形成紧密的关系，规范也就自然在其中产生出来，统一性也就能够遏制住分工的离心倾向。

但从功能分化到有机团结的实现是一个过程。“这些新的工业生活条件自然需要一种新的组织形式。但是由于变化速度非常之快，各种利益仍在不断发生冲突，我们还没有足够的时间使它们达到一种平衡状态。”[②]人们在经济领域中基于对利益的追逐已经率先开启了分工过程，经济作为工业社会最醒目的社会因素迅速将社会划分出不同的功能领域，只是它们之间缺乏足够的持续而稳定的交流，难以生产出规范分工活动的道德。社会分化中分散力量暂时性地压制住了社会统一的向心力，虽然有分工活动，但缺少了相应的规范。

**2. 共同意识的衰退趋势**

与此同时，共同意识呈现出衰退趋势。“这并不是说，共同意识面临着彻底消失的危险，我们只能说共同意识的思维方式和感情方式已经变得更加普遍、更加模糊了，这无疑给个人彼此不同的发展留下了余地。”[③]公共道德并不能在失范的分工领域中承担形成规范的任务。在早期社会向现代社会的发展过程中，分工活动不断在社会凝聚中表现出递增优势，共同意识在其中的作用则相对减少了。机械团结和有机团结能够同时存在于一个社会形态之中，前者保持社会成员最基本的一致性，后者追求个性发展与社会进步的同步实现，二者不断调整各自的比例以实现社会纽带之间两种力量的平衡，这

① ［法］涂尔干著：《社会分工论》，渠东译，生活·读书·新知三联书店2013年版，第328页。
② ［法］涂尔干著：《社会分工论》，渠东译，生活·读书·新知三联书店2013年版，第330页。
③ ［法］涂尔干著：《社会分工论》，渠东译，生活·读书·新知三联书店2013年版，第133页。

个过程呈现出共同意识不断衰退的趋势。

共同意识衰退存在的问题在于：首先，共同意识形成的社会联系是脆弱的。“在低级社会里，相似性所致的团结是独一无二的，或者几乎是独一无二的，因此，这种断裂现象就会很容易、很经常地发生。”[①]机械团结之所以能够成为群居社会凝聚的主要力量，是因为群居社会由相同的环节所构成，每个环节之间具有一定的独立性，环节内部几乎糅杂了其生存发展所需的全部功能，共同意识将社会各环节串连起来而实现社会凝聚。因此在早期社会中的每个社会组成部分和每个个人都不是不可替代的，他们的缺少或增加只会对社会产生量的影响，功能并不会因此而改变。但社会的发展同样是社会组成部分摆脱同质性的过程，机械团结所产生的脆弱的社会联系不足以将各功能专一的部分紧密结合起来，必须是自生于分工活动中的有机团结才能在分化的社会功能之间形成相互依赖的关系。

其次，共同意识难以适应现代社会的复杂性。涂尔干指出：“因为一旦社会覆盖了非常大的范围，共同意识就不得不被迫超越所有地方差异，驾驭更大的空间，从而变得更抽象一些。”[②]共同意识产生于规模较小的社会之中，社会生活的相对简单使共同意识很容易实现具体化来覆盖所有的生活领域，也很容易覆盖总数不大的所有社会成员。现代社会是一个复杂程度更高的社会，共同意识也同样随着社会形态的转变而发生变化。共同意识在社会范围扩大的同时仍保持着普遍化，随社会生活复杂化而不断抽象化，社会发展所呈现出的递增复杂性终究会超出共同意识的能力范围，公共道德规范不再能够调节每一种社会群体的具体行为。

最后，共同意识难以回应现代社会中的个性诉求。“既然集体意识朝着更理性的方向发展，它的强制性色彩也就越来越少，也不再阻碍个人的自由变化和自由发展了。”[③]个人意识的进步是随着分工的发展同步进行的，现代社会凝聚的实现不再依靠共同意识对于个人意识的压制而完成。早期社会中

---

① ［法］涂尔干著：《社会分工论》，渠东译，生活·读书·新知三联书店2013年版，第109页。

② ［法］涂尔干著：《社会分工论》，渠东译，生活·读书·新知三联书店2013年版，第244页。

③ ［法］涂尔干著：《社会分工论》，渠东译，生活·读书·新知三联书店2013年版，第247页。

共同意识与个人意识之间的此消彼长的关系是社会进步的阻碍，而正是分工从根本上改变了社会与个人的关系。因此，共同意识相对于个人意识的进步呈现出衰退的趋势。

（二）对社会分工失范的回应

> 要想治愈失范状态，就必须首先建立一个群体，然后建立一套我们现在所匮乏的规范体系。①
>
> 在职业群体里，我们尤其能够看到一种道德力量，它遏制了个人利己主义的膨胀，培植了劳动者对团结互助的极大热情，防止了工业和商业关系中强权法则的肆意横行。②

**1.对次级群体的寻找**

面对社会分工所呈现出的失范状态，涂尔干在《社会分工论》的结论中明确地指出，“目前我们的首要任务就是要为我们自己确立一种道德，但这个任务是不能在悄无声息的研究工作中即刻完成的。它只有在内在因素的逼迫和要求下，才能借助自己的力量产生出来”③。既然现代社会形成过程中出现的问题来自内部，那么也就只有在社会真正发生改变的情况下社会疾病才是真正地被治疗了。而又如何实现通过社会“内在因素的逼迫和要求”产生道德？那就需要在国家和个人之间建立合理的次级群体，促进人们的交流和合作，加强社会的凝聚力。

次级群体是国家与个人之间联系的中间阶段，它将个人联系起来，将社会中形成的思想输送给国家。“国家在造就了适合于人们共同生活的唯一环境的同时，人们却不可避免地要‘脱离’这个环境，甚至人们之间也会相互脱离，社会也相应地解体了。如果在政府与个人之间没有一系列次级群体

---

① ［法］涂尔干著：《社会分工论》，渠东译，生活·读书·新知三联书店2013年版，第二版序言第17页。

② ［法］涂尔干著：《社会分工论》，渠东译，生活·读书·新知三联书店2013年版，第二版序言第22页。

③ ［法］涂尔干著：《社会分工论》，渠东译，生活·读书·新知三联书店2013年版，第367页。

的存在，那么国家也就不可能存在下去。”[①]家庭原本是政治单位，承担着次级群体的部分功能，但个性的发展以及个人的社会活动范围的扩大使得家庭逐渐从公民政治生活中退却下来，仅作为个人私生活的核心存在。在社会的变革中，如果没有一种组织将国家和个人联系起来，那国家就不知个人的状态，个人也会过多地陷入利己主义之中。

怎样的次级群体是现代社会所需要的？社会的变化已经使家庭和宗教不再是合适的选择，自上而下产生的政治群体难以时时刻刻对社会成员的行为进行指导，唯有职业群体这种真正产生于社会分工中的次级群体才是社会病症的救治良药。职业群体有着其他类型群体所不具备的道德意义上的优势。“行会在过去就已经表明，它可以成为一种集体人格，甚至过分珍惜它的独立自主和它对其成员的权威；因此它无疑能成为它们的道德环境。”[②]在专业化的趋势中，职业越发成为现代社会成员生活中的重要部分，职业群体由兴趣一致、生活相似的成员组成，成员在职业群体中进行长时间持续的交往，职业群体是成员形成社会思想和社会感情的场所，成员清楚地认识到他之所以加入其中，不仅是为了追求更大的经济利益，更是因为职业群体能为他提供一种道德归属感，因此职业群体所生成的道德必然是强调集体利益高于个人利益。[③]

同时，职业群体在欧洲的历史也显示出它具备成为现代社会次级群体的可能性。“工业已经不再是地方性和市政性的，而是整个国家的事务。由此，我们可以得出结论说，法团也必然会通过同样的方式产生变化，不再是一种地区性的制度，而是一种公共制度。”[④]古罗马时期的职业群体存在于政治制度之外，这是因为手工业本身就在罗马集体生活中处于附属和次要的位置，因此职业群体就算成为行政机器的组成部分，也只是其附庸；到了中世纪，职业群体存在于平民阶层或资产阶级之中，手工业的地位开始发生变化，催

① ［法］涂尔干著：《社会分工论》，渠东译，生活·读书·新知三联书店2013年版，第40页。
② ［法］迪尔凯姆著：《自杀论》，冯韵文译，商务印书馆1996年版，第360页。
③ ［法］迪尔凯姆著：《自杀论》，冯韵文译，商务印书馆1996年版，第360页。
④ ［法］涂尔干著：《职业伦理与公民道德》，渠敬东译，商务印书馆2015年版，第40页。

生出欧洲的资产阶级。[①]手工业行业协会集合成公社，一方面，公社本质上是职业群体的扩充形式；另一方面，公社是欧洲政治历史的奠基石，因此职业群体为整个欧洲的社会结构改变奠定了基础。[②]这个阶段的职业群体是与整体社会形态相匹配的，具有极强的地方性，是属于社会中一个环节内的事务。大工业到来后，经济活动成了一种全国性的活动，作为地方事务的职业群体就暂时消退了，但它依然是产生在分工活动中、与经济领域结合最紧密的群体，所以将职业群体转变为国家公共制度是有可能的。

**2. 职业群体规范体系的重建原则**

接下来的问题是：如何将职业群体再建为社会生活中的次级群体？要使职业群体根除社会中的道德失范现象，就需要建立一套完善的规范体系来正确规定国家、职业群体和个人之间的关系并引导道德自发产生。这个规范体系应当按照以下原则重建职业群体。

职业群体产生并独立于个人。个人因职业生活的相似性具备加入职业群体的条件，职业群体由职业具有关联性的个人组成，但职业群体并不完全等同于成员的简单堆积。职业群体是独立于成员的实在，它为成员提供了集体道德和情感生成的场所；成员关注职业群体所代表的共同利益的状态，但他更关注的是集体所能给他带来的道德意义。这种道德意义在现代社会的体现与早期社会是有所区别的，早期社会中集体道德为茫然的个人行为指引方向，而现代社会中的职业道德是消除利己主义带来的社会动荡的有效手段。因此，在次级群体的重建中，职业群体不能被建设成纯粹的经济利益的代表，而应成为一个既能产生群体思想又能约束成员行为的实在。

但是，职业群体不能是国家的附庸。国家与社会的关系在于，“当国家进行思考并做出决议的时候，我们不能说社会通过国家思考并做出了决议，而只能说国家为了社会才进行思考并做出决议”[③]。在现代社会中，职业群体是各种集体情感和态度的载体，国家将这些情感、态度组织起来，通过代议

---

① [法]涂尔干著：《职业伦理与公民道德》，渠敬东译，商务印书馆2015年版，第35—37页。
② [法]涂尔干著：《职业伦理与公民道德》，渠敬东译，商务印书馆2015年版，第39页。
③ [法]涂尔干著：《职业伦理与公民道德》，渠敬东译，商务印书馆2015年版，第54页。

制的方式形成社会思维，代议制中的代表不是公民个体或者地方代表，而是各个职业群体的代表。国家体现了一种反思性的集体思维过程，这个过程展示出次级群体是国家的前提，而不是相反。职业群体之间要形成一种“有机”的关系。涂尔干指出，“如果不同地方的同类行会不是相互孤立，而是相互联系形成一个系统，如果所有这些系统都受到国家的普遍影响，从而抱有一种团结一致的感情，那么官僚专制和职业的利己主义就会被限制在合理范围内”。同时，当“每一个特殊的群体一旦与公共生活的指导中心有了经常的联系，它就不那么倾向于只看到和只追求自身的利益”①。当职业群体之间形成一种分工时，就既能克服来自国家的专制倾向，又能抑制个人因个性发展导致的行为失范，还能引导所有职业群体共同追求更高的利益。

涂尔干还认为职业群体本身的发展也要遵循一定的原则。职业群体与经济活动关系紧密，重建后的职业群体要适应现代社会的大市场的要求；职业群体本身要有一定的灵活性来适应社会情况的变化；不能仅将职业群体作为社会规范制定和实施的手段，还要注重职业群体在成员团结、教育、审美方面的功能建设。②

## 四、法律：社会凝聚力的外在事实

涂尔干对于法律的研究来自他对于社会分化和社会整合的关注，这不仅是因为他将社会变革中的道德和法律缺失的现象作为问题来源，而且在于他将法律视为社会凝聚力的最重要的外在事实，以法律作为媒介研究社会团结这种本身难以量化的社会事实。

### （一）法律的特点

事实上，任何持续存在的社会生活都不可避免地会形成一种限制形

---

① ［法］迪尔凯姆著：《自杀论》，冯韵文译，商务印书馆1996年版，第363页。

② ［法］涂尔干著：《社会分工论》，渠东译，生活·读书·新知三联书店2013年版，序言第36—38页。

式和组织形式。法律就是这些组织中最稳固、最明确的形式。①

法律和道德就是能够把我们自身和我们与社会联系起来的所有纽带，它能够将一群乌合之众变成一个具有凝聚力的团体。②

法律能展示出社会团结的强度。“社会团结一旦得到加强，它就会使人们之间的吸引力增强，使人们接触的频率增加，使适合于人们结成相互关系的方式和机会增多……社会成员联系得越紧密，就越能维持彼此之间以及群体内部各种不同的关系……这些关系的数量是与规定它们的法律规范的数量成正比的。”③社会团结的强度越高，相应的社会关系就越多，法律规范的数量也会增加，有机团结的发展在法律上就表现为恢复性法律的增加和完善。

法律是社会凝聚力最重要的外在事实。涂尔干在对规范的界定中指明了道德和法律的关系。“所谓规范不仅仅是一种习惯上的行为模式，而是一种义务上的行为模式，也就是说，它在某种程度上不允许个人任意行事。只有构建完整的社会才能拥有道德和物质的最高地位，它不可避免地要为个人立法，同样，也只有集体构成的道德实体才能凌驾于私人之上……道德规范和法律制度在本质上表达了自我同一性的要求。”④法律作为行为规范产生于社会关系之中，是社会关系追求稳定性和规范性的结果，它与道德有着极高的亲和力，能清晰地显示出社会内在的凝聚力。

同时，法律比社会中的其他约束形式更加稳固明确。涂尔干认为，法律直接地表现本质上的社会凝聚力，其他社会约束形式很难达到这样的程度，如习俗虽然常常是法律的基础，但是它在重要性和稳定性上不能与法律相比，因此只能表现次级的社会团结。

① ［法］涂尔干著：《社会分工论》，渠东译，生活·读书·新知三联书店2013年版，第28页。

② ［法］涂尔干著：《社会分工论》，渠东译，生活·读书·新知三联书店2013年版，第356页。

③ ［法］涂尔干著：《社会分工论》，渠东译，生活·读书·新知三联书店2013年版，第27—28页。

④ ［法］涂尔干著：《社会分工论》，渠东译，生活·读书·新知三联书店2013年版，序言第17页。

## （二）法律的类型

> 我把规范划分为两种类型：一种是与压制性制裁有关的规范，包括分散类型和组织类型；另一种是与恢复性制裁有关的规范。我们已经看到，前者表现出来的是从相似性中产生的团结条件，我们已经将它称作是机械团结；后者表现出来的是一种否定的团结，我们称之为有机团结。[①]
>
> 压制法总是倾向于在社会中保持一种涣散状态，而恢复法自身建立的机构则不断趋于专门化：如领事法庭、各种工业和行政仲裁法庭等。[②]

涂尔干依据制裁的类型将法律划分为压制性法律和恢复性法律，分别作为机械团结和有机团结的外在形态。

**1. 压制性法律**

压制性法律对应压制性制裁。压制性制裁“是建立在痛苦之上的，或至少要给犯人带来一定的损失”[③]，其目的就在于剥夺被惩罚者的某些权利来形成威慑，迫使社会成员遵守压制性法律。这种类型的法律是与公共道德相关的，是共同意识强制实现个人意识一致化的规范表达。因此共同意识实现社会凝聚的方式决定了压制性法律的特点，刑法即为一例。

刑法所规定的犯罪行为的共同特点在于它们都是社会成员在情感上共同谴责的行为。刑法条文主要由义务和制裁两部分内容构成。“编纂刑法的唯一目的就是要确立一种量刑幅度，因为习俗本身已经越来越受到人们的怀疑了。”[④]对犯罪行为的认定和惩罚并不在于要对该行为造成的损失有所弥补，而是要通过惩罚现象昭示一种集体性意识的存在，对试图或已经逾越刑法的成员进行压制，对因他人犯罪而愤慨的成员进行安抚。但不是所有的受到集体情感谴责的行为都是犯罪。“与犯罪相应的集体情感同其他一些集体情感

---

① ［法］涂尔干著：《社会分工论》，渠东译，生活·读书·新知三联书店2013年版，第356页。
② ［法］涂尔干著：《社会分工论》，渠东译，生活·读书·新知三联书店2013年版，第75页。
③ ［法］涂尔干著：《社会分工论》，渠东译，生活·读书·新知三联书店2013年版，第32页。
④ ［法］涂尔干著：《社会分工论》，渠东译，生活·读书·新知三联书店2013年版，第38页。

的区别就很明显了，它必须达到一种固定的平均强度。”[①]所以犯罪是触犯强烈而明确的集体意识的行为。

刑法的运作具有一定的分散性，社会成员就可能是刑法的执行主体。“在一些极端不同的社会形态中，它并不是通过专职行政官来施行的，而是或多或少地靠整个社会来承担的。”[②]在原始社会中，刑法几乎是法律的全部，它是靠群众来实行判决的；在罗马，刑事事务由民众裁决，表现为“库里亚大会”和“百人团大会”；在雅典的梭伦法中，部分刑事判决由某公民社团决定；最后，陪审团作为刑法制度中一个重要部分存在。[③]这种分散性来自刑法与共同意识之间密切的关系，社会成员作为刑法执行主体更能加强个人与社会的直接关系，恢复共同情感。

**2. 恢复性法律**

恢复性法律是旨在将社会关系回归正常的法律，如家庭法、契约法、诉讼法，对应的是恢复性制裁。“区分这种制裁的标志就是它并不具有抵偿性，而只是将事物‘恢复原貌’。违反或拒认这种法律的人将不会遭受到与其罪行相应的痛苦；他仅仅被判处要服从法律。”[④]恢复性制裁并不是要直接地将个人归属于社会，而是注重消除社会生活中的障碍，协调个人之间的自治行为。恢复性法律同机械团结一样是建立在社会分工的基础上的，追求的是专门化的社会状态。

恢复性法律的运作通常是被动的。“恢复性法律并不会通过自身以及自身的运作过程来直接进行干预：它必须等着与此相关的人有求于它。”[⑤]自生于分工活动的法律的目的在于将社会关系稳定化、规范化，分工本身就具有社会凝聚的内在力量，恢复性法律只需将反常的社会关系重回正轨。恢复性法律有两种作用方式：一是通过消极的方式规定社会各部分之间的界限来避

① ［法］涂尔干著：《社会分工论》，渠东译，生活·读书·新知三联书店2013年版，第40页。
② ［法］涂尔干著：《社会分工论》，渠东译，生活·读书·新知三联书店2013年版，第39页。
③ ［法］涂尔干著：《社会分工论》，渠东译，生活·读书·新知三联书店2013年版，第39—40页。
④ ［法］涂尔干著：《社会分工论》，渠东译，生活·读书·新知三联书店2013年版，第73页。
⑤ ［法］涂尔干著：《社会分工论》，渠东译，生活·读书·新知三联书店2013年版，第75页。

免可能的损害，法律的内容是人与物之间的关系，如与物权相关的法律；二是通过积极的方式对各类分工活动进行规定和调整，以实现更好的协作，法律的内容是人与人之间的关系，如契约法。

恢复性法律与共同意识之间联系微弱。恢复性法律与分工进步和个性发展是正相关的，压制性法律越来越难以调整社会不断分化所形成的专业领域，而恢复性法律越发展，它与公共道德的距离就越远。压制性法律试图将所有的社会成员都容纳进来，而恢复性法律所调整的社会关系只存在于有限的主体之间，也就更能适应社会分化的趋势。

### （三）法律的变迁

> 集体类型越能得到彰显，分工越是停留在低级水平，压制性法律相对于协作性法律来说就越占优势。相反，如果个人类型越能得到发展，工作越来越专门化，那么两种法律类型的比例就必然会颠倒过来。[①]

在社会的发展中，社会形态逐渐从群居社会向现代社会转变，分工活动及有机团结在社会生活中日益重要，这也表明了法律的发展趋势。两种法律对应不同的社会基础，压制性法律对应共同意识和公共道德，恢复性法律对应分工活动和职业道德，两种法律的比例反映出社会分工的发展水平，进而表明社会形态所处的阶段。

随着社会的发展，法律中恢复性法律的数量不断增加，压制性法律的比例越来越小，越是进步的社会，恢复性法律就越发达。在早期社会中，压制性法律表现出绝对的优势，“压制法如此发达的真正原因在于，当时的集体意识影响面极广，影响力极大，而劳动分工还没有产生出来”[②]。分工的发展使社会和个人的能力大大提升，宗教被剥离出法律后，压制性法律依然是社会规范之一，这是因为分工活动是实现在社会凝聚基础之上的，公共道德提

① ［法］涂尔干著：《社会分工论》，渠东译，生活·读书·新知三联书店2013年版，第93页。
② ［法］涂尔干著：《社会分工论》，渠东译，生活·读书·新知三联书店2013年版，第107页。

供了社会统一的最基础的条件。但压制性法律的地位不会再上升了，它的任务仅仅在于保证全体社会成员最基本的相似性，而社会发展更多地依赖于分工的进步，恢复性法律也就越来越多、越来越重要。

社会分工的失范现象正是发生在这个法律变迁的过程中，分工活动没有了规范的约束，新的道德和法律难以从社会团结中产生出来，社会成员也就变得迷茫或放纵。分工对于社会凝聚的实现必须是在规范之下，特别是在法律规范之下完成的。如涂尔干指出："契约关系必然会随着分工的发展而发展，但后者又离不开以契约作为法律形式的交换。"①他认为："劳动分工越发展，规范就会变得越多——倘若没有规范，有机团结就是不可能的，或者不完善的。"②从法律的角度来看，失范的社会分工就是压制性法律不再作为主要法律规范，而新的、合理的恢复性法律尚未产生时出现的社会反常现象。

## 五、总结：涂尔干对法律社会学的贡献

作为一个社会学家，涂尔干无意在其社会理论之中构建一个系统的法社会学分支，他关于法律的观点都是服务于对个人和社会关系的探寻，但不可否认其理论中体现着丰富的法社会学思想。正是涂尔干"确立了法律和社会学的关系……他承认并发现了法律的完美的社会性，从而建立了不可磨灭的功绩。在很大程度上正是归功于他，法律才不再被看作一种永久不变、几乎神圣的东西"③。正如他所强调的社会学方法的基本准则，即把社会事实作为物来考察，涂尔干同样将法律视为一种物，以一种不带情感与偏见的立场去研究法律，通过外部观察而非内省来认识法律的属性及其存在的原因。更重要的是涂尔干关于法律的观点，他从社会整体变迁的角度来阐释法律的地位、功能和变化。法律不是固定不变的、神圣的东西，而是存在于社会之中、反映社会群体意识、维系社会凝聚力的重要外在事实，法律随社会道德的变化

---

① ［法］涂尔干著：《社会分工论》，渠东译，生活·读书·新知三联书店2013年版，第339页。
② ［法］涂尔干著：《社会分工论》，渠东译，生活·读书·新知三联书店2013年版，第365页。
③ ［法］亨利·莱维·布津尔著：《法律社会学》，许钧译，上海人民出版社1987年版，第98页。

而变化。旧时代道德的崩塌、新时代道德的缺失是涂尔干面对社会巨变所发现的问题的根源，他认为法律不仅能够反映社会结构，而且可以调节现代社会各种复杂的社会关系，既使分工成为可能，又能防止分工导致社会分裂。[①]

在涂尔干所处的时代，这是一种崭新的思想，法律与社会事实的结合“使法律从秘传的学说中解放出来……为法律研究指明了新方向，从此法学家必须研究社会环境以弄清法律规定是如何施行的，弄清它产生、施行或废弃等原因”[②]。狄骥的社会连带主义法学、庞德的社会学法学等都受到了涂尔干的社会团结理论的影响。

## 第三节　韦伯：资本主义的精神与法律理性的统治

### 一、问题与展开

作为与涂尔干同时代的人，韦伯选择了与社会有机体论差异较大的另一条道路。对涂尔干影响较大的孔德、斯宾塞等模仿物理学、生物学的模式，试图通过观察和实验收集基本的经验素材，然后对这些经验素材进行分析，从而得出一般性的公理性命题。借助这些命题，作为“社会工程师”的决策者、国家发展计划的制定者和管理者就可以制定出相应的规则，从而对社会进行科学管理。但是德国的“精神科学”或“文化科学”为研究人和人类社会提供了一种不同的思路。新康德主义强调人类精神生活的独特性，反对把人当成客体的自然科学研究方法，强调以人为研究对象的科学不能忽视人的主观意义，并且应当有独特的方法来研究这种主观意义。[③]韦伯深受这种德国学术传统的影响，认为社会科学并不是自然科学的方法和观点在人文领

① 葛洪义：《社会团结中的法律——略论涂尔干社会理论中的法律思想》，载《现代法学》2000年第4期。

② ［法］亨利·莱维·布津尔著：《法律社会学》，许钧译，上海人民出版社1987年版，第98—99页。

③ 李猛编：《韦伯：法律与价值》，上海人民出版社2001年版，第23—25页。

域的拓展，他强调主观意义视角在社会科学研究中的应用。无论是对宗教伦理、支配类型还是法律理性化的研究，韦伯关注的核心点都并非在于研究对象的某种内在逻辑，而是在于个人行为的心理及其社会结果。同时韦伯又有别于新康德主义者，他认为对主观意义的解释像所有的科学观察一样，需要追求“确证”，这种确证可能具有理性的性质（因而具有逻辑特性或者数学特性），也可能具有感觉上可以重新体验的特性，前者是实证主义方法的体现，后者是德国“文化科学”方法的特性。因此，韦伯并不能被片面地解释为新康德主义者或实证主义者，他显然是在进行一种“新的综合”。[①]

那么韦伯的问题是什么？“考察韦伯留给现代社会的，无论在思想和实践中都始终难以逃避的问题：理性化与自由。”[②]韦伯的研究范围非常广泛，他试图通过对不同社会领域理性化过程的研究勾画出现代西方社会的轮廓。他认为现代社会起源于理性资本主义，现代社会所具备的各种特性是理性化的结果，官僚制是最为理性的社会支配形态，它具有无所不在的合理性，容易建立且难以摧毁。理性规则本身成了目的，人们找不到信仰和自由，因此理性化在整个社会领域中的扩散导致人们将处于“铁笼”之中。所以，在对现代社会和现代性的思考上，韦伯所关注的是西方社会的理性化过程以及现代人的自由问题。

## 二、现代资本主义及其精神

### （一）现代资本主义

在现代西方国家还另外发展了一种截然不同的资本主义形态，这种形态是西方独有的，那就是对（形式上）自由劳动进行理性的资本主义组织。[③]

---

① 李猛编：《韦伯：法律与价值》，上海人民出版社2001年版，第31—32页。

② 李猛编：《韦伯：法律与价值》，上海人民出版社2001年版，第121页。

③ ［德］马克斯·韦伯著：《新教伦理与资本主义精神》，马奇炎、陈婧译，北京大学出版社2012年版，第11页。

韦伯的诸多著作都试图阐明西方文明所具备的独特性及其形成因素。西方在科学、艺术、国家、经济等领域取得的独特成就皆来自西方文化独特的理性主义的发展。[①]在科学领域，西方发展出现代自然科学和专业科学组织；在建筑领域，宏伟建筑的结构原理以及它在绘画中的应用是西方以外没有的；在国家领域，西方存在以官僚组织和成文法为基础的现代国家机关；在经济领域，西方资本主义的发展是与理性的现代资本主义企业结合在一起的；等等。西方所具有的独特性体现在理性化是“一系列具有普遍意义和普遍有效性的发展”[②]，每个领域中按照不同的目标和价值进行理性化，因此“各种不同的理性化存在于生活的各个部分中以及文化的所有领域里”[③]。

现代资本主义就是西方理性主义在经济领域的成果，但资本主义并不是西方所独有的。韦伯将资本主义的经济行为定义为“一种期待依靠形式上的和平交易来获取利益的行为”[④]，资本主义以利益的获取为目的，并通过资本核算来调整自身的行为。因此，资本主义就会在历史中以不同的形态出现，世界各文明国家都有它的身影。不过，西方发展了资本主义，这不仅表现为数量规模上的庞大，而且体现为其独特的类型。其中韦伯最为关注的是西方资本主义对于自由劳动力的理性组织，他认为西方资本主义具有三个特点：理性工业组织与固定的市场相协调；企业经营与家庭的分离；理性簿记方式的普遍应用。[⑤]这些特性之所以对于西方资本主义的发展具有重要意义，是因为它们与资本主义劳动组织之间具有的紧密联系，也正是这种联系才使现代西方的特殊社会结构成为可能，与此相关的“社会主义”“公民”“资产阶级”等概念和问题才是西方所独有的。韦伯甚至认为，“世界文化史的核心

① ［德］马克斯·韦伯著：《新教伦理与资本主义精神》，马奇炎、陈婧译，北京大学出版社2012年版，第16页。

② 李猛编：《韦伯：法律与价值》，上海人民出版社2001年版，第121页。

③ ［德］马克斯·韦伯著：《新教伦理与资本主义精神》，马奇炎、陈婧译，北京大学出版社2012年版，第16页。

④ ［德］马克斯·韦伯著：《新教伦理与资本主义精神》，马奇炎、陈婧译，北京大学出版社2012年版，第8页。

⑤ ［德］马克斯·韦伯著：《新教伦理与资本主义精神》，马奇炎、陈婧译，北京大学出版社2012年版，第11页。

问题应该是，这种有节制的资产阶级的资本主义和与之相伴的自由劳动的理性组织形式是如何起源的”①。

资本主义的现代形态与现代科学、法律和行政机关的理性化程度有关。现代资本主义的发展依赖于现代科学的进步，特别是基于数学和理性实验的现代科学的进步；科学和技术的发展又从资本主义产生的利益中取得了重要的刺激。②这种相互作用的驱动力来自西方社会结构的独特性，但并不是所有结构都具有同等的地位，法律和行政机关的理性结构具有毋庸置疑的重要性。“因为现代理性的资本主义需要的不仅仅是生产的技术手段，同时还需要一个可靠的法律体系和依照规章制度办事的行政机关。”③这种理性的法律和行政机关仅存在于西方经济领域中，但它们的形成过程并非完全由资本主义利益决定，分别表现出不同的理性化过程。

韦伯的关注点并不局限于社会层面的理性化，还深入现代社会人的伦理理性化中。“虽然经济理性主义的发展要部分地依赖于理性的技术和法律，但它又同时受限于采取一些实用理性行为方式的人的能力和性格。”④人的实践行为或生活方式的伦理理性化是《新教伦理与资本主义精神》的分析重点，也正是这种生活行为的纪律化和条理化构成了理性资本主义产生和发展中的关键环节。社会秩序的理性化来源于伦理理性化，伦理理性化过程中的冲突与张力正是西方社会秩序理性化的独特性所在。⑤

### （二）资本主义精神

在现代的经济秩序下，只要是合法赚钱，就可以被看做是一种遵守

---

① ［德］马克斯·韦伯著：《新教伦理与资本主义精神》，马奇炎、陈婧译，北京大学出版社2012年版，第14页。

② ［德］马克斯·韦伯著：《新教伦理与资本主义精神》，马奇炎、陈婧译，北京大学出版社2012年版，第14页。

③ ［德］马克斯·韦伯著：《新教伦理与资本主义精神》，马奇炎、陈婧译，北京大学出版社2012年版，第15页。

④ ［德］马克斯·韦伯著：《新教伦理与资本主义精神》，马奇炎、陈婧译，北京大学出版社2012年版，第16页。

⑤ 李猛编：《韦伯：法律与价值》，上海人民出版社2001年版，第123—124页。

天职美德的结果和发挥天职能力的表现。[①]

这种伦理中的"至善"就是赚取更多的钱与严格避免任何本能的生活享乐的结合，因此它完全没有任何幸福的调味剂可言，更不用说享乐主义了。[②]

韦伯认为，"企业的资本主义形式和运营企业的精神，这二者之间都会保持某种适度的关系，但不是那种必要的相互依赖的关系"[③]。可以根据企业表现出的不同态度区分两种资本主义，一种具有资本主义精神，表现为现代西方资本主义，另一种具有经济传统主义的特征，表现为现代资本主义以外的种种资本主义形式。[④]

韦伯用计件工资制度来描述经济传统主义。雇主为从雇员那里得到更大可能的劳动量，将计件工资制度引入企业之中，希望雇员为获取更多的工资报酬而提升其工作效率，但结果是在同样的时间内雇员完成的工作量不升反降，其关键点在于雇员对于计件工资的看法："人并非'天生'渴望赚越来越多的钱，而是简单地要过一种自己已经习惯的生活，并为了这一目标去赚需要的钱而已。"[⑤]这就是经济传统主义的表现，这种态度明显阻碍了资本主义试图通过增加劳动强度来提升生产效率的路径。经济传统主义并非与资本主义相冲突，它所存在的企业表现出资本主义的性质，企业家的活动具有明显的商业性，资本周转与增值同样不可或缺，理性簿记也是经济过程之一。虽然经济传统主义在形式上与现代资本主义具有一定的相似性，但其态度反映

① ［德］马克斯·韦伯著：《新教伦理与资本主义精神》，马奇炎、陈婧译，北京大学出版社2012年版，第49页。

② ［德］马克斯·韦伯著：《新教伦理与资本主义精神》，马奇炎、陈婧译，北京大学出版社2012年版，第48页。

③ ［德］马克斯·韦伯著：《新教伦理与资本主义精神》，马奇炎、陈婧译，北京大学出版社2012年版，第59页。

④ ［英］安东尼·吉登斯著：《资本主义与现代社会理论：对马克思、涂尔干和韦伯著作的分析》，郭忠华、潘华凌译，上海译文出版社2018年版，第171页。

⑤ ［德］马克斯·韦伯著：《新教伦理与资本主义精神》，马奇炎、陈婧译，北京大学出版社2012年版，第54—55页。

出这种资本主义是建立在对财富获取和使用的传统主义认知的伦理之上的，它将劳动与财富作为个人享用之手段而非义务，这与资本主义精神是不同的。

资本主义精神描述的是一种“为了劳动而劳动”“劳动是一项天职”的观念。①这种观念表现在两种相互结合的态度之中，一方面通过经济活动追求尽可能多的物质财富，另一方面避免将赚取的财富用于个人享乐，企业完全是为了赚钱而赚钱。对于个人的幸福而言，资本主义精神是非理性的。现代资本主义伦理就建立在这种将工作视为义务的观念之上。经济传统主义对于现代资本主义的产生形成了较大的阻碍。因为缺乏对资本的理性使用和对形式上自由劳动力的理性组织的主观意图，经济活动就不能取得社会支配地位，西方现代社会也就难以形成。传统主义的资本企业必然会受到现代资本主义的冲击，当现代资本主义进行市场扩张后，传统主义所处的“田园牧歌式的状态”注定会在激烈的市场竞争中崩溃，企业结构朝向获取最大生产效率的方向调整，被创造出的大量财富并未用作企业家个人享用或用作贷款赚取利息，而是一直用于商业投资。韦伯认为，这场“革命”的起因并不是资本的增加，而是资本主义精神对企业的注入。②

因此，韦伯认为资本主义精神的出现和发展问题是分析现代资本主义扩张动力的首要问题。而这一问题本身具有超越经济领域的意义，这种劳动即“天职”的观念“显然是资本主义的一条首要原则”，是资本主义社会伦理中最显著的特质，而且在一定意义上是资本主义文化的根基所在。它所塑造的今天的资本主义社会秩序已经不再要求个人对于这些伦理准则的自觉遵守，因为个人必须生存其中且无法改变这种秩序。③

那么资本主义精神从何而来？韦伯一开始就否定了资本主义和资本主义利益产生了资本主义精神这种观点，因为有足够的事实表明，资本主义精神

① ［德］马克斯·韦伯著：《新教伦理与资本主义精神》，马奇炎、陈婧译，北京大学出版社2012年版，第57页。

② ［德］马克斯·韦伯著：《新教伦理与资本主义精神》，马奇炎、陈婧译，北京大学出版社2012年版，第62页。

③ ［德］马克斯·韦伯著：《新教伦理与资本主义精神》，马奇炎、陈婧译，北京大学出版社2012年版，第48—49页。

是早于资本主义秩序出现的。[①]韦伯指出这种将劳动视为天职的态度不可能是与生俱来的，而是长期教育的结果，于是就出现了这样一群人，他们将工作视为生命的必要组成部分，以个人幸福的非理性推动社会经济的理性化。在这个过程中新教伦理是培养资本主义精神、破除传统主义的伦理力量。

（三）新教伦理

> 宗教信徒可以通过感知自己是盛放圣灵的花瓶或者是执行神意的工具，来确信自己已经蒙受天恩。当他感知自己是盛放圣灵的花瓶时，他的宗教生活会趋向于神秘主义和感性主义，而当他感知自己是执行神意的工具时，则会趋向于禁欲主义；路德的立场接近于前一种类型，而加尔文主义则明确地属于后者。[②]

救赎是西方宗教生活的重要内容。西方宗教具有神学中心论的世界观，主要是一种彼岸的观念，主张存在超验的上帝，信徒希望寻求的是上帝降福。这种二元论强调彼岸与现世的相互对立，形成了绝对化的救赎思想，教徒要想获得救赎就要对周遭世界在根本上持一种消极的评价。

宗教改革改变了救赎的观念。“相比于天主教的态度，宗教改革的影响只是使那些为了履行天职而进行的有组织的世俗劳动得到越来越多的道德重视和宗教认可。”[③]天主教教徒为获得救赎，不断提升个人信誉、积攒个人善行，对世俗道德是一种超越的态度。宗教改革引入天职的观念，上帝认可的救赎方式就转变成了个人在现世中履行其所处位置赋予他的义务。[④]这种救

① ［德］马克斯·韦伯著：《新教伦理与资本主义精神》，马奇炎、陈婧译，北京大学出版社2012年版，第50页。

② ［德］马克斯·韦伯著：《新教伦理与资本主义精神》，马奇炎、陈婧译，北京大学出版社2012年版，第112页。

③ ［德］马克斯·韦伯著：《新教伦理与资本主义精神》，马奇炎、陈婧译，北京大学出版社2012年版，第79页。

④ ［德］马克斯·韦伯著：《新教伦理与资本主义精神》，马奇炎、陈婧译，北京大学出版社2012年版，第76页。

赎观念的转变打破了世俗与神圣的界限，日常生活也被赋予了宗教意义。世俗生活的义务性对于新教伦理和资本主义精神的形成有着根本性的作用，但路德的天职思想还是传统主义。在路德的天职观中，天职并未完全发展成上帝安排的唯一任务，而是每个人必须接受神的旨意，必须调整自己以适应这一旨意。[①]总体上，路德的天职观对于资本主义精神的形成是消极的，它宣扬服从权威和安于现状，并未赋予教徒一种面对世俗事务的积极态度。

天职思想的进一步发展是由新教诸教派完成的，新教伦理也由此形成。韦伯将新教禁欲主义划分为四个分支：加尔文宗、虔信派、循道宗和从浸礼运动中派生出来的诸教派。[②]韦伯的意图并不是从历史的角度梳理新教各教派的发展过程，而是关注新教教义对于教徒的个人经济行为有何重要的影响，因此他对新教教派的分析，特别是对加尔文宗的分析，不仅集中在其教义之上，而且集中在教义具体表现的加尔文宗教徒身上。[③]

在加尔文宗的教义中，有三个最重要的信条：第一，上帝不是为了个人而存在，相反，人是为了上帝而存在，并且一切事物都有自己的价值，并通过这些价值服务于上帝的权威和荣耀。第二，上帝的全能超越了人类的理解，用世俗的判断标准来衡量上帝的旨意是没有意义的，只有上帝愿意展露部分真理时，我们才能知晓或理解它。第三，只有小部分人能够获得救赎，并且人选在一开始就已经确定，人无法窥探也无法改变这一事实，因为上帝的判断不受个人的左右。[④]当这些信条施加在教徒身上时，一种信仰上帝的极端形式就产生了。上帝以人不可理解的方式确定了个人的命运，即使不能知晓自己的命运如何，人类以及万物也都为上帝的荣耀而存在，个人在灵魂

① ［德］马克斯·韦伯著：《新教伦理与资本主义精神》，马奇炎、陈婧译，北京大学出版社2012年版，第81页。

② ［德］马克斯·韦伯著：《新教伦理与资本主义精神》，马奇炎、陈婧译，北京大学出版社2012年版，第93页。

③ ［英］安东尼·吉登斯著：《资本主义与现代社会理论：对马克思、涂尔干和韦伯著作的分析》，郭忠华、潘华凌译，上海译文出版社2018年版，第174页。

④ ［德］马克斯·韦伯著：《新教伦理与资本主义精神》，马奇炎、陈婧译，北京大学出版社2012年版，第101—102页。

深处直接面对先验的上帝，因此天主教中教会和圣礼的救赎性被消除了。那些被抛弃的人再也不能通过个人行为、宗教机构或者仪式获得救赎，因为所有的救赎路径都被阻断了。

这种信仰模式必然会使教徒在生活中“感到空前的内心孤寂”[①]。天主教中具有救赎意义的教会和圣事所能带给教徒的宗教慰藉，在加尔文宗中已经不复存在，但对于其教徒而言最重要的事情依然是永恒的救赎，他们被迫以不知的状态面对早已确定的命运。在这种精神的压力之下，教徒形成了两种相关的反应：其一，个人要坚信自己是被选召的，任何疑虑都是魔鬼的诱惑，因为缺乏自信是信仰不足的后果，也就完全失去了被救赎的可能，因此上帝关于履行天职的劝诫就被教徒解释成一种责任；其二，对世俗活动的投入是获得这种自信的最合适的途径，生活中的奋斗是救赎确定性的一种表现，能够驱散关于宗教救赎的疑惧。[②]这两种反应共同导致了世俗事务的绝对义务化，新教教徒的遁世选择和对于世俗的积极态度就此结合在一起。

因此，新教教徒的现实生活被完全理性化了。教徒在主观上以上帝在现世中的荣耀为其生活的目标，在行为中引入新教禁欲主义，这不但克制了随意享乐的冲动，更是为信徒的行为制定规则，形成理性的生活方式。[③]一方面，财富是上帝荣耀的体现，不是个人享乐的手段，无论贫富，教徒都应该远离日常生活，禁欲地对待财富；另一方面，教徒必须抱有一种积极的观念，投身于世俗活动之中来证明自己的信仰，因此财富的增长就有了一种证明的意义，可以缓解因不知救赎状态所带来的巨大焦虑。教徒将行为理性化，试图赚取更多的财富来证明上帝的荣耀和自身的宗教价值，同时又将这些财富最大限度地再投入经济领域之中为宗教信念服务。这种观念与资本主

① ［德］马克斯·韦伯著：《新教伦理与资本主义精神》，马奇炎、陈婧译，北京大学出版社2012年版，第102页。

② ［德］马克斯·韦伯著：《新教伦理与资本主义精神》，马奇炎、陈婧译，北京大学出版社2012年版，第110—111页。

③ ［德］马克斯·韦伯著：《新教伦理与资本主义精神》，马奇炎、陈婧译，北京大学出版社2012年版，第118—119页。

义精神何其相似！新教及其教徒并无意于促进资本主义的产生和发展，但其中的理性工作伦理为现代资本主义的发展提供了强大动力。

（四）理性化的“铁笼”

> 因为当禁欲主义从修道院的密室中被引入日常生活中，并且开始主宰世俗的道德观时，它便在庞大的现代经济秩序的体系建构过程中扮演了应有的角色。而这种秩序如今深受机器生产的技术条件和经济条件的制约，这些制约条件以无法抗拒的力量决定着降生于这一秩序机制中的每个人的生活方式，而不仅仅是那些与经济获利直接相关的人。或许，这种决定权会一直延续到人类烧光最后一吨煤的那一刻。[①]

资本主义的发展推动世界“祛魅”的进行，即宗教信仰的消退。“祛魅”过程本身就受到了宗教自身的推动：新教伦理否定了巫术仪式的意义，而它在客观上促进的资本主义越来越远离宗教意义。[②]那新教伦理又是如何应对这个过程的？

在伦理理性化进程中，宗教解神秘化后，形式伦理依然得到保留，从而以普遍主义的姿态指导社会理性化。一种伦理要想理性化，就必须用实践原则预先将伦理的有效领域保留下来，并且把其他所有内涵区别开来。西方宗教中上帝与世界之间的二元对立更加适合伦理理性化，因为这种上帝和世俗之间的紧张关系让信徒努力去获得拯救，由此出发，他们可以贬低世界，并从一种抽象的角度将宗教效果客观化。但是遁世不必然带来伦理理性化，新教表现出积极的处世态度与遁世选择的结合，使教徒在二元论的紧张中选择积极处事，为伦理的保留提供了可能。[③]

---

① ［德］马克斯·韦伯著：《新教伦理与资本主义精神》，马奇炎、陈婧译，北京大学出版社2012年版，第183页。

② ［英］安东尼·吉登斯著：《资本主义与现代社会理论：对马克思、涂尔干和韦伯著作的分析》，郭忠华、潘华凌译，上海译文出版社2018年版，第289页。

③ ［德］尤尔根·哈贝马斯著：《交往行为理论：行为合理性与社会合理化》，曹卫东译，上海人民出版社2004年版，第199页。

新教中的理性工作伦理在宗教消退中被保留下来，渗透进大众的日常生活方式中，发展成成熟的资产阶级经济伦理。这种伦理将全力追求经济利益解释为一种责任的履行，同时为资产阶级提供了勤勉的、将工作视为人生目标的劳动工人，并且为财富分配不均提供了符合资产阶级的解释——因为财富分配来自天意，不可揣摩。①

新教伦理对生活方式的理性化，使伦理理性化成为可能，进而指导整个西方社会理性化的进行，但是伦理理性化和社会理性化却不能始终维持这种关系。“清教徒愿意在天职中劳作；而我们现代人只是被迫如此……对于身外财富的关注，只应如同是‘披在圣徒肩膀上的一件轻薄斗篷一样，随时可以弃置一旁’。但是命运却注定了这个斗篷将成为一座铁的牢笼。”②在不可逆转的理性化趋势中，强大的力量将每个人都卷入资本主义秩序之中，而不仅限于经济领域；物质财富不再是人们可以随意放弃的东西，反而成为一种控制人生的力量。这是因为资本主义制度发展到一定程度后，已经不再需要其伦理基础，资本主义依靠生产技术的进步自动运转。作为社会理性化的成果，资本主义对于现代人的伦理构成了巨大的威胁，韦伯预言这一历史现象的终点是每个人都成为资本主义的零件，丧失信仰和自由，“专家们失却了灵魂，纵情声色者丢掉了心肝；而这种空壳人还浮想着自己已经达到了一种史无前例的文明高度”③。

## 三、支配的类型

韦伯不仅关注宗教信念如何通过伦理理性化影响社会理性化，还进一步研究其他社会因素对于理性资本主义的影响，进而这些领域自身的理性化

① ［德］马克斯·韦伯著：《新教伦理与资本主义精神》，马奇炎、陈婧译，北京大学出版社2012年版，第178页。

② ［德］马克斯·韦伯著：《新教伦理与资本主义精神》，马奇炎、陈婧译，北京大学出版社2012年版，第183页。

③ ［德］马克斯·韦伯著：《新教伦理与资本主义精神》，马奇炎、陈婧译，北京大学出版社2012年版，第184页。

进程也成了韦伯所关注的对象。[①]因此，支配社会学成为韦伯研究中的重要内容。

权力，“意指行动者在一个社会关系中，可以排除抗拒以贯彻其意志的机会，而不论这种机会的基础是什么”[②]。权力所涉及的范围非常广泛，在所有可能的场景中，意志都可能得以贯彻。复杂多样的权力关系并不利于社会学的研究，韦伯引入“支配”这一概念来描述社会群体行动中的权力。支配，“是指一项特定内容的命令会得到特定人群服从的机会”[③]。支配是权力的一种特殊形式，存在着两种对立的支配类型，即基于利害关系的支配和基于权威的支配，前一种对于韦伯的研究无益故予以排除，如基于市场支配地位对其他经济主体进行的支配。因此，在韦伯的支配社会学中，支配是基于权威，支配者明示意志以影响他人行动，被支配者把命令的内容作为行动准则，即服从。[④]

任何支配系统的持续运作，不可能单靠习惯、利害、感情或者理想等动机实现，必须诉诸“其正当性之原则的、最强烈的自我辩护”，也就是存在人们愿意服从该支配的命令的可能性，支配的正当性来自传统、合理规则或卡理斯玛（Christmas）。[⑤]以下的三种支配类型都是韦伯用理想类型的方法对支配的分析，真实历史中的支配形态是这些纯粹类型的不同程度的混合和变形。

### （一）传统型支配

在传统型支配中，支配者个人因据有传统所认可的支配地位而得到他人的服从。不过支配者的支配范围亦由传统所限制。在这个情况下，

---

① 李猛编：《韦伯：法律与价值》，上海人民出版社2001年版，第130页。

② ［德］马克斯·韦伯著：《社会学的基本概念》，顾忠华译，广西师范大学出版社2005年版，第71—72页。

③ ［德］马克斯·韦伯著：《社会学的基本概念》，顾忠华译，广西师范大学出版社2005年版，第72页。

④ ［德］马克斯·韦伯著：《支配社会学》，康乐、简惠美译，广西师范大学出版社2010年版，第3页、第8页。

⑤ ［德］马克斯·韦伯著：《支配社会学》，康乐、简惠美译，广西师范大学出版社2010年版，第19页。

服从是在传统习惯所规定的服从义务范围内对个人的恭顺。[①]

**1. 传统型支配的特点**

传统型支配的正当性来自"确信渊源悠久的传统之神圣性"[②]，人们服从权威的根本原因在于对传统的习惯乃至敬畏。

支配者的地位来自传统的认可，同时其支配范围也受到了传统的限制。一方面，传统直接限定了某些命令的内容，这些命令违背传统就会被视为不妥当；另一方面，传统又赋予支配者极大的特权，表现在个人的服从义务在本质上是无限大的。法律的制定同样和传统有关，在纯粹的传统型支配中，法律不可能通过立法程序制定，而必须诉诸传统文献，也就是"假先例及较早的判决行之"[③]。

支配者的管理干部并非专门官员，而是随从，他们对支配者保持着一种严格的恭顺关系，并不存在职责观念。管理干部可能来自两种途径：一种是与支配者有传统型恭顺关系结合的人，如族亲、奴隶等，韦伯称这种途径为"家产制的选拔"[④]；另一种是来自"外家产制"的人[⑤]，如族亲、奴隶以外的对支配者有忠诚关系的封臣、自由人。管理干部最初的职权分配往往来自支配者的喜好，之后才在传统的基础上固定下来；管理干部之间并未按照理性原则建立层级结构；除非管理干部在俸禄的基础上组织起来，否则其升迁就完全取决于支配者个人的决定；同时管理干部极少为官职资格进行理性的训练。

被支配者基于传统对支配者保持着忠诚，其服从范围由传统所决定，并

---

① ［德］马克斯·韦伯著：《经济与历史　支配的类型》，康乐等译，广西师范大学出版社2010年版，第297页。

② ［德］马克斯·韦伯著：《经济与历史　支配的类型》，康乐等译，广西师范大学出版社2010年版，第297页。

③ ［德］马克斯·韦伯著：《经济与历史：支配的类型》，康乐等译，广西师范大学出版社2010年版，第318页。

④ ［德］马克斯·韦伯著：《经济与历史：支配的类型》，康乐等译，广西师范大学出版社2010年版，第318页。

⑤ ［德］马克斯·韦伯著：《经济与历史：支配的类型》，康乐等译，广西师范大学出版社2010年版，第320页。

且在该范围内具有无限服从的义务。被支配者在习惯上的顺从程度是支配者所关注的对象，但被支配者爆发“传统主义革命”时，他们所反抗的不是传统型支配制度，而是支配者及其管理干部违背了传统的限制。[①]

**2. 传统型支配的方式**

传统型支配最基本的类型是长老制和原始的家父长制，二者的共同点在于支配者没有自己的管理干部。在长老制中，年长者最熟悉神圣传统，因此他们掌握了统治权形成支配组织。长老制通常存在于非经济性或者亲属性的团体之中。家父长制则是在以经济和亲属为基础的团体之中，由一人（家长）进行统治。在这两种类型的支配中，支配虽然依据传统获得支配权，但被支配者认为统治权应当以有效的方式来实现所有成员的利益，而不应为支配者所独占。同时，支配者没有属于自己的管理干部，权力的执行需要依靠被支配者的意愿，命令服从关系并未绝对化，支配者自身受到严格限制。

当传统型支配中发展出行政机构和武装力量，成为支配者个人的工具时，家产制就可能产生。因为行政机构中管理干部的存在，支配者的权力实现可以不再较大程度地依赖于支配者，从而使他有更多可能将传统权威归为己用。被支配者因全体共享的传统权威被剥夺而具有更大的服从义务。当支配者按照个人意志行使权力达到极端状态，即该支配完全是基于支配者的专断时，就成为“苏丹制”[②]。在家产制中，如果管理干部可以处分特定权力及相应的经济利益，该支配就表现为身份制支配。管理干部的权力来自支配者的赐予，因此受到了支配者的限制，在此权力范围以内，管理干部一般可以处分其职位、相关的经济利益、行政手段和命令权，同时行政机构运行的费用也由管理干部及他所占有的利益来支付。

**3. 传统型支配对经济的影响**

在传统型支配下，经济行为用于强化传统观念，韦伯认为这些行为从两

① ［德］马克斯·韦伯著：《经济与历史：支配的类型》，康乐等译，广西师范大学出版社2010年版，第318页。

② ［德］马克斯·韦伯著：《经济与历史：支配的类型》，康乐等译，广西师范大学出版社2010年版，第327页。

个方面阻碍理性经济行为的发展。第一，传统型支配中财政行为存在较多非理性的因素。在家产制中，支配者的自足需要以赋役制为基础，其中全部或者主要由实物来满足，即使存在货币，也大多用于消费目的。更重要的是税收制度中充斥着专断，支配者对税的种类和数量有着完全或者较大的自由，经济行为难以预期自身将要承受的负担，因此缺乏对经济理性化十分重要的自由幅度。[①]第二，传统型支配的政体进行管理的一般性格，更加限制了理性经济行为的发展。传统型支配缺乏理性规则，而理性规则具有的维持稳定的作用对于经济的发展是必要的；支配者及缺乏正式训练的管理干部实行的专断行为，可以随意破坏建立起来的制度，经济发展所需要的可预期性面临着随时被摧毁的风险；传统型支配还具有一种内在倾向，即“用功利、福利或绝对性价值等名目来规范经济行为”，是对作为支配合法性的传统和被支配者诉求的实质追求，这一追求摧毁了形式合理性的建立，专业法律秩序也就难以产生。[②]

因此，韦伯认为，即使在传统型支配中可以发展出多种资本主义，由于理性资本主义对可预期性有着较高的敏感度，其也难以在这种支配中有较高的发展。只有一种情况除外，那就是传统型支配发展出理性的管理制度以及专业技术的官僚。

### （二）法制型支配

> 在法制型支配中，一个人之所以服从是由于他服膺依法制定的一些客观的、非个人性的秩序。他也因此服从因正式法律而占据某项职位、行使支配的人。但服从范围只限于该职位的管辖权。[③]

① ［德］马克斯·韦伯著：《经济与历史：支配的类型》，康乐等译，广西师范大学出版社2010年版，第339—340页。

② ［德］马克斯·韦伯著：《经济与历史：支配的类型》，康乐等译，广西师范大学出版社2010年版，第341—342页。

③ ［德］马克斯·韦伯著：《经济与历史：支配的类型》，康乐等译，广西师范大学出版社2010年版，第297页。

法制型支配来自对“法令、规章必须合于法律，以及行使支配者在这些法律规定之下有发号施令之权利”的确信。[①]其基础理念在于：法律规范是在目的理性或价值理性的基础上经由协议或者强制的手段建立的，支配范围内的所有成员都应该服从法律；法律体系由抽象规则构成，首尾一贯，形成系统；支配者自身也必须服从于法律，其命令和决定必须受到法律秩序的限制；被支配者所服从的是法律，不是支配者个人的权威，他们对掌握权威者的义务仅限于法律秩序所确定的范围。[②]法制型支配最典型的支配结构是官僚制。

**1. 官僚制的功能模式**

在近代官僚制中，各部门之间通常有依据规则的、明确的权限划分，主要体现在三个方面：第一，官僚制为实现支配目的所必须进行的一般性活动被分配为官僚的职务；第二，执行职务中所使用的权力和强制性手段有明确的分配；第三，为权力的正常行使而有计划地供应物资。[③]这三个方面构成了官僚制中的“机关”。

官僚制中的职位是按照官职层级制和审级制组织的，较低的职位在上级的控制和监督之下。这只是对官僚制中上下级关系的原则性描述，至于下级向上级申诉表达不满的处理程序，视不同的层级组织而定。上级对下级的监督并不意味着权限的僭越，在权限划分得以完全贯彻的情况下，下级职务的空缺应由专业的新人进行填补而不是收归上级。

职务的运作以文书档案以及幕僚和书记组成的部门为基础。一个机关内的文书档案和所有官僚的持续管理，共同构成了“办公室”；原则上办公室与官僚的私人住宅是相互分离的，并且官僚的私人生活和职务活动也是分离的，官僚并不对职务具有所有权；职务活动的前提是彻底而专业的训练，官

---

① ［德］马克斯·韦伯著：《经济与历史：支配的类型》，康乐等译，广西师范大学出版社2010年版，第297页。

② ［德］马克斯·韦伯著：《经济与历史：支配的类型》，康乐等译，广西师范大学出版社2010年版，第300—302页。

③ ［德］马克斯·韦伯著：《支配社会学》，康乐、简惠美译，广西师范大学出版社2010年版，第21页。

僚要将主要或者全部的精力投入职务活动中。[①]

官僚制以专业知识作为基础，在效率性、稳定性和可预测性方面表现出较大的优势，以切事化的态度，即根据计算的规则、“不问对象是谁”来处理事务，同时为理性法律体系提供了执行的基础，这些都符合资本主义市场经济的要求。[②]

**2. 官僚的地位**

官僚职务是一种“职业”，接受一个职位被视为“接受一种特殊的忠诚义务，以换取一个安定的生活”。[③]官僚本身具有一定的忠诚义务，这种义务不同于传统型支配中管理干部对支配者的个人忠诚，而是表现为对“国家”“教会”这样的“文化价值观念”的忠诚，其原因在于官僚职务以“非人格的、即事化的目的”为导向，并不是建立在对人的关系之上。[④]所以，不能将官僚职务视为劳动契约的交换结果，也不能将官僚视为支配者的仆从。

在纯粹的官僚制中，官僚来自上级的任命。相较于选举出来的官僚，其与上级之间不能保持严格的层级关系，因为他的地位是自下产生的，其前途也并非掌握在上级手中。而从技术性角度而言，任命的官僚更能准确地执行任务，因为上级任命的依据更多地在于专业性的能力和资格。因此，无论是专业能力还是官僚团体的从属关系，任命的下级官僚更能实现整个官僚机构的精准运作。

官僚看重并追求更高的社会评价，其地位通常是终身性的，即使官僚与职位的所有权是分离的。官僚只是对管理工具和机关进行使用，来换取稳定的地位和安定的生活，这种对于支配者强烈的从属使“官僚生活样式之习惯

---

① ［德］马克斯·韦伯著：《支配社会学》，康乐、简惠美译，广西师范大学出版社2010年版，第22—23页。

② ［德］马克斯·韦伯著：《支配社会学》，康乐、简惠美译，广西师范大学出版社2010年版，第45—47页。

③ ［德］马克斯·韦伯著：《支配社会学》，康乐、简惠美译，广西师范大学出版社2010年版，第24页。

④ ［德］马克斯·韦伯著：《支配社会学》，康乐、简惠美译，广西师范大学出版社2010年版，第24页。

性贵族风格”得到了维持。[①]官僚所热衷的保障其职位稳定和物质生活的相关法律，从长远上看对官僚制本身有阻碍作用，官僚长期稳定于某些职位与对专业性有较高要求的官僚机构运作是有一定冲突的，有能力和抱负的后来者也因此受到了晋升的限制。[②]官僚追求职位的提升。官僚因从事职务可以获得固定薪俸形式的货币报酬，货币数量不是按照工作量确定的，而是与职务的种类和位阶有关。除此以外，官僚还可能出于得到更高的官职、进入某一身份团体或获得更加稳固的经济地位的目的，追求职位的提升。

**3. 官僚制的存续**

近代官僚制的形成以一定的社会和经济条件作为前提。首先，货币经济的发展对官僚化有重要影响。以实物作为对官僚的给付，不能为官僚提供一个固定的持续性收入，会导致官僚制的松弛，下级对上级的严格隶属关系难以维持。“必须要有一个稳固的租税制度来维系官僚制的持续运作……只有完全成熟的货币经济才能为此种租税制度提供一个稳固的基础。”[③]

其次，行政事务在量和质上的变化也是促成官僚制形成的因素。在纯粹的官僚制中，“精准、迅速、明确、熟悉档案、持续、谨慎、统一、严格服从、防止摩擦以及物资与人员费用的节省”达到了最理想的状态。[④]随着行政事务量的扩展，传统型支配中的支配者不得不设置代理人进行统治，而官僚层级关系比支配者与代理人之间的个人性关系更适合处理大量的行政事务。同时，行政事务也有质的变化，“在大部分情况下，官僚化的肇端乃是由于权力政治所引发的、建立常备军的需要，以及随之而来的、财政的发展……在近代国家，由于文明之日渐复杂所引起的、对行政的需要，也促成

① ［德］马克斯·韦伯著：《支配社会学》，康乐、简惠美译，广西师范大学出版社2010年版，第28页。

② ［德］马克斯·韦伯著：《支配社会学》，康乐、简惠美译，广西师范大学出版社2010年版，第29页。

③ ［德］马克斯·韦伯著：《支配社会学》，康乐、简惠美译，广西师范大学出版社2010年版，第38页。

④ ［德］马克斯·韦伯著：《支配社会学》，康乐、简惠美译，广西师范大学出版社2010年版，第45页。

官僚化的发展”[①]。越来越多且越来越复杂的事务进入行政领域，专业、迅速、精准的官僚支配在交通进步的帮助下成为现代行政事务最有效的处理方式。行政手段的集中化同样促进了官僚制的发展。资本主义大企业的基本特质就是生产和管理的集中化，在军事、行政领域中也可以看到同样的过程。现代战争是机械的战争，这就促成了装备和给养的集中化；为维持较远距离的领土统治或进行远距离战争，一支常备的、官僚化的军队是必要的；行政管理所需要的物资被集中起来，通过预算控制全国行政费用。[②]

最后，社会和经济条件的平等化也会影响官僚制的发展。“官僚制乃是近代大众民主制之必然的伴随物。”[③]民主制政治观念要求官僚团体的非身份化，使官职对于所有人都是开放的，并且尽可能缩小官僚的支配权力，扩大舆论的影响力。[④]经济社会条件的发展使人们越来越不满足支配组织基于身份对权力的垄断，他们对于权利的平等诉求刚好契合官僚制“基于抽象规则的支配权行使”的特有原则，并且选举技术的进步，意味着一个更加专业、严格、开放的官僚组织的出现，不断排除身份团体的统治。

韦伯认为，官僚制机构具有永续性。“只要行政管理已彻底官僚化之处，支配关系的形态实际上即无从摧毁。”[⑤]官僚制将共同体行动转化为结合体行动，前者是指社会行动的指向建立在参与者主观感受到的相互隶属性，后者是指社会行动的指向基于理性利益的动机以寻找利益平衡或利益结合。[⑥]一

① ［德］马克斯·韦伯著：《支配社会学》，康乐、简惠美译，广西师范大学出版社2010年版，第43页。

② ［德］马克斯·韦伯著：《支配社会学》，康乐、简惠美译，广西师范大学出版社2010年版，第54—57页。

③ ［德］马克斯·韦伯著：《支配社会学》，康乐、简惠美译，广西师范大学出版社2010年版，第58页。

④ ［德］马克斯·韦伯著：《支配社会学》，康乐、简惠美译，广西师范大学出版社2010年版，第60页。

⑤ ［德］马克斯·韦伯著：《支配社会学》，康乐、简惠美译，广西师范大学出版社2010年版，第64页。

⑥ ［德］马克斯·韦伯著：《社会学的基本概念》，顾忠华译，广西师范大学出版社2005年版，第54页。

般情况下，在官僚机构中，下级官僚只是整个官僚机器的一个部件，其虽被赋予特定的职责，但不能决定整个机器的运转；一旦官僚机构形成，所有官僚进入一种共同的利害关系中，其专业的、非人格性的、坚定的运作使被支配者无法改变这一事实。官僚机构的不可或缺性和非人格性结合在一起，一方面官僚机器难以被摧毁，其所体现的效率、精准、即事化无可替代；另一方面官僚机器极易改变效劳对象，因为官僚并不对支配者进行个人性的效忠，最高首长的变化不会从根本上改变官僚制的运行。[①]变革的对象也就从整个体制本身转变为领导权。

**4. 官僚制的影响**

韦伯认为，官僚制是一个“精密的机器”[②]，可以服务于不同的利益，因此官僚制对于政治、经济以及其他领域的影响不能一概而言。

在经济领域，官僚制对资本主义发展有两种不同的影响。第一，即使官僚制和资本主义有着不同的历史根源，但没有官僚制度来满足资本主义对于稳定性、严格性、可计算性的行政系统的需求，现代资本主义是不能发展起来的；同时资本主义又反过来为官僚组织提供了理性的经济基础，使其发展出最为理性的形式。[③]第二，官僚制中也存在反形式主义的倾向，如果官僚从实质上关注被支配者的利益，甚至整个国家采取国家资本主义的路线，现代资本主义就会受到一定的限制。[④]

对于社会民主化，官僚制也并不是仅产生单一的影响。一方面，官僚制对于专业能力的重视使人才的甄选范围扩大，形式上对所有人的平等对待，都有利于社会平等化。另一方面，韦伯更强调“官僚制仅只努力与齐平那些

---

① ［德］马克斯·韦伯著：《支配社会学》，康乐、简惠美译，广西师范大学出版社2010年版，第65—66页。

② ［德］马克斯·韦伯著：《支配社会学》，康乐、简惠美译，广西师范大学出版社2010年版，第68页。

③ ［德］马克斯·韦伯著：《经济与历史：支配的类型》，康乐等译，广西师范大学出版社2010年版，第312—313页。

④ ［德］马克斯·韦伯著：《支配社会学》，康乐、简惠美译，广西师范大学出版社2010年版，第67页。

有碍其前进——就个别例子而言，即其企图占有的具体领域——的权力……‘民主制’正是与官僚制的‘支配’相互敌对的，尽管（或许也正因为）此一民主制无可避免地——却也是非意图中的——促进了官僚化”[①]。官僚制只是将官僚机器的掌控者试图进入的领域进行形式上的平等化，封建支配阶层亦可利用官僚制实施统治，阻碍社会民主。民主与官僚制之间不是绝对的因果关系。

### （三）卡理斯玛支配

> 在卡理斯玛支配中，具有卡理斯玛特质的领袖，受到所有相信其卡理斯玛禀赋者的服从，因为人们确信其启示、英雄气概以及其非凡的禀赋。[②]

卡理斯玛支配的正当性来自“对个人、及他所启示或制定的道德规范或社会秩序之超凡、神圣性、英雄气概或非凡特质的献身和效忠”[③]。韦伯用“卡理斯玛”一词描述某些人的人格特质，这些人因具有此特质而被认为是有着超自然、超人或至少是特殊的力量和品质。[④]

#### 1. 卡理斯玛支配的特点

卡理斯玛支配者的权力来源于被支配者的态度，重要的不是用某种标准来衡量卡理斯玛特质，而是被支配者对于卡理斯玛的承认和服从。当卡理斯玛支配建立起来后，这种承认就不再作为正当性基础，因为被支配者出于狂热、绝望或希望将承认转化为服从于支配者的职责；如果支配者长时间不能创造奇迹或者成功，或者卡理斯玛力量看起来抛弃了支配者，更重要的是如

---

① ［德］马克斯·韦伯著：《支配社会学》，康乐、简惠美译，广西师范大学出版社2010年版，第68页。

② ［德］马克斯·韦伯著：《经济与历史：支配的类型》，康乐等译，广西师范大学出版社2010年版，第297—298页。

③ ［德］马克斯·韦伯著：《经济与历史：支配的类型》，康乐等译，广西师范大学出版社2010年版，第297页。

④ ［德］马克斯·韦伯著：《支配社会学》，康乐、简惠美译，广西师范大学出版社2010年版，第343页。

果支配者无法使跟随者受益，那卡理斯玛支配很可能崩塌。[①]

卡理斯玛支配团体以感情性的共同体关系作为基础，这与官僚制所依赖的结合体关系是不同的。卡理斯玛支配中的管理干部极少受到技术上的专业训练，干部的甄选来自其自身的卡理斯玛特质，职务不是终身事业，没有晋升的制度，没有权限的划分，没有理性规则对职务活动进行规定，管理干部和支配者之间能够直接感受到相互凝聚力，管理干部依靠对支配者的奉献为生。[②]

整个卡理斯玛支配中没有正式的法律规则或抽象的法律原则，也没有独立于支配者的常设性体制存在。卡理斯玛支配与传统型支配和法制型支配之间是对立的，后两者以恒常性作为最重要的特质，但卡理斯玛支配在受规则限制方面表现出特别的非理性，并拒绝传统，完全反对例行的日常生活。[③]权力的唯一基础在于被支配者的承认，这种基础是不稳定的，但同时又极具革命性。

**2. 卡理斯玛的革命性**

卡理斯玛和理性是两种革命性力量。官僚制所带来的理性化是通过技术的手段进行革命：它通过改变物质和生活秩序，逐渐改变了人们对于社会生活的适应能力和态度，最终实现了改变人的目的。[④]韦伯认为这种革命的路线是“外部”的。在理性化过程中，被指导者接受或适应那些对于自己有实际意义的外在成果，如掌握乘法口诀、学习法律知识，这些外在成果的创造者的理念与被指导者的接受是不相干的，所谓理性化从“外部”革命就是在这个意义上讲的。[⑤]而卡理斯玛是一种来自“内部”的革命力量，先从主观

① ［德］马克斯·韦伯著：《支配社会学》，康乐、简惠美译，广西师范大学出版社2010年版，第347—348页。

② ［德］马克斯·韦伯著：《经济与历史：支配的类型》，康乐等译，广西师范大学出版社2010年版，第348—349页。

③ ［德］马克斯·韦伯著：《经济与历史：支配的类型》，康乐等译，广西师范大学出版社2010年版，第350页。

④ ［德］马克斯·韦伯著：《经济与历史：支配的类型》，康乐等译，广西师范大学出版社2010年版，第353页。

⑤ ［德］马克斯·韦伯著：《支配社会学》，康乐、简惠美译，广西师范大学出版社2010年版，第264页。

上改变人的心理取向，再根据革命的意愿塑造外在事物和秩序。不同于官僚制使用理性规则对传统信仰进行替代，卡理斯玛以最强势的姿态，质疑甚至粉碎一切规则和传统，韦伯称卡理斯玛为“历史的特殊‘创造性的’、革命性的力量”[①]。

这种革命性的力量与经济的日常运作相悖。卡理斯玛支配需要经济收入、物质手段来实现权力，但它不能为经济提供一个稳定的、可计算的环境，并且它对日常经济运作以及持续的经济利益取得抱有一种轻视的态度。卡理斯玛支配满足物质需求的方式来自追随者的自愿奉献或者“战利品”，这恰好是一种反经济的力量。[②]

**3. 卡理斯玛支配的日常化**

纯粹的卡理斯玛支配具有非日常的性格，是一个过渡现象，如果卡理斯玛支配希望继续维持由支配者和管理干部组成的支配团体的权力，那就需要对卡理斯玛支配的基本特质进行改变，该支配必然会向传统型支配或法制型支配转变。[③]

引起这种改变的动因有两个：第一，卡理斯玛领袖的继承问题。该问题可能有以下的解决方法：寻找一个新的卡理斯玛领袖，通过某种标志来确定候选人是否具有卡理斯玛特质，一旦这种标志成为规则，传统就会形成，领袖的纯个人性格被削弱，传统的约束力加强，卡理斯玛支配向传统型支配转变；通过抽签、神谕等方式依靠神意选择新的领导人，选择方式的正当性是新领袖的正当性的来源，因此这是一种法制化的形式；由原领袖指定继承人，并由追随者加以承认，其正当性来自领袖的指认；由具有卡理斯玛特质的管理干部推举继承人，目的在于选出真正具有卡理斯玛的人物，这正是“选举”概念的本源；通过血缘继承，承认卡理斯玛可通过血缘传递，形成

① ［德］马克斯·韦伯著：《支配社会学》，康乐、简惠美译，广西师范大学出版社2010年版，第263—264页。

② ［德］马克斯·韦伯著：《经济与历史：支配的类型》，康乐等译，广西师范大学出版社2010年版，第351页。

③ ［德］马克斯·韦伯著：《支配社会学》，康乐、简惠美译，广西师范大学出版社2010年版，第271—272页。

“世袭性卡理斯玛”，追随者承认的不再是支配者个人之特质，而是世袭的正当性，这可能导致传统化或者法制化；通过仪式将卡理斯玛传递或创造，这意味着卡理斯玛可与个人分离，因此可能发展出“职位性卡理斯玛”，正当性观念的对象从个人转变为仪式。①

第二，管理干部的利益分配和新干部的甄选问题。在这个问题的解决过程中，也可能导致卡理斯玛支配的传统化或法制化。大致有三种解决方式：对管理干部的甄选建立在规范之上，特别是专业训练和资质鉴定方面；在世袭性卡理斯玛中，管理干部很可能也会是世袭的，整个政治体均根据世袭性的卡理斯玛原则来组织，形成“氏族国家”，各种利益都被传统化了；管理干部可能为其成员寻求、创设或占有个人性的职位，并享有相应的利益，如果是俸禄则可能导致给俸组织，如果是官职则可能导致家产制或官僚体系，如果是采邑则可能导致封建制度。②

## 四、法律的理性化

韦伯建构“支配”的理想类型用来分析和研究正当支配的历史演变及其形态，建构出“法律”的理想类型来研究现代西方法律的独特性及其形成过程。韦伯并不否定西方法律发展过程中的外部动力，认为传统信仰的解体、社会阶层式分化、现代商业交易对形式化的要求和市场的发展都促使法律取代习惯和惯例成为主要的社会规则。③但韦伯认为这些外在的社会和经济条件“不过是间接的决定因素”，法律的理性化可以有不同的方式，法律具体朝哪个方向发展，直接取决于法律内部的种种情况。④

① ［德］马克斯·韦伯著：《经济与历史：支配的类型》，康乐等译，广西师范大学出版社2010年版，第355—359页。

② ［德］马克斯·韦伯著：《经济与历史：支配的类型》，康乐等译，广西师范大学出版社2010年版，第361—364页。

③ 李猛编：《韦伯：法律与价值》，上海人民出版社2001年版，第63页。

④ ［德］马克斯·韦伯著：《法律社会学　非正当性的支配》，康乐、简惠美译，广西师范大学出版社2011年版，第184页。

（一）法律的类型

> 以此，法的形式性质的发展阶段，则是从原始的诉讼里源于巫术的形式主义和源于启示的非理性的结合形态，时而途经源于神权政治或家产制的实质而非形式的目的理性的转折阶段，发展到愈来愈专门化的法学的，也就是逻辑的合理性与体系性，并且因此达到——首先纯由外在看来——法之逻辑的纯化与演绎的严格化，以及诉讼技术之愈来愈合理化的阶段。[①]

韦伯使用形式性和理性这两个标准来区分不同的法律制度。形式性是指“无论在实体法上或诉讼上，唯有真确无疑的一般性的事实特征才会被计入考量”[②]，借助逻辑推演阐明法律事实并适用法律规则，强调使用法律制度内的决策标准，这决定了系统的自治程度[③]。此处的理性是指法律“把决定个案的各种典型理由化约成一个或数个‘原则’”[④]，即法律按照统一的标准处理所有类似的案件，强调法律的普遍性和一般性。按照形式性的标准，法律可以分为形式法和实质法；按照理性的标准，法律可以分为理性法和非理性法。把这两种标准结合起来就区分出了四种法律类型：形式非理性法、形式理性法、实质非理性法和实质理性法。

形式非理性法的实例是原始的卡理斯玛启示法。巫术渗透到这种法律的创造之中，结果使这些法律具有严格的形式特征，因为在这种法律制度中，唯有以正确的方式提出问题，巫术手段才能给出正确的答案，这个正确的标准是内在于法律制度之中的。同时这种法律又有非理性的一面，人们难凭理

① ［德］马克斯·韦伯著：《法律社会学　非正当性的支配》，康乐、简惠美译，广西师范大学出版社2011年版，第320—321页。

② ［德］马克斯·韦伯著：《法律社会学　非正当性的支配》，康乐、简惠美译，广西师范大学出版社2011年版，第29页。

③ 李猛编：《韦伯：法律与价值》，上海人民出版社2001年版，第75页。

④ ［德］马克斯·韦伯著：《法律社会学　非正当性的支配》，康乐、简惠美译，广西师范大学出版社2011年版，第27—28页。

性把握诉诸法律的结果，具体决定不仅在严格巫术手段中形成，而且依赖于具有卡理斯玛特性的智者、长者、选举出来的仲裁者等这类人的定夺，最终决定不需要符合理性，而是往往宣称一贯如此或神祇下令。韦伯认为形式非理性法对于现代西方在形式方面的特点有明显的影响，如证据法和陪审制度。

实质非理性法并不具备普遍性，决策标准也存在于法律之外。韦伯将重视实质公道、公平和某些功利主义的目的，而无视法律与行政的形式合理性的审判称为“卡地裁判”（Kadijustiz），雅典的直接民主制中的人民法庭、近代的陪审裁判、绝对王权的王室法庭、神权政治和家产制君主的裁判等皆具有这种特点。[①]在这种法律的执行中，受到了较多宗教、情感和道德等法律之外的因素的影响，法律并不具有普遍性，其结果难以预测。

实质理性法中有一定的一般性规则，同时又受到来自宗教、伦理等因素的影响，如基督教的教会法。一方面，教会法在罗马法的理性传统、神学教育的发展和教会职员的官僚化的作用下，具有较高的理性化程度；另一方面，决策标准不是来自法律内部，而是教会通过自然法调整其与世俗世界的关系，以宗教思想作为规则的重要来源。

形式理性法是现代西方所特有的法律类型，欧洲大陆就具有这样理性化程度的法律，其中的理性集中表现在五项假定之上：第一，任何法律决定都是法律命题的具体适用的结果；第二，所有的事实都可以通过逻辑手段在现行法中得出结论；第三，现行法必然是一个没有漏洞的体系，或者内含这样一个体系，或者为了法律适用被当成这样一个体系；第四，不能用法律术语进行理性“分析”的东西都与法律无关；第五，人类共同体的全部行动都必须被解释为法律的“适用”“实现”或“违反”，因此法律体系对社会事项的规定就应当是没有遗漏的。[②]

① ［德］马克斯·韦伯著：《法律社会学　非正当性的支配》，康乐、简惠美译，广西师范大学出版社2011年版，第203页。

② ［德］马克斯·韦伯著：《法律社会学　非正当性的支配》，康乐、简惠美译，广西师范大学出版社2011年版，第30—31页。

### （二）法律的理性化趋势及其动力

> 法的理性化可以有各种不同的方式，未必一径朝着其“法学”性质的发展方向理性化。法的这种形式性质到底会朝着哪个方向发展，直接取决于所谓的“法学内部的”种种情况，亦即端视对于法的形成方式发挥出职业性影响力的那群人有何特质而定，一般的经济与社会条件不过是间接的决定因素。[①]

韦伯整理了理论上的法律发展阶段：从卡理斯玛的法启示，发展到法律名家的经验性法创造和法发现，进而发展到世俗政治和神权政治的权力下达法指令的阶段，最后是专门法律家进行体系性的法制定和基于文献与逻辑的专门司法阶段。[②]这样的一个法律发展过程从形式性和理性的角度来看，就表现为法律的形式性和理性因素不断增加：法律在其初始阶段混合了巫术的形式主义和启示的非理性，之后家产制或神权政治的实质而非形式的目的理性使法律中的形式性受到削减，理性得以增加，最后在专门化的法学阶段，法律的理性和形式性都达到了最高的程度。[③]

但历史中法律的发展并不是按照上述顺序逐一展开的，并且即使是西方也不会经历所有的阶段。法律是一种历史性的存在，其理性化的形态和程度受到多种因素的影响，社会和经济作为外部的动力对法律理性化的作用是间接的，而各处法律发展状态的不同基本取决于三种内部影响因素。[④]

一是政治权力关系，即公权力与氏族、司法集会人团体、身份制团体之

---

① ［德］马克斯·韦伯著：《法律社会学　非正当性的支配》，康乐、简惠美译，广西师范大学出版社2011年版，第184页。

② ［德］马克斯·韦伯著：《法律社会学　非正当性的支配》，康乐、简惠美译，广西师范大学出版社2011年版，第320页。

③ ［德］马克斯·韦伯著：《法律社会学　非正当性的支配》，康乐、简惠美译，广西师范大学出版社2011年版，第320—321页。

④ ［德］马克斯·韦伯著：《法律社会学　非正当性的支配》，康乐、简惠美译，广西师范大学出版社2011年版，第321页。

间的力量对比。[①]韦伯认为支配类型的不同以及其中公权力的强弱会对法律的理性化形成影响，如在传统型支配中，身份制和家父长制就可能形成不同的法律形态。在家父长制中由家长一人进行统治，并未设置属于家长的管理干部，本质上是将家族内解决纠纷的方式用于政治团体之中，因此法律完全是实质非理性的，司法机关注重寻找事实真相，而将收集证据的程序置之度外。身份制中君主设置管理干部作为自己的代理进行统治，管理干部可以处分特权及其经济利益，在支配团体扩大的同时，法律越发具有严格的形式特征，但又是非常具体的，表现出非理性。

二是神权政治权力与世俗权力的关系。与世俗中的证据法倾向于形式主义和辩论主义不同，基督教的教会法是一种实质理性法，神权政治的裁判致力于追求实质的、绝对的真实，而不仅仅满足于法律逻辑对于事实的标准，因此不可能将对真相的探寻完全建立在诉讼当事人的言辞之上，由此形成的职权主义也因为神权政治权力的优势对世俗裁判具有较大的影响。[②]

三是法律名家对法律形成的决定性作用。经验的法律教育和理性的法律教育反映出两种不同的法律职业组织形式。在经验的法律教育中，法律作为一种技艺被传授，教学的内容是实践过程的经验演示，这种教育是进入法律职业的准入证。律师集中于行会之中，服从严格的身份性规定，行会对法律职业进行垄断管理。韦伯认为，在这种法律职业和法律名家之中“根本产生不出理性的法教育和法理论”[③]，因为律师的职业利益所在会促使他们致力于法律的稳定化，并以经验的方式处理各种现实诉求，法律的理性化难以完成。而理性的法律教育是在专门的法律学校中完成的，教学的重点是法律理论和法律技术，这些抽象化、系统化的知识与法律实践保持着较远的距离。

---

① ［德］马克斯·韦伯著：《法律社会学　非正当性的支配》，康乐、简惠美译，广西师范大学出版社2011年版，第321页。

② ［德］马克斯·韦伯著：《法律社会学　非正当性的支配》，康乐、简惠美译，广西师范大学出版社2011年版，第257—258页。

③ ［德］马克斯·韦伯著：《法律社会学　非正当性的支配》，康乐、简惠美译，广西师范大学出版社2011年版，第189页。

这就使“法律思维能够大幅度地自法利害关系者的日常需求中解放出来”[①]，法律得以按照纯逻辑性进行理性化。

形式理性法并不是法律发展的最终形态。韦伯认为近代法律的发展呈现出反形式的倾向，特别是证据法中的自由心证主义和实体法中逐渐增加的对当事人主观意图的规定。这种倾向来自民主制社会中各阶层的要求，也来自官僚体制中对于理性化的反思，并且从事法律实务的人也不满足于自己仅仅是“法的自动贩卖机”。[②]同时，形式理性法也并不是适合现代资本主义发展的唯一法律形态，按照韦伯设置的标准，英国法的理性化程度不及欧洲大陆法，但它同样推动了资本主义进程：一方面英国的律师阶层掌握了法的形成，他们在物质上依赖于资本主义；另一方面高昂的诉讼成本意味着资本家在司法中的巨大优势。[③]因此，韦伯断言，“在资本主义本身当中，根本就不存在决定性的动因，足以促进法的合理化——自中世纪的罗马法大学教育以来即为欧陆之特征的那种形态的合理化”[④]。

## 五、总结：韦伯对法律社会学的贡献

韦伯对于法律社会学的贡献主要体现在方法和理论两个层面。

在方法上，他将“理解社会学”的方法运用于研究之中，既注意社会行动的可观察到的外部表现，又关注社会行动的主观意义，他试图综合客观性的“说明”和主观性的“解释”。[⑤]韦伯使用理想类型区分了法律领域的研究对象和研究本身，社会科学家虽然以社会现实作为自己的研究对象，但是研

① ［德］马克斯·韦伯著：《法律社会学　非正当性的支配》，康乐、简惠美译，广西师范大学出版社2011年版，第191页。

② ［德］马克斯·韦伯著：《法律社会学　非正当性的支配》，康乐、简惠美译，广西师范大学出版社2011年版，第327页。

③ ［德］马克斯·韦伯著：《法律社会学　非正当性的支配》，康乐、简惠美译，广西师范大学出版社2011年版，第336页。

④ ［德］马克斯·韦伯著：《法律社会学　非正当性的支配》，康乐、简惠美译，广西师范大学出版社2011年版，第337页。

⑤ 李猛编：《韦伯：法律与价值》，上海人民出版社2001年版，第31页。

究本身不应当是社会现实的直接反映，对于法律的研究应当通过其背后所潜藏的知识结构和社会权力进行理想类型的分析。另外，韦伯注重社会科学与历史的结合，因此提出支配的三种类型、法律的形式理性化与资本主义的兴起等重要的理论创建，也正是如此韦伯才能回答“为什么形式上极为类似的法律制度会导致全然不同的实践结果”这样的问题。再者，韦伯基于个人社会行动来讨论法律规则、法律职业、法律体系的形成和发展过程，摆脱了法律职业内部研究的局限性，拥有更加广阔的视野来分析法律内部关系以及法律与其他行为规范的关联。①

在理论上，韦伯通过其社会学研究展示出西方法律的独特性。法律理性化的过程是西方理性主义在法律领域的成果，它与现代资本主义的发展关系密切，但它并非完全由经济等因素促成的。韦伯以历史的、比较的方式证明了经济、社会这些法律外部因素并不必然决定法律的理性化程度。法律所呈现出的形态更多地取决于内部权力状态和法律职业群体，从这个角度来讲，法律的产生和发展有其自身的动力和原因，法律与道德、宗教、经济等之间的关系也呈现出复杂性。更重要的是，韦伯将法律纳入社会理论的分析框架之中，以此指出西方社会的各个领域按照不同的价值和目的进行理性化的特征。对法律的分析是韦伯工作中极为重要的一环，这种对于纯粹法学方法的放弃更有利于韦伯揭示法律与社会之间的关系。只有将韦伯所论述的法律理性化趋势及动力放在构成西方现代性的诸多因素之中，才能完整地理解法律所反映出的社会变迁。

① 李猛编：《韦伯：法律与价值》，上海人民出版社2001年版，第53—54页。

# 第六章

# 法律社会学现代发展的理论奠基

法律社会学的发展呈现从欧陆向英美拓展的趋势，且欧陆与英美各自形成了独具特色的法社会学研究。欧陆法社会学研究自古典社会学三大理论家伊始，注重对整体性的法与社会关系理论进行探究，尽管20世纪以后法社会学的研究重心逐渐向英美转移，但是依然形成了以卢曼的法社会学理论为代表的欧陆法社会学研究。英美法社会学研究以北美法社会学研究最为兴盛，普通法系的实践模式在20世纪30年代孕育出法律现实主义，而后在50年代吸纳新兴的自然科学、社会科学研究方法，形成了路径多元、问题丰富的法律社会学研究谱系。

本章着重选择了两位学者的相关理论：第一部分是对帕森斯的社会学理论进行研究。作为20世纪50年代后的顶尖社会学家，帕森斯的结构功能主义方法在一定程度上对英美及欧陆法社会学研究均有较大影响，伯克利学派、卢曼的系统理论研究均吸取了帕森斯的研究成果。第二部分是对卢曼的法社会学理论进行研究。作为“二战”后德国知名的法社会学研究者，卢曼既立足于德国的法教义学基础上的理论研究，同时又借鉴结构功能主义、自创生理论等其他学科理论资源，形成了一套平衡法社会学与法教义学的宏大理论，对法与社会的关系形成了一套创新性解释。

# 第一节　帕森斯：社会行动与结构功能

## 一、问题与展开

社会学研究的基本脉络便是对行动与秩序问题的解释。这种解释可以分为两种路径：一种是将行动视为由个体主观意志所引发的，这种行为模式使得秩序存在某种规范性因素，这种规范性因素常常表现为“个体意愿”或“个体承诺”。另一种是将行动视为由外部规律所决定的，这种行为模式使得秩序并不存在某种规范性因素，秩序只是一种基于功利计算而生成的现象。在这两种基本路径之下，分化出不同的论证路径。举例而言，韦伯的理论可以视为第一种路径，个体主观意愿产生行动，行动内部具有某种意义，基于对意义的划分存在四种行动类型，包括目的合理性行动、价值合理性行动、情感行动与传统行动，这种行动的类型划分使得社会支配形态必须奠基于一定的合法性基础之上。韦伯进而根据传统权威、法理权威与卡里斯玛权威提出了相应的支配形态，从而让特定社会秩序形态奠基于对人类主观世界的解释之上。而马克思的理论则可以视为第二种路径，马克思用实践概念表述行动，实践意味着主观世界与客观世界的统一，主观意志借助实践实现对客观世界的改造。但自人类社会诞生起，人类的劳动实践便陷入了主客观分离的异化状态，进而导致物质生产规律作为一种异己的支配因素决定着社会关系与社会形态，不同历史时期的社会秩序则由外部物质生产规律所决定，国家、法律、文化等现象亦由特定社会的物质生产水平所决定。

这种路径差异使得帕森斯试图调和古典社会学理论中的冲突，一方面，他意图通过凸显行动内部的规范性要素来彰显人类行动的主观面向，尤其强调社会规则与价值体系对人类行动的激发与约束；另一方面，他注重对人类行动客观面向的探究，尤其强调不同类型的功能系统对人类行动所施加的外在约束，执行特定功能的系统以相互协调的形式保障社会秩序的稳定。此外，帕森斯注重构建以“系统”为关键概念的宏大社会理论。其社会系统理论参考了生物学领域的观点，生物学认为人体的持存需要不同器官执行特定功能，只有所有器官有效地执行特定功能才能保证人体的健康；相应地，社会的复杂化取向需要在内部分化出不同的功能系统，不同功能系统执行相应功能才能保障社会的稳定。通过上述理论架构，帕森斯试图重构古典社会学中关于行动与理论的理论认知。

## 二、秩序的生成：社会行动理论

帕森斯的早期作品《社会行动的结构》主要试图回答这样一个问题，即分散的行动如何凝聚成社会秩序。对于该问题的解决，帕森斯采取了前后衔接的双层论述：第一，对单位行动的内在结构予以分析，指出行动内部目的与手段、情境性与规范性之间的关系；第二，基于对行动的分析进一步探讨社会秩序的形成路径，事实秩序与规范秩序的二分构成帕森斯的秩序论述范畴。

### （一）如何理解行动：行动条件性与规范性

> 只要该处境允许对于达到目的的手段有所选择，在那种选择之中就存在着行动的一种规范性取向。在行动者控制的范围内，所采取的手段一般说来不能被认为是随意挑选的，也不应被认为完全取决于行动的条件，而是必然在某种意义上受一种独立的、明确的选择性因素的影响……能够被归于规范性因素的就是行动者的能动作用而非行动者之行动情境特征，目的想必可以被解释为预期的未来事态与那在没有行动者干预的情况处境产生的未来事态之间的差别。[①]

帕森斯认为，行动由目的、手段、条件与规范构成，行动的趋向在于

① ［美］帕森斯著：《社会行动的结构》，张明德等译，译林出版社2012年版，第50、55页。

规范一致的目标，如帕森斯指出，“行动作为一个过程，实际上就是将各种条件成分向着规范一致的方向改变的过程”[①]。在这种总体框架下，行动可以划分出三个连续端：第一，条件端。该端口指涉行动所处的情境性因素，或者说对行动施加的结构性制约，这种制约超出行动者自身能够控制的各种物质性因素。第二，目的/规范端。目的与规范具有概念上的同一性，规范是目的在行动时序中的不同呈现。帕森斯指出，“目的是一种未来的事态，促使行动趋向那种未来事态的是这样的事实，即行动者认为那种事态合乎心意……规范是对具体行动过程的一种文字上的描述，从而被认为是合乎心意的，可以用一项命令使未来的某些行动符合这个过程”[②]。可以这样理解，目的是人在行动时所具有的主观意向性，即行动前对该行动在未来达致状态的当下预期，而规范则是行动后对目的的事后阐释与事后归因，以此赋予行动一种规范性，进而使得行动“可被自身理解”与“可被他人理解”。第三，手段端。行动者借助手段在条件约束下尽量达致初始目的，或者说行动为实现目标而必须采取的途径、手段或方式，可以理解为行动者自身能够控制的各种物质性因素。帕森斯认为具有这种构造的行动图式可以被称为“单位行动”，因为这种行动可以不依赖于“人格”而独立存在，是社会诸多具体行动的一般化、抽象化表达。

基于单位行动的架构，帕森斯对思想史上的诸多社会理论进行了评析。既有社会理论对于行动的探讨分为两种路径：第一种路径强调宏观结构对行动者的约束性作用，例如马克思社会理论便强调物质生产结构对人类行为选择的影响，又如涂尔干社会理论强调社会团结类型对人类行为选择的影响。第二种路径强调行动是行动者根据自身的主观意向展开，例如古典经济学理论便强调自由市场下理性个体可依据自利动机展开交换。帕森斯认为，对于上述两种路径的融合，解决方案在于构建一种“意志论的行动理论”，既强调人类行动中的主观意志因素，也强调社会结构对人类行动的制约及

① ［美］帕森斯著：《社会行动的结构》，张明德等译，译林出版社2012年版，第827页。

② ［美］帕森斯著：《社会行动的结构》，张明德等译，译林出版社2012年版，第82页。

影响。

既有的主观行动理论立足于“功利主义模型”，其核心观点在于：预设行动者为理性存在，行动者对利益的追求构成其行动目的，在既定的资源条件下，行动者自由地选择行动手段以达致理性目标，社会以定价机制调和各种理性目标并最终趋于均衡状态。例如，古典经济学提出“理性人假设”与“市场均衡学说”，前者强调人类行动以“追求利益最大化”为基本指向，后者强调理性人在市场自发交换过程中逐渐达成价格均衡。

帕森斯对此则提出两个批评：第一，帕森斯认为自利追求无法解释行动目的的形成，而只能解释行动者对行动手段的选择。例如，时尚行为并非完全追求某种自利性目的，许多时尚行为以一种非理性的表征而存在，其背后存在某种超越个体自利追求的“规范性因素”（如时尚文化对行为的激发）。[①]第二，帕森斯认为自利追求无法解释社会秩序的稳定。既有的功利主义模型将社会行动描述为行动者对外部环境的理性反应，环境资源约束与个体理性预设使得行动者选择“增长利益与减少成本”，当所有行动者都依据上述模式行动时，定价协商使得整个社会以价格机制为纽带达致市场均衡，从而形成一种“无须规范”的社会秩序。但帕森斯指出：一是这种理论范式忽视了人类行动的规范性面向，人类行动尽管需要实现自利目标，但也需要以一种“能被他人理解或认同”的方式实现自利目标，单纯强调自利目标无法形成稳定的秩序形态。[②]二是这种理论范式过度强调人类行动对环境约束的回应性特征，将行动化约为既定资源禀赋下依据理性模型的展开，从而使得依据主观意愿的行动转化为被客观环境决定的行动，无法实现理论的逻辑自洽。[③]

针对上述困境，帕森斯的路径在于重点关注单位行动中的“规范”元素。规范意味着行动手段不完全被行动条件与行动目的所决定，而以一种独

① ［英］罗布·斯通斯编：《核心社会学思想家》，姚伟等译，上海人民出版社2020年版，第174页。

② ［美］帕森斯著：《社会行动的结构》，张明德等译，译林出版社2012年版，第69页。

③ ［美］帕森斯著：《社会行动的结构》，张明德等译，译林出版社2012年版，第70页。

立的路径对行动手段施加影响[①]。人类行动终归是社会行动，尽管行动基于个体本身的自我逐利意向激发，但也需要以“被他人理解”的方式展开。因此人类行动的目的并非“功利性追求”的某种转换，这种“功利性追求”仅仅决定着行动手段的选择。人类行动的目的源于以社会规则与价值体系为代表的“规范性因素”，这些规范性因素赋予人类行动以社会意义，进而使社会以规范性因素为媒介实现大规模的整合。

### （二）如何理解秩序：事实秩序与规范秩序

> 这不是说，单位行动与整个行动体系的关系，很类似一粒沙子与由沙子作为组成部分的沙堆之间的关系。因为，前面已经指出，行动体系具有一些只是其中各个单位行动之间关系复杂到了一定程度上才随之发生的特性，抛开与行动体系里面其他单位行动的各种联系，从任何一个单独的单位行动里面，也看不到行动体系的那些特性……这些单位行动组合起来，就构成了越来越复杂的具体行动体系，这些体系有一些结构和分析上都很重要的伴生性特性。[②]

帕森斯在上述对单位行动的探讨中揭示出行动存在条件、目的、手段、规范四大要素。在上述要素中，条件要素揭示出社会秩序对个体行动的结构制约性特征，手段要素揭示出个体行动激发的自利性特征，规范要素揭示出个体行动延续的共识性特征，目的要素则被理解为规范要素的直接转换而揭示出个体行动的外在特征。因此，理解单位行动着重关注条件要素、目的要素与规范要素，对上述要素的揭示与推演可进一步揭示出社会秩序的构成路径。具体可以分为三个层面：其一，条件要素对结构制约性的强调揭示出外在于人类的社会事实对人类行动的约束，这种社会事实被帕森斯理解为“社会系统”，这一部分将在后文阐释。其二，手段要素对个体行动自利性的强

① ［美］亚历山大著：《社会学的理论逻辑（第四卷）古典思想的现代重构：塔尔科特·帕森斯》，赵立玮译，商务印书馆2016年版，第40页。

② ［美］帕森斯著：《社会行动的结构》，张明德等译，译林出版社2012年版，第834、839页。

调揭示出既有思想史上广受提及的“工具性秩序”，这种秩序强调自利追求而忽视规范性协调。其三，规范要素对个体行动规范性的强调揭示出秩序形成的“超个体维度”，社会秩序的形成并非自利意志的自发性共存，需要以超个体的规范要素进行协调以保证秩序的持存。在帕森斯对秩序问题的探讨中，借助手段要素与规范要素的二分，帕森斯将秩序划分为事实秩序与规范秩序，并对其进行了相应探讨。

第一，就事实秩序而言，帕森斯以霍布斯的秩序思想为例进行阐释。霍布斯认为人类是由情感驱使的，情感驱使的人类行动以追求自我目的实现为目标，若每个人都追求自我目的则会不可避免地导致冲突，最终呈现为“所有人对所有人战争”的状态。霍布斯所描述的秩序具有纯粹功利主义的特征，一方面，该秩序中行动的目的具有随意性，进而无法推导出相应的规范性要素，每个个体均基于自利追求采取手段，不存在超个体的协调机制；另一方面，该秩序中的行动手段的选择完全由条件决定，进而使得行动具有“自然决定”的特征，当每个个体均基于自利追求采取一种“完全自由”的行动时，构成的“丛林社会”亦构成一种外部结构性制约而限制行动的自由空间。基于此，帕森斯指出，“（事实秩序）的对立面是严格来说在概率统计规律中出现的那种随意性与偶然性，它意味着用逻辑理论特别是科学进行理解的可能性”[①]，由此可以看出，事实秩序的重要特征在于缺乏行动的规范向度，自利性追求决定着个体行动手段的选择，每个个体行动手段与行动目的的冲突不存在超个体的协调机制，最终使得社会秩序充斥着“冲突”与“压制”。

第二，就规范秩序而言，帕森斯早期认为规范性秩序“总与一定的规范体系或规范要素的体系联系着……秩序依循规范体系的规定而发生”[②]，对此帕森斯并未明确区分规范性秩序与事实性秩序。事实性秩序的维持亦必须存在一定的规范性要素，如霍布斯论述的战争状态仅仅是一种混乱，他的人

① ［美］帕森斯著：《社会行动的结构》，张明德等译，译林出版社2012年版，第103页。

② ［美］帕森斯著：《社会行动的结构》，张明德等译，译林出版社2012年版，第103页。

性假设指出个体会追求目的实现，这种预设使得人们会在互动中逐渐形成一定的“规范”来保证目的的实现，从而使事实秩序亦存在一定的规范元素。帕森斯后期也试图修正事实秩序与规范秩序的二分范式。他认为规范秩序才是“一般化”的社会秩序，即单位行动的聚集所形成的社会秩序必然会存在相应的规范元素，而这种规范元素体现为社会秩序必须依赖“一般性意义”才能维持。但是如果在规范秩序中加入“行动条件”元素，那么行动条件呈现出的“社会稀缺性”将进而引发诸多功能性需求，这些功能性需求将“一般性意义”具体化，从而掩盖了社会秩序的规范性向度①。

帕森斯的行动理论在本质上揭示出人类行动的规范性特征，即人类行动的展开不仅仅是个体自身意向的表达，其内部亦包含作为社会共识的规范性因素。符合规范的个体行动才能被对方理解与认同，社会互动才能延续，社会秩序才能稳定。在帕森斯的行动理论中，规范性因素被视为“主观意志”与“客观结构”的交汇地带，主观意志是规范性因素的源泉，客观结构则是主观意志提炼为规范性因素的方式。通过这种理论架构，帕森斯在一定程度上消解了既有行动理论内部存在的张力，且为探讨社会秩序的形成提供了理论空间。帕森斯后期立足于融合单位行动理论与系统理论，通过设定系统的方式描述社会秩序的形成。

## 三、社会的维系：社会系统理论

帕森斯指出，“一般性理论如此重要的原因在于：科学领域知识的积累程度同理论普遍化程度关联，借助一般性理论，可以在差异化的经验领域内，将发现、解释与假说在不同层次上进行联系，同时这种不同领域研究间的协调，也会使得研究成果一般性程度不断提高”。②帕森斯认为一般性理论

① ［美］《社会学的理论逻辑（第四卷）古典思想的现代重构：塔尔科特·帕森斯》，赵立玮译，商务印书馆2016年版，第58页。

② Parsons.T, “The prospects of sociological theory”, *American Sociological Review*, 1950, Vol.15, pp.5–6.

对于揭示复杂经验现象蕴含的共性与提炼经验规律具有重要的作用，而一般性理论往往需要以系统理论的形式加以呈现，通过将不同领域的研究成果与理论命题抽象为不同的系统，而后再对系统间的衔接关系与联结关系进行分析，以此方能突破经验现象之间的冲突与理论命题之间的隔阂，最终提出一套对社会问题的一般性解释。

### （一）社会系统的产生：行动构造的系统分化

> 秩序——稀缺条件下的和平共存，它是社会系统功能运作的首要目标。社会系统运作没有独立的动力来源，其动力来源于个体行动。因此人格系统是社会系统的“激励性驱动”，但人格系统的动机结构受到社会互动与文化模式的修正，塑造出一套“社会化”的动机结构，基于这种动机展开的行动聚集成社会系统。①

相较于早期对单位行动的探讨，帕森斯在后期将对行动的探讨置于“系统”概念之下，系统是行动的组织模式。帕森斯认为，行动存在四项特征，即情境性、规范性、目的性与手段性，四项特征分别指涉行动必然处于一定的条件之下、行动受到共同规范的调节、行动以达成目标为终结、行动必然需支付一定的成本。如果进一步提炼行动的本质，那么行动可以理解为达成一定目标的能量消耗活动，相应地，作为行动有组织的聚集性产物，系统则被构想为“需要达成特定目标”的组织模式，进一步说，社会秩序则被构想为不同系统间的协调状态。②

帕森斯将系统分为三种类型，包括人格系统、社会系统与文化系统。其中，人格系统与社会系统被视为目的行动的聚合而具有实质性分析的意义，而文化系统则通过对人格系统与社会系统中的行为表达进行规范性调节的方式得以存在。可以这样理解：人格系统与社会系统以达成特定目的为根本性

---

① Parsons.T，Shils E.A，*Toward a General Theory of Action*，Harvard College Press，1951，p.180.

② Parsons.T，Shils E.A，*Toward a General Theory of Action*，Harvard College Press，1951，p.54.

特征，文化系统则以开展规范性调节为根本性特征。进一步而言，人格系统与社会系统为了实现目的必须具备两种功能：第一，分配功能。分配功能存在两个维度：一是外部分配，即系统为实现目标必须具备多重功能，而后将不同的功能分配给子系统加以执行；二是内部分配，在资源有限性条件下，各子系统执行功能具有优序性，需要对资源进行优序性配置以实现整体功能最优。[①]第二，整合功能。整合功能亦存在两个维度：一是外部整合，系统内部行动目标与环境事实间存在冲突，此时便需要通过外部整合来处置；二是内部整合，系统内部诸行动目标在特定状况下存在冲突，此时便需要通过内部整合进行处置。[②]从总体上看，帕森斯认为，人类行动存在双重面向，行动的个体面向聚集成人格系统，行动的社会面向聚集成社会系统，上述两类系统的持存与稳固需要具备分配功能与整合功能，分配功能侧重于对有限资源的配置，整合功能侧重于对系统内外冲突的解决。上述两类系统功能的有效实现需要文化系统的参与，文化系统的符号元素渗透进人格系统与社会系统中，对两类系统功能的实现予以促进。下文将对三类系统进行具体阐释。

**1. 人格系统**

理解人格系统的起点在于：人类行动以满足特定需求倾向为目标，人类的本能需要构成需求倾向的核心，人类以满足需求倾向为目标进行行动。因此，人格系统被理解为“相对稳定的行为取向模式”，[③]因个体需求倾向的差异而具有差异。既然人格系统被理解为“行为取向模式”，那么为了形成行为取向，人格系统需要形成分配功能与整合功能，分配功能使人格系统在系统—环境互动中形成行动意向，整合功能则对系统内部与系统外部预期存在的冲突进行化解，进而保证行为取向模式的稳定。上述两类功能的实现依赖于学习机制与防御—调整机制，学习机制兼顾分配功能与整合功能，防御—

---

① Parsons.T, Shils E.A, *Toward a General Theory of Action*, Harvard College Press, 1951, pp.118–120.

② Parsons.T, Shils E.A, *Toward a General Theory of Action*, Harvard College Press, 1951, pp.121–122.

③ Parsons.T, Shils E.A, *Toward a General Theory of Action*, Harvard College Press, 1951, p.126.

调整机制则致力于整合功能的实现。[①]

具体而言，第一是学习机制。帕森斯将学习机制划分为三类，分别为认知学习、感性学习、评估学习。认知学习以识别差异与概念抽象建立类型化的认知图式，感性学习进一步对已经建立的认知图式设置情感偏好，评估学习则对不同的认知图式间的冲突进行筛选与解决。其中，认知学习借助类型化的认知图式实现对外部环境信息的整合，进而执行外部整合功能；感性学习借助认知图式的偏好结构实现对认知流程中认知资源的的合理配置，进而执行外部分配功能；评估学习则依赖于特定的价值评判体系实现对认知图式间冲突的化解与认知图式的优序选择，进而执行内部分配功能与内部整合功能。[②]第二是防御—调整机制。帕森斯认为，人格系统借助学习机制吸纳外部环境信息并进一步整合成行动意向，但该过程的持续面临两个问题：一是环境信息之间存在冲突，二是环境信息同需求倾向存在悖离。这种情况使个体采取防御—调整机制对上述冲突予以解决，其中，防御机制侧重于个体认知系统本身采取一定的策略来处理冲突，调整机制则侧重于个体援引规范结构提供的标准来处理冲突。一方面，防御机制包含认知合理化机制、替代机制、压制机制等，分别意味着将事实信息与需求倾向的悖离给予合理化解释、将冲突性的需求倾向替换成协调性的需求倾向、直接压制冲突性的需求倾向等方式。[③]另一方面，调整机制涉及人格系统对社会规范与价值符号的援引，通过将社会系统与文化系统提供的规范性元素引入人格系统内部，以此解决人格系统运作中面临的冲突困境。[④]

概括而言，帕森斯对人格系统的考察意在揭示人类行动的深层心理机制，并以心理机制为基础探讨人类行动的展开。人类行动的稳定进行需要人

---

① Parsons.T, *The Social System*, Routledge Press, 1991, p.141.

② Parsons.T, Shils E.A, *Toward a General Theory of Action*, Harvard College Press, 1951, pp.128–130.

③ Parsons.T, Shils E.A, *Toward a General Theory of Action*, Harvard College Press, 1951, pp.135–136.

④ Parsons.T, Shils E.A, *Toward a General Theory of Action*, Harvard College Press, 1951, pp.137–139.

格系统具备分配功能与整合功能，而两类功能的实现不仅依赖于人格系统本身的认知机制对认知资源的优化配置，同时也依赖于社会系统与文化系统提供的规范性标准所发挥的冲突解决作用。正因如此，帕森斯的论述逻辑在于：人类行动意向源于人类的心理机制，但是人类的心理机制会受到社会系统与文化系统的调节，故人类行动意向兼具"个体性"与"社会性"；反过来，兼具"个体性"与"社会性"的人类行动才能相互协调，并在更大范围内引起并稳固社会秩序。

**2. 社会系统**

帕森斯认为，"人格系统的单位是个体，而社会系统的单位是角色，相比于个体行动由自我动机激发，角色的行动则需兼顾自我动机与他人期望"。[①] 前文已指出，人格系统是社会运作的原初动力，指涉一种"私人性"的行动展开，相比之下，社会系统则是对人格系统原初动力的"二次改造"，指涉一种"社会性"的行动展开。

社会互动问题是帕森斯思考社会系统的起点。社会互动面临两个问题：第一，资源稀缺性问题。个体满足自身需求倾向需要耗费一定资源，个体之间展开互动便涉及对有限资源的配置，不同的资源配置状况设定不同的需求倾向满足状况，[②]资源配置问题的解决是影响社会互动维系的重要因素。第二，双重偶联性问题（double-contingency）[③]。在互动过程中，个体采取特定行动选择依赖于自我（ego）对他我（alter）行动选择的期望，然而他我的行动选择又反过来依赖于自我行动选择的期望，该问题的解决是影响社会互动维系的关键因素，为此需要将其转化为"互补性期望"。上述两个问题实质上揭示出"社会秩序"形成过程中的难题：前文论述的"人格系统"仅限于

① Parsons.T，Shils E.A，*Toward a General Theory of Action*，Harvard College Press，1951，p.191.

② ［美］亚历山大著：《社会学的理论逻辑（第四卷）古典思想的现代重构：塔尔科特·帕森斯》，赵立玮译，商务印书馆2016年版，第97页。

③ 需要注意的是：这个概念存在多种翻译方法，contingency意味着"可能状况""偶然事件"等，一重contingency意指个体对他人的期望存在"偶然性"，二重contingency意指对方对该个体的期望亦存在偶然性。因此double-contingency便指涉这样一种"相互间期望不稳定的状况"。目前国内对该概念存在"双重偶然性""双重偶连性""双重偶联性"等翻译，均指涉同一含义。

个体行动，个体行动达致目标无须考虑资源稀缺与互动因素，但如果考虑不同个体的聚集，则涉及“不同行动目标的兼容”问题。一是行动个体越多，则资源稀缺性问题越严重，行动目标不兼容问题越严重。例如，对于100元钱，一个人可以通过调整消费规划的方式来有效利用这些钱，而10个人则需要构建一个超个体的“机制”来配置这些钱，以此才能保证这些钱的有效利用。二是行动个体越多，则双重偶联性问题越严重，行动目标不兼容问题也越严重。例如，一个人展开行动无须考虑他人因素，只需考虑既有的资源状况与既有的目标设定，而10个人展开互动则涉及对他人行动的预测，在无法预期他人行动的情况下，则可能产生一个人的行动危及另一人的情况，最终演变为霍布斯式的“战争状态”。因此，社会系统的稳固需要解决上述问题，而上述问题的解决依赖于分配功能与整合功能的实现，通过分配功能解决资源稀缺性问题，再通过整合功能解决双重偶联性问题。

分配功能与整合功能的实现依赖于规范结构。规范结构由四类要素构成，包括角色、集体、社会规范、价值，这四类要素各自发挥着不同程度的作用。在四类要素中，角色意味着社会为个体行动赋予的一种行为期望，集体意味着社会为特定场合赋予的一种行为期望，社会规范意味着社会为行为以权威性路径赋予的一般性模式，价值意味着社会为行为以抽象性路径赋予的一般性模式。上述四类规范要素形成功能范围自小到大的阶序结构，且不同要素之间存在协调关系。首先，价值渗透到社会规范形成的过程中，社会规范的订立受到价值的约束与指导；其次，社会规范渗透到集体行为模式中，集体行为模式需要符合社会规范的要求方能“合规”；再次，集体行为模式赋予个体以角色期望，个体往往需要进入一定集体中才能获得角色期望；最后，角色期望作为价值、社会规范与集体行为模式的融合性产物，通过施加角色期望的方式使个体行动符合共同的行为标准，从而推进社会互动的协调与延续。基于对规范结构的论述，下文进一步探讨社会系统的两类功能。

第一，分配功能与角色设置。帕森斯认为，既然资源存在有限性，那么分配资源的前提在于设定边界，通过设定边界的方式来明确资源的配置范围与使用范围，这种设定边界的方式即设定集体边界与设定角色结构。[①]集体边界与角色结构是相互勾连的两个概念，既然分配资源的前提在于设定边界，那么边界划分的结果则是形成一个个异质性的“集体”，不同集体配置不同的资源，进而承担差异化的功能，如工厂、学校、政府便是“集体”。在设定集体边界的基础上，个体进入一个集体则意味着需要承担集体所赋予的“角色”，角色指涉集体为个体施加的一种行为期望，进入特定集体的个体因共享同一角色期望而呈现出近似的行为表达，不同角色因其行为表达与功能承担的差异而进一步被配置更为细化的资源，如工厂中存在工人、管理者等不同角色，不同角色承担不同的职能且有差异化的收入。社会系统依照角色标准进行人力配置、工具配置与报酬配置，进而对资源实行差异化配置[②]。需要注意的是，“角色”与“集体”可以理解为“期望”与“组织”。韦伯认为，现代社会理性化趋势必然使得社会逐渐演变为“组织林立”的状态，各种组织依据其理性目标与理性规则执行着特定功能，每个个体则处在这种“组织林立”的格局中而被赋予不同的角色期望。正因如此，在社会范围内，组织往往围绕特定组织目标对资源进行配置，而嵌入组织的个体则服从于组织目标而肩负不同的角色期望，进而使得个体行为受到一种相比于规范、价值的“基础性的规范性约束”。

第二，整合功能与规范内化。帕森斯认为，双重偶联性引发的互补性期望需要通过多种方式予以整合，期望的整合路径在于“规范内化”。既然双重偶联性指涉行动期望固有的不确定性状况，那么对这种不确定性问题的解决便在于设定“一般性”的沟通媒介，通过这种“一般性”的沟通媒介来提供一种共有的期望，以此降低互动过程中的不确定状况与目标的不兼容程度。帕森斯将这种一般性沟通媒介诉诸文化系统提供的“符号体系”在社会系统中具体表达为“社会规范”与“价值”两种类型。为了便于理解，笔者将这两种符号体系类型称为权威性规范与价值性规范。具体而言，其一，权

① Parsons.T, Shils E.A, *Toward a General Theory of Action*, Harvard College Press, 1951, p.193.
② Parsons.T, Shils E.A, *Toward a General Theory of Action*, Harvard College Press, 1951, p.198.

威性规范指涉权威机构设定的规范符号，是一种具有规定性与禁止性的“期望设定”，能在较小范围内产生较高程度的整合；其二，价值性规范指涉基于一般性意义设定的价值符号，是一种具有一般性与抽象性的“期望设定”，能在较大范围内产生较低程度的整合。[①]上述两种规范对双重偶联性问题的解决在于供给一种“一般性的意义标准”，进而为社会互动过程提供一个共有的参考框架。在规范的具体运作过程上，上述规范采取“内化”的形式对人格系统产生影响，进而影响社会互动过程与社会秩序形成。帕森斯将内化过程解释为精神分析学派倡导的“超我形成”概念。[②]假如说“自我”意味着人格系统，那么规范则为自我设置了一种更高层次的“理想标准”，不仅为社会互动过程提供了共同标准，也在社会互动过程中逐步被人格系统所接纳，直接内化为人格系统的一部分。

总结而言，帕森斯对社会秩序问题的阐释集中于对社会系统的论述。在从分散的人格系统到形成社会系统的过程中面临的资源稀缺问题与双重偶联性问题，是社会秩序形成的重要阻碍，而对上述问题的解决关系着社会秩序何以形成。社会系统为了解决上述问题需要执行分配功能与整合功能，分配功能的执行依赖于角色设定，以角色为依据赋予权利/义务，进而为资源分配提供标准；整合功能的执行依赖于规范内化，权威性规范与价值性规范具有不同层次的整合效应，进而为互动展开提供共有的意义框架。某种程度上，社会系统作为论述重点，是社会秩序的直接体现。

**3. 文化系统**

文化系统借助符号媒介弥散性地运作在人格系统与社会系统中。如前文所述，人格系统借用文化系统的规范符号设定行动目标的阶序体系，社会系统借用文化系统的规范设定互动过程的共有意义，上述两类情形彰显了文化系统在帕森斯理论中的关键地位，是理解帕森斯理论的关键密码。

---

① Parsons.T, Shils E.A, *Toward a General Theory of Action*, Harvard College Press, 1951, pp.203–207.

② Parsons.T, Shils E.A, *Toward a General Theory of Action*, Harvard College Press, 1951, pp.225–227.

文化系统可以理解为“一系列定向行为符号”的聚集性产物，[①]依据学习机制，符号可以分为三种类型：一是认知性符号，即用来表达特定事实的符号模式；二是沟通性符号，即用来表达特定情感偏向的符号模式；三是评估性符号，即用来表达特定价值判断的符号模式。上述三类符号分别执行着事实描述、主体沟通与冲突解决三类功能，共同服务于“一般化意义供给功能”的实现。符号之所以能履行“一般化意义供给功能”，原因在于人格系统的固有机理。人格系统的运作需要借助学习机制展开，而学习机制中的认知流程则必须要将复杂的环境信息予以抽象化处理，由此使得符号得以化约认知难度，进而承载起一般性意义。正如帕森斯所指出的，“即使最基础的动物行为取向也涉及符号化，这是期望概念的固有特征，涉及当下情境所生成的刺激性要素的一般化”。[②]进一步，提炼符号的功能大致可以分为以下两类。

第一，沟通功能。符号的抽象性使其能够承载起具有一般性特征的意义，而后符号通过在社会内部的传播使不同个体共享这种意义，不同个体基于符号进行沟通与理解。正如帕森斯所指出的，“对于自我与他我，行动、姿势或符号或多或少具有共有意义，我们可以说他们间存在一种共有的文化，借此可以调节他们间的互动”。[③]

第二，规范功能。随着共享符号因其沟通功能持续参与社会互动程度的加深，这种共享的符号亦随着互动的持续逐渐沉淀为不同个体共同认可的行为标准。这种共享符号意味着互动的延续，而偏离这种共享符号则意味着互动的断裂乃至自我的孤立。因此，这种共享符号在一定程度上具备规范特征，不仅能够直接对行动产生激励/惩戒的规范效应，还能在更大范围内生成二元价值图式（如善/恶）。正如帕森斯所指出的，“趋于一致的适当反应是趋向遵循规范模式的重要体现，文化不仅仅是沟通的符号集合，同时也是规范行动的集合”。[④]

---

① Parsons.T, Shils E.A, *Toward a General Theory of Action*, Harvard College Press, 1951, p.158.

② Parsons.T, *The Social System*, Routledge Press, 1991, p.6.

③ Parsons.T, Shils E.A, *Toward a General Theory of Action*, Harvard College Press, 1951, p.105.

④ Parsons.T, Shils E.A, *Toward a General Theory of Action*, Harvard College Press, 1951, p.106.

尽管文化系统由一般性的符号构成，但符号可以呈现为不同的类型。在帕森斯的讨论中，文化与法律是两种重要的文化系统符号，衔接不同的规范结构元素。具体而言：第一，文化与价值。文化的运作机理在于设定具有一般性特征的价值符号，文化往往包含抽象的事实描述、情感偏向与价值判断，群体通过文化共享事实记忆、情感体验与价值谱系，产生较高程度的整合效应。第二，法律与社会规范。法律的运作机理在于设定具有强制性特征的规范符号，法律的结构是将特定事实与强制性后果予以结合，群体基于法律共享一套行为规范标准，从而实现互动过程中行为最低限度的协调，产生较低程度的整合效应。①

**4. 总结**

上述观点意在回应一个问题：如何理解社会秩序？帕森斯的论述起点在于个体，通过人格系统概念描述行动模式的形成，人格系统以达成目标为核心，正是通过个体行动的展开，社会才能逐渐积累与发展，故人格系统构成社会秩序的原初动力。但是在个体迈向社会的过程中，始终面临资源有限性问题与双重偶联性问题，上述两个问题揭示出社会互动过程中存在的“目标不兼容”危机。针对上述问题，社会系统以角色设定解决资源有限性问题，以规范内化解决双重偶联性问题。在上述两类解决方案中，帕森斯认为文化系统提供的“一般性意义符号”具有核心地位，文化与法律在不同层次推进社会整合程度的提高，社会秩序由此得以稳定。

### （二）社会系统的发展：AGIL 四元系统范式

> 我们可以从三个角度来审视行动系统。第一，单个行动包含个体的人格特质因素；第二，行动系统由互动关系构成；第三，行动系统作为被规范约束的过程同共有文化及规范体系相关……行动系统的四项功能在于：（1）适应（adaptation），即应对系统外部的环境；（2）目

① Parsons.T，Shils E.A，*Toward a General Theory of Action*，Harvard College Press，1951，pp.199–203.

标达成（goal attainment），通过工具性行动同环境客体建立更为完善的关系；（3）整合（integration），维持系统内部各单元之间的和谐与降低系统内部的冲突程度；（4）潜在模式维系与冲突管理（latent pattern maintenance and tension management），维持已然内化的制度性规范或文化模式构成的结构，且使个体动机符合结构要求。①

在人格—社会—文化三元系统范式下，帕森斯揭示出人类行动受到人格系统、社会系统与文化系统的调节，三类系统各自借助认知机制、角色机制、符号机制来执行分配功能与整合功能，一方面使个体得以产生稳定的行动意向并展开行动，另一方面使个体间互动面临的双重偶联性问题得以缓解，最终促进社会秩序的形成与稳定。基于对三类系统的研究，帕森斯进一步提炼出社会系统得以稳定的四项必要功能，同时，社会系统必须分化出相应的子系统来成功履行四项必要功能，才能够稳定与完善。

**1. 概念辨析：秩序、结构与功能**

在对四类系统功能进行分析之前，需要探讨秩序、结构与功能之间的关系。帕森斯将秩序定义为："一个系统最一般与最根本的特性就是它的各组成部分或各变量之间的相互依赖性，这种相互依赖性与具有可变性的随机性形成对照。换言之，这种相互依赖性就是构成一个系统诸成分之间关系中的秩序。"② 与此同时，帕森斯也将结构定义为："（结构）意为与某些系统元素有关而使这些系统元素是不被系统与环境关联的短暂波动所决定。"③ 由此可见：第一，帕森斯认为秩序表现为系统内部诸元素的相互依赖性，这种相互依赖性通过相互限制的方式将选择可能性限缩于"较小的范围"中。这种秩序定义在他对行动秩序与社会秩序的探讨中有所体现，"稳定的行动意向"

---

① Parsons.T, "Some Comments on The State of The General Theory of Action", *American Sociological Review*, 1953, Vol.18, pp.624–625.

② Parsons.T, Shils E.A, *Toward a General Theory of Action*, Harvard College Press, 1951, p.107.

③ Georg Kneer und Armin Nassehi 著：《卢曼社会系统理论导引》，鲁显贵译，巨流图书公司1998年版，第41页。

依赖于学习机制与防御—调整机制的相互联系，两类机制在人格系统内部相互联系、相互配合，以共同服务于功能目标的实现；“稳定的社会互动”则依赖于角色、集体、社会规范、价值四类规范性元素供给的不同类型的角色期望，不同角色期望的相互耦合限定了个体行动的模式与范围，进而为个体之间行动的协调与社会秩序的生成提供基础。第二，帕森斯认为结构表现为能让系统元素不被环境影响的一种框架，由此使得诸元素能够自主地在系统内部排列。结构可以理解为既有选择结果沉淀所形成的一种稳定选择模式，可以这样构想：最初始的选择由于缺乏参考而具有随意性，选择的持续展开则通过经验学习逐渐形成一套相对稳定的选择模式，从而以一种可预期的方式来消解随意性。结构概念渗透在帕森斯的分析过程中，如帕森斯认为，如果将人类或社会视作一个系统，那么系统必然面临具有高度复杂性的环境，为了应对这种复杂性则必须形成相对稳定的选择模式（结构）来消解复杂性。现代社会的结构表现为四类功能系统（经济系统、政治系统、法律系统、价值系统），每类系统执行的特定功能即相对稳定的选择模式，共同支持社会秩序的稳定。[①]

通过上述分析，可以提炼出这样一种逻辑：秩序意味着要素的相互依赖性，孤立的要素只有形成相互依赖，才能通过相互限制的方式将可能性予以限制，降低可能性过多所带来的风险与冲突。但是这种相互依赖性的前提在于：秩序内部要素必须稳定存在。这种稳定依赖于要素形成一种稳定的选择意向，这种稳定的选择意向依赖于两点：一是要素必须存在独立的边界，从而将自身与他者进行区分，这便涉及不同系统的形成；二是要素之间的划分标准为选择意向，这种选择意向具体体现为功能，每个系统执行特定的功能。由此，依据秩序—结构—功能的逻辑，秩序内部要素以功能系统的形态存在，不同功能系统间相互联系、相互配合、相互协调的状态便是稳定的秩序。

此处便可以揭示出结构—功能主义的核心要义：稳定的秩序依赖于结构

---

① Parsons.T,“Evolutionary Universals in Society”, *American Sociological Review*, Vol.29, 1964, p.340.

的确立，结构的确立则又依赖于不同功能系统的确立，而功能系统执行功能状况的好坏决定着社会结构的稳定性，且最终影响到整体秩序的稳定性。正如帕森斯所言，“社会系统的适应性需要存在相应的功能先决条件，功能先决条件越满足，则社会系统越能承受更高的压力”。[①]

**2. 必备功能：AGIL 四元功能划分**

基于上述分析，此时需要解决的问题在于：既然社会秩序的稳定依赖于功能系统的功能执行状况，那么功能系统需要具体执行哪些功能呢？对于这个问题的理解可以回溯至前文提出的系统功能，即人格/社会系统为了保持稳定必须存在分配功能与整合功能，而后再依据外部/内部划分将两类功能进一步划分为四类，即外部分配、内部分配、外部整合、内部整合。AGIL四类功能实际上是作为上述四类功能的细化分析而存在的。

（1）系统必备功能总述

如前文所述，分配功能意味着将有限的资源配置给不同的子系统，整合功能意味着对子系统之间存在的冲突予以消解。进一步细分，外部分配意味着把环境资源配置给不同系统以执行特定功能，内部分配意味着设定不同系统执行功能流程的优序性，外部整合意味着对系统目标与环境事实间存在的冲突进行消解，内部整合意味着对不同系统目标间存在的冲突予以化解。上述四类功能被帕森斯进一步抽象为AGIL四类功能，具体而言：第一，适应功能。系统/环境的区分意味着系统时刻面临着环境的作用与影响，一方面系统必须形成自身的边界才能与环境相区隔，进而不被环境破坏与吸纳；另一方面系统也必须形成一定的机制从环境摄取维持自身必备的因素，进而使自身与环境之间形成协调的交换关系。正因如此，系统维持稳定的第一步便是适应环境，而适应环境的关键便在于系统基于一定机制从环境中获取维系自身的资源。第二，目标达成功能。当系统从环境中获取满足自身的资源后，接下来需要解决的问题便是如何将有限的资源配置给不同的功能。任何一个系统的维系都并非被动地适应环境，还需要通过一定的机制来改造环境以获

① Parsons.T, *The Social System*, Routledge Press, 1991, p.6.

得“满足自身需求”的环境。为了实现这个目标，系统需要实现两个行为：一是在整体系统之下分化出子系统以执行更加细化的功能，系统依据功能展开的分化能够使其面对更加复杂的环境与执行更加复杂的任务；二是整体系统需要形成一定的机制在短期内调动资源完成特定目标，这种机制需要实现一种跨越单个子系统的宏观统筹配置，以此将有限的资源集中于紧迫的目标之上，从而实现特定目标。[①]第三，整合功能。尽管整体系统可以借用目标达成机制在不同子系统之间配置资源，但这种机制也会衍生出两个问题：一是不同系统间资源的配置必然会导致A系统相对于B系统的相对剥夺，这种相对剥夺则会导致不同系统间的不平等，进而衍生出不同系统间的冲突与矛盾；二是整体系统设定的“亟须达成目标”并非所有子系统都会认同，对同一目标的认同差异亦会导致不同系统间的冲突与矛盾。针对上述第一个问题，需要设定一种具有权威性特征的“跨系统”规范来对冲突予以消弭与解决，防止冲突的无限制扩散。第四，潜在模式维系与冲突管理功能。针对上述第二个问题，不同系统对整体目标的认同差异必然会带来不同系统间关系的紧张与冲突的出现，此时便需要设置一种“整合程度”更高的机制来消弭冲突，且在消弭冲突的基础上逐渐将不同系统的目标纳入同一轨道。对此便需要设定一种共有的“符号体系”来承载共有意义，并在这种共有意义的基础上，潜移默化地将不同系统的目标纳入同一模式下，最终实现系统运作机制的维系与稳定。[②]需要注意的是，整合功能与潜在模式维系功能的差异在于，前者侧重于借用社会规范消弭冲突，后者侧重于借用价值来塑造同一，二者共同服务于“社会整合”的目标，只是存在程度差异。

（2）系统何以执行功能

社会结构的稳定依赖于上述四类功能的达成，而上述四类功能分别由不同的子系统来承担。从静态视角看，社会结构的稳定依赖于子系统的功能支持；从动态视角看，社会结构在演进过程中为提高适应力而需提高复杂性程

---

① Parsons.T, *The Social System*, Routledge Press, 1991, preface.

② Parsons.T, “Some Comments on The State of The General Theory of Action”, *American Sociological Review*, 1953, Vol.18, pp.623–625.

度。[①]现代性意味着一种全新的社会结构，进而使功能系统亦存在相应特征。帕森斯将现代社会概括为“现代工业社会”，现代工业社会的稳定依赖于经济系统、政治系统、法律系统与文化系统，各自执行着适应功能、目标达成功能、整合功能、潜在模式维系功能。[②]具体而言：

第一，经济系统与适应功能。适应功能意味着系统从环境中攫取资源以维持自身的存在。对现代社会而言，社会稳定依赖于生产要素的流动与转换，物质资源从自然环境中开采出来后，通过加工、生产、运输、交换、消费等环节不断转换，该过程的不断运行使得社会财富规模逐渐扩大，进而为社会的稳定发展提供了必要前提。经济系统依赖于三个元素，包括合同、财产与职业。合同为不同个体之间经济目标达成一致与商业交换进一步开展提供了规范性约束，财产使得个体对经济资源实现稳定占有且基于此进一步运用经济资源，职业则为个体赋予稳固的角色预期与经济职责，上述三个要素相互协调以共同支持经济系统的稳定运作。[③]

第二，政治系统与目标达成功能。目标达成意味着集中配置有限的资源以完成特定目标。对现代社会而言，社会发展依赖于资源的集中运用与大规模动员，分散的资源必须通过凌驾于个体之上的“权威性组织”予以运用，从而以一种相对理性的方式将有限的资源用于实现社会目标。现代社会的政治系统以官僚科层制为基本结构，官僚科层制的特征在于两个方面：一是官僚科层制的行动奠基于法理型基础之上，从而使政治系统得以有效地排除特殊利益以服从于普遍目标；二是官僚科层制的运作依赖于阶序性的权威结构，从而得以集中决策权与分配权以有效地配置资源与运用资源。[④]上述两

---

① Parsons.T, “Evolutionary Universals in Society”, *American Sociological Review*, Vol.29, 1964, p.340.

② ［美］帕森斯著：《现代社会的结构与过程》，梁向阳译，光明日报出版社1988年版，第133页。

③ ［美］帕森斯著：《现代社会的结构与过程》，梁向阳译，光明日报出版社1988年版，第118—120页。

④ Parsons.T, “Evolutionary Universals in Society”, *American Sociological Review*, Vol.29, 1964, p.347.

个特征的实现意味着政治系统必须具备权威机制与调节机制，前者指涉官僚科层制的阶序性权威特征，后者指涉官僚科层制的规范性约束特征。二者一方面通过集中的权威进行专业化的资源运用，另一方面又将这种活动纳入既有规范的约束控制范畴，从而共同支持政治系统的良好运作。①

第三，法律系统与整合功能。整合功能意味着调节不同功能系统之间在交互活动中存在的冲突。对现代社会而言，社会规模的扩大与社会复杂性的提高意味着不同系统间的联系程度与互动频率提高，联系程度的加深则会带来系统间的冲突与矛盾。举例而言，经济系统的扩展意味着工业企业、商业企业、小型个体户等经济主体之间联系的加深，其间出现的矛盾需要法律系统（规范依据与司法体制）予以解决；政治系统的扩展意味着政治系统内部各职能部门分化程度的加深，不同职能部门之间存在的矛盾亦需要法律系统予以解决。针对这些问题，帕森斯指出，"一般性法律系统的发展是社会进化的重要方面，一般性法律制度是普遍规范的综合体系……高度抽象化与普遍化的法律秩序被视为复杂结构发展的必要前提"，②而法律本身则被定义为"规范与规则的组合，目的在于控制人们在社会情境中的行为"。③正因如此，法律系统主要处理的是行为期望冲突问题，功能系统间的冲突本质上是行为预期冲突的体现。对于法律系统而言，它一方面履行"系统整合"功能，通过设定规则直接解决行为预期冲突，以专门化的法律组织生成规范性文书，对社会互动中的预期冲突予以干涉与规范；另一方面履行"规范融贯"功能，通过在运作过程中生成一般性的行为期望间接解决行为预期冲突，以普遍化的规则设定抽象的"权利/义务"，以此生成更大范围群体的普遍性行为期望。④规则与规范的运行需要遵循两个原则：一是普遍化原则，即法律系

① ［美］帕森斯著：《现代社会的结构与过程》，梁向阳译，光明日报出版社1988年版，第122页。

② Parsons.T, "Evolutionary Universals in Society", *American Sociological Review*, Vol.29, 1964, p.340, 350.

③ Parsons.T, "A Sociologist Looks at the Legal Profession", in *Essays in Sociological Theory*, The Free Press, 1954, p.374.

④ 洪镰德：《结构—功能论的法律社会学：帕森思法律观的析评》，载《国家发展研究》2001年第1期。

统颁布的规则需要具有普遍性以独立于特定功能系统。法律系统普遍化原则的实现依赖于“规则公式化”进路，[①]即法律系统需要形成一套一般性规则生成路径与独立性规则适用方法，规则生成路径的独立性与规则适用方法的独立性保证法律系统相对于其他社会系统的独立性。二是专门化原则，即法律系统需要以专门化的法律职业与法律组织来实现规范的社会控制。法律系统设定的普遍性规则需要借由法律组织与法律职业予以落实。其中，一个完善的法律职业群体对形成规则方法、适用具体规则、推进规则进化有十分重要的作用。[②]

第四，文化系统与隐性模式维持功能。隐性模式维持意味着设定一种同一的价值目标来调和个体动机与社会秩序间的关系。对现代社会而言，社会规模扩大化与复杂化带来的重要问题在于：更加复杂的社会结构意味着功能系统分化程度的加深，系统分化程度的加深则意味着个体经验世界重叠地带的缩减，这使个体生存体验疏离化程度加深，因此如何将零散化的行动动机聚集为社会共识以支持社会秩序的稳定则成为重要的问题。针对该问题，帕森斯认为需要由文化系统提供一种全社会范围内的规范性期待，以规范性期待为参考逐渐弥合个体行动动机间的差距，进而生成社会共识与集体动机。需要注意的是，如果说法律系统提供的行为期望是小范围的，那么文化系统提供的行为期望则是在全社会范围内展开。文化系统以“价值”为载体提供行为期望，全社会范围内诸个体基于对同一价值的共享，逐渐形成相近的行为期望与行动动机，从而实现对“人格系统”的反作用。[③]如帕森斯所言，“制度化的价值系统内化入个人的个性时，就足以驱动生产……内化价值构成一种成分不同的动机系统”。[④]在一定程度上，帕森斯对文化系统功能的论

① ［美］帕森斯著：《现代社会的结构与过程》，梁向阳译，光明日报出版社1988年版，第116页。

② 洪镰德：《结构—功能论的法律社会学：帕森思法律观的析评》，载《国家发展研究》2001年第1期。

③ 洪镰德：《结构—功能论的法律社会学：帕森思法律观的析评》，载《国家发展研究》2001年第1期。

④ ［美］帕森斯著：《现代社会的结构与过程》，梁向阳译，光明日报出版社1988年版，第113页。

述是对韦伯“伦理理性化”讨论的延展，韦伯认为“新教伦理”让经营活动成为一种信仰层面的天职，新教伦理作为一种价值为经营活动提供了一种内在的行为动机，价值基于内化机制转换为行为动机，而后这种行为动机在持续的行动过程中逐渐沉淀下来，乃至成为一种高度理性化、程式化的行为，社会秩序亦依照这种理性化的行为模式组建起来。在帕森斯这里，文化系统以“定向符号”构成，价值便是一系列定向符号集束，往往以善/恶、好/坏的价值区分来肯定特定的行为模式，以此逐渐将离散、差异的个体行动动机导向价值所鼓励的那一端，从而为全社会范围内诸个体输入一种相近的“行动动机”，以该行动动机为支持则表现出相近的行为模式，进而使社会互动与系统互动更为协调。

**3. 法律系统：AGIL的进一步细分**

基于对构成社会秩序四类基本系统的考察，此处进一步考察执行整合功能的法律系统。对法律系统的考察始于其功能：即法律系统的核心功能在于调和行为期望的冲突。对行为期望的调和是基于法律对权利/义务的设定与施加，法律以此提供凌驾于零散化期望的一般化行为期望。调和行为存在两类途径：一是直接途径，即借助司法（专门化的法律组织）或律师（专门化的法律职业）来对期望冲突情形阐明具体行为期望；二是间接途径，即借助法律规则、司法判例等手段确立与更新社会范围内的一般行为期望。

法律系统的维系亦面临着AGIL四类功能支持的问题。法律系统内部的行动者为法律职业群体，律师群体、立法者群体、法律学术群体、法律职业规范分别执行着AGIL四类功能。[①]对职业群体的考察是帕森斯理论的重要面向，帕森斯理论的核心要点在于揭示行动规范性面向的必然性，而这种规范性行动的持续则会导致两个结果：一是相近的行动目的聚集为功能系统以执行特定功能目标；二是行动目的受规范结构的约束而使功能系统往往以职业群体的形式呈现。因此，职业群体的特征在于：以专业技能为标准划分

① ［英］科特威尔著：《法律社会学导论》，潘大松等译，华夏出版社1989年版，第99—100页。

的群体边界，群体行动模式高度专业化与近似化，群体行动模式受到统一的职业规范约束。现代工业生产模式便是以职业群体为基础构建起来的。[①]相应地，法律系统依赖于法律职业群体，具体而言：第一，律师群体与适应功能。适应功能意味着法律系统需要从环境攫取资源维持自身的存在，这一过程的关键在于律师群体对“法律规则”与“法律客户”的勾连、纠纷过程中当事人的法律需求是不规则且高度模糊的，需要由律师群体将这些模糊的需求转译为法律系统可以识别的代码，从而为法律系统提供可识别的“案件来源”。第二，立法者群体与目标达成功能。目标达成功能意味着法律系统需要从纷繁复杂的社会事实中筛选出“重要需求”，进而将其提炼成法律，这一过程实现的关键在于立法者群体对“社会事实”的识别、筛选与提炼，通过程序化的立法流程吸纳社会共识与紧迫需求，将全社会范围内“重叠的行为期望”凝练为法律规则，从而勾连法律与社会之间的互动关系。第三，法律学术群体与整合功能。整合功能意味着法律系统内部的规则适用冲突需要一定的机制来化解，这一过程实现的关键在于法律学术群体通过“法律学说”“条文解释”等方式对规则适用分歧予以消解。一方面，法律系统代码的弥散化意义指向借助学说与解释被限缩至相对狭窄的轨道上；另一方面，法律系统规则变更产生的矛盾借助学说与解释实现了意义层面的前后融贯，以此为法律系统的整体稳定提供了保障。第四，法律职业规范与潜在模式维系功能。潜在模式维系功能意味着法律系统内部行为主体共享价值指涉，这一过程实现的关键在于法律职业规范的构建。法律职业规范并非完全是国家颁布的强制性法律规范，它是法律职业群体在持续运作过程中逐渐生成的自我约束性价值，其中凝结了法律职业群体对行为期望的一般性共识。借助法律职业规范，异质性的法律职业群体共享单一的行为期望，以此对自身行为进行反思、改造与约束，在整体层面维系法律系统的稳定。[②]

---

① ［英］罗布·斯通斯编：《核心社会学思想家》，姚伟等译，上海人民出版社2020年版，第178页。

② 洪镰德：《结构—功能论的法律社会学：帕森思法律观的析评》，载《国家发展研究》2001年第1期。

### 4. 小结

上述分析意在揭示两点：一是结构功能主义方法的要义在于，稳定秩序状态依赖于结构确立，而结构确立需要AGIL四类功能系统的支持，功能系统功能执行状况的好坏决定着结构稳定性。二是对法律系统的定位认识。法律系统被帕森斯视为社会系统内部执行整合功能的系统，以专门化法律职业与一般化法律规则解决行为期望冲突并设定一般性行为期望，法律系统的稳定则进一步依赖于律师群体、立法者群体、法律学术群体、法律职业规范。需要注意的是，法律系统只是社会系统内部的子系统，法律系统目标的实现不仅依赖于自身四类子系统（三类职业群体与职业规范）的功能状况，也依赖于法律系统与其他社会子系统的协调状况，例如政治系统如果功能过度执行则会侵蚀法律系统的自治性空间，又如文化系统价值认同度过低会导致法律系统设定的规则缺乏共识基础而难以执行，再如经济系统的不良运行难以为法律系统的发展提供有效的“资源基础”而使法律系统发展步履维艰。

## 四、总结

帕森斯理论对法社会学的影响，基本上表现在通过个人之间的相互行为来说明法律制度怎样实现社会控制以及解决纠纷的活动怎样影响法律系统这两个方面。①

### （一）方法贡献：结构功能主义方法

前文已经揭示出结构功能主义方法的要义，简练概括即秩序稳定—结构设定—系统支持—功能状况。以此，社会秩序问题被分解为几个模块，不同模块的功能状况以及不同模块间的功能协调状况成为考察社会秩序的重要维

① 季卫东：《从边缘到中心：20世纪美国的“法与社会”研究运动》，载《北大法律评论》1999年第2期。

度。这种思考模式对现代法社会学产生了影响。例如，从塞尔兹尼克的研究看，他将法律秩序划分为三种类型，即压制型法、自治型法、回应型法，每种法律秩序类型都呈现出特定的结构，而特定的结构又依赖于不同功能系统的支持。[①]又如，基于对系统的考察和对双重偶联性命题的继承，卢曼的理论具有帕森斯研究的色彩。一定程度上，卢曼对帕森斯的研究实现了批判性拓展，在后文中笔者将对卢曼的研究进行详细介绍。

### （二）理论贡献：法律系统的独特阐释路径

帕森斯理论的核心指向在于勾连心理学与社会学，心理结构与社会结构。帕森斯的理论野心是试图解释“人类心理—行动—社会秩序”的逻辑关系，他试图回答这样一个问题：人格特质差异巨大的个体是如何凝聚为结构稳定的社会秩序？对于该问题，他分为三步解决：第一，肯定了人类行动的规范性面向，即人类行动不仅仅是自利理性的表达，人类行动需要以“被他人理解的方式”展开，由此使得人类行动必然受到一种超个体的“规范”约束。第二，构建了人格—社会—文化三元系统。基于对行动规范性面向的肯定，帕森斯将这种规范性提炼为社会系统与文化系统，人格系统则指涉个体的心理结构。以人格系统为起点，个体的认知模式与心理结构为行动提供了原初的动机来源，而后，社会系统的机制（角色、期望）与文化系统的机制（社会规范、价值符号）对原初动机进行调整修正，从而使个体间互动面临的资源有限性问题与双重偶联性问题得以在这种“动机调节”过程中被解决，个体行动动机最终以相互协调的形式共存，社会秩序得以稳定。第三，

---

① 以压制型法为例，塞尔兹尼克将这种法律秩序的特征概括为：一是法律机构与政治权力的紧密结合；二是权威维护成为法律秩序关注的首要问题；三是警察机构成为独立的权力中心；四是社会服从模式的合法正当化；五是法律道德主义的过度盛行。由此将特定的法律结构还原为功能支持要素，使系统间协调关系（政治系统过度结合）、目标达成功能支持（警察机构地位凸显）、整合功能支持（社会服从模式正当化）、价值性功能支持（法律道德主义、权威维护导向）等要素有所凸显，进而实现法治问题研究的化简。参见［美］诺内特、塞尔兹尼克著：《转变中的法律与社会：迈向回应型法》，张志铭译，中国政法大学出版社1994年版。

提出系统必备的功能支持。基于对三元系统的考察，帕森斯进一步提出社会秩序得以稳定的四类功能，适应、目标达成、整合、潜在模式维系成为系统维持自身稳定必备的四类功能。以此为基础，社会系统的稳定需要经济系统、政治系统、法律系统、文化系统的支持，法律系统的稳定则需要律师职业群体、立法者职业群体、法律学术职业群体、法律职业规范的支持，由此实现一般性理论向特殊性经验现象分析的跨越。

正因如此，帕森斯对法社会学的理论贡献在于提供了一套勾连个体心理与社会秩序的宏大理论。法学研究面临的一种风险在于容易落入封闭性的视角中，进而将法律系统视为一个全然自为、高度自洽的系统。但是帕森斯的理论则指出法律系统是整体社会系统的一个子系统，法律系统目标的实现依赖于外部系统间的协调与内部系统的功能支持；与此同时，帕森斯也指出法律系统的目标在于稳定社会行为期望，以行为期望的供给来解决社会互动存在的风险，这种功能定位使得对法律系统的研究亦需要关注行为、互动等要素，尤其是需要关注“守法问题”[①]。

当然，帕森斯的理论亦存在一些问题。对帕森斯的批评集中于下面几个方面：一是静态描述难以适应动态社会过程。帕森斯的理论倾向于构建一种静态的系统共存状态，似乎每个系统功能都执行良好，则社会秩序就会趋向稳定，其中价值的维系作用与法律的整合作用尤其被强调。但是实际上社会秩序的稳定是一个复杂的动态过程，价值追求的离散化成为现代社会的普遍特征，静态的价值维系观点难以适应当前的社会秩序状态。二是过于关注秩序稳定问题而缺乏对不平等问题的关注。帕森斯理论侧重于社会整合，这种整合取向天然地将个体视作社会结构的改造产物，进而主

① 既有的守法问题研究可以分为两个进路：一是对守法义务进行道德论证，二是对守法行为进行机制性分析。法治建设最终必然落脚到规范对行为的内化，客观威慑论与主观认同论构成规范内化的不同层面。在一定程度上，帕森斯的理论架构为勾连“规范—心理—行为”提供了可行的框架，可以借此进一步探讨守法问题。

张以优化社会制度的方式缩减社会冲突的空间。但20世纪60年代以来，社会运动与公民权利的发展使得社会冲突的意义再度凸显，批判性社会理论、社会冲突理论的发展使得结构功能主义显得越发保守，缺乏对社会不平等、社会冲突等问题的关注。[①]三是侧重于“一元秩序”的构建而忽视当代社会的“多元性”特征。当代社会的核心特征在于高度复杂性，这种高度复杂性意味着“可能性”的极大膨胀，从而既为个体行动带来更广阔的自由空间，也为个体行动带来沉重的认知负担。在这种情况下，帕森斯主张设定凌驾于个体之上的“一元性”规范（法律、价值），在根本上是以缩减可能性为代价来实现对期望冲突的解决，这难以顺应当代社会的复杂性趋势与多元化趋势。[②]四是追求宏大理论建构而过于抽象。帕森斯追求一种普遍性社会理论的构建，但诸多学者认为，普遍性逻辑会因缺乏对经验情境的关注而难以把握微观互动中的意义因素。[③]帕森斯的作品更多是在既有研究成果之上运用分析推导的方法形成观点，而这种方法无疑忽略了经验细节。针对这种缺点，承袭帕森斯理论的默顿对结构功能主义进行了改良，试图在平衡经验与理论的层次上，基于经验调查，而后以理论分析推导出“中层理论”。[④]

---

① ［英］罗布·斯通斯编：《核心社会学思想家》，姚伟等译，上海人民出版社2020年版，第178页。

② ［美］亚历山大著：《社会学的理论逻辑（第四卷）古典思想的现代重构：塔尔科特·帕森斯》，赵立玮译，商务印书馆2016年版，第432—500页。

③ 何雨著：《社会学芝加哥学派：一个知识共同体的学科贡献》，社会科学文献出版社2016年版，第215页。

④ 中层理论是那种介于“抽象统一性与具体经验描述之间的理论”。其特征在于：1.源于经验研究的提炼，受到经验的修正，且指导后续经验研究。2.从有限的假设中运用逻辑推导与概念分析的方式形成能指导经验研究的具体假设。3.研究成果通过“诸经验提炼的理论”形态而展现为具有一定普遍性且可纳入社会学理论谱系的命题。4.不追求提出终极性的解决方法，仅揭示出目前存在的紧迫性问题。从比较视角看，单纯的经验研究追求对一个现象的机制解释，而中层理论则试图从诸多经验中提炼出适用于该领域的普遍性命题，且该普遍性命题能作为经验研究的假设以不断指导后续经验研究与修正自身。

# 第二节 卢曼：法律功能与法律系统

## 一、问题与展开

对权力的考察分为三种理论：一是系统形成与分化理论；二是演化理论；三是符号普遍化交往媒介理论。这些理论在系统形成层面被看作相互依赖，因为社会演化导致更大、更复杂与更加强有力的社会系统，为了渡过更大程度的分化，系统发展出更高程度普遍化、专门化的交往媒介，且在社会方面与媒介协调发展出更有意义的子系统。①

作为现代德语世界的重要社会理论家以及法社会学学者，尼克拉斯·卢曼的理论以一种新颖的范式对社会秩序问题与法律运作问题给予了全新解读。从系统理论的演进历史来看，卢曼的理论抱负在于对社会秩序的自组织问题提出一套解释模式。此前关于社会秩序的自组织问题分为外在控制论与内在依赖论两种路径：第一，就外在控制论看，该观点认为社会秩序的形成必须寻求一种外在的结构性控制。如霍布斯认为人类之间必然形成一种战争状态，为了克服该状态而必须寻求国家这一“利维坦”来限制个体，从而实现秩序。相似的，马克思也认为在阶级社会的样态下，国家与法律作为一种阶级控制工具，能够通过暴力垄断与意识形态塑造将社会矛盾控制在一定范畴。第二，就内在依赖论而言，该观点认为社会秩序的形成立足于分工之下的社会高度相互依赖。如涂尔干认为分工兼具经济绩效潜力与伦理凝聚潜力，分工细化导致的更高程度的相互依赖性为秩序形成提供了必要基础；又如帕森斯将分工理解为不同功能系统相互配合与相互协作的过程，执行AGIL四类目标的功能系统使得社会秩序得以稳固。

① ［德］卢曼著：《权力》，瞿铁鹏译，上海人民出版社2005年版，序言。

然而，既有秩序理论的问题在于两点：第一，既有理论内部的结构性预设同现代社会的复杂性、多元性现实不相契合。无论是外在控制论，还是内在依赖论，均预设了一种结构性实体，如国家、法律、道德这种凌驾于社会之上的控制性力量，寄希望于价值一般化以及整合规范承诺的机制，进而形塑出一套单中心的秩序范式。①第二，既有理论难以解释社会秩序的自组织过程。比较典型的社会秩序自组织理论是"自生自发秩序论"，知识分布的弥散性使得现代社会无法通过设置指令控制机制来调控市场活动，为了使个体能发挥其私有知识，需要通过法院发现"正当行为规则"的判例生成方式来保障个体自由，从而使得个体在追求自身目标的过程中促成相互协调的秩序形成。但重要问题在于：个体私有知识使用到自生自发秩序形成之间的机制并不清晰，且自生自发秩序难以解释当代社会判例法、制定法、商事习惯法多元并存的现实。更关键的是，自生自发秩序本身便成为自由主义经济范式下的某种规范性理想而消解了机制分析的事实维度。②

针对上述问题，卢曼的解决方案在于：第一，秩序问题的起点在于双重偶联性问题的解决，双重偶联性的解决不能寄希望于帕森斯式的"一般性价值整合"，而应该寄希望于自我（ego）与他我（alter）之间选择模式的动态性相互调整。第二，选择模式的动态性相互调整意味着：A 做出一个行为，B 则接受该行为作为自己进一步行为的限制；相应地，A 下一步的行为也依照这种模式展开，从而构成一个相互调整的递归性循环。该过程的实现被卢曼寄望于沟通（kommunikation），社会系统由此作为一个不断进行沟通的运动过程而呈现出来。需要注意的是，相比于之前的社会理论家把主体间的协调建构为一个规范性问题，卢曼则认为可以将主体间的协调问题视为一个事实性问题，沟通的衔接性展开并非一种规范性建构，而单纯作为一种社会事实而存在。第三，既然社会秩序依赖于沟通的连贯性展开，那么此时便存在两

① Luhmann.N，Fuchs.S，"Tautology and Paradox in The Self-descriptions of Modern Society"，*Sociological Theory*，1988，Vol.6，p.22.

② Vilaça G V，"From Hayek's Spontaneous Orders to Luhmann's Autopoietic Systems"，*Studies in Emergent Order*，2010，Vol.3，p.63.

个问题：一是如何提高沟通的成功率；二是如何构建更多的沟通类型来适应现代社会的复杂性。对于这两个问题，卢曼诉诸三个理论：一是符号普遍化交往媒介理论，卢曼认为功能分化的现代社会需要借助象征性的一般沟通媒介来提高沟通的成功率；二是系统分化理论，卢曼认为现代社会从不同视角观察则形成了不同的沟通代码，不同沟通代码的递归性运动则建构了不同的功能系统；三是演化理论，卢曼认为功能系统之间通过变异、选择与再稳定三个机制实现诸系统演化与社会演化。[①]下文将对上述三个理论予以展开分析。

### （一）符号普遍化交往媒介理论

沟通理论存在两种向度：一种是探讨沟通概念的规范性面向。例如，哈贝马斯认为沟通中蕴含的交往理性是重塑社会规范性承诺的重要手段，理想沟通情境下的商谈循环通过沟通论辩结果的可接受性与沟通过程的合理性来构建规范的道德合理性，沟通商谈本身便作为法治国（Rechtsstaat）构建的一种理想标准而被设想。[②]另一种是探讨沟通本身的机制过程。卢曼认为沟通是将“低概率的要素联结”转化为“有概率的秩序”的重要媒介，但沟通是低概率事件，需要借助象征性一般沟通媒介来提高沟通概率。[③]需要注意的是，沟通被卢曼划分为三个层面，他认为沟通是信息、告知、理解三个要素的统一，成功的沟通意味着信息得到了传达，传达得到了理解，而后这种理解又衔接着下一次沟通的信息，沟通的不断衔接使得主体之间可以基于“成功的沟通”实现动态的交互调整，进而使秩序得以稳定下来。

---

① Baxter H, “Niklas Luhmann’s Theory of Autopoietic Legal Systems”, *Annual Review of Law and Social Science*, 2013, Vol.9, pp.171–172.

② 参见［德］哈贝马斯著：《在事实与规范之间：关于法律和民主法治国的商谈理论》，童世骏译，生活·读书·新知三联书店2011年版，第151—219页。

③ Luhmann.N *Die Unwahrscheinlichkeit der Kommunikation*, Soziologische Aufklärung 3, 1981, pp.25–26.

**1. 沟通的低概率特征**

沟通的低概率性源于心理系统的自创生特征。卢曼以社会系统/心理系统的区分替代传统意义上社会/个体的区分，这种区分意味着：心理系统以思想（Gedanke）与观念（Vorstellung）为基本构成要素进行自我生产，而社会系统则以沟通为基本构成要素进行自我生产。心理系统的自创生特征使得沟通的低概率性呈现在三个层面：一是从沟通主体间如黑箱一般互不透明，他人传达的信息存在不同的理解指向，如何理解他人信息的意义便是十分有难度的；二是当主体规模超越在场性的互动结构后，如何使跨时空沟通成功便是十分严峻的问题；三是即使沟通成功了（即A传递的信息得到B的理解），如何使这种理解化作信息接收主体的行动前提亦是十分严峻的问题。[①]

**2. 沟通的媒介**

卢曼提出了提高沟通成功率的三种媒介[②]：第一，语言（Sprache）。语言本质上是一系列表意符号，沟通的复杂意指可以借助语言予以“象征化”，这种象征化的符号成为不同主体黑箱之间共享的意义背景，成为不同主体间的“初始共识”。第二，传播媒介（Verbreitungsmedien）。在语言的基础上，沟通需要超越在场化的互动结构而在更大时空范围内展开。为了实现这种目标，人类社会借助文字、电视、电话等媒介形式将信息予以固定，使信息作为一种记忆跨时空传播，从而在更大范围内使得沟通展开。第三，象征性一般化沟通媒介（symbolisch generalisierte Kommunikationsmedien）。尽管上述两种媒介解决了沟通的前提性共识与沟通范围扩大两个问题，但是此时又产生了新的问题：即跨时空沟通的展开使沟通剥离了具体的互动情境，从而拓展了沟通意指的可能性范围，此时已经不再可能用一种统一的沟通象征符号来规定“沟通如何展开”（然而帕森斯便是运用这种方案，将社会整合诉诸

---

① Luhmann.N *Die Unwahrscheinlichkeit der Kommunikation*, Soziologische Aufklärung 3, 1981, p.26.

② Luhmann.N *Die Unwahrscheinlichkeit der Kommunikation*, Soziologische Aufklärung 3, 1981, pp.28–29.

于文化系统提供的价值符号），如卢曼将这种困境概括为“当传播的低概率性透过技术加以克服后，成功的低概率性又会越发严重”①。此时，沟通媒介亦开始以分化的方式来回应这种“可能性困境”。如果说传播媒介使沟通已然陷入一种脱离具体情境的“高度可能性”处境，面对这种困境则象征性一般化沟通媒介分化成不同类型，如法律、货币、权力等，这些沟通媒介的递归性运动使得社会系统分化出不同的子沟通系统。一方面，沟通的高度可能性由不同系统承载，从而使得个体在同一时间存在不同的系统选择可能。另一方面，当个体进入系统后，进入该系统的个体按照该系统的沟通“预设方式”进行选择，依照该系统赋予的意义使沟通持续展开。现代社会便是通过上述方式来提高沟通概率的，既实现社会的多元性，防止某种一元性代码对社会可能性的束缚；又实现某种复杂性化约，将高度可能性诉诸多元沟通媒介构成的系统进行化约。主体之间便借助功能系统的沟通媒介实现行动的交互性调整。

### （二）系统分化理论

对系统分化的理解需要从“复杂性”的概念开始。在现代复杂系统科学研究中，复杂性概念被理解为非线性的相互关联。如线性的相互关联意味着这种联结可以被区分为一个个相互独立的“因果关系”，或者说用整体/部分的眼光将一个整体分隔为不同部分。非线性的相互关联则意味着这种联结是一个“网络模型”，来自外部的观察难以将现象分解为不同的模块予以处理。②在社会学中，复杂性是社会发展的一种必然趋势。以古典社会学为例，马克思与涂尔干在其研究中均强调分工的重要性，人类生产效率的提高需要协作，协作规模的扩大则在生产职能方面出现了分化，专殊化的生产是提高生产绩效的必然路径，而这种劳动分工的不断细化则使得人与人之间的社会

① Luhmann.N *Die Unwahrscheinlichkeit der Kommunikation*, Soziologische Aufklärung 3, 1981, p.29.

② ［美］约翰·H.米勒、斯科特·E.佩奇：《复杂适应系统：社会生活计算模型导论》，隆云滔译，上海人民出版社2012年版，第11—12页。

关系越发多元化与复杂化，马克思将这种趋势描述为阶级关系的激烈化，涂尔干将其描述为机械团结向有机团结的转变。韦伯则在其研究中强调系统分立的必然性，伦理性理性化使得人类行为越发理性化与规范化，这种行为模式的沉淀使得不同功能组织得以构建，不同组织执行特定功能且对进入其中的个体给予相应的行为模式设定，多元系统关系之间的复杂性亦构成社会复杂性的重要面向。

**1. 社会的复杂性**

卢曼对复杂性的理解延续着古典社会学的“分化”概念。劳动分工必然导致行为模式分化、社会关系分化与功能系统分化，①这一方面使社会借助专殊化手段处理问题的能力提高，另一方面也使社会容纳了足够的可能性以引起变异与演化。例如，卢曼指出，“分化了的社会秩序提高了处理问题的能力，因此，世界亦被看得更加复杂”。②既然社会内部的关系联结更为多样化、非线性化，那么这便意味着可能性极大幅度地提高了，此时复杂性便意味着一种同一时间面临诸多可能性的状况。因此，复杂性具有双重维度：一方面它是社会发展的必然，社会要提高其运作效能则必须分化，这种分化带来的相互关系非线性极大地增长了复杂性；另一方面它是亟待处理的状态，如果世界持续保持着高度复杂性，那么个体便会使其认知系统始终处于可能性评估与选择的高负荷状态，即使是最简单的社会互动，也会因这种高负荷状态而使“双重偶联性”局面更为恶化，社会互动与社会秩序将始终处于不确定状态。

在一个充斥着可能性的世界中，化约复杂性则意味着提供一套排除可能性的稳定方法，个体便可以借助这套方法在充斥可能性的世界中进行选择。针对该问题，卢曼认为信任是化约复杂性的核心方式，如他所言，“通过引入信任，某些发展可能性就不予考虑，某些不能排除掉但不会扰乱行

---

① ［美］詹姆斯·赫格特著：《当代德语法哲学》，宋旭光译，中国政法大学出版社2019年版，第219页。

② ［德］卢曼著：《信任：一个社会复杂性的简化机制》，瞿铁鹏等译，上海人民出版社2005年版，第62—63页。

动的危险中性化了”。[①]对于人类而言，选择面临的未来是充斥着可能性的，化约意味着将可能性转化为一种确定性，而信任则是联结主体选择与确定性机制的纽带。基于信任，主体依据一个确定性机制将某些选择作为自己坚持下来的选择，从而使诸多可能性在选择过程中得以排斥。信任分为两种类型：第一种，人格信任。在A与B构成的小规模互动结构中，A与B因“在场性互动”而相互熟悉，因为这种熟悉使得A知晓B的人格特质，建立了对B的某种稳定的行为选择预期，从而使得A与B互动过程中的“双重偶联性”所导致的外在“期望不确定性”得以转化为一种稳定的认知过程，从而实现对复杂性的化简。[②]第二种，系统信任。假如把A与B的互动结构拓展为一个大规模的复杂互动结构，那么小规模互动结构中的“在场性”所导致的熟悉已不复存在，此时A与C可能会跨时空展开互动，但双方并不熟悉，无法知晓对方的信息与人格特质，因此无法单纯依靠人格信任来化约过程中的复杂性，而必须引入系统信任来对复杂性问题予以解决。卢曼将功能系统的核心功能视为“化约复杂性”。如果把世界理解为一个充斥复杂性的领域，依照系统/环境区分，系统便是“已然确定的复杂性”，而环境则是“尚未确定的复杂性”，此时“系统用内在的确定性代替外在的确定性，因而提升它对外部关系中不确定性的耐受性”。[③]相应地，“系统信任赋予人类对待复杂世界偶然因素的稳定态度”[④]，因此对于现代社会而言，跨时空互动与非线性交互使得主体对世界复杂性化约需要遵循“外部复杂性—系统内部确定性—对系统的信任”这样一个连续转化过程。

① ［德］卢曼著：《信任：一个社会复杂性的简化机制》，瞿铁鹏等译，上海人民出版社2005年版，第33页。

② ［德］卢曼著：《信任：一个社会复杂性的简化机制》，瞿铁鹏等译，上海人民出版社2005年版，第26、61页。

③ ［德］卢曼著：《信任：一个社会复杂性的简化机制》，瞿铁鹏等译，上海人民出版社2005年版，第35页。

④ ［德］卢曼著：《信任：一个社会复杂性的简化机制》，瞿铁鹏等译，上海人民出版社2005年版，第79页。

## 2. 系统复杂性的化约

世界复杂性的化约依赖于主体对系统的信任，这种信任使得主体互动的双重偶联性得以消解，进而使社会秩序得以稳定。实际上，系统分化的论述可以衔接到上文的沟通理论，此时可以将系统对复杂性的化约理解为三个步骤：第一，象征性一般沟通媒介的分化。世界复杂性意味着可能性的增长，而这种可能性的增长在社会系统中表现为“沟通的可能性困境”，这种可能性困境使得象征性一般沟通媒介需要分化出不同类型来承载这些可能性。第二，基于象征性一般沟通媒介的系统构建。既然世界是充斥复杂性的，那么系统必须要同这些复杂性相隔绝，划定一个“确定复杂性”的区域，这种边界划定并非如帕森斯那般由人为构想一种清晰的系统边界，而是先规定一种象征性一般沟通媒介（如法律、权力、货币），沟通媒介的递归性运动构建了系统相对于环境的边界（可以想象一个圆环），系统以代码封闭的形式区别于环境。第三，基于系统沟通能力提升的复杂性化约。当系统以自创生的封闭样态区别于环境后，系统对复杂性的化约可理解为“以有限且事先范畴化的形式来感知环境本身”。[①]在一个大规模跨时空互动的背景下，不同主体互动展开意味着沟通需要稳定地持续下去，此时不同主体之间以系统提供的稳定沟通媒介为载体化简沟通过程中的可能性，进而提高沟通的高成功率并使互动得以稳定持续。基于沟通理论与系统分化理论，此时已然描述出这样一个样态：社会系统是沟通的持续运作，象征性一般沟通媒介是促成沟通的重要手段。在复杂性高度增长的格局下，象征性一般沟通媒介分化出不同的类型，而后再以递归性运作构成封闭性的功能子系统。对于现代人而言，信任这些功能子系统使得现代人面临的复杂性得以通过“沟通媒介强迫选择”的方式予以化约。相应地，不同功能系统对沟通的促成使得主体间互动得以相互协调，不同主体愿意将他人行动表达作为限制自身进一步行动的前提，双重偶联性得以缓解，从而使社会秩序得以稳固。

① ［德］卢曼著：《生态沟通：现代社会能应付生态危害吗？》，汤志杰等译，桂冠图书股份有限公司2001年版，第20页。

然而，此处仍然只是对社会秩序的静态描述，系统的演化过程是怎样的？不同系统间的相互关系如何促成社会秩序的演化？下一部分便对这两个问题展开阐释。

## （三）演化理论

演化理论主要解决两个问题：第一，系统如何演化；第二，社会秩序如何演化。两个问题层层递进，共同服务于“社会秩序自组织”这一核心问题。系统演化的起点在于复杂性。如上文已经指出，系统是相对环境的“确定了的复杂性”，以象征性一般沟通媒介的递归性运动自我构成。

**1. 系统的演化前提**

既然复杂性化约是系统功能的核心指向，那么复杂性状态的变动亦构成系统演化的重要动力。如卢曼指出，“透过演化的选择，或许可以解释：那些处于复杂性压力下仍能经受得起考验的系统结构如何形成”。[①]复杂性对系统演化的影响可以总结为功能—结构形式，复杂性程度的变迁使得功能系统在自我指涉与异己指涉的交互运作中不断变换自身结构以更好地执行系统功能。进而，规范封闭与认知开放是系统结构变换与持续演化的前提。系统演化需要解决两个至关重要的问题：一是如何维持系统边界以使自身区分于复杂的环境；二是如何同环境互动以吸纳变异因素使自身进化。这两个问题的解决依赖于两个过程——即“代码化”与“纲要化”。从代码化角度看，上文提及的“象征性一般化沟通媒介”在系统的持续运作中往往转化为基于代码的观察。观察意味着区分（distinction）与标示（designation），对一个事物的观察实际上便意味着立足于该系统的代码为事物“赋予意义”，通过赋予意义的方式保证沟通的持续进行，从而构想一个系统对事物的“意义世界”。例如，作为象征性一般化沟通媒介的法律持续运作转化为以“法/不法”代码为基础的观察，法律系统是以“法/不法”为代码的封闭系统，法

① ［德］卢曼著：《生态沟通：现代社会能应付生态危害吗？》，汤志杰等译，桂冠图书股份有限公司2001年版，第20页。

/不法代码的反复运作划定了法律系统的边界。基于法/不法代码的观察分为两个维度：首先是一阶观察，即利用法/不法代码对系统外部事实进行标示，然而这种观察必然存在盲点与死角，若将法/不法代码运用至自身则会产生悖论；[①]其次是二阶观察，一阶观察引发的悖论意味着需以一系列“去悖论操作”（deparadoxification）将悖论隐藏，[②]由此使得应该在下一次的运作中对上一次的观察进行观察，即进入二阶观察层次。需要注意的是，二阶观察意味着对观察的观察，一阶观察者无法观察到的盲点在二阶观察中可以通过观察者/观察结果的区分被观察到。一方面，一阶观察的所有可能的结果可以被二阶观察所观察到，如对于一个事件，在一阶观察层次被法律系统用法/不法代码观察，但是在二阶观察层次可借用政治系统、宗教系统、经济系统的代码来观察，从而将一阶观察的悖论诉诸其他系统的观察而使其暂时得到处理；[③]另一方面，二阶观察通过观察观察者本身的方式来进行自我反思，如对一阶观察中引起的悖论在二阶观察通过新的区分予以观察，从而将既有的悖论悬置而暂时规避悖论对法律系统的冲击。二阶观察意味着对一阶观察的盲点进行弥补与反思，这种过程的实现依赖于诸系统的结构耦合关系（structural coupling）。结构耦合意味着诸系统之间的关系不是某种因果式的线性关联，如马克思“经济基础决定上层建筑”的表述实际上就反映出这种线性关系；诸系统之间的关系可以理解为一种“渗透”“共振”关系，[④]如法律系统与政治系统的结构耦合，意味着政治系统产生的激扰（irritation）以类似“噪声”的形态被法律系统听到，而后这种噪声转换为法律系统的内部沟通，进而以一种二阶观察的形态促使法律系统进行自我反思以实现进化。而纲要化便可以理解为一种勾连系统内部与系统外部的转换程序，外部噪声必须以纲要为媒介转换为系统能运作的沟通，它作为“分配代码值的规则”

① Rodríguez.D, Torres.J, *Autopoiesis*, *die Einheit einer Differenz*: *Luhmann und Maturana*, Wechselseitige Perzeptionen. Deutschland–Lateinamerika im 20. Jahrhundert, 2007, p.103.

② Luhmann.N, “The Third Question: The Creative Use of Paradoxes in Law and Legal History”, *Journal of Law and Society*, Vol.15, 1988, p.160.

③ 泮伟江著：《法学的社会学启蒙》，商务印书馆2019年版，第197页。

④ ［德］鲁曼著：《社会之经济》，汤志杰、鲁显贵译注，联经出版公司2009年版，第11—12页。

而存在。[①]例如，法律系统的纲要是“如果—那么”式的条件纲要，法律系统外部事件需要经过这个程序的判断，如果事件符合规范要件那么便可以进入法律沟通内部进行运作。

**2. 系统的演化阶段**

系统演化具有变异性与非协同性特征。从观察的视角看，系统不仅进行自我观察，也受到外部观察，这两种观察使系统运作兼具“自我指涉”与“异己指涉”，既需要以代码为基础进行自我的递归性运作，又需要以纲要为基础来吸纳外部噪声以实现自我进化。如卢曼指出，“代码化运作意指运作的分叉，以及由代码化所建立起来的结构分叉，这样的结构具有众所周知的后果，即建立了一个历史的——不可逆的复杂性（分叉这个概念指系统的每一个运作都只能是代码的其中一边，由此会形成一个看似无限细分下去的树型分叉），唯有透过不断更替的纲要，才能使相同的运作在下一瞬间走到对立面去”。[②]此时可以提出一个系统演化的连贯过程，按照卢曼的设想，系统演化呈现为三个阶段，即变异、选择与再稳定。[③]下面举例对此进行说明。

其一，从变异阶段看，在法律系统依据代码的自我指涉中，法律系统对外部事件分派法/不法代码时常会产生不确定性。一个充斥着价值冲突与缺乏现有规范的疑难案件时常面临着这种不确定性，这使得案件代码分派存在多种可能路径，这种状态便为法律系统引入了“变异”因素，使得法律系统

① Baxter.H, “Niklas Luhmann’s Theory of Autopoietic Legal Systems”, *Annual Review of Law and Social Science*, Vol.9, 2013, p.179.

② ［德］卢曼著：《生态沟通：现代社会能应付生态危害吗？》，汤志杰等译，桂冠图书股份有限公司2001年版，第67页。

③ 变异、选择与再稳定是进化论视角下对生物演化过程的一种解释。举一个最简单的例子：为什么生命逐渐从雌雄同体形态演化为雌雄异体形态？从最直观的角度看，雌雄同体形态使得生命的延续成为一种“复制”，尽管这种复制过程能迅速实现，但缺点在于：若环境变化迅速则生命体难以创造出足够的变异来适应环境。相比之下，雌雄异体形态的特征在于：雄性与雌性分化出不同特性的遗传物质，生命的延续需要雌雄结合，这种遗传物质“差异”使得每次演化过程中都存在一定的“不确定”“变异”的因素，生命可以在诸多变异因素中实现有利表征，且将其转化为生命体的一种运作机制，以此适应迅速的环境变迁。在雌雄异体的基础上，人类正是借此创造出多样化的遗传特征，在一代代演化中积累有益变异，直至成为地球上适应力最强的生物。

面临着“合法”与“不合法”之间的艰难摇摆，给法律系统变异出一种“新的结构”提供了可能。其二，从选择阶段看，法律系统自我指涉的同时也因为结构耦合而存在异己指涉的面向。疑难案件诸可能性的选择需要借由异己指涉给代码分派提供一个“二阶观察”，从而使得法律系统在“可能性”中选择“实现性”。其三，从再稳定阶段看，当法律系统完成了选择过程后，则会因沟通模式的变更而形成一种新的结构。[①]对此需要注意三点：第一，系统的演化动力是应对复杂性的需求。这种复杂性反映到系统运作过程中便成为“变异因素”，外部复杂性投射到系统内部之后使既有的复杂性处理结构难以支持，从而产生一种“向其他方向”进化的动力。第二，系统的演化选择具有不确定性。系统与系统间的结构耦合不是均衡的，正因如此，系统演化选择应视为系统在多种可能性之间进行艰难抉择的过程，这种抉择因受制于系统的结构耦合状态而具有一定的“倾向性”。第三，系统演化选择沉淀为系统结构，而系统结构在未来面临的可能性难题则会导致新的变异过程。法律系统始终在“稳定—变异”之间不断摇摆，围绕着功能不断变换结构，以此更好地适应社会复杂性状况。

**3. 社会秩序的演化**

基于对系统演化的论述，此时可进一步考察社会秩序的演化。第一，从社会演化的总体趋势看，卢曼认为社会演化是因分化细化而不断提高复杂性的过程，卢曼将社会演化划分为三个阶段，即片段式分化（segmentary differentiations）、阶层式分化（hierarchically differentiations）与功能式分化（functionally differentiations）。[②]第一，从片段式分化看，社会根据空间原则被划分为不同的多功能实体，如家庭、村庄、部落等实体，此时主体的行动可能性被牢牢限制在块状实体内部。例如，村庄中的A只能同有限的人互动，且A只能遵循村庄设置的内生性规范进行互动，缺乏行动可能性。第

① Baxter.H, “Niklas Luhmann’s Theory of Autopoietic Legal Systems”, *Annual Review of Law and Social Science*, Vol.9, 2013, p.172.

② Müller.H, Powell.L, “Luhmann’s Systems Theory as a Theory of Modernity”, *New German Critique*, Vol.61, 1994, p.46.

二，从阶层式分化来看，社会根据阶序原则被划分一个等级序列，如贵族/平民、自然法/实在法等，此时主体的行动可能性有所拓展。例如，自然法作为上位之法，使得实在法可依据抽象的自然法构想出不同的路径，由此使得主体既能因“上位中心”的存在获得一种统一性，又能因“下位要素”的存在而获得多元选择路径。第三，从功能式分化来看，前两种分化类型是复杂性程度较低时的选择，首先考虑把主体置于一个确定的位置（如村庄、平民），而后再考虑从单中心演化出不同的选择路径以给主体提供行动可能性。自启蒙时代以来，“理性”成为近代社会的“上位要素”，而后各种制度、规范、价值在理性的演绎下展开，但是“理性的中心化设置”无疑也导致了一种“理性的压抑”，且难以适应现代社会的复杂性特征。

卢曼的功能分化概念便是对该问题的一种解决，如他指出，“比起功能发散、必须满足全部功能的结构化系统来，每个专门化子系统都可以设计出更多可能性，功能分化增加了这种可能性的过度生产，因此也增加了选择的机会与强迫性”。[①]此处他意在说明：一方面功能分化将社会复杂性交付不同功能系统进行实现以赋予社会“稳定因素”；另一方面功能分化也通过功能系统的耦合使得复杂性提高以赋予社会以“变异因素”。在对秩序问题的具体论述上，他试图设定两个步骤：第一，消解“理性核心”，而后从现象学的视角把现代世界构想为不同的“视域”。例如，理性主义下对社会的认识容易作出一种“绝对化的评判”，而功能分化的世界则意味着世界并没有一个“绝对的图像”，不同功能系统依循自身的运作在其内部建立关于“世界的想象”，通过这种理论运作，理性核心被彻底消解，转而“以一种差异性来描述统一”。第二，构建“系统演化”，而后使社会秩序演化成为功能系统的协同演化格局。如果说世界是不同功能系统构建的一种想象，那么对于现代人而言，秩序概念并非一种带有目的论色彩的概念（例如，我们相信秩序时总会赋予其一些规范性色彩：和谐的、文明的，稳定的），而应该是一

① ［德］卢曼著：《法社会学》，宾凯、赵春燕译，上海人民出版社2013年版，第191页。

种偶然性之下的暂时性状态。[1]卢曼指出，“偶联性是现代社会的固有值，在功能分化必须自我奠基的情况下，只能借由二阶观察不断摆荡，暂时凝结出相对稳定的取向与结构，结构本身也处于变动之中”。[2]例如，帕森斯将秩序描述为一种系统功能的良好执行与整体结构的稳定，而其他一些学者将秩序描述成一种带有自由主义色彩的“私人信息使用自由”的保障，实际上预设了一种规范性指向，即社会运作状态达到“结构稳定”或“自生自发”才是秩序，其他的都是非秩序。卢曼对秩序的考察则源于一种“事实性的论断”，即复杂性必然导致功能分化，而功能系统则呈现自创生状态。此时一种规范性的秩序意向已经被消除了，秩序似乎只是系统事实性运作过程中偶然达到的一种状态——系统演化的变异性与稳定性使其不可能凝练出一种稳定的结构来保证沟通持续，只能在“变异性—稳定性”之间寻求一个暂时性的结构来保证沟通持续。社会秩序便被构想为诸功能系统按照自身运作逻辑“变异—选择—稳定”的过程，诸系统以此保证社会内部每一种沟通（经济、法律、政治等）都能持续展开，主体之间的互动便借助系统信任而实现相互限制与相互协调。[3]

在卢曼对社会秩序的构想中，他把社会秩序描述为不同“功能系统”相互耦合、相互限制、相互关联而使社会沟通得以有效开展的暂时性状态，可以理解为一种康德式的“无目的合目的性”[4]。在诸功能系统中，法律系统具有至关重要的地位，卢曼将法律系统的功能定义为“稳定一致性的一般化期

---

① Murphy.J.W, “Niklas Luhmann and His View of the Social Function of Law”, *Human Studies*, Vol.7, 1984, p.30.

② ［德］卢曼著:《生态沟通：现代社会能应付生态危害吗？》，汤志杰等译，桂冠图书股份有限公司2001年版，第17页。

③ Murphy.J.W, “Niklas Luhmann and His View of the Social Function of Law”, *Human Studies*, Vol.7, 1984, pp.32–33.

④ 康德借用这个概念来描述审美过程，审美对象的状态形成是“无目的”的，而审美对象恰好符合审美主体的审美目标则是“合目的性”。举一个简单的例子：A喜欢B的外貌并如愿和B成为情侣，B的外貌并非一种主观意愿设定的过程，而是一种不受目的约束的自发性事实过程，尽管这种事实过程是“无目的”的，但是无意中契合了A的目的。通过中国的俗语“无心插柳柳成荫”也可以理解该概念。

望”，在规范性期望过剩的社会状态中，法律从诸多可能性中选择出一部分规范性期望并将其稳固下来，从而锚定人们在未来的行为方式，进而对社会沟通的展开与社会互动的协调提供支持。下文将进入卢曼对法律系统的考察中。

## 二、法律的演进：复杂性增长与法的实证化

对法律系统的思考，首先需要置于一个法律史的研究之下，考察法律的演进历程与法律的一般功能。

### （一）复杂性：功能分析的原初起点

> 社会系统接下了化约复杂性的任务，也就是说，社会系统是在“世界具有不确定的复杂”与“人类处理复杂能力”两者间的中介。化约复杂性意为，消除或减少可能的状态及事件，社会系统是借由排除可能性来简化世界复杂性。并不是世界之中所有的可能事件及状态都能够在系统中出现……要稳定住系统与环境的界限，系统才能建立起来，在这个界限之内，一个具有较高价值的秩序可以透过较少的可能性（透过化约了的复杂性）而维持稳定。①

复杂性概念是卢曼功能分析的起点。卢曼指出，“复杂性指，与已经获得的现实化可能性相比总还有更多可能性存在”。②可以这样想象复杂性：在既定时刻下，人或社会的存在状态呈现为A，但在表现为A的同时，也存在着B、C等选择。人或社会做出一个选择必然要牺牲其他选择，复杂性意味着一个“选择集合”。处理复杂性则意味着需将复杂性在系统内部确定下来，借助社会系统中象征性的一般沟通媒介强迫沟通进行选择，或者是单纯通过

---

① Georg Kneer und Armin Nassehi著：《卢曼社会系统理论导引》，鲁显贵译，巨流图书公司1998年版，第53—54页。

② ［德］卢曼：《法社会学》，宾凯、赵春燕译，上海人民出版社2013年版，第72页。

心理系统的认知机制来处理复杂性。然而，一方面，人类接受复杂能力的始终超载，表明心理系统处理复杂性是有限的[①]；另一方面，社会系统依靠象征性的一般沟通媒介提高沟通的成功率，而法律系统则依靠其沟通媒介“法律”来提高沟通成功率，因此人们通过形成对法律系统的信任来化约自身心理系统的复杂性处理负荷。

法律系统的根本功能是化约复杂性，这种功能的实现依靠象征性的一般沟通代码。当确定了“法/不法”这个沟通代码后，“法律生产法律”的递归性运作展开便划定了法律系统的边界，进入法律系统的复杂性可以依据沟通代码强迫选择，进而实现复杂性化约；与此同时，法律系统的代码封闭与认知开放使其在自我指涉与异己指涉中不断在“变异—稳定”之间摇摆，这保证了法律系统足够的变异潜力，实现性生成的同时亦导致可能性，可能性衔接至下一次实现性，从而使法律系统在封闭的同时亦不断进化。如此，系统的复杂性处理能力相应地得到提高。

### （二）偶联性：规范分析的理解进路

> 复杂性意味着被迫选择，偶联性意味着遭遇失望的风险……从这种存在论的情境中，会发展出加工体验的适当结构，并会把将来体验中相互关联的复杂性与偶联性纳入其中，并因此对复杂性与偶联性加以控制。在体验与行动中对选择进行优化的各种条件在诸系统中获得结构化，即使遭遇失望，这些条件亦保持相对稳定。这些条件确保了体验相对于因果压力、直接激励、刺激以及满意度而言的某种自主性，因而在一个选择可能性十分丰富的宽广领域中仍然可以作出选择。[②]

偶联性意味着预期落空所导致的失望风险，如卢曼指出，“偶联性指，在即将来到的下一步体验中被指向的可能性总是有可能与期望中的可能性不

① Georg Kneer und Armin Nasschi 著：《卢曼社会系统理论导引》，鲁显贵译，巨流图书公司1998年版，第52页。

② ［德］卢曼著：《法社会学》，宾凯、赵春燕译，上海人民出版社2013年版，第72—73页。

一致”。[①]人面对多种可能性时，首先会设置一个预期A，而后在诸可能性中被迫选择或接受B，此时预期A与结果B的差异便使得人会陷入“失望”，遭遇这种失望的风险则为偶联性。此处需要对比一下帕森斯的双重偶联性概念与卢曼的双重偶联性概念：第一，帕森斯基本将双重偶联性视为一种负面因素，双重偶联性使得一个互动结构中A与B的行动预期均处在不确定状态中，为此需要通过规范与价值等“定向符号”来促成A与B共享一种预期，进而实现预期的互补性，促进社会互动的展开。第二，卢曼的双重偶联性概念兼具负面色彩与正面色彩，预期的不确定必然导致预期的落空（失望），但是双重偶联性也为行动意指提供了可能性，这种可能性的存在使得将社会构想为一个持续衔接的沟通网络成为可能，即双重偶联性可作为社会系统的构成前提，为社会系统引入意义来划定行动的实现性/可能性提供了基础。[②]

偶联性可以被理解为复杂性在社会互动领域的一种具体体现。社会系统对复杂性的处理亦转化为社会系统对偶联性的处理。复杂性化约意味着排除可能性，而偶联性的处置则意味着为在一个复杂的期望空间内选择出一种稳定的期望来协调主体互动，因此可以把期望理解为对复杂性与偶联性的一种“结构化”。无论是沟通运作借助沟通媒介实现复杂性化约，还是社会互动中借助稳定期望来处理双重偶联性，两个过程均依赖于“意义”。

**1. 沟通持续运作过程中的意义参与**

如果对沟通代码的运作机制进行考察，可以发现其借助“意义”进行运作。如卢曼指出，“我们将社会理解为以意义的方式来运作的广泛沟通系统，社会作为一个在意义运作上封闭的沟通系统……它能做的一切，无非就是以意义方式来进行沟通，并且以沟通本身来调节沟通罢了”。[③]关于意义，具体而言有以下两个方面。

---

① ［德］卢曼著：《法社会学》，宾凯、赵春燕译，上海人民出版社2013年版，第71页。

② Vanderstraeten.R, Parsons, “Luhmann and the Theorem of Double Contingency”, *Journal of Classical Sociology*, Vol.2, 2002, pp.84–85.

③ ［德］卢曼著：《生态沟通：现代社会能应付生态危害吗？》，汤志杰、鲁显贵译，桂冠图书股份有限公司2001年版，第47—48页。

第一，意义是一个重要的现象学概念。现象学认为现象世界是观察者与观察对象共同构建的产物。胡塞尔指出，“被经验的存在对作为经验者的我存在于那里，而且作为‘在那里存在者’，具有全部内容和存在样式，后者正是经验本身由其意向性关系中施作的成就所给与的”[①]。例如，在“我觉得这是一台很快的电脑”这个表述中，电脑作为观察对象可以从不同维度感知，昂贵的、方的、迅捷的、白色的等，这些便是作为感觉内容的质料，而“我”作为观察者，以一定的“意向性”（Intentionalität）对电脑进行认识，此刻“我”提取了电脑“很快”这一质料，并由此建构了关于这台电脑的认识。由此可见，现象世界的构建是“自我”通过意向行为提取“意义相关项”（noema，即对象）质料的过程，指导这种提炼过程的便是“意义核”（Sinneskern）。[②]因此，以意义为指导的现象把握过程必然以区分为基本方法，即客体的某些质料以意义为依托投射到自我知觉内，而客体的其他质料则属于未被把握的部分构成了知觉的“视域”（Horizont），[③]如果用卢曼的话表述，即被认识到的那些是“实现性”，未被认识到的那些则是“可能性”。

第二，借用现象学对意义的表述，卢曼认为社会系统借用意义的复杂性化约类似于现象学意义上的知觉过程。知觉过程是借用意义核有选择地认识对象，而系统化约则是借用意义来增加沟通之间的衔接可能性。具体而言，意义意味着实现性/可能性的统一。如卢曼指出，“将意义建构起来的是实现性与可能性两者的区分，意义不断地对实现性/可能性这个区分重新安排，不断将可能性加以实现”。[④]可以这样理解，系统的沟通过程始终是围

① ［德］胡塞尔著：《形式逻辑和先验逻辑：逻辑理性批评研究》，李幼蒸译，中国人民大学出版社2012年版，第199页。

② ［爱］莫兰著：《现象学：一部历史的和批评的导论》，李幼蒸译，中国人民大学出版社2017年版，第155—181页。

③ ［爱］莫兰著：《现象学：一部历史的和批评的导论》，李幼蒸译，中国人民大学出版社2017年版，第182页。

④ Georg Kneer und Armin Nassehi著：《卢曼社会系统理论导引》，鲁显贵译，巨流图书公司1998年版，第95页。

绕着“意义”展开的，意义为互动双方提供了一个“已然被限缩”的可能性空间，双方能在这个空间内自由选择，而又不至于使沟通断裂。[①]因此意义指导下的沟通呈现为“实现—可能—实现—可能”的反复过程，复杂性化约的同时，潜在的复杂性又被储存，进而指向下一次复杂性化约。如同卢曼所言，“意义形式会强迫系统作出选择，强迫系统到一个可能性领域中进行选择，但是，每一个选择又指出了某些或多或少的衔接可能性。据此，意义始终指向进一步的意义——而且不会离开意义领域”。[②]需要注意的是，意义的“可能性/实现性”结构使其能兼顾“可能性空间设定”与“不同可能性实现”的双重目标，意义没有让人类行动成为一种被某种先验标准决定的机械行动，但也没有让人类行动陷入可能性面向过度情境下的预期高度不稳定状况。从这个层面看，不同的意义脉络可以理解为现象学意义上的“不同观察视角”，这些观察视角的集合构成了人类对世界的认识。如卢曼所言，“意义的发生是具选择性的，所以，系统必须不断作出选择并且实现潜在可能性，未被实现的可能性并不会溜走，反而潜伏地保留着，并在稍后可获得实现，所以，意义是应付复杂性的形式”。[③]

**2.偶联性处置过程中的意义参与**

就偶联性处置过程来看，意义通过对期望进行同一化处理的方式处置偶联性。如卢曼指出，“经过试错而产生的免于失望的选择形式则是所谓的意义，意义的同一性可以得到维持——也许，可以被分别看成事物、人、事件、符号、价值、概念、规范，等等。正是在这个层面上，期望得以构

① 例如，A对B说：“今晚吃饭。”此时A传达了一个信息，信息存在着多重理解可能性，而B则对A说：“去哪里吃饭？”由此衔接到下一个沟通。如果B对A说：“中值极限定理很难。”那么这个沟通则面临断裂的危机。如果仔细考察这个沟通过程，B对A信息的回应类似于现象学中的“知觉过程”，始终围绕着一条脉络作出选择，当B作出回应后，又衍生出可能性，进而使得下一次沟通展开。

② Georg Kneer und Armin Nassehi著：《卢曼社会系统理论导引》，鲁显贵译，巨流图书公司1998年版，第99页。

③ Georg Kneer und Armin Nassehi著：《卢曼社会系统理论导引》，鲁显贵译，巨流图书公司1998年版，第98页。

建”。[①]既然双重偶联性意味着期望落空所导致的失望风险必然存在，对此需要进行两类处理：一是需要建立起期望的反身性结构，即“期望的期望”，在“对他人期望”的过程中，A把B未来的行为设定为一个确定的事实，而在“对期望的期望”过程中，A把B未来的行为设定为一个“选择空间”，以限制选择的方式使失望风险得到第一重处置；[②]二是需要再对期望进行类型划分，期望的反身性结构使得期望选择受到限制，但并未给予互动者一个确定的选择，失望风险还有待于进一步处置。对此，卢曼认为必须存在两种期望稳定方式：一种是认知性期望，即面对失望进行学习以改变自己的期望，以此适应事实；另一种是规范性期望，即面对失望继续坚持已有的期望，以此建构一个区别于事实的“规范性空间”。规范可以被理解为“规范就是反事实稳定的行为期望，规范的意义具有无条件的有效性”[③]。社会通过交替运用认知性期望与规范性期望来进一步在期望结构的基础上给予失望风险以第二重处置。

在社会复杂性逐渐提高的过程中，规范性期望的重要性越发凸显。从最直观的印象来看，规范性期望使得人类互动摆脱了无休止的学习过程，有效地将互动主体的期望稳定下来，进而使互动得以在一种“不学习”的稳定状态中展开。[④]然而这无疑也会导致相应的问题，即“规范的过度生产”，如卢曼指出“规范期望的必然过度生产……规范期望对更为复杂之系统的发展作出贡献，与期望可能性过剩这一趋势有关，也与其反事实性意图有关，它是由于社会生产方式的需要，会出现规范期望的多样化，并进而引起生产过剩，这种机制首先促成了法律的形成”。[⑤]此处卢曼揭示出法律的生成路径，即双重偶联性—规范性期望构建—规范性期望过度生产—法律作为规范性期

① ［德］卢曼著：《法社会学》，宾凯、赵春燕译，上海人民出版社2013年版，第72页。

② ［德］卢曼著：《法社会学》，宾凯、赵春燕译，上海人民出版社2013年版，第78—79页。

③ ［德］卢曼著：《法社会学》，宾凯、赵春燕译，上海人民出版社2013年版，第82页。

④ King.M，Thornhill.C，*Niklas Luhmann's Theory of Politics and Law*，Palgrave Macmillan Press，2003，p.53.

⑤ ［德］卢曼著：《法社会学》，宾凯、赵春燕译，上海人民出版社2013年版，第99—100页。

望一致性的一般化。[①]

法律对规范性期望的选择借助意义展开。意义存在时间、事实与社会三个维度，法律借助意义在上述三个维度对规范性期望进行选择，最终将规范性期望在社会范围内实现一般化与同一化，进而使其作为社会范围内主体互动共享的行为期望。下面便对该过程进行详细阐释。

### （三）法律功能：规范性期望的一般化

> 这种选择可能性由于某些兼容性需求而被限制在一个狭窄范围。单个维度的机制对于另一个相关维度的机制只是选择性地发挥作用。这些机制各自限制了其他机制的真正可能性。它们之间的必要协调创建了一套结构变动边界，这些边界确保了单个机制与其他机制的兼容性。这种兼容性……建构了一个更为狭窄的行为期望选择，这些行为期望在时间性、社会性与事实性维度上被一般化了，且因此享有……安定性。我们将把一致性一般化的规范性行为期望归入社会系统的法律之中。法律获得了选择一致性，并因此形成了一个社会系统的结构。[②]

意义存在三个维度：时间维度意味着在现在标示出未来以区分于过去（when），事实维度意味着标示事实以区分于非事实（what），社会维度意味着标示出主体以区分于客体（who）。[③]规范性期望在意义的三个维度上实现

① 用一个例子来说明：假定A、B、C展开互动，第一次互动时，三方受制于双重偶联性而难以对彼此的期望进行确认，不敢信任彼此。随着互动的持续推进，互动过程中三方都遭遇过失望。一方面三方可以通过学习的方式来解决，如A这次迟到了，那么B下次就会提前通知他；另一方面三方也可以通过建立规范的方式来解决，在A迟到后，B与C都会建立一个规范，如B的规范是“不迟到是我们应尽的责任”，C的规范是“迟到是彼此的自由不应干涉”，通过建立规范，A下次迟到即使不合B或C的期望，对B或C而言也是可以接受的。然而如果A、B、C都有各自的规范性期望，那么互动持续开展会导致彼此的规范性期望冲突，B觉得迟到是不应该的，C觉得迟到是可以的，是个人的自由。这种个体化的规范性期望使得冲突日益扩大而不利于互动稳定。此时，作为对规范性期望进行一致性一般化处理的法律以一种“超个体”的形态出现，为A、B、C三方提供共同的行为期望。

② ［德］卢曼著：《法社会学》，宾凯、赵春燕译，上海人民出版社2013年版，第134页。

③ Müller.H，Powell.L，“Luhmann’s Systems Theory as a Theory of Modernity”，*New German Critique*，Vol.61，1994，p.30.

一般化处理，意义借助三个维度的区分对规范性期望进行观察，进而选择出不同维度的规范性期望并对其进行同一化处理，最终作为不同行动者的共同行为期望。

**1.规范性期望一般化的三个维度**

第一，时间维度的一般化。意义的时间维度意味着在现在作出过去/将来的区分，意义在时间维度对规范性期望的一般化意味着在现在将未来予以“锁定”与“再现”，从而将连贯的时间流动序列予以区隔化。[①]对此可以这样理解：失望的本质在于“事实—期望”之间存在差距。当A在当下确定一个期望时，未来发生的事实与当下确定的期望存在不同，则A产生失望。在未进行时间一般化处理的情形下，时间的连贯流动使得A只能将失望归因于“期望端”，而后以调整期望的方式来应对失望。而在进行时间一般化处理的情形下，现在与未来之间的连贯流动已经被区隔了，A可以将失望归因于在当下发生的“事实”，[②]此时期望作为对未来的一种“重构”则相对于现在牢固且稳定。卢曼认为时间维度的一般化机制包括三种：一是漠视，即通过直接忽视某些微小失望的方式来稳定期望（如直接忽视下雨天气）；二是抱怨，即通过将失望在心理层面予以外在归因的方式来稳定期望（如对下雨天气抱怨一番）；三是制裁，即通过对失望设置一种归责程序的方式来稳定期望（如对违背期望的行为予以惩戒）。对于较为复杂的社会而言，规范性期望时间维度的一般化通常是通过“制裁”予以保障，例如卢曼指出，在由规范期望的时间一致性担保的处理失望的诸多可能策略中，某些策略因无法制度化而遭到淘汰（漠视、抱怨、吃亏），更发达的社会中只能通过制裁或兑现期望克服失望的补充性规范才能证明规范正当性。[③]卢曼认为制裁通过制度化的方式而能够以一般化、重复化的方式在社会中予以使用，规范性期望以制

---

① Murphy.J.W, “Niklas Luhmann and His View of the Social Function of Law”, *Human Studies*, Vol.7, 1984, pp.30–31.

② 杜健荣著：《卢曼法社会学理论研究：以法律与社会的关系问题为中心》，法律出版社2012年版，第114页。

③ ［德］卢曼著：《法社会学》，宾凯、赵春燕译，上海人民出版社2013年版，第135页。

裁为载体，在现在将未来期望予以稳定化。

第二，社会维度的一般化。意义在社会维度对规范性期望的一般化意味着，在期待者与被期待者的两方结构中引入第三方共识来稳固双方的期望。可以这样构想：在A与B的互动关系中，A与B对彼此的预期尽管可以通过时间维度的一般化在现在进行稳定，但是仍然无法实现更大程度的交叠与一致。对此，更好的办法在于引入一个独立于A与B的C，A与B通过共同对C保持一种稳定预期的方式来实现互动的稳定。此处的C可以理解为一种“假定共识”，通过对“假定共识”的期望以排除不同规范性预期之间的差异。[①] 需要注意的是，卢曼认为现代社会已然不存在一种实体化的共识（如涂尔干的“集体意识”），共识本质上是在“充满可能”的多元主体与体验空间内通过选择实现的一种“虚构”或“假定”。卢曼认为社会维度的一般化机制包括两种：一是旁观者，即相对于期望者与被期望者的具体第三方（如纠纷方与被纠纷方之间的调解者）；二是程序，即相对于期望者与被期望者之间的抽象第三方（如原告与被告之间的法庭程序）。对于较为复杂的社会而言，规范性期望社会维度的一般化通常是通过“程序”予以保障的，如卢曼指出：“只有通过特殊程序的分出——在这种程序中，经过制度化并具有集体约束力的决定被制定出来——具有制度约束力的表达才能满足免于失望、并在意义上分化的期望形成的需要。”[②] 制度化必须与制度化程序关联起来且借此与规范关联起来。类似于制裁，程序是“假定共识”基于制度化而转变形成的形态，规范性期望以程序为载体，在互动主体之间形成了期望的共享。

第三，事实维度的一般化。意义在事实维度对规范性期望的一般化意味着：在相互冲突的规范性期望中选择与整合出一个固有值来标明应该再生产哪种规范性期望。[③] 可以这样思考：在规范性期望生产过剩的情况下，不同主体的规范性期望存在相互冲突的现象，于是需要借助意义来选择出一

---

① ［德］卢曼著：《法社会学》，宾凯、赵春燕译，上海人民出版社2013年版，第102—107页。

② ［德］卢曼著：《法社会学》，宾凯、赵春燕译，上海人民出版社2013年版，第136页。

③ ［德］卢曼著：《法社会学》，宾凯、赵春燕译，上海人民出版社2013年版，第119页。

个"标准"以指导后续规范性期望的设定，且借此漠视偏离这个"标准"的规范性期望。在意义对规范性期望的选择过程中，需要在"具体"与"抽象"的摆荡中选择出一个固有值，一方面，过于具体的规范性期望选择使得互动主体依然需要展开高强度的学习；另一方面，过于抽象的规范性期望选择则使得互动主体对其他规范性期望的漠视程度太高。① 依据从具体到抽象的程度，卢曼划分出四种类型：一是人格，即通过对主体人格特征的认识来整合出一种规范性期望，这种规范性期望附着于具体的个人。二是角色，即把一系列规范性期望整合进一个较为抽象的概念，个体被赋予角色则意味着需肩负起相应的期望，如社会赋予"老师"角色以相应的行为期待，这种规范性期望可以在不同个体间进行传递与共享。三是程式，即通过设置"信息输入—输出程序"在具体情境下整合出一种规范性期望，如法律适用方法将复杂的事实性信息转化为庭审双方均认可的规范性期望，这种规范性期望不再附着于个体而获得一种抽象性。四是价值，即通过设定关于行为优序偏好整合出一个极为抽象的规范性期望，如自由价值可以在社会中获得广大群体的认同，认同该价值的群体相应地产生出类似的规范性期望（如应该尊重他人隐私），这种规范性期望可超越个体与情境而具有跨时空的抽象性。② 在上述四种类型中：小规模互动可通过较为具体的人格与角色选择出规范性期望，而在大规模互动层面，随着社会越来越复杂，则越来越需要更为抽象的规范性期望。但是价值"太过于抽象，以至于不同价值之间的关系不可能永久固定下来"③，这便使得规范性期望在事实维度的一般化通常是通过"程式"与"角色"保障的。如卢曼指出，从制度化角度看，人格被排除了，人格被构想为纯个人的期望综合，因为我们不再能够假定，高度人格化的期望综合对每个人来说都是可接受的。从偏好角度看，被提炼的价值容易被制度化却难以转化为规范，因为价值无法给予期望一个免于失望的基础。因此法律优先在角色与程式的层次上构建自身，在这里最高复杂性以及期望一致性成为

① ［德］卢曼著：《法社会学》，宾凯、赵春燕译，上海人民出版社2013年版，第120页。
② ［德］卢曼著：《法社会学》，宾凯、赵春燕译，上海人民出版社2013年版，第122—124页。
③ ［德］卢曼著：《法社会学》，宾凯、赵春燕译，上海人民出版社2013年版，第124页。

现实[1]，规范性期望以程式与角色为载体，在不同互动主体之间选择出哪些是应该形成的规范性期望。

**2. 作为意义选择成就的法律功能**

法律的功能在于对“规范性行为期望”一致性的一般化[2]。尽管规范性期望借助意义的三个维度实现了一般化，但不同维度的一般化规范性期望可能存在冲突，例如事实维度的抽象价值不能有效地在社会维度中起到“假定共识”的作用，社会维度的旁观者不能有效地在时间维度锁定未来。这种相互冲突的状况使得三个维度相互限制、相互选择，最终共同选择出兼容的一般化规范性期望——时间维度的制裁、社会维度的程序、事实维度的角色与程式。事实维度的角色如果考虑到制裁与程序则需要被排除，因此上述三个维度最终的兼容选择是制裁、程序与程式，制裁、程序与程式的相互聚合便是法律。需要注意的是，上述三个维度的一般化选择与一致性选择以“规范化”与“制度化”为标准，规范化意味着期望能够具有规范性，制度化则意味着规范性期望能够以制度形态具备抽象性与持续性。第一，从时间维度看，时间维度需要以制度化选择出有效锁定未来的规范性期望，漠视与抱怨作为认知操作而难以被制度化，只有制裁满足制度化的要求；第二，从社会维度看，社会维度需要以制度化选择出足够抽象的“假定共识”，旁观者作为个体而难以被制度化，程序则满足制度化要求发挥出构建“假定共识”的功能；第三，从事实维度看，事实维度需要以制度化与规范化选择出介于具体与抽象的规范性期望，人格与角色难以制度化而被排除，价值虽然能制度化却难以作为规范性期望，只有程式同时符合制度化与规范化的要求。[3]

法律可以理解为两个过程的聚合：一是规范性期望的一般化，即借助意义将过剩的规范性期望予以一般化处理；二是规范性期望的一致化，即将一般化的规范性期望进行兼容性处理。相互兼容的一般性规范期望“可以作为

---

① ［德］卢曼著：《法社会学》，宾凯、赵春燕译，上海人民出版社2013年版，第136页。
② ［德］卢曼著：《法社会学》，宾凯、赵春燕译，上海人民出版社2013年版，第134页。
③ ［德］卢曼著：《法社会学》，宾凯、赵春燕译，上海人民出版社2013年版，第131—135页。

规范、制度建立起来并在事实性脉络中获得认同”①。由此法律作为社会范围内对规范性期望的重要稳定方式，成为社会互动持续与社会秩序稳定的重要载体，且进一步以法律系统的形态成为“社会系统的结构”②。然而需要注意的是，法律对互动过程中期望的稳定并不是以“规定什么必须发生”的方式实现的。在“守法/违法”的区分中，一方面守法意味着“实现性”，守法被法律标示为首要值，即互动者应该优先以法律确定的规范性期望展开互动；另一方面违法意味着“可能性”，互动者违背法律并不会破坏规范性期望的反事实特征，反而将可能性予以储存并衔接至下一次守法。因此法律只是对期望结构设定的可能性范围，这个范围并不确定，它是在守法与违法的摆荡过程中不断确定自身的固有值，进而不断调整可能性范围与内在结构。借用前文演化理论的术语来表达，即法律演化是变异、选择与再稳定的反复运作。

法律可被视作依赖程序运作，依据程式决定，依靠制裁执行的规范性期望生产结构。举例说明：第一，对于社会维度，在社会中散布着大量的规范性期望，如个人信念、行业规范等，这些规范性期望数量庞大且时常相互冲突。针对此情形，法律系统借助司法程序与立法程序在庞杂的规范性期望中进行选择，吸纳部分社会规范作为法律规范，使其超越团体、行业而成为地区范围乃至国家范围内的“第三方共识”。第二，对于时间维度，司法判例或制定法律数量越发庞大，这些法律亦会出现相互冲突、前后不融贯的问题。针对此情形，法律系统借助权威决定（裁判、裁定、律令）来衔接先前规范与后续规范，使规范性期望在“实现—可能—实现”的持续沟通中保持融贯，进而让规范性期望在过去、现在与未来的时间序列稳定下来。第三，对于事实维度，在法律融贯的基础上，如何实现法律系统与外部事实的有效交互成为至关重要的问题。针对该问题，法律系统借助法律适用方法（涵摄方法、价值考量方法）将外部事实纳入法律沟通之中，从而使法律系统与外

① ［德］卢曼著：《法社会学》，宾凯、赵春燕译，上海人民出版社2013年版，第140页。
② ［德］卢曼著：《法社会学》，宾凯、赵春燕译，上海人民出版社2013年版，第134页。

部环境之间形成了稳定的开放途径，外部事实需要借助纲要转译进法律系统，而法律系统亦可借助纲要稳定地决定哪些是规范性期望。[①]在上述过程中，可以看到三点：第一，法律系统[②]的运作呈现为一个递归性的自创生过程，法律系统借助权威决定在不同的法律沟通之间进行衔接，后一个法律规范指涉前一个法律规范，而不指向法律系统之外的任何要素，法律系统外部的要素作为噪声必须经过纲要转译才能影响到法律沟通过程。第二，法律系统的演化遵循变异—选择—再稳定的过程，法律系统借助程序对来自外部的社会规范进行吸纳以提炼为法律，而后法律系统借助权威对内部的多种可能性进行选择以衔接沟通构成，最后法律系统借助纲要在法律系统/环境之间形成稳定的交互关系。“变异—稳定”的反复运作使得法律系统形成不同的结构，法律程序、权威决定与法律方法亦不断变动。第三，法律系统最终以输出融贯的规范性文件选择与确认规范性期望，社会主体借助法律系统设定的规范性期望来有效地展开互动。

### （四）法律演进：社会分化与法的实证化

> 从古代向高度文明的社会以及现代社会的转变过程中，那些确保达成一致性一般化的机制发生了变化，而同时法律的形式有效性也会随之发生改变。各个一般化机制之间的协调在这些机制所假设的东西和所施加影响的东西上都发生了变化。更多的、更多样的行为在法律上成为了可能……法律的塑造从结构简单、功能发散的日常接触系统中被剥离出来，并通过其他系统而被“设定”为一个系统。[③]

在诸多法律演化理论中，学者们或将法律演化视作“经济结构推动”

---

① ［德］卢曼著：《法社会学》，宾凯、赵春燕译，上海人民出版社2013年版，第14页。

② 需要注意的是，法律不等于法律系统。法律是兼具三类要素的一种实体，人类早期社会也存在兼具制裁、程序与程式的“巫术法”，但是这种法无法构成系统。法律系统是功能分化阶段的产物，其本质在于以“法/不法”代码实现自身的自治性运作，是法律同道德、宗教分化之后的产物。

③ ［德］卢曼著：《法社会学》，宾凯、赵春燕译，上海人民出版社2013年版，第188页。

（马克思），或将法律演化视作“社会结构推动”（涂尔干），这些理论都预设了一个“从无法到有法”的迈进过程。[①]卢曼对该问题的回应是：具备制裁性、程式性与程序性特征的都可以视作法律，法律演化实际上是法律结构趋向分化、不断变迁的过程。如卢曼指出，“法律必须被看成定义社会系统边界以及选择类型的结构。当然，法律并非唯一的社会结构；除了法律，我们还必须考虑到认知性结构与沟通性媒介”[②]。

法律演化与社会演化存在相互影响与相互制约的协同性关系。卢曼指出，“一个社会系统的结构具有调节系统复杂性的功能，系统复杂性总是结构性地实现的复杂性，但系统结构也依赖于自身的复杂性……一个社会的结构形式和复杂性程度互为条件”。[③]可以这样理解：第一，社会复杂性的提高是法律演化的原初动力。复杂性的提高使得社会互动中的偶联性程度提高，由此导致社会内部规范性期望增多，呈现“规范性期望过剩”的局面。针对这种状况，一方面，社会需要变换自身的结构来容纳更多的复杂性，社会的三种分化形态即这种结构变换的表现；另一方面，法律需要变换自身结构来整合规范性期望，顺应三种社会分化形态，法律亦演化出古代法、前现代高级文明法、实证法三种形态来适应这种趋势。第二，法律演化亦会推动社会复杂性的提高。随着社会演化的推进，法律逐步演进为法律系统，法律系统在同其他功能系统的结构耦合状态中相互激扰，从而使得社会系统内部诸功能子系统的结构不断循环着“变异—稳定”的过程，进而推动社会系统朝着更为复杂的方向迈进。例如，合同法尽管是源于经济活动的法律，但是合同法在演化过程中吸纳政治、科学、经济等系统的激扰，形成了更为复杂的概念与机制，这些复杂的概念与机制反过来作用于经济系统，使更为复杂的经济活动得以展开，从而使得社会系统在整体层面的复杂性提高。

在前文已指出，社会演化存在片段式分化、阶层式分化与功能式分化三

---

① 杜健荣著：《卢曼法社会学理论研究：以法律与社会的关系问题为中心》，法律出版社2012年版，第126页。

② ［德］卢曼著：《法社会学》，宾凯、赵春燕译，上海人民出版社2013年版，第184—185页。

③ ［德］卢曼著：《法社会学》，宾凯、赵春燕译，上海人民出版社2013年版，第46页。

个阶段。不同社会形态具有不同的复杂性水平以及结构设定，相应地，法律亦演化出古代法、前现代高级文明法、实证法三种形态。

### 1. 古代法

片段式分化的社会形态对应着古代法。卢曼指出，“社会的低复杂性意味着无须借助中介就可以产生塑造法律的初级机制，法律出现在失望与失望者所作出的反应中，且主要出现在直接爆发的愤怒中，故法律与物理暴力形成了紧密联系”。[①]片段式分化的社会意味着社会分化程度很低，个体基于血缘纽带与历史维系被聚集在一个相对封闭的地域共同体内，这使得个体之间的互动高度稳定化，社会过程中的复杂性程度较低。针对这种情况，片段式分化社会的法律呈现为“报复”与“互惠性原则”两种形态。第一，报复形态。报复意味着对失望情况进行制裁。例如，A预期同B和谐相处，但B打了A，因此A也打了B。报复是人类社会最初级的一致性一般化的规范性期望，成为社会范围内诸主体共享且有制度化行使途径的规范性期望。[②]第二，互惠性原则。互惠性意味着不同主体在持续互动中形成“相互依赖”关系进而生成的规范性期望。例如，A与B长期共处，二者逐渐形成相互依赖，彼此间存有“互帮互助”的期望，“互惠性的履行以义务的形式设置了一项义务，这一义务依赖于之前的履行行为”[③]。片段式分化阶段，法律尚未从社会中独立分出，同道德、宗教、仪式的过程紧密结合，但此时报复与互惠作为两个一致性一般化规范性期望的手段，已然构成法律的底层机制，为法律的进一步发展提供前提。

### 2. 前现代高级文明法

阶层式分化的社会形态对应着前现代高级文明法。卢曼指出，“前现代社会存在一种具有相对稳定性且缺乏替代选择可能性的社会等级结构……社会等级结构成为维系社会信念的基础，也是社会整合的基础，由此确立了某

---

① ［德］卢曼著：《法社会学》，宾凯、赵春燕译，上海人民出版社2013年版，第199页。
② ［德］卢曼著：《法社会学》，宾凯、赵春燕译，上海人民出版社2013年版，第203页。
③ ［德］卢曼著：《法社会学》，宾凯、赵春燕译，上海人民出版社2013年版，第204页。

些限制法律可能性的一般条件”。[①]相比于片段式分化社会，阶层式分化社会意味着社会分化有所拓展，个体被权威等级序列赋予不同的角色、权力与职能。这使得个体可基于不同角色与权力展开更为复杂的互动形式，由此带来两个结果：一是等级性的行政体制出现，即行政体制的运作依据权威的等级化配置实现沟通的持续运作；二是行政机构的运作程序出现，即等级化机制的连贯运作需要以程序为媒介实现整体的稳定运作。相应地，法律亦呈现出三类特征：一是规则等级结构，即法律内部出现了上位规范与下位规范的区分，由此使得法律能以更为抽象的方式锁定未来；二是法律的行政性运作，即法律的确立与执行依赖“独立于具体情境的官僚等级制”，由此使得法律能将情境复杂性予以吸纳处理；三是法律的程序性运作，即法律的整体运作依赖“独立于具体情境且绝对中立”的机制，由此使得法律能作为不同互动主体之间的“假定共识”。

在上述三类特征中，行政性运作与程序性运作的结合逐渐导向法律程序的制度化。如卢曼指出，“法庭程序是一种特殊类型的互动系统。这种法庭程序的功能在于：制作涉及开放情境的裁决、吸收不确定性……这种程序奠基于选择之上并促进了多元可能性的产生。借助于这种更为复杂的程序系统的发展，法律也就获得了发展……结果，高度文明社会的法庭程序就把各个维度上的期望一般化进化成就结合在一起。正是由于那样一种结合，程序才提高了法律一致性的水平”。[②]法庭程序可以理解为一种互动系统，其优势在于三个层面：第一，法律通过程序的多元性来涵盖更大范围的可能性，进而将不同可能性以不同程序渠道进行化约；第二，法律通过程序的固定性在当下对未来行为期望进行锁定，程序本身意味着一种稳定的行为模式，它使进入程序的个体享有对未来的稳定期望；第三，法律通过程序的抽象性以脱离具体情境的方式选择出适应不同主体的期望，程序能够将复杂的事实提炼为预先设定的抽象形式以作为不同主体的共享期望。程序的优势使得法庭程序

① ［德］卢曼著：《法社会学》，宾凯、赵春燕译，上海人民出版社2013年版，第218页。

② ［德］卢曼著：《法社会学》，宾凯、赵春燕译，上海人民出版社2013年版，第218、222页。

日益作为法律演化的重要向度，在该过程中，法官逐渐形成一套对法律进行适用的程序，即法律的决定程式。在决定程式产生之前，法律适用依循高度个体化的道德的善/恶判断。随着程序化的推进，道德的善/恶判断逐渐被有效法律/无效法律判断替代，[①]从而使法律以更为抽象化、专门化与自治化的形态存在，进而"更好的整合可能性从一个抽象塑造的法律中显现，更多规范期望可以被容纳其中"[②]。可以简要地对比古代文明的程序与前现代文明的程序，古代文明程序的特征在于法律与程序的分离，即程序并未与制裁及程式结合；而前现代文明程序的特征在于法律与程序的结合，程序依据法律作出权威决定，而后权威决定成为新的法律以指导后续的权威决定。正因如此，法律系统的雏形已开始出现，法律借助程序不断生产自身，由此逐渐划定法律系统的边界。如卢曼指出，"程序创造了一种客观标准的沉淀物，据此案件得以被决定。现在，那些构成'法律'的东西，那些被处理成一致性一般化的东西，正是由这些意义沉淀物所构成，这些意义沉淀物藏身于无数无法单个记忆的案件之中"。[③]

**3. 实证法**

功能分化的社会形态对应着实证法。卢曼指出，"实证法的有效性并不是因为存在着授予其效力的更高的规范，而是因为其选择性实现的一致性功能……法律可以凭借选择性程序吸收这些可能性"。[④]相比于阶层式分化社会，功能分化意味着基于"上位—下位"的单中心秩序建构被"功能系统相互限制"的多元秩序所取代。社会高度复杂性交由不同功能系统进行处理，每个功能系统执行着特定的问题解决路径，这使得社会复杂性得以借助不同渠道消解的同时，亦因功能系统的不断分化而进一步强化。对于前现代高级文明的法律而言，尽管其在一定程度上实现了程序化，但是法律仍然建立在"上位有效性基础设定"与"下位规范具体内容设定"的结构之上。法律的有效

① ［德］卢曼著：《法社会学》，宾凯、赵春燕译，上海人民出版社2013年版，第224页。
② ［德］卢曼著：《法社会学》，宾凯、赵春燕译，上海人民出版社2013年版，第193页。
③ ［德］卢曼著：《法社会学》，宾凯、赵春燕译，上海人民出版社2013年版，第223页。
④ ［德］卢曼著：《法社会学》，宾凯、赵春燕译，上海人民出版社2013年版，第245页。

性基础与法律规范性表达之间的矛盾依然存在的同时，“法律生产法律”的自主创生现象日益增多，既有的法律形态无法解释这一现象。实证法是应对上述情形的重要方式。对于该问题需要从以下两个层面理解。

第一，法律的实证化存在何种优势？法律实证化意味着法律的生产并非一个“不断发现”的过程，而是一个通过程序在诸多既有法律文本中“不断选择”的过程，前者意味着法律的生产是“依据最高理性的演绎过程”，后者意味着法律的生产是“法律生产法律的递归过程”。由此，法律不再是一种依据“某个核心”的被规定之物，转而变成一个“充满可能性”的不确定空间，法律的生产便被构想为“在可能性中选择确定性——确定性导向下一个可能性”的循环过程。一方面，法律的“去中心化”使得法律能容纳更多复杂性以适应功能分化的社会阶段；另一方面，法律的“递归选择”使得法律能够在高度可能性空间中限制选择以暂时地化约复杂性。如卢曼所言，“法律的这种偶联性和复杂性通过实证性导向的法律重构而被大大加强，由此就与一个功能分化社会的法律要求相协调，这样法律的偶联性与复杂性就被提高到了一个不同层次上”。①

第二，法律的实证化依靠怎样的机制实现？最关键的便是法的反身性结构。反身性意味着“一个过程被运用于自身”②的递归性过程，最典型的便是普通法系的判例法。法官作出判决需要既有的判例，既有判例尚未完全消除当下判决面临的可能性，只是对当下判决的可能性予以限制，故法官是在既有规范限制的选择范围内作出当下判决的，③呈现出一个“法律生成法律”的过程，进而使法律不断在“可能—选择”的循环中实现进化。借用前文对自创生系统的论述，既然自创生系统是特定元素不断递归性运动构成的封闭性圆环，那么“法律生产法律”的递归性过程不断持续则划定了法律系统的边界。因此可以这样理解，随着阶层式分化向功能分化社会的迈进，法律逐渐

---

① ［德］卢曼著：《法社会学》，宾凯、赵春燕译，上海人民出版社2013年版，第264页。

② ［德］卢曼著：《法社会学》，宾凯、赵春燕译，上海人民出版社2013年版，第267页。

③ 高鸿钧：《英国法的主要特征（下）——与大陆法相比较》，载《比较法研究》2012年第5期。

借助程序构筑自身的反身性结构，通过反身性结构划定自身的边界，从而同宗教、政治、道德等系统分立，逐渐成为一个自治的系统形态。反身性结构的形成与两种机制密切相关，一是程序，二是程式（纲要），二者都是法律系统过滤与转化外部刺激的重要手段。一方面，程序作为“固定的制度化行为模式”[①]将法律运作抽离于具体情境，进而排斥各种法外因素对法律系统运作的干预；另一方面，纲要作为“如果—那么”的逻辑结构为法律运作设置了吸纳外部刺激的方法，进而使得外部刺激能以法律系统设定的渠道进入其中。通过这两种机制，法律系统的边界得以同环境隔离而得到稳固，且环境刺激能以“非决定式”的转换方式进入法律系统内部，使法律系统兼顾封闭性与开放性。与此同时，也通过这些操作，“法律现在较之以前更加吻合其一致性一般化之规范化行为期望的特定功能，并且只接受其他功能领域中那些与这一特定功能相适应的要求和刺激”。[②]

**4. 总结：社会演化的经验背景**

通过对社会形态与法律形态的演化过程进行梳理，可以看到社会复杂性的提高使得社会分化程度日益加深，相应地也为法律的结构变迁提供了“变异性压力”。在压力驱使下，法律演化出不同的结构，且最终以“反身性结构”确定自身，以法律系统的形态立足于现代社会。在上述演化中，法律的原初起点是“报复”与“互惠”，而后法律演化出“单中心规则体系”与“等级性程序运作”两类成就，在程序运作不断推进以及“事实性—有效性”矛盾不断加深的情况下，法律形成了“法律生产法律”的反身性结构，程序与纲要成为划定法律系统边界与稳固法律反身性结构的重要手段。需要注意的是，卢曼认为上述法律演化过程更类似于英国法的发展历程，而欧陆法则更偏向于“理性的建构”。[③]例如，英国法“习惯法—半独立法律系统—法律系统”的演化路径具体体现在以下三个方面：第一，英国早期习惯法具有地

① ［德］卢曼著：《法社会学》，宾凯、赵春燕译，上海人民出版社2013年版，第272页。

② ［德］卢曼著：《法社会学》，宾凯、赵春燕译，上海人民出版社2013年版，第272页。

③ 高鸿钧：《英国法的主要特征（下）——与大陆法相比较》，载《比较法研究》2012年第5期。

方性与社区性，特定领地设立的地方法院依据习惯法对纠纷进行简单裁决，尚未出现有效的司法程序；第二，随着英国王权的集中，“国王—领主”的阶序区分日益明显，王室法院借助令状制度逐渐取得对地方法院的权威，而后逐渐以王室法院为中心将零散的习惯法整合为普通法，在该过程中法庭程序与司法职业逐渐演化形成；第三，随着司法程序与司法职业的发展，英国普通法判例制度逐渐确立，法律程序与法律方法日益规范化、中立化与抽象化，法律演化成一个“反身性结构”，且法律系统内部形成“以司法为中心”的结构样态。在下文中，笔者将在理论层面对法律系统予以抽象化描述。

## 三、法律的运作：规范封闭性与认知开放性

法律系统是一种以“法律沟通”为基本要素进行递归性生产的系统。一方面，从前文对法律演化的考察中可以看到：在从古代法到实证法的演进过程中，法律以程序与纲要为载体逐渐形成反身性结构，这种客观的历史发展现象需要借用一种理论予以描述。另一方面，法律系统作为社会系统分化出的子系统，是功能分化阶段的特定产物，法律系统的基本构成要素是法律沟通，法律沟通可理解为立足于法律系统特定意义的沟通代码，沟通代码连续不断地衔接下去方能保证法律系统的持存。上述历史观察与理论建构的融合使我们可以借用“法律系统”的概念来描述近代以来实证法的运作状态：自近代以来，随着社会复杂性的提高，更高的复杂性水平需要由不同的功能系统予以分担，相应地，法律逐渐从“道德—宗教—政治—法律”的一体化结构中分离，逐渐在演化过程中获得了自身的沟通代码，即可以不再借用宗教话语、政治表述、道德论证来推进法律沟通，法律的反身性结构使得法律沟通的推进仅依赖于上一个“法律”，而无须求助外在因素。此时，法律系统存在两个向度：一是立足于沟通代码的封闭，即法律系统以“法/不法”沟通代码的运作构筑自身的边界，法律系统借此在内部将环境重构为一个“想象的世界”，环境复杂性由此得以在代码观察中被化约；二是立足于条件纲

要的开放，即法律系统以“如果—那么”的条件纲要将外部激扰转译为法律系统能够读取的法律沟通，在不同系统结构耦合的状态中，法律系统借此吸纳外部噪声以推进自身的“变异”与“进化”。基于此，本部分将考察三个内容：第一，从自我描述的角度将法律系统理论在法律理论的演进脉络中进行定位；第二，对法律系统的代码封闭维度进行考察；第三，对法律系统的纲要开放维度进行考察。

### （一）法律系统的自我运作：二值代码与条件纲要

> 法律系统虽然以法/不法的二元代码为导向，但是该代码的存在仍不足以使法律系统完全以其为导向，因为只有代码本身仍不足以生产讯息，因此法律系统在结构上发展出代码化与纲要化的区分，由于代码是二值的，因此可以作为进一步条件化的前提，这些条件则被称为法律纲要，可以用来决定代码值的分派，决定何为法、何为不法。只有借助代码化与纲要化的区分，代码作为区分在自我再制上才有生产性。①

结合前文的“系统分化理论”与“法律的演进考察”，此时可以从理论建构与历史演进两个角度思考法律系统的一般性结构。第一，社会系统的根本构成元素是沟通，沟通的反复运作形塑出的意义脉络决定怎样的事物该存在意义以及该由系统处理。相应地，在功能分化的社会阶段下，作为社会系统子系统的法律系统运用着法律沟通，法律沟通的代码在其内部建构了“简化性”的环境图景，从而以封闭的形态将环境复杂性予以确定。第二，在法律演化的过程中，程序日益成为法律系统运作的核心载体，将法律系统运作从具体情境中抽离以赋予其一般性与抽象性，程序与纲要共同塑造出法律的反身性结构。接下来对法律系统的代码化与纲要化分别进行

① 张嘉尹：《法的社会学观察：〈社会中的法〉导读》，载［德］卢曼著：《社会中的法》，李君韬译，五南图书出版有限公司2009年版，第13页。

考察。

**1. 法律的封闭性维度：系统二元代码的复杂化约**

法律系统运用遵循二值逻辑的“法/不法”[①]的沟通代码。在前文分析中已经指出：复杂性的化约需要借助象征性的一般沟通媒介来保证沟通的持续。象征性的一般沟通媒介分化成不同的类型，而后以二值沟通代码的形态将环境建构成一个“被简化的世界”。法律系统借用代码简化环境的复杂性，只对事实作出是否符合既有法律的判断，复杂的世界被简化为一个二值图式。外在于这个二值图式的第三值只能以噪声形式进入其中，[②]只有符合二值编码的事实才能获得法律意义。如卢曼指出，“代码要求人们必须把它们当作区分，而不是当作被区分之事物之统一来予以实践。在代码之下我们所理解到的是，法律使用了一个二值图式，以便能使自身诸运作结构化，并且与其他事态有所区别”[③]。这种形态使法律系统以二值代码构建了自身的边界，法律系统每作出一个决定只能以自我指涉的方式回溯到系统内部的要素，而无须求助系统外部的要素。一方面，稳固的边界使法律系统以封闭的形态来建构一个简化的环境图景；另一方面，法律系统的自我指涉形态使得期望得以相对于“失望”而反事实性地建构起来，法律稳定规范性期望的功能以法律系统的形态得以最大化实现。[④]

---

① 多处论述显示，“法/不法”（Recht/Unrecht）二值图式的含义是“合法/不合法”。例如，在用Recht/Unrecht进行二阶观察时提出的问题是，使期望得到满足或者造成失落的行为，是（曾经是、将会是）合法的（rechtmäßig）或者不合法的（unrechtmäßig）？又如，在对Recht/Unrecht含义进行阐释时，卢曼明确指出Recht是正值，表示某个事态符合系统的诸规范；Unrecht是负值，表示某个事态违反系统的诸规范。参见［德］卢曼著：《社会中的法》，李君韬译，五南图书出版股份有限公司2009年版，第197、206页。所以Recht的原意并不是指静态的法律，而是对法律所允许的事情做出正值判断（合法）。Unrecht并不是指非法律的状态，即“不是法”（对此卢曼是用Nichtrecht来表示的），而是对法律所不允许的事情做出负值判断（不合法）。这符合德语通常的使用方式和对这两个词含义的对举理解，参见Langenscheidt, *Großwörterbuch Deutsch als Fremdsprache*, Langenscheidt KG, 2008, S.867, Recht释义项3。

② King.M, Thornhill.C, *Niklas Luhmann's Theory of Politics and Law*, Palgrave Macmillan Press, 2003, p.39.

③ ［德］卢曼著：《社会中的法》，李君韬译，五南图书出版有限公司2009年版，第205页。

④ ［德］卢曼著：《社会中的法》，李君韬译，五南图书出版有限公司2009年版，第97页。

此处需要注意的是，第一，区别于对/错这个法律内部的早期沟通代码，法/不法判断不具备实质性意涵，只要该代码作出是否符合现有法律的判断即可。[①]因此法/不法代码亦是同近代以来法律的反身性结构相适应的，即法律判断只基于是否存在法律依据，而无须求助于道德判断或政治判断来进一步考察判断的实质属性。第二，如果一个决定符合既有法律但在道德层面是无效的（即恶法非法的命题），该情况依然因其符合法律而属于法律系统的内部沟通，但是这种情况产生了一个悖论，即权威决定符合既有法律这个过程是否合法？这种一阶观察层面的悖论需要进一步展开二阶观察予以解决。

**2.法律系统的开放性维度：系统条件纲要的激扰转译**

基于代码的系统封闭性解决了系统如何稳定自身边界以化约复杂性的问题，但是此时系统仍然面临着如何具体执行代码分派与实现系统演化的难题。基于对法律演进的考察可以得知，近代以来法律的程序化趋势使得法律决定的得出越发依赖于“条件纲要”，借此使法律决定的作出仅仅依赖于公正无偏的逻辑程序而不受个人因素的干扰。在该过程中，法官借用条件纲要来平衡法律规范的普遍个性与个案情形的特殊正义，一方面，法庭裁判立足于既有的法律规范或法律判例实现推进，裁判的终极依据是既有的法律；另一方面，法庭裁判借用不同的法律方法来对法律进行灵活解释或漏洞填补，通过条件纲要将诸多法外因素（当事人的生活状况、行业的商事习惯等）转换为法律系统的内部沟通以实现个案正义。

正因如此，规范封闭性与认知开放性的兼顾是借助条件纲要实现的。既然规范封闭性使得法律设定的规范性期望足够稳固，进而强迫个体在面对互动失望时采取“不学习”的态度，那么，在社会复杂性不断变动的状态下，规范性期望的弥散性发展亦使得法律系统必须在稳定的前提下实现同步演进，从而适应社会复杂性提高的基本事实。对此，法律系统面临两个选

① Luhmann.N, “The Third Question: The Creative Use of Paradoxes in Law and Legal History”, *Journal of Law and Society*, Vol.15, 1988, pp.159–160.

择：一是以目的纲要（purposeful programmes）进行回应，最典型的便是政治系统依照目的设定规划，假如法律系统采取目的纲要，不仅进入法律系统的信息是失控的，同时法律系统运作结果对目标的偏离会招致过多的外部压力，进而威胁法律系统的自治性特征。[①]二是以条件纲要（conditional programmes）进行回应，卢曼对此表述为："规范封闭性与认知开放性相互衔接所采用的典型形式，就是条件纲要的形式。此种形式要求，规范性的决定规则应该采取如下陈述方式，以使得由事实出发而演绎出决定这件事成为可能：若出现某一事实a，则决定x就是合法的，反之则否……那些能够与条件纲要嵌合无疑的事实，究竟存在与否，此一问题不会被规范预先断定，它只能以认知的方式被查明"。[②]

此处需要阐明三个问题：第一，条件纲要的基本形态是怎样的？条件纲要本质上是一种认知判断，即利用"如果—那么"的逻辑判断将事实纳入法律沟通之内，进而使"法律系统能够认知到外部事实，但它只能将这种外部事实当作内部制造的讯息"[③]，能够进入法律系统的要素受到严格控制与形态转换。第二，条件纲要与目的纲要的关系是怎样的？通过嵌套与吸纳不同目标，条件纲要使法律系统以程序性路径实现特定目标。[④]现代能动司法并不排斥法院在推进社会进步层面的作用，但是这种推动并非如政治系统通过动员自身资源的方式服务于目标实现，而是通过庭审抗辩、庭审质证与司法审判的方式彰显某种司法预期实现的目标。第三，结构耦合与条件纲要的关系是怎样的？结构耦合意味着系统与环境之间存在着非线性的"选择性联系"而不是线性的"因果性联系"，这种样态使得其他系统对法律系统的影响只能以"激扰"这种噪声形态出现，这种噪声的选择、吸纳与转换便借助条件纲要予以实现。

---

① King.M, Thornhill.C, *Niklas Luhmann's Theory of Politics and Law*, Palgrave Macmillan Press, 2003, p.61.

② ［德］卢曼著：《社会中的法》，李君韬译，五南图书出版有限公司2009年版，第99页。

③ ［德］卢曼著：《社会中的法》，李君韬译，五南图书出版有限公司2009年版，第99页。

④ King.M, Thornhill.C, *Niklas Luhmann's Theory of Politics and Law*, Palgrave Macmillan Press, 2003, pp.62-63.

### 3. 总结：如何理解法律系统的自创生

法律系统始终面临着“复杂性化约”与“保持适当冗余”的两难，前者要求法律系统借助二值代码将复杂性予以确定，进而使法律系统稳定规范性期望；后者则要求法律系统借助条件纲要合理地吸纳社会激扰以实现“可能性冗余”，进而为法律系统演化提供前提。代码化与纲要化使法律系统呈现为一个兼具递归性与演进性的自创生过程。一方面，“法/不法”代码的运作必然指涉法律系统之前的“法/不法”代码运作，之前的代码运作限制了当下代码运作的选择空间。另一方面，法律系统外部刺激借助条件纲要进入其内部，为“法/不法”代码的递归性运作提供了“变异”的可能，从而使得法律系统实现自创生。

## （二）法律系统的二阶观察：法律论证与法律理论

> 社会学家的法理论会归结为法律系统的异己描述，而唯有当它将系统描述为一个描述自身的系统时，它才会是一个实质妥当的理论。故法学的法理论会归结为法律系统的自我描述……法律理论展现了法律的固有值生产，以及法律系统自主性的意义，如果人们将这些可以几乎说是从实务中自然生长而形成的倾向，表述为规范性的诫命……可以将法律系统描述为这样一个系统：它对自身进行观察与描述，亦即它会发展出固有的诸多理论，并且在其中以“建构主义”的方式进行探讨，也就是说，它在系统内部不会以任何方式尝试对外部世界进行任何摹写。[①]

基于前文对法律系统自创生过程的论述，此时需要进入对法律系统运作的二阶观察。既然一阶观察意味着法律系统借助其二值代码与条件纲要对环境事实进行观察，那么二阶观察则意味着对上述一阶观察过程进行再度观察，此时便会产生一个区分：即自我观察/自我描述。第一，自我观察是系

① ［德］卢曼著：《社会中的法》，李君韬译，五南图书出版有限公司2009年版，第38、39、44页。

统内部的特殊沟通形式，通常的沟通运作通过指涉系统内部之前的沟通实现衔接，但有一部分沟通衔接是存在争议的，由此需要引入系统的二阶观察。如果说一阶观察是法律系统对环境事实的想象性重构，那么二阶观察则意味着两个层面：一是法律系统运用自身的操作与结构对其运作过程进行观察；二是法律借用其他系统的代码对自身进行观察。[①]自我观察作为二阶观察层面法律系统自我指涉的必然结果，在实际过程中往往同“异己观察”相结合，最终表现在法律论证过程中。[②]法律论证是法律沟通衔接出现分歧时必须采取的措施，兼具自我观察与异己观察两个层面，前者需要法律论证运用法律教义学的方式对法条进行解释与证成，后者则需要法律论证援引系统外部的观点或结论来对法条适用提出意见。[③]第二，自我描述是相比于自我观察具有更高抽象程度的二阶观察类型，自我观察的目标在于提高某些争议性沟通过程的可衔接性与可持续性，自我描述的目标则在于创建一种对法律系统的整体描述以设定沟通过程的“前提”，具有反思性特征。[④]卢曼认为在既有的法哲学发展史上，存在自然法与法律实证主义两种自我描述类型，[⑤]前者将法律描述为“自然理性”的具体表达与衍生产物，有效性源于“理性”的赋能；后者则将法律描述为“规范间交互限制”的自治性实体，有效性源于“基础规范”的赋能。基于此，本部分试图阐释三个内容：第一，法律系统一阶观察如何引起悖论，悖论的隐藏与展开如何使法律系统自我指涉与异己指涉，进而为法律系统自我观察与自我描述提供基础；第二，作为融合自我观察与异己观察的法律论证如何衔接法律沟通与实现去悖论化；第三，作为

① 宾凯：《作为观察者的法哲学和法律社会学（代译序）》，载［德］卢曼著：《法社会学》，宾凯、赵春燕译，上海人民出版社2013年版，第12页。

② 参见宾凯：《卢曼法律悖论理论如何缘起？》，载《同济大学学报（社会科学版）》2014年第2期。

③ King.M，Thornhill.C，*Niklas Luhmann's Theory of Politics and Law*，Palgrave Macmillan Press，2003，pp.48-50.

④ 宾凯：《作为观察者的法哲学和法律社会学（代译序）》，载［德］卢曼著：《法社会学》，宾凯、赵春燕译，上海人民出版社2013年版，第14—15页。

⑤ 宾凯：《作为观察者的法哲学和法律社会学（代译序）》，载［德］卢曼著：《法社会学》，宾凯、赵春燕译，上海人民出版社2013年版，第15页。

自我描述形式的法哲学理论如何实现法律系统的自我反思与去悖论化。

**1. 二阶观察：法律系统的悖论的隐藏与展开**

前文已指出，法律系统的一阶观察必然存在盲点，既然观察意味着设定一个区分并对其中一端进行标示，这就意味着观察者观察的世界并未包含自身，因此只是观察者对世界的一种建构，即用"排除观察者的世界"代替一个"实在的全体世界"。这引申到法律系统中，则意味着法律系统利用法/不法代码观察环境时，必须预设法/不法代码本身是合法的，法律系统无法追问法/不法代码本身是否法/不法，此时法律系统是将"缺失观察者的世界"建构成"实在的世界"，因此一阶观察的盲点必然导致法律系统产生一个悖论。可以这样理解悖论：任何一个系统进行观察必须存在预设，质疑该预设则会引发悖论，如科学系统必须预设世界具有可实证性，法律系统必须预设代码本身的合法性，等等。如卢曼指出，"每个观察者都需要区别，以标记一面或另一面。而从一面过渡到另一面是需要时间的。因此，观察者不能同等地观察两面……当观察者使用某一区别单元时，他也不能观察这一区别单元，因为如果要加以观察的话，他必须为此用这一区别作出区别，也就是使用另一个区别，而后一个区别也同理。简言之，观察者不能自我观察"。①

一阶观察悖论的存在使得法律系统需要进行初级的掩盖手段。如卢曼指出，"法律的基础性问题不是寻找和证明其存在的终极合理性依据，问题在于：如何抑制或减弱具有逻辑取向且观察者任何时刻可以看到并表达的悖论"②。具体而言：第一，层级性秩序与悖论的隐藏。自法律在人类社会中出现开始，法律悖论转化为有效性问题的追问就始终存在，前现代社会对此的悖论处理策略为诉诸更高的秩序以隐藏悖论。无论是诉诸神灵，还是诉诸自然律令，抑或诉诸于巫术，更高的秩序成为法律悖论的终极答案。第二，重言式命题（Tautology，又译作套套逻辑）与悖论的隐藏。诉诸更高的秩序以

---

① ［德］卢曼著：《风险社会学》，孙一洲译，广西人民出版社2020年版，第33页。

② Luhmann.N，"The Third Question：The Creative Use of Paradoxes in Law and Legal History"，*Journal of Law and Society*，Vol.15，1988，p.154.

隐藏悖论的手段在更高复杂性的社会面临着困境，如卢曼指出，“这种语义策略并未完全成功，悖论的再次出现有着紧迫的必要性加以解决，或至少需要在特定情境下肯定法律的有效性”①。随着法律的演化，17世纪之后，法律的自然理性论证逐渐转化为法律的人类理性论证，加之法律的程序性运作、纲要化方法的发展，人类为法律设定了一个“重言式命题”②，即“法律就是法律”“法律的有效性来自法律”，这种同义反复命题实际上试图用形式化判断来代替实质性判断，只要法律在形式上具备法律的形式，那么它就是法律。这种重言式命题为法律系统构建了稳定的逻辑支持，使得法律系统得以连贯地运用法/不法代码进行运作，为法律系统的自治性维度提供了重要基础。

然而，重言式命题仅为法律系统赋予了空洞的形式，悖论依然会再度出现，对此则需要引入系统的二阶观察。二阶观察意味着对一阶观察过程的观察，同时也是将一阶观察悖论进行展开（unfold）的方式，其包含两个过程：一是其他系统对观察过程的观察；二是在同一系统内其他时间点对观察过程的观察。③上述两类观察可以视作“其他空间”与“其他时间”对该观察过程进行观察，分别指向异己指涉（Alter-reference）与自我指涉（Self-reference）、异己观察与自我观察。具体而言：第一，从自我指涉的角度看，如卢曼所言，“将诸运作在时间顺序上拉开彼此，其实已经是解决方案的一部分，亦即对于问题的去吊诡化，因为‘再进入’是借由着将自身拷贝到自身当中，而引用并运用着开始的区分”④。法律系统的二值代码通过在一个时间序列中不断“再进入”，进而以自我指涉的方式不断掩盖系统悖论，此时

① Luhmann.N, “The Third Question: The Creative Use of Paradoxes in Law and Legal History”, *Journal of Law and Society*, Vol.15, 1988, p.156.

② Tautology意为“在任何解释下都为真的命题”。例如，“要发生的事终究是要发生的”，在这个命题中，要发生的事必然会发生，因此在该命题中，无论对要发生的事的具体类型做怎样的替换，“发生”这样一个结果终归会出现。相似的，在法律系统中，法律就是法律，法/不法代码必然合法这种命题亦是重言式。

③ ［德］鲁曼著：《对现代的观察》，鲁显贵译，台北左岸文化2005年版，第112页。

④ ［德］卢曼著：《社会中的法》，李君韬译，五南图书出版有限公司2009年版，第228—229页。

法律系统已然承认自身的运作是“偶联的”而非“必然的”，自我指涉的循环为法律系统在摆荡中凝结“固有值”提供了重要基础。[①]相应地，法律系统强迫自己将其建构的环境图像看成世界本身，“把自身的特殊区分标准看成普遍性观念，从而系统自身的沟通被正当化”[②]。法律系统在上述自我指涉过程中稳定自身的边界与维护自身的自治性。第二，从异己指涉角度看，异己指涉意味着法律系统运作指向外部刺激且再度回溯到内部。[③]法律系统的悖论时常需要将其他子系统的观察图式纳入法律沟通的过程中。可以这样构想：在一个庭审过程中，法官面对事实进行裁决时，首先，他必须对法律本身的有效性是确信的，将裁决完全建立在“法律就是法律”这个重言式命题上，而后通过援引既有法律或判例的自我指涉过程进行裁决。其次，上述自我指涉过程在许多时候亦会展开，如法官面对的事实富有争议时（如涉及政治稳定的征地拆迁型事实、尚未被法律规定的新型财产关系等），单纯的自我指涉过程已然难以隐藏悖论，此时法官存在两种路径选择：一是通过法律教义学的各种解释方法对判决理由进行论证，如从文义角度阐释某项法律适用于该案件；二是通过法社会学的外部学科视角对判决理由进行论证，如通过道德角度的好/坏、政治角度的有权/无权、科学角度的真实/虚假等来进行辅助性论证。异己指涉的展开为法律系统在摆荡中凝结“固有值”提供了必要补充。

二阶观察层面的自我观察与异己观察需要借助程序来掩盖、悬置与展开悖论。如卢曼指出，“程序是在那时间上受到有限制的情节的形式中，被组织起来，此一形式是借由起诉而被导入，借由判决而告终止……程序也必须要自己制造其固有的时间自主性……借着时间的延迟，程序具有制造不确定性的功能，而这样的程序也算是最重要的演化上成就之一……唯有法律能合

---

① ［德］鲁曼著：《对现代的观察》，鲁显贵译，台北左岸文化2005年版，第112页。

② 宾凯：《法律悖论及其生产性——从社会系统论的二阶观察理论出发》，载《上海交通大学学报（哲学社会科学版）》2012年第1期。

③ Baxter H, “Niklas Luhmann’s Theory of Autopoietic Legal Systems”, *Annual Review of Law and Social Science*, 2013, Vol.9, p.174.

法地质疑自己，唯有法律在其程序中具有一些可供利用的形式，这些形式使得人们得以合法地确证某人的不法”[①]。

法律系统中的程序具有三重功能：一是借用程序将诉讼的时间序列予以区隔化，从而可以将某些暂时无法掩盖的悖论悬置至未来，以便在较为广阔的时间跨度内展开二阶观察。二是借用程序将环境事实的自然时间转化为法律系统内的程序时间，程序时间的建立暂时卸除了法律系统必须即刻掩盖悖论的压力。三是借用程序暂停代码运作以容纳不同法律沟通，从而制造出不确定性且进而使判决虚拟化为“参与结果”的融合。[②]上述三重功能总结而言即为两种功能类型：一是对法律系统的时间进行建构性处理以悬置悖论；二是程序本身作为法律系统的建构性共识以塑造认同。这两种功能类型是相互协调的：一方面，在整体社会层面，现代社会已然失去了普遍性、实质性的认同载体，以价值、理想、愿景为核心的宏大叙事已然在“诸神之战”或“上帝已死”的趋势中被消解，这种情形使得程序作为一种受到普遍认同的合法性过程，成为进行沟通论辩以凝结暂时性共识进而重塑合法性的唯一载体。[③]另一方面，在微观操作层面，程序作为近代以来法律运作的一种实践经验凝结，以程序划定诉讼过程的各个阶段，不仅能以标准化运作为诉讼参与者提供平等对待，也能为法官审查事实、寻找法律依据、展开论证提供专门化的时间区段，使其能游刃有余地展开法律论证。正因如此，程序是展开二阶观察的核心载体：一方面，程序对法律系统内部时间的重新建构使得“当下”悖论暂时被悬置，从而拉开观察者与当下悖论的时间距离与空间距离，为展开二阶观察提供了时间与空间。另一方面，程序对法律系统内部“假定共识”的构成性作用使法律系统的社会性层面得以展开，法律系统内部悖论的掩盖不仅仅是一种技术性处理，也是一种社会性处理，即不仅这种悖论要被悬置，这种悖论悬置亦要被沟通参与者认可。程序作为特定法律

① ［德］卢曼著：《社会中的法》，李君韬译，五南图书出版有限公司2009年版，第230—234页。

② 陆宇峰：《“自创生”系统论法学：一种理解现代法律的新思路》，载《政法论坛》2014年第4期。

③ 季卫东：《法律程序的意义》，中国法制出版社2011年版，第153页。

过程中诸沟通参与者共享的认同载体，使得悖论悬置亦在“程序认同”的过程中被沟通参与者认可。[①]正因如此，程序不仅通过为二阶观察提供时间与空间的方式掩盖悖论，同时也通过程序本身的认同性作用使得悖论掩盖过程受到沟通参与者的认同。如果进一步思考则会发现，程序对悖论的悬置与对共识的塑造实际上意味着一种程序对法律系统的反身性控制。每一次程序的展开都会对之后法律系统的运作产生一种约束与控制，不确定的法律问题逐渐在反思性过程中向确定化迈进。因此可以这样总结，法律系统的二阶观察借助程序载体实现了法律系统本身的一种“反思性”“确定性”与“去悖论化”。[②]

**2.法律论证：自我观察与异己观察的交互地带**

悖论的隐藏与展开需要法律系统交互运用自我指涉与异己指涉，这个过程亦带来法律系统的自我观察与异己观察。对于法律系统的运作而言，多数法律沟通的衔接过程是顺畅且简单的，法官只需要运用条件纲要将事实涵摄到既有的规范与判例中，为事实赋予一个“合法”代码，便能得到一个无争议的法律决定。但是还有少部分法律沟通衔接是存在争议且较为复杂的。事实具有复杂性与模糊性，不仅难以直接运用条件纲要将其涵摄到既有规范与判例中，而且即使存在可以涵摄的规范也难以证明这种涵摄过程具有合理性。此时法律沟通的衔接面临一个分歧局面，为了将法律沟通持续下去必须借助法律论证为其提供理由，借此为法律决定提供有效性以暂时的掩盖悖论。如卢曼所言，“法律论证既属于法律系统，但又不同于该系统的其他运

---

① 举一个简单的例子：传统司法过程诉诸“神灵”抑或“裁判者魅力”等上位权威，司法参与者对这些上位权威的信奉使得司法过程的悖论尚未暴露。但是近代以来的理性化祛魅过程无疑使得这些上位权威依次消解。时至现代社会，“理性”这个近代社会构建的权威亦被消解，乃至进入一个“无权威”的多中心世界。此时人们不再信奉某种“实体”，而只信奉一种“过程”。法律合法性的来源并非在于法律是“理性”的表达抑或“正义”的载体，而仅仅在于法律是“民主协商”过程的产物，在于法律运作过程是“平等性”“参与性”的。如同哈贝马斯等学者始终强调的那样，现代社会已然消解了“主体理性”，转而只能在主体间交往互动中寻求一种“过程化”“程序化”的“交往理性”。相比于哈贝马斯，卢曼对程序的论述在吸纳其“社会性维度”的同时，也突出了程序的“技术性维度”。

② 季卫东著：《法律程序的意义》，中国法制出版社2011年版，第33页。

作……若文本并未对作出决定提供明确的建议，则须进行论辩性的区分”[①]。此处便可以回溯分析上文不断提及的概念，即“偶联性—固有值”的问题，在卢曼之前，古典法律理论（如概念法学）认为审判过程由“稳定结构”限制以呈现出稳定、理性与明晰的结果，此处的“稳定结构”可体现为法律体系、法律原则、法律逻辑等。现代法律理论（如现实主义法学）认为审判过程是一种“去结构化”的高度主观性、恣意性过程而呈现出变动、非理性与模糊的结果，此处的“去结构化”意味着审判结果归因至法官的主观世界。卢曼则试图调和上述两个维度，即审判过程是一种受“意义结构”限制以产出变动审判结果的偶然过程。一方面，意义结构标明法律系统沟通的递归过程演化出一个不断变动的意义脉络，法官审判必须受到法律系统之前沟通意义脉络的约束，故具有一致性；另一方面，这个意义结构是不断变迁的，自我指涉的递归与异我指涉的激扰均能使意义结构发生变化，从而使得法官审判存在一个“选择域”而非“明确选择”，法官审判不过是在“选择域”中被迫选择一个结果罢了，[②]故具有偶联性。从这点出发，“法律论证”即连接“偶联性—固有值”之间的关键媒介。

法律论证的运作需要兼具自我观察与异己观察，通过交互运用两种观察方式在“偶联性”中寻求固有值。举个例子：对于某个疑难案件，其疑难性体现在两个方面，一是难以寻找到明确的规范依据，二是事实本身存在复杂性。如“人工智能创作物权利归属”案件，在这种案件刚出现时，人工智能创作这个事实是复杂的，且针对该事实难以在既有版权法中寻找到合适法条。针对该案件，法官会展开法律论证：一是从作为自我观察的教义学方法对现有法条进行解释，法官从创作物客观形态呈现出独创性的视角将其类比为人类作品，进而运用既有的版权法条款进行审判；二是从作为异己观察的其他学科视角对该案件利益问题进行分析，法官从产业保护政策、牵涉主体利益、法律整体稳定性等角度对该案件作出论证，进而为判决提供“非教

---

① Luhmann.N, “Legal Argumentation: an Analysis of its Form”, *Modern Law Review*, Vol.58, 1995, pp.287-288.

② 宾凯：《法律自创生机制：隐藏与悖论展开》，载《交大法学》2013年第1期。

义性”论证。在上述过程中，可以发现几点：第一，法律沟通的衔接过程是“偶然的”。诸多既有法律理论尽管主张一种稳定的法律秩序，但这种理想样态无法解释司法实际运作过程中的“不确定性”。[①]卢曼认为，沟通作为观察过程，其持续必然带来系统的偶然性，法律系统绝非如诸多理论倡导的稳定秩序，而是不断在自我指涉与异己指涉、自我观察与异己观察的交互过程中以“固有值”方式呈现出暂时的稳定。相应的，法律论证便是在“偶然中凝结固有值”的重要方式，法律安定性观念逐渐朝向法律合目的性理念妥协、让步与开放。[②]第二，法律系统自我观察与异己观察在法律论证层面体现为概念与利益的区分。在实际司法审判过程中，法官或律师的论证需要交替运用概念与利益，前者意味着需要将该案件以自我指涉的方式回溯到既有的法律概念或判例细节，后者意味着该案件需要以异我指涉方式将环境事实的特殊性转化为利益概念以服务于论证结论。[③]从系统演化视角看，概念使法律系统沟通运作得以保持连续性，即一个法律沟通必须受制于之前的既存概念；利益则使法律系统沟通运作得以容纳多样性，即一个法律沟通借助利益实现对环境事实的考虑，在变异—选择—再稳定的框架中，兼具两个维度的法律论证使得法律系统不断循环“变异—稳定”以实现演化，进而适应更为复杂的环境。

**3. 社会实证主义：法律系统理论作为自我描述**

悖论问题的处理不仅需要借助法律论证在具体法律沟通衔接过程中进行，还需要借助法学理论（Rechtstheorie）对抽象法律沟通衔接过程提供前提性描述与整体性论证。延续前文对悖论进行初级掩盖的两个阶段，即设定层级性秩序与设定重言式命题。自近代以来，自然法理论与法律实证主义理

---

① 例如，后文介绍的“书本之法—行动之法”的张力就是描述这样一个样态。法律现实主义认为司法判决并非单纯是法律适用过程产生的确定性结果，其受制于法官价值前见、事实不确定性、规范模糊性等要素而具有不确定性。弗兰克的研究便是这种不确定性的极端体现。

② 陈征楠：《社会整合与法律论证之间的系统论勾连》，载《暨南学报（哲学社会科学版）》2013年11期。

③ Luhmann.N, “Legal Argumentation : an Analysis of its Form”, *Modern Law Review*, Vol.58, 1995, pp.296–297.

论对应上述两种努力，前者试图将法律有效性悖论诉诸更高的“自然理性”，后者则试图将法律有效性悖论诉诸不可置疑的“法律就是法律”命题。

尽管卢曼的法律系统理论被诸多学者视作法律实证主义的一种严格化范式，[①]但是法律系统理论本质上是一种社会实证主义（sociological positivism）。[②]这种社会实证主义同时吸纳了法律实证主义与经验法社会学的优势与特征，具体而言：第一，相比于法律实证主义，尽管卢曼同凯尔森、哈特等人一样采取了“法律自治性”立场，但是卢曼并没有将法律自治性寄希望于终极的有效性规范证成，而是将其法律自治性“去基础化”。法律系统反身性结构的形成是社会演化过程中的进化结果，是一个历史层面的社会事实。“应当”并非稳定地建立在终极性规范或商谈性合意之上，而是在反身性运作这样一个事实中，通过交替运作自我指涉与异己指涉形成的固有值，形成一个“偶然性中的暂时性稳定”。以一个简要的图式来表明，即“应当证成—事实适用”范式与“事实—事实凝结暂时性应当—事实”范式。第二，相比于经验法社会学，以legal system为例，英美经验法社会学将其表述为“法律制度”，以描述“机构与规则”聚集而成的某种结构性实体。这种结构性实体的运作过程受到多种因素的影响，如何提炼该过程的机制以及对该机制进行批判性改进是重要的研究目标。结构性实体功能运作生成的实效是法律有效性的重要表达。[③]卢曼的法律系统理论则将其表述为“法律系统”，用来描述法律沟通递归性生产这样一个事实过程。尽管卢曼的法律系统理论亦被称作法社会学理论，亦研究“社会事实”，但相较于经验法社会学的自我描述样态，法

① 最典型的便是哈贝马斯将卢曼视作一个严格意义上的“实证主义者”，认为“系统理论消除了理论法规范主义的最后一点痕迹”。参见［德］哈贝马斯著：《在事实与规范之间：关于法律和民主法治国的商谈理论》，童世骏译，三联书店出版社2011年版，第63页。

② King.M，Thornhill.C，*Niklas Luhmann's Theory of Politics and Law*，Palgrave Macmillan Press，2003，p.37.

③ 《法律制度》和*How Law Affects Behavior*等书中所用的“legal system”倾向于被翻译成法律制度、法律体系等，其核心观点在于探讨法律制度与社会之间的交互影响：法律制度塑造社会行为，而社会行为亦会反作用于法律制度。具体参见［美］弗里德曼著：《法律制度》，李琼英、林欣译，中国政法大学出版社1994年版；Friedman.L.M，*Impact*：*How Law Affects Behavior*，Havard University Press，2016。

律系统理论对机制过程与法律功能的分析最终落脚到“法律与社会关系”的宏大问题之上，探讨社会事实如何上升为法律层面的“应当”，揭示出法律系统运作中的自我欺骗与偶然性样态。总结如下：法律实证主义将法律视作规则，经验法社会学将法律视作体系，而卢曼则将法律视作沟通运作，以上分别代表着三种不同类型的法律系统自我描述方式。

**4. 何谓正义：法律系统内部的偶联性公式**

基于上述分析，可以得出这样一个结论：法律系统一阶观察所导致的悖论需要借由诸多悖论隐藏手段予以处理，借助重言式命题、自我指涉、异己指涉可以实现法律系统在二阶观察层面对悖论的掩盖。然而此时会产生一个疑问：既然法律的有效性悖论被转化为“法律的自我正当化”，那么作为法律运作核心标准的“正义”是否就毫无必要呢?

从法律演化的角度看，正义概念经历了从实质到形式、从道德评判到过程控制的过程。第一，在前功能分化社会，正义概念更偏向于描述物质资料交换与分配过程中的适度性。一方面物质资料交换需要以各自的给付程度为限而不能超过该程度强制交换，另一方面物质资料分配需要按照预先设定的权利义务关系进行而不能超过预设进行掠夺性配置。以有序为核心的分配正义与以互惠为核心的交换正义构成古典正义概念的两个面向，在全社会范围内起到支配作用。[①]第二，在功能分化社会，正如卢曼所指出的，“这里涉及的问题不再是，某人所得到的东西——无论在交换中或者分配中——是否合乎正义地被衡量了。这里的问题在于，一个法律系统所要处理的具体案件，是否合乎正义地被决定了”[②]。自近代以来，古典正义概念存在“形式化”转向。一方面，近代自然法试图将正义理念诉诸自然理性或人类理性，此时正义理念逐渐脱嵌于全社会结构，借助伦理性论证获得有效性，进而作为法律系统的重要理念。古典的正义理念逐渐被转换为契约自由、诚实信用等概

① ［德］卢曼著：《社会中的法》，李君韬译，五南图书出版有限公司2009年版，第257—258页。

② ［德］卢曼著：《社会中的法》，李君韬译，五南图书出版有限公司2009年版，第258页。

念，更强调特定法律过程的正义性而非法律结果的正义性。另一方面，随着法律实证主义的兴起，自然法的正义理念进一步脱嵌于法外因素，法律系统悖论被消隐与悬置，国家颁布的有效法律被预设为正义，故正义理念的实质性因素被消除，仅仅理解为法律决定在时间层面的前后一致性。然而，法律实证主义提供的正义理念随着社会复杂性的提高面临多重困境。一方面，既然正义被理解为法律决定的一致性，那么在立法频繁的现代社会，法律的迅速变迁与法律决定的一致性要求之间便会产生冲突，如何保持法律决定的一致性以顺应正义理念成为重要难题；另一方面，对于现代福利国家而言，法律实证主义的正义预设受到“目的纲要”的冲击，一个法律决定即使不具备一致性，如果它能够满足既有目的纲要的设定目标，也会被理解为正义，[①]这种情况使得需要重构正义概念。

对此，卢曼将正义理解为一个偶联性的公式，这种偶联性公式的定义可以从多个角度来理解：第一，从偶联性角度看，法律系统运作是法律沟通不断衔接的过程，这种沟通衔接意味着法律系统需要不断在可能性中选择出实现性并衔接至下一个可能性。法律沟通并非一个“必然结果”，而仅仅是在诸多可能性之中被迫选择的一个“偶然结果”。法律沟通的偶联性实质便指出法律系统正义的意涵：正是法律决定生成的不确定性标明了法律正义的实质。可以这样理解：如果司法审判是高度确定且不具备可能性空间，那么这便意味着司法在审判开始前便存在着一种倾向性（如在政治过度干涉司法的情形中，有权的当事人依据政治逻辑可以预见一个高度确定的审判结果）。但是，正是当事人无法在决定生成前预测到底会有怎样的结果，才使得当事人双方对整体司法系统存在信心，对法律系统的正义存在认同。在这个过程中，正义兼顾确定性与不确定性两个面向：一方面，当事人诉诸司法系统时已然预设了“法律将是正义”的，当事人对法律决定的一致性持有一种整体化信心；另一方面，司法系统生成法律决定的过程是不确定的，正是这种不

① ［德］卢曼著：《社会中的法》，李君韬译，五南图书出版有限公司2009年版，第259—260页。

确定性使得司法以公正无偏的态势表明自身的正义。[①]如卢曼指出，“正义之规范必须被采纳，但是却无法预先看出，由此可以得出何种决定，或者它比较偏向哪种利益”[②]。第二，从观察理论视角看，正义是法律系统的自我观察与自我描述。在前文的梳理中，自然法的正义理念往往诉诸某个伦理预设，实证法的正义理念则完全排斥伦理预设而拒绝探讨正义的实质面向，两种流派都存在一定的解释缺陷。正因如此，卢曼提出两个观点：一是从静态角度看，法律系统悖论隐藏必须建立在重言式命题的基础上，相应的法律系统必须预设自身是正义的，通过这种“正义”的重言式命题在基础层面隐藏悖论，进而延续系统的运作，如卢曼指出，“法律系统试图让自己本身成为正义的，无论事实为何”[③]。二是从动态角度看，法律系统悖论的隐藏还需要通过系统的自我指涉以不断隐藏悖论，相应的法律正义必须借助“循环论证”的形式来不断标示法律系统的正义。例如，对于法律系统而言，即使过去的法律决定是“不正义”的，当下的法律决定也必须通过指涉过去的决定，将这种“不正义”转化及标示为“正义”，即法律系统需要以自我指涉保持在“现在”时间区间内的正义性。如卢曼指出，“系统本身则只能以下面的方式来标示正义：这种方式将清楚的表达出，正义是被要求的诫命，而且系统借着那作为理念、原则或价值的正义，来指认其自身。在系统内部，偶联性公式是以不具争议性的方式被设定的”[④]。

通过上述两个层面的分析，可以提炼出卢曼“正义观”的特征：不同于自然法将正义诉诸实体性道德，也不同于法律实证主义将正义诉诸形式性

---

① 举个例子：对于A与B两个当事人，A选择将纠纷诉诸法院便表明他信任法院，相信法院是公正的，即“正义理念的确定性”。当进入司法程序后，假如A知道法官会因为B是市长的亲戚就倾向于B，此时这种“法律决定的确定性”会使得法律系统变得不正义，因为司法根本没有在A与B之间进行公正无偏的裁决。反之，如果法官严格依据法律系统的运作逻辑进行审理，不考虑当事人的社会背景、不考虑案件政治因素，对A与B而言，法律决定似乎就是一个无法预测的黑箱，但正是这种无法预测性使得司法平等地对待A与B，法律决定在既有规则与判例的限制下又不会偏离法律逻辑，最终呈现出来的结果便是正义。

② ［德］卢曼著：《社会中的法》，李君韬译，五南图书出版有限公司2009年版，第254页。

③ ［德］卢曼著：《社会中的法》，李君韬译，五南图书出版有限公司2009年版，第251页。

④ ［德］卢曼著：《社会中的法》，李君韬译，五南图书出版有限公司2009年版，第252页。

过程，卢曼的“正义观”兼顾“适应性”与“一致性”两个面向：前者意味着法律决定的不确定性为其容纳社会事实的诸多可能提供空间，后者意味着正义理念的确定性使得法律决定以自我指涉的方式保持着一致性。通过法律正义，一方面，法律系统以其偶联性摆脱了外部直接干涉而能以自身逻辑从容地审视环境激扰；另一方面，法律系统自我指涉的核心特征使其生成的法律决定受到既有沟通制约而呈现出一致性。如托依布纳将其总结为“它涉及的不是法的内部或是外部准则，而是在法的纲要的基础上对法之统一体的观察，是法的自我控制”①，但法律系统在借助正义进行自我控制的同时，亦借助正义的自我控制实现对环境要素的转换与开放，从而在“偶联性公式”的基础上向“超越性公式”迈进。②因此，如果再度对卢曼的正义观进行认识的话，可以将其理解为现代程序正义理念的一种法律系统理论下的变体，是试图调和程序正义与实质正义张力的一种尝试。一方面，程序正义具有自我合法化的面向，这种面向奠基在法律系统的重言式命题与自我指涉特征之上，故程序正义在现代法律系统中具有无可争议的地位；另一方面，程序正义通过正义的偶联性特征吸纳个案因素中的实质要素，而后将其纳入程序设定的限制性结构中予以融贯性地处理。在此基础上，作为自我观察与异己观察交汇地带的法律论证便以正义为标准对法律沟通进行衔接。如卢曼所言，“在此理解下的正义，乃是完全专门针对二阶观察模式而进行调整，并且这时候才能够有意义地说，它是一个为各个法院设想出来的观察图式，而立法者则总是为此观察图式提供了更新的检验素材”③。

**5. 总结：如何再理解法律系统的自创生**

结合前两部分，可以这样来理解法律系统的自创生。第一，自我运作，

① ［德］托依布纳：《自我颠覆的正义：法的偶联性公式，或是超越公式？》，载［德］托依布纳著：《魔阵·剥削·异化：托依布纳法律社会学文集》，泮伟江等译，清华大学出版社2012年版，第376页。

② ［德］托依布纳：《自我颠覆的正义：法的偶联性公式，或是超越公式？》，载［德］托依布纳著：《魔阵·剥削·异化：托依布纳法律社会学文集》，泮伟江等译，清华大学出版社2012年版，第377页。

③ ［德］卢曼著：《社会中的法》，李君韬译，五南图书出版有限公司2009年版，第266页。

即一个法律沟通必须递归地指涉之前的法律沟通，即“法/不法”代码不断进入系统自身以实现一种自我运作。第二，自我观察/异己观察，即由于法律沟通的递归性运作无法适应不断变迁的复杂环境，因此法律系统需要借用自我观察/异己观察引入变异因素。第三，自我描述，即递归性运作与变异性因素的引入使系统内存在大量沟通元素，此时便需要借助法律系统的自我描述将这些庞杂的元素编织成一张具有一致性、融贯性的网络。法律沟通的展开依照自我描述提供的框架得以同其他法律系统关联，以至于亦可强迫法律系统不断实现自我反思。如果对上述三个过程予以总结，笔者试图用“反思性”来描述上述过程，自创生意味着法律系统的运作依赖于自身内部要素，而这种生成并非随意的，每一次生成就是一次反思，从而使其在自我控制、自我反思的路径中不断选择，实现从无序向有序的演化。因此，“自我创生”概念需要以“自我反思”进行限定，以此标明自我创生并非随意的，其选择受制于系统的自我反思而呈现出“偶然之中的有序”。[①]以一个例子来说：第一，自我运作，即规范生产规范，这只是一种基础性的规则设定。第二，自我观察/异己观察，即借助程序/程式推进规范演进，这是一种操作性的规则设定。第三，自我描述，即借助教义学理论使规范、程序、程式协调地处在一个网络中。法律系统的自创生过程借助上述过程予以实现。[②]上述三个过程便是法律系统的“自我反思”，这种自我反思使得法律系统的递归性演进存在一种自我控制与自我约束，呈现出一种“从无序到有序”的自组织过程。

### （三）法律系统的外部互动：相互观察与结构耦合

当系统持续地以它环境的某些特质为前提并且在结构上信赖于此，

---

① ［德］托依布纳：《反思性的法——比较视角中法律的发展模式》，载［德］托依布纳著：《魔阵·剥削·异化：托依布纳法律社会学文集》，泮伟江等译，清华大学出版社2012年版，第303页。

② ［德］托依布纳著：《法律：一个自创生系统》，张骐译，北京大学出版社2004年版，第45—47页。

> 那么就得谈到结构耦合……系统内部，结构耦合只能够引发激扰、惊讶与干扰，激扰乃是系统的感知形式，而且是一种不具环境相关物的感知形式，系统本身只能够在结构的层次上把激扰记录下来……无论复杂性的进展如何获得成就的，结构耦合从来不会将环境规范导入法律系统中，它们只能引发激扰，在此可以确切的说，结构耦合这个形式，并非某种仿佛可以预先规定好的规范主体。[①]

此处可以先对前文进行一个总结：法律系统以二值代码划定自身的沟通边界，而后借助条件纲要吸纳与转换外部激扰。借用“观察”概念来转换法律系统的代码化与纲要化，一方面，法律系统在一阶观察层面借用法/不法的区分观察外部环境，但观察固有盲点带来的悖论需要进入二阶观察层面；另一方面，法律系统在二阶观察层面综合运用自我指涉与异己指涉来不断掩盖观察固有的悖论，悖论的掩盖使得法律系统不断变换结构与向前演化。

上述分析带来一个疑问：若诸多社会子系统均是封闭的，那么不同社会子系统如何相互影响？从直观的感觉来看，这种系统封闭性会使得不同系统间的相互影响十分微弱，进而使整个社会系统呈现为“静态的”“固化的”。但实际上，社会系统的演化具有多样性、动态性，此时如何解释这种现象呢？对此，本部分试图阐明的问题在于：不同子系统间如何通过相互观察与结构耦合实现相互影响、协同演化。

**1. 问题展开：法律系统与其他系统何以相互影响**

法律与其他社会子系统间的相互影响关系可以用结构耦合概念来描述。卢曼认为，结构耦合分为两个层面：一是结构耦合意味着系统间以激扰相互作用，激扰意味着环境对系统的影响并非一种客观实在的现象，而是一种系统对环境施加影响的一种“认知拟象”或“建构宣称”；二是系统在建构激扰之后会逐渐在结构层面将激扰记录下来，乃至不同系统间形成了一种共有

---

① ［德］卢曼著：《社会中的法》，李君韬译，五南图书出版有限公司2009年版，第491、492、494页。

结构以对“相互激扰”进行承载、记录与调整，[①]用一个图式来概括即环境激扰—结构变迁。

托依布纳将结构耦合理解为两个维度：一是相互观察；二是结构耦合。这两种方式又被其表述为“信息与干涉”。[②]具体而言：第一，相互观察。前文已指出，不同社会子系统均有其独特的二值代码，而后以二值代码为依据展开对环境的一阶观察，这便导致不同系统间实际上是一种交互二阶观察的状态。由此导致法律系统以自我指涉为基础不断生产法律规范，但这种法律规范生产受到异己指涉的影响而需要考虑到外部因素。相应地，对于其他社会子系统（如经济系统），亦通过异己指涉到法律系统的方式来生产自身的规范（如团体性规范），这种情况又被托依布纳表述为“生产性误读”（Productive misreading）[③]，即不同子系统具有各自的运作逻辑，故A系统对B系统的观察必然存在一种误差与偏离，反之亦然。这便导致法律系统与其他社会子系统存在一种相互建构关系（reciprocal construction），法律系统生产的规范具有社会化特征，而其他社会子系统内部生产的规范具有法律化特征（如公司规章、行业标准、团体规范），法律系统对其他系统的“图像建构”亦成为其他系统建构自身规范的重要参考标准。如托依布纳指出，“新的法律多元化需要转移关注点：关注在多种闭合性话语中社会自我生产的碎片化，标准制定而非社会惯例成为新的范式。今天，我们面临法律多元化的再度‘多元化’，这不仅仅是群体或社区的多元化，同时也是社会话语的碎片化”[④]。

第二，结构耦合。前文指出，结构耦合意味着不同系统间结构的兼容性与依赖性，这便导致系统间的相互影响需要借助媒介或形式以实现一种选择

① ［德］卢曼著：《社会中的法》，李君韬译，五南图书出版有限公司2009年版，第525—531页。

② ［德］托依布纳著：《法律：一个自创生系统》，张骐译，北京大学出版社2004年版，第78、90页。

③ Teubner G，“Legal Pluralism as a Form of Structural Coupling”，in Harste G. *Law and Intersystemic Communication*：*Understanding* ‘*Structural Coupling*’. Routledge，2016，p.347.

④ Teubner G，“Legal Pluralism as a Form of Structural Coupling”，in Harste G. *Law and Intersystemic Communication*：*Understanding* ‘*Structural Coupling*’，Routledge，2016，p.356.

性的影响。如果说相互观察是通过一种“话语误读”（discourse misreading）的方式予以实现，[①]那么结构耦合则是通过一种“连接性制度”（linkage institutions）予以实现。[②]在社会系统与心理系统的结构耦合中，媒介/形式的区分使得语言/意义成为结构耦合的关键载体；而在法律系统与其他社会子系统的结构耦合中，媒介/形式的区分使得意义各异的连接性制度成为结构耦合的关键载体。可以这样理解，“话语误读”意味着法律系统与经济系统、政治系统等子系统的意义论辩，通过对彼此运作意义的不同解读而为自身规范生产提供依据。这种意义解读不断持续、重复与沉淀后，会逐渐形成一种连接性制度以作为“形式化”的影响路径，主观权利、契约、宪法等都是法律与不同功能子系统结构耦合的“连接性制度”。正是借助上述方式，不同系统交互为彼此引入“变异”因素，而后系统本身再从变异因素中选择适合自身的因素，最后将有益变异稳定为一种新的结构。不同系统在上述过程中实现协同演化。

---

① 此处可以对福柯的“话语”（discourse）和卢曼的“沟通”（communication）做一个对比。福柯将“话语”定义为一种结构，这种结构决定着沟通主体如何运用符号分配意义，进而在对象、主体与陈述之间传递着一种特定的、可重复的沟通，话语可以理解为一种“决定着如何正确/合适/恰当表述思想的语言陈述方式”，话语背后的权力结构是塑造不同领域话语类型的核心要素。例如，“权利话语”即“无权者—有权者”关系结构对表述方式的塑造，运用权利话语与秩序话语必然会对同一事实进行不同的意义表述（可参见福柯著:《知识考古学》，谢强、马月译，生活·读书·新知三联书店2003年版，第二章。）相比之下，卢曼的“沟通”概念具有更加激进的“去结构化”特征。如果说话语是一种权力结构（上/下区分）塑造的“适当”表述方式，那么沟通则是一种多主体间沟通递归性运作塑造出的“适当”表述方式，即社会中不同类型的沟通内涵并不取决于某种外在的“权力结构”，而仅仅取决于沟通自身的递归性运作过程。借此卢曼强调沟通意义与表述方式的形成不仅仅取决于一种上/下区分支配的权力结构，更取决于由不同观察区分支配的多元结构。需要注意的是，托伊布纳等“后卢曼学者”在其作品中时常混用“沟通”与“话语”。笔者认为，在这些作品中，沟通往往指一种整体化、专殊化、去结构化的系统沟通，而话语则往往指一种微观化、零散化、结构化的表达模式。一个系统沟通之下可以分化出多种零散的话语，例如，尽管法律系统均使用“法律”这个沟通，但法学研究中会分化出不同的流派，不同流派围绕着同一问题提出不同主张、相互辩论、相互攻讦，其背后亦存在着福柯式“真理意志”抑或“权力结构”。通过引入话语概念，不同系统沟通之间的相互观察、相互激扰被转换为一种零散话语相互交织的网状结构，这种转换有利于描述现代社会的复杂性特征，亦有助于描述不同系统间相互观察、相互激扰的多样化结果。

② Teubner G, “Legal Pluralism as a Form of Structural Coupling”, in Harste G. *Law and Intersystemic Communication: Understanding ‘Structural Coupling’*. Routledge, 2016, p.357.

法律系统同其他社会子系统以上述两种方式相互影响，这种间接影响的模式使得法律系统的演化存在一种“盲目性”“非引导性”。经典的法律演化理论均强调一种线性逻辑，如梅因“从身份到契约”的论断，马克思“阶级性法律演化”的论断，涂尔干“压制性法向恢复性法”的论断。从系统理论的视角来看，这些理论均存在预设：一是考察的历史阶段处于非功能分化社会，法律系统并未从整体社会系统中分离，社会系统的整体演化自然能以“因果决定”式的线性逻辑来影响法律演化；二是在对法律演化路径进行预测的过程中，往往在诸社会子系统中借用“上位/下位”的区分凸显特定社会子系统对法律系统的影响，进而忽略了其他社会子系统对法律系统演化的影响。如果借用系统理论的视角则会发现：对于功能分化社会，法律系统的演化具有高度可能性而难以在总体上被决定、设计与预估，法律系统的演化是自我指涉与异己指涉叠加的结果，尤其是异己指涉受到“松散耦合/紧密耦合”的影响而具有程度差异，法律系统同政治系统、经济系统、媒体系统、教育系统、宗教系统等相互观察与结构耦合，不同社会状态下耦合程度存在差异，进而塑造出一种演化的“非线性逻辑”或“演化的网状结构”抑或“片段式的法律与社会关联”①。借用“变异—选择—再稳定”模式，一个具体的法律演化过程可以这样呈现：非法律沟通无法直接进入法律系统内部，它首先以激扰的形式揭示出一个既有法律规范的悖论、矛盾与无奈（如人工智能法律问题）；之后这种规范矛盾引发的诸多可能性借助庭审质证程序、法庭论辩程序、法官讨论程序进行选择；最后司法机关选择出来的判决

① 例如，托依布纳对将欧陆“诚信条款”移植至英国法律这一现象进行分析时提出两个重要论点：第一，当代法律与社会的关系是一种片段性耦合而非整体性耦合，不同社会子系统与法律系统的紧密/松散耦合塑造出多元性、离散性的法律话语。第二，法律系统的片段性耦合塑造出的离散性法律话语使得欧陆诚信条款迁移至英国时需要依据“特定情境”重构其功能设定与话语内容，“诚信条款”在英国情境下需要适应与重构法律系统与社会子系统间的片段性关联，最终使得法律与社会协同演化达致一种新的水平。如托依布纳指出，“关于制度迁移的尝试似乎会在新的语境中产生双重刺激。它们刺激法律与社会的约束性安排。外来规则不仅刺激与本土有关的法律话语本身，而且还刺激某些条件下与法律具有紧密耦合关系的社会话语”，可参见［德］托依布纳：《法律刺激：英国法中的诚信条款或统一法律目的如何止于新的趋异》。载［德］托依布纳著：《魔阵·剥削·异化：托依布纳法律社会学文集》，泮伟江等译，清华大学出版社2012年版，第136—140、150—151页。

结果以教义学概念、法律修订、审判改革等方式在结构层面予以稳定下来。[①]因此，一方面，不存在一种绝对性、根本性、普适性的演化逻辑。另一方面，法律演化路径引导不能单纯依凭一种系统逻辑展开，最理想的法律演化在于，“只有当其中任何一个理性都没有被获准拥有特权时，现代化才是成功的……不仅需要保障经济中自我规整的自治，而且还应该同样一以贯之地保障科学、教育、新闻媒体、艺术、医疗领域，以及法律中自我规整的自治”[②]。

在下文中，笔者将对法律系统与各个具体子系统的相互影响状况予以思考与分析。

（1）法律系统与心理系统

社会系统与心理系统的结构耦合以语言等媒介以及意义形式予以实现。随着功能分化程度的加深，社会系统内部分化出不同的子系统。此时的问题在于：心理系统与不同类型子系统结构耦合意味着主体会在同一时刻内面对不同的子系统沟通，不同子系统会不断延展、强化、再现自身的系统逻辑，乃至反向侵蚀、扭曲、排斥心理系统，这种情况该如何解决？举例而言：自近代以来，政治系统不断强化其决策制定机制以追求更强的权力运作效率，经济系统不断强化其资源配置模式以追求更高的经济运作效率，传媒系统不断强化其信息创造传播机制以追求更高的信息传递效率。系统功能分化在使得社会秩序日益从“上位—下位”的垂直化范式向“系统—系统”的平行化范式转变的同时，也使得诸系统试图以系统逻辑取代主体逻辑，乃至反过来对人类主体性进行消减、威胁与扭曲。政治系统强化权力逻辑的同时亦会以一种治理术的方式将人类视作一种“客体资源”，经济系统强化效率逻辑的同时会以效率的名义排斥“弱势群体”的存在，传媒系统强化信息传递逻辑的同时亦会以速度的名义歪曲主体真实意见。如托依布纳所描述的那样，

---

① ［德］托依布纳著：《法律：一个自创生系统》，张骐译，北京大学出版社2004年版，第65页。

② ［德］托依布纳：《多元现代性：从系统理论角度解读中国私法面临的挑战》，祁春轶译，载《中外法学》2013年第2期。

“交往魔阵对身心完整性的特定侵害并非仅仅来自政治领域，而是在原则上来自所有具有自我扩张倾向的社会领域……如今我们可以看到来自自然科学魔阵、生物学魔阵、社会科学魔阵、技术魔阵和医疗魔阵、新闻魔阵、收音机和电视机魔阵中对人的完整性的类似压迫”①。

面对上述情况，法律系统需要以“主观权利”（Subjektives Recht）与“基本权利”（Grundrecht）来遏制匿名魔阵对主体的压迫。具体而言：第一，主观权利概念。在德语中，“法”（Recht）存在主客观双重向度，主观意义上的法意味着一种赋予主体的权利，客观意义上的法则意味着一种实在的法律规则。主观权利的特征在于：一是主观权利的享有者被法律承认具有主体资格，这种主体资格为权利主体行使一定的权能提供了基础；二是主观权利需被法律赋予一定的权能（Rechtsmacht）而能要求他人作为/不作为，抑或要求司法给予其相应的救济。②主观权利必须兼具上述两个维度，主体自由意志与法律规则设定共同使主观权利得以实际运作，③若缺乏法律的权能支持则其只能作为一种法律规则的自我反思而无法真正由主体行使。从系统理论视角看，主观权利是法律系统对人类主体地位的一种拟象与重构，是法律系统对心理系统的一种想象、反思与投射，借此使得法律系统在“去人类化”运作后再度将“人类”纳入法律系统内部的沟通运作中。④一方面，主观权利作为一种耦合形式，使得法律系统得以纳入主体要素以观察心理系统，尽管“实体化”的人类形象被法律系统排斥了，但某种“抽象化”的人类概念被法律系统重新纳入；另一方面，主观权利的变迁亦反映出法律系统与心理系统相互耦合之后的协同演化状态，人类生存处境状态的变化作为一种激扰

---

① ［德］托依布纳：《匿名的魔阵：跨国活动中“私人”对人权的侵犯》，载［德］托依布纳著：《魔阵·剥削·异化：托依布纳法律社会学文集》，泮伟江等译，清华大学出版社2012年版，第199页。

② 赵宏：《主观权利与客观价值——基本权利在德国法中的两种面向》，载《浙江社会科学》2011年第3期。

③ 方新军：《权利概念的历史》，载《法学研究》2007年第4期。

④ Guibentif P, “Rights in Niklas Luhmann’s Systems Theory”, in Harste G. *Law and Intersystemic Communication: Understanding ‘Structural Coupling’*. Routledge, 2016, p.275.

因素使得法律系统需要以主观权利变迁予以回应。[①]

第二，基本权利概念。在诸多探讨中，基本权利几乎等同于宪法权利，其具有主观权利的属性却又超脱于主观权利，例如《德国基本法》第1条规定“人之尊严不可侵犯，尊重及保护此项尊严为所有国家机关之义务”，第19条又规定“任何人之权利受官署侵害时，得提起诉讼。如别无其他管辖机关时，得向普通法院起诉”。通过上述两条规定，“尊严不受侵犯”的基本权利既受到法律确认亦得到法律权能支持，具有主观权利的特征。但是这种权利主要调整“国家—个体”之间的关系而又区别于主观权利，即相比于主观权利考虑的“个体—个体”之间关系，基本权利考虑的是“系统—个体”之间的关系。对于当代社会，多元系统在为人类社会带来专业性与可能性的同时，也存在压迫人类的可能，此时基本权利的含义也发生了一定的变化：一是内容从“制约国家”逐渐拓展为“制约多元系统”；二是主体从“人类主体”逐渐拓展为“多元主体”。基本权利不仅需要遏制政治系统对自然人的威胁，同时也需要保障各类功能系统边界与各类法权人的权利，基本权利的主体从单纯的自然人拓展至机构、法权人与自然人三个层面。[②]正是因此，基本权利既防范着各种功能系统对人类的侵犯，也保障与维系着现代社会的功能分化。笔者认为基本权利具有双重属性：第一，基本权利具有主观权利的属性，它作为法律系统与心理系统结构耦合的一种特殊形式，成为法律系统回应与保障人类主体资格与人类主体需求的重要载体。第二，基本权利超越主观权利的范畴，作为法律系统与诸多社会子系统结构耦合的一种形式，通过对基本权利的解释吸纳其他社会子系统的激扰，在兼顾法律逻辑与社会逻辑的基础上实现“规范—事实”间的交互流转。[③]在此基础上，基本权利的保障不仅是通过国家层面的司法诉讼程序予以实现，也通过社会层面的内

---

① Guibentif P, “Rights in Niklas Luhmann’s Systems Theory”, in Harste G. *Law and Intersystemic Communication: Understanding ‘Structural Coupling’*. Routledge, 2016, pp.273–274.

② ［德］托依布纳：《匿名的魔阵：跨国活动中“私人”对人权的侵犯》，载［德］托依布纳著：《魔阵·剥削·异化：托依布纳法律社会学文集》，泮伟江等译，清华大学出版社2012年版，第204页。

③ 李忠夏：《基本权利的社会功能》，载《法学家》2014年第5期。

部规范与内部程序予以实现。[①]

（2）法律系统与政治系统

基本权利的属性实际上标示出宪法的性质问题。对宪法的既有认识可以总结为两点：一是在宪法的功能问题上，既有的诸多观点将其功能视作一种目标或成效，用保障人格自由、促进市场经济等目标性概念来说明宪法的功能，但目标/成效与功能并非同一范畴的概念；[②]二是在宪法与社会的关系问题上，宪法在法律体系中具有最高阶的效力定位，宪法在政治体系中则具有终极性的授权定位。在法律运作与政治运作日益分化的情况下，如何解释宪法，同时确立对法律运作与政治运作施加影响的方式便成为一个重要问题。

法律系统与政治系统相互观察与结构耦合的机制是宪法。具体而言：第一，从相互观察的角度看，宪法是静态层面法律系统与政治系统掩盖悖论的重要方式。无论是法律系统运用“法/不法”代码观察外部世界，还是政治系统运用“有权/无权”代码观察外部世界，其一阶观察必然存在盲点，这种盲点使得系统运作过程中的悖论凸显。为了掩盖这种悖论，既需要以“跨时间”的方式进行自我观察，亦需要以“跨空间”的方式进行异己观察。正因如此，法律系统“法/不法”代码的悖论往往交由“宪法终极性效力”予以掩盖，政治系统“有权/无权”代码的悖论则往往交由“宪法的赋权与制约”予以掩盖。从逻辑层面反思，无论是法律决定，还是政治决定，终归是一种“自我决定”的恣意性决断。尽管人类为这种决定建立了诸多正当性依据，但它们近代以来均被瓦解了，最终人类选择将政治正当性立足于“民众合意”，将法律正当性则立足于“民主赋权”，这两个维度的交织塑造出现代宪法的基本指向。宪法作为主权国家范围内公民基本共识的承载者，是民众合意的法律化表达，兼具公众合意性与法律稳定性双重特征。借助宪法的媒介性存在，政治正当性落脚于宪法的法律化特征之上，而法律正当性则落脚于宪法的共识化特征之上，最终使得两个系统内部隐含的悖论危机得以在

① Teubner G, “Law and Social Theory: Three Problems”, *Asian Journal of Law and Society*, Vol.1, 2014, p.249.

② 陆宇峰：《系统论宪法学新思维的七个命题》，载《中国法学》2019年第1期。

宪法框架内成功化解。

第二，从连接性制度的角度看，宪法是动态层面支持法律系统与政治系统协同演化的重要方式。在缺乏宪法支持的传统性社会，政治意志可以缺乏制约地直接上升为法律，政治与法律间的界限十分模糊，尽管这意味着一种“专断性权力”的极大扩张，但也在很大程度上限制了“基础性权力”的下沉。[①]这种缺乏共识性支持的法律难以真正地贯彻至社会基层，即使能贯彻，也需要支付较高的威慑成本。这种情形使得政治系统与法律系统均难以发展出复杂的结构以承载更高的社会复杂性，而社会复杂性亦被限制在较低的水平上。而宪法的功能则在于：一方面，宪法在对政治决策过度肆意风险施加限制性影响的同时，也相当于为政治决策提供了一种正当性授权，进而便于卸除政治决策带来的责任归咎危机与传导性风险，使得政治系统能进行更为复杂化与专业化的决策。另一方面，宪法文本的修订及其基本权利规定反映出政治意志的变迁，党派政治意志并非如传统社会一般直接转化为法律，而是需要先通过严格的宪法修订程序予以转化，而后再通过宪法的统摄性地位对下位法施加建构性影响，进而使得法律系统的演化得以兼顾政治性回应与法律自身逻辑。如卢曼指出，“在宪法上，人们可以借此对两面之接触进行限制，而获得交互激扰性的大幅增长——法律系统获得更多可能性，得以在法律形式中记录政治决定，而政治系统也获得更多可能性，能够为了政策执行之目的运用法律”。[②]

宪法既包括组织性规则，也包括基本权利规则。一方面，宪法的组织性规则意味着宪法能对政治系统进行建构与限制，宪法既规定政治权力的合法性来源与权力配置的基本组织模式，同时也规定诸权力组织之间的相互制约机制以实现政治系统的自我反思。[③]另一方面，宪法的基本权力规则意味着宪法对机构、法权人与自然人三类主体边界与持存的关注、反思与保障，以

① ［美］迈克尔曼著：《社会权力的来源（第二卷上）》，刘北成、李少军译，上海人民出版社2007年版，第65—75页。

② ［德］卢曼著：《社会中的法》，李君韬译，五南图书出版有限公司2009年版，第513页。

③ 陆宇峰：《系统论宪法学新思维的七个命题》，载《中国法学》2019年第1期。

基本权利来抵御系统逻辑过度扩张带来的负面影响。在系统论视域下，宪法功能已超越传统的政治国家—市民社会的二分，进入维系全社会范围内功能分化的层次中，它既限制系统逻辑的过度扩张，又建构起关于主体的基本权利保障，由此划定出各系统、各组织、各自然人之间的清晰边界，推进与保障“多中心秩序”的持存。

系统理论对宪法十分关注的重要背景在于，德国自“二战”后建立起具有新法团主义特征的西方宪政国家模式。一方面，德国建立起有效的西方宪政运作机制，宪法基本权利与宪法司法机制成为“法治国”的重要支持；另一方面，德国在“二战”后注重“社会团体”的培养，各类工会、行业协会、社会团体成为“社会国”的重要支持。在这种图景下，宪法首先实现对国家权力的限制与框定，以宪法形式防止魏玛共和国时期的“民主危机”再现；其次借助宪法司法框架下的基本权利案件实现法律系统对社会的回应，尤其是借助宪法司法判决的方式来平衡政治意志、社会需求与法律逻辑之间的关系；[①]最后扩展其基本权利的主体适用范围，使其逐渐成为超越自然人范畴的社会诸主体的“基本权利”，以此保障社会功能分化，兼顾法治国与社会国的双重目标。

（3）法律系统与经济系统

如何阐明经济与法律之间的交互关系是十分重要的问题。最典型的是马克思“经济基础决定上层建筑”的观点，生产力演进会带来生产关系的变更，进而使得法律欲调整的社会关系以及社会支配性意识形态逐渐转变，法律需逐渐回应这种变迁。卡尔伦纳在马克思观点的基础上以“财产权”概念为媒介考察经济与法律的交互关系，认为法律对经济变迁的回应是在“概念词汇不变”下的“实质功能演变”，法律概念借助功能变迁的方式对经济过程产生反作用。[②]总结而言，即经济对法律具有某种决定性作用，在此基础上的法律对经济存在一种次等性反作用。但是经典的法律—经济关系论断忽

① Baghai K., “Jurisprudence and Intersystemic (Mis) communication”, in Harste G., *Law and Intersystemic Communication: Understanding ‘Structural Coupling’*, Routledge, 2016, pp.305–307.

② 卡尔·伦纳：《私法的制度及其社会功能》，王家国译，法律出版社2013年版，第117—122页。

视了法律领域与经济领域各自的独特逻辑，法律并非一种经济运作的实体化投射，经济也并非借助因果机制受到法律影响，对于高度复杂的现代经济运作而言，以自发性的交互与博弈逐渐实现自组织，法律对经济运作的影响主要限制在提供基础框架、排斥特定行为、保障市场竞争等层面。正因如此，借用结构耦合概念来描述法律系统与经济系统之间的交互关系更为贴切。

法律系统与经济系统结构耦合的机制是所有权与契约。具体而言：第一，从相互观察的角度看，法律系统运用法/不法代码进行观察，而经济系统则借助支付/不支付代码进行观察。[①]经济系统借助“货币”这一象征性沟通媒介实现沟通衔接概率的提高，市场交换活动随之可以在更大范围内展开。经济系统的复杂性程度有所提高，在这种情况下，法律系统则运用其代码观察经济系统的运作，借助“所有权”概念对经济系统的运作进行区分，以所有权概念标明某项财物由谁支配、如何处分、权利范畴等，为一项事实行为赋予法律意义。相应地，经济系统亦援引法律系统提供的所有权概念，以此作为某些支付/不支付决策的多方主体的共享意义。法律层面的所有权效力赋予财物以某种排他性效力，使得经济系统运作逐渐同其他系统切割，转而仅仅是一种依据当事人决策的自主生产过程，事实行为亦借助法律意义不断再生产。如卢曼指出，“所有权这个观察图式，在法律系统与经济系统中允许对其进行各自不同的塑造……耦合使得经济上固有的诸运作，作为激扰而对法律系统产生作用，也使得法律上固有的诸运作，成为对经济系统的激扰。但这并不会对上述两个系统的封闭性产生任何改变。”[②]可以这样理解，所有权概念是法律系统对经济系统运作过程的一种想象、误读与建构，这种建构的产物只能随着法律系统本身的递归性生产过程进行改变，经济系统运作方式的转变只能作为相对于法律系统运作的外部激扰。同样地，经济系统本身的运作亦存在对所有权概念的想象、运用与建构，诸多经济系统运作对“所有权”概念的运用偏离于法律规范，往往通过对既有法律概念的功

① [德]卢曼著：《社会之经济》，汤志杰、鲁显贵译，联经出版社2009年版，第59页。
② [德]卢曼著：《社会中的法》，李君韬译，五南图书出版有限公司2009年版，第501页。

能创新以使其顺应经济运作逻辑。以历史上所有权概念逐渐从绝对化向相对化转变的趋势为例，早期资本主义强调绝对化所有权，即一种权利主体对客体的绝对性排他支配，这种概念是法律系统对当时小规模、工场化、脆弱化经济运作的一种想象性建构；而晚期资本主义则更强调相对化所有权，即权利主体的支配行为受到诸多法律原则与社会权利的限定，这种概念则是法律系统对晚期资本主义垄断化经济运作模式的一种反思性建构。在这种权利概念变迁的趋势下，诸多企业在设计合同的过程中亦会吸纳、参照与调整这种所有权概念，融合法律逻辑与经济逻辑，更为关注客户利益、社会利益等。

第二，从连接性制度的角度看。尽管所有权概念在空间层面使得“财物”得以稳定地归属于一个主体，但是在时间层面围绕财物流转而展开的权利义务关系变动如何稳定？此时便需要以“契约”形式来实现一种动态的关系稳定与结构耦合。[①]如果观察“契约”则会发现，它既是经济沟通，又是法律沟通；既是经济系统实践形成的制度化形式，又是法律系统设定认可的制度化形式；既是经济行为，又是法律行为。正因如此，一方面，契约以承载主体意思自治的方式投射经济系统的运作。契约意味着不同主体间的一致性承诺且双方共同受该承诺的约束。经济系统衔接过程的持续依赖于契约，借助契约锁定特定交易行为的期望，诸多契约的组合构成了一条稳固的意义脉络，支持不同经济主体持续交易行为的展开。如卢曼指出，“契约在时间上使某个特定的差异获得稳定化，并且同时针对其他所有事情保持漠然性。”[②]另一方面，契约以受到法律规则约束的方式被法律系统建构。契约尽管承载着主体之间的意思表示，但是契约的形式外观与实质内容受到法律规则约束，法律通过规定契约原则、契约必备要件、契约无效情形、契约解释方法等方式来选择性地影响经济运作。随着经济运作过程中问题的凸显，法律系统借助变更规则、灵活解释的方式在递归性的法律系统运作中对经济系统激扰予以回应。如卢曼指出，“法律系统也为其固有自我生产之继续进行，

① ［德］卢曼著：《社会中的法》，李君韬译，五南图书出版有限公司2009年版，第502页。
② ［德］卢曼著：《社会中的法》，李君韬译，五南图书出版有限公司2009年版，第504页。

取得了相对应的自由。它取得了在回溯观点下对缔约当事人意思进行诠释的自由，可以将某种未被表明的想法诠释进契约的意义中，在‘补充解释’的方法上置入更多契约要素”。[①]

假如把视野从特定国家置于全球社会，则契约概念应该怎样理解？在一个主权国家范畴内，正式的法律秩序居于主导地位以统摄、调节处于法律系统边缘地带的契约；而在全球社会的范畴内，已然难以观察到一个统摄各个国家的正式的法律秩序，在此种状况下，不同国别之间的经济交往活动如何实现协调？针对该问题，托依布纳认为：第一，对法律的认识需要从功能转向代码。[②]并非所有具有社会控制功能的事物均可被赋予法律性质，只要运用法律系统代码观察一个社会交往行为形成的产物，则可对其赋予法律性质，如其所言，“法律多元主义不再被定义为给定社会领域中一系列相互冲突的社会规范，而是被定义为遵循法/不法二元代码观察社会行动的多样化沟通过程……对法律代码的显性调用或隐性调用构成了法律多元化的重要现象”[③]。第二，全球化时代的“契约”已然演变为一种跨国界的“商人法”。以跨国商事合同为例，这种合同往往对双方的权利义务进行了细致的规定，且双方亦约定纠纷出现后或诉诸于法院或诉诸于仲裁等渠道。一方面，如果借用“代码论”法律观，这种合同是借用法律系统代码对不同经济运作情形的观察，从而形成了诸多具有法律性质的“片段式法律话语”，故这种合同亦可纳入法律沟通的范畴中；另一方面，从合同本身的形式看，商事合同通过实体性规则设计来衔接过去的正式法律规则、现在的经济运作的特殊情形与未来预期纠纷的解决方案；同时商事合同通过程序性规则设计将预期出现的纠纷及合同自我指涉的悖论交由“仲裁机构”以实现外部化处理。基于此，合同本身形成了一种具备法律性质的“反身性结构”：一是合同具备效力自

① ［德］卢曼：《社会中的法》，李君韬译，五南图书出版有限公司2009年版，第508页。

② ［德］托依布纳：《“全球的布科维纳”：世界社会的法律多元主义》，载［德］托依布纳著：《魔阵·剥削·异化：托依布纳法律社会学文集》，泮伟江等译，清华大学出版社2012年版，第44页。

③ Teubner G, “Legal Pluralism as a Form of Structural Coupling”, in Harste G. *Law and Intersystemic Communication: Understanding ‘Structural Coupling’*. Routledge, 2016, p350.

赋的特征。当事人签署合同赋予其效力，具有效力的合同又反过来适用于当事人，这种自我指涉特征使得合同以不断运作形成了一种私域法律秩序。二是合同效力自赋的悖论可有效解决。合同争议解决交由仲裁机构，而仲裁机构的裁决又依赖于效力自赋的合同，但正是借助仲裁机构与合同之间的持续互动，使得合同权利义务设定这种非正式法律沟通受到正式法律沟通的调整、约束与控制。[①]也正因如此，在全球化的当今世界，合同作为经济系统与法律系统的重要耦合形式，已然演变为一种“商人法”以提供一种跨国别的共有预期与法律秩序。

（4）小结：如何理解法律与社会的关系

自创生系统论视域下对不同系统间关系的认识可以用两个关键词概括：一是选择性影响，即不同系统间相互影响并非一种因果式的线性关联，而是一种选择性的非线性关联，对于A系统对B系统施加的影响，A系统是无法预测的，影响的内容是B系统自身筛选后的一种建构。二是协同演化，即不同系统间借助结构耦合实现相互激扰，这种激扰意味着彼此为对方输入变异因素，系统基于自身的运作逻辑选择出部分变异要素且将其沉淀下来以更新自身结构。但需要注意的是，结构耦合塑造出的变异—选择—再稳定过程从属于系统的自我反思过程。从外部引入的变异因素只能对系统的自我反思产生影响，因此对系统产生的影响时常是有限的、滞后的、局部的，由此亦说明了为何法律演化时常滞后于社会演化。

## 四、总结

概括而言，卢曼的自创生系统理论可以分为三个层面，即符号普遍化交往媒介理论、系统分化理论、系统演化理论。以此分别解决三个问题：如何理解社会过程？为何系统需分化？分化的系统如何使总体社会不断演进？社

① ［德］托依布纳：《“全球的布科维纳”：世界社会的法律多元主义》，载［德］托依布纳著：《魔阵·剥削·异化：托依布纳法律社会学文集》，泮伟江等译，清华大学出版社2012年版，第47页。

会作为沟通网络、系统以分化应对复杂性、系统间以结构耦合实现协同演化成为三个重要的命题。在这套理论框架之下，对于“法律”概念有了全新的认识——法律是法律沟通递归生成的封闭性网络；作为社会子系统的法律系统以规范封闭性与认知开放性衔接法律沟通以实现规范期望一般化的功能；法律系统与政治、经济等系统的结构耦合使得法律以一种选择性的方式回应外部环境与推进自身演化。最为关键的要点在于：法律系统的演化是自我逻辑与外部逻辑共同叠加的产物，系统的自我反思与变异因素的引进使得法律系统的演化兼具“自组织”与“多样化”的双重特征。在这种概括下，还需要审视两个问题：一是卢曼的法律社会学理论究竟有何特征？二是卢曼法律社会学理论是否存在漏洞与批判空间？

### （一）视角贡献：法律现象与社会现象截然不同

在探讨卢曼法社会学理论的特征时，不能脱离其理论诞生的时代背景。第一，卢曼的学术谱系较为复杂，不仅吸纳了帕森斯的结构功能主义，也吸纳了自20世纪60年代后发展迅速的“自组织理论”概念及方法，马图拉纳的自创生理论给予其极大的启发。第二，卢曼对法律—社会关系的思考基本是以德国或者说以欧陆为背景，“二战”后德国试图构建起“法治国”与“社会国”，宪法及其司法机制为社会提供最低限度的保障，而后不同社会团体相互支持、相互限制以实现国家、市场、社会三者间的均衡。这种图景在一定程度上启发了卢曼系统理论中所倡导的“多中心秩序”“法律多元主义”“作为期望稳定的法律”“维系社会功能分化”等观点。对于不了解相应社会背景的中国读者，在初始阅读时对此可能难以理解。

不同于英美经验法社会学强调的“法律作为社会现象”，卢曼的法社会学理论强调的是“法律现象/社会现象截然不同”，法律教义学作为法律系统的内部沟通区别于其他社会沟通，不能直接将法律现象与社会现象融合思考，而需要先揭示出法律系统本身的固有逻辑，再借助结构耦合路径探讨法律与社会的关系。这为弥合法教义学与法社会学之间的话语隔阂提供了一条有效路径——法教义学属于法律系统的自我观察，法社会学属于外部系统对法律系统的异己观察，法律系统的演化与发展需要兼备两种观察，自我观察为法律系统直接解决法律问题提供了必要路径，异己观察则对提升法律系统反思性水平给予了必要支持。在实际法律系统运作中，法社会学亦可通过条件纲要转换为教义学概念以间接作用于司法过程。

### （二）理论反思：卢曼法社会学的批判与回应

卢曼法社会学理论面临的攻讦在于：第一，就法律系统既存的概念预设而言，卢曼谈论法律系统概念时常常出现语境转换的现象，时而是一种实在性的描述，时而是一种规范性的信念。[①]但问题在于，如果说法律系统是一种实在性描述，这种社会现象产生于“功能分化”的历史阶段，达到功能分化的社会阶段后，法律系统似乎就越发朝向以程序化、纲要化为基础的规范封闭倾向迈进。但是目前世界上诸多国家的社会状态无法单纯用“功能分化”概念予以描述，亦存在功能分化、阶层分化的交织，这便削弱了法律系统概念对某些现实现象的解释力。而如果说法律系统是一种规范性描述，指示出法律运作“应当”达到的一种状态，但是卢曼对法律系统的分析则显示出法律系统的形成全然是一种“演化过程中的偶然选择”，具有强烈的事实性特征，因此也使其无法单纯作为一种规范性概念存在。第二，就卢曼法社会学的整体目标而言，卢曼主张的是一种不同系统分立的秩序状态，不同系统相互支持、相互限制、相互观察，以实现一种“没有凌驾因素”的多中心秩序。“以差异实现统一”的后现代观点尽管有其解构含义，但也蕴含着一种“危险要素”——以多元系统取代主体，而后再以结构耦合回溯主体，这种方案是否会使得社会能“差异”再也无法“统一”？

针对上述批评，笔者认为，任何理论都存在其适用限度，理论的解释力需要结合其提出背景综合考量。卢曼法社会学理论在描述性层面上是对西方普通法演化过程的一种提炼与抽象，法律系统的递归性再生产契合普通法的

① ［美］詹姆斯·赫格特著：《当代德语法哲学》，宋旭光译，中国政法大学出版社2019年版，第230页。

运作机制；在规范性层面上，现代世界中诸国家面临着相似的现代性问题抑或后现代问题，甚至某些国家出现“现代性/后现代”共同交织的情况，[①]这种“殊途同归”的状况为法律系统作为一个规范性概念提供了空间——现代世界的高度复杂性、多元性为法律系统概念提供了某种规范性意向。正因如此，卢曼社会系统理论可以作为我们观察、反思、审视法律的一个重要工具。

① ［德］乌尔里希·贝克、邓正来、沈国麟：《风险社会与中国——与德国社会学家乌尔里希·贝克的对话》，载《社会学研究》2010年第5期，第210页。

# 第七章

# 我国疑难案例裁判的法律教义学反思

## 第一节　疑难案例司法裁判的法理基础

### 一、疑难案件裁判的司法哲学

“疑难案件”在英文中的通用名为：“hard cases”。此外还有“controversial cases”“difficult cases”和“boardline cases”。[①]疑难案件是法理学界争论不下的命题，从司法哲学的立场来看，疑难案件的裁判主要涉及两种司法哲学的争议：一是形式主义的司法理论，二是现实主义的司法理论。

（一）形式主义的司法理论

形式主义的司法哲学，也被称为法律形式主义。法律形式主义并不是一种本体论意义上对法律的解释学说，而是一种“关于法官们实际怎样裁判案件和（或）关于他们应当怎样裁判案件的理论”[②]，也有学者把法律形式主义看作在司法裁判理论上的一种方法论立场。[③]法律形式主义认为法律是一

① See Ronald Dworkin, *Justice in Robes*, Harvard University Press 2006, p.29.

② Brian Leiter, “Positivism, Formalism, Realism, Book Review on Anthony Sebok, Legal Positivism in American Jurisprudence”, 99 *Colum. L. Rev.* 1999.

③ 柯岚：《法律方法中的形式主义与反形式主义》，载《法律科学》2007年第2期。

个具有逻辑自洽的封闭的规则概念体系，从这个概念体系出发，通过形式推理，能够对每一个案件提供唯一正确的判决。法律裁判的方法则是机械的演绎推理，这种推理应该仅仅依据客观事实、明确的规则以及逻辑去进行，不能融入裁判者个人的主观价值判断。总体而言，法律形式主义的核心主张如下。

第一，坚守封闭的规则体系。持法律形式主义观点的人，在本体论上一般都试图把法哲学同其他学科分割开来，把法律视作一种封闭的逻辑体系。他们认为封闭的法律系统可以用科学的方法予以论证，具有稳定性和明确性，如此便能够使得法律体系免受各种外在因素的侵扰，有效抵制任何试图削弱法律结构的企图，从而更好地保护人们的预期。

第二，奉行机械的演绎推理。形式主义把法律推理看作单纯的逻辑推演过程，“法律推理应该仅仅依据客观事实、明确的规则以及逻辑去决定一切为法律所要求的具体行为”[①]，而正确的判决仅用逻辑方法就可以从预先规定的法律体系中推断出来。

第三，倡导法官裁判的价值中立。法律形式主义认为，通过人的理性可以制定无所不包、无懈可击的法律制度，即使是有争议的疑难案件，法官通过纯粹的逻辑推演，也能够做出正确的判决。所以法官在裁判案件时，只能够价值中立，他们的任务就是发现法律，在制定法不确定时，通过探索立法者明示或可推知的意思进行推演，不允许融入自己的价值立场来解释法律或创造法律。

一般认为形式主义的先驱是兰代尔。兰代尔在1869年被任命为哈佛大学法学院的首任院长，在此之前他是一名律师，并没有从事理论研究工作。兰代尔在任哈佛大学法学院院长期间，参考实验室教学法，创立了判例教学法。兰代尔的判例教学法及其在教学过程中总结出的法律理论，很长时间以来都是美国法学中正统的法律教义。兰代尔的法律理论受到了当时自然科学

① ［美］史蒂文·J.伯顿：《法律和法律推理导论》，张志铭、解兴权译，中国政法大学出版社1998年版，第3页。

的影响，他认为在某个特定领域的知识之间，存在相互关联的、逻辑上可证明的基础原则，借助这些基础原则就可以构建一个完整的科学知识体系，法律领域同样如此。所以，一旦完美的法律知识体系建构之后，法官只需要运用逻辑推理，就可以从这个知识体系中推演出正确的法律裁决。这个完美的知识体系主要包含如下几个要素：其一，法律的概念体系。法律体系是一个由底层规则和顶层概念、原则构成的体系。案件裁决的具体规则可以从少数抽象的原则和概念中推演出来。当出现新的没有规则可适用的个案时，可以通过顶层的概念和原则推演出来，可适用于新案件的规则。其二，法律的融贯性和整全性。法律制度在程序上必须是融贯的，即能为其管辖权内的每一个案件提供一个程序性机制来作唯一的解决；在实体上必须是整全的，实体规范必须能为受其规范的每一个案件提供唯一正确的实体的答案。其三，法律的逻辑合理性。每一个司法裁决都应是经由可证明的逻辑推理得出的。[①]

德沃金的理论可以说是形式主义的一种延伸。德沃金认为法律制度具有整全性，提出了由规则、原则和政策建构的无漏洞的法律体系。不过在规则的世界中是存在漏洞的，因而产生了没有清晰的法规加以确凿决断的疑难案件。在疑难案件的裁判中，尽管在现有的规则体系中难以找到适用于该案的规则，但是可以运用蕴含在规则背后的原则，通过推理和分析，从法律规范体系中找到疑难案件的正确答案。但是这些原则不是由法官个人的道德立场决定的，而是由案件存在的社会背景决定的，因而原则也是客观存在的。所以，在疑难案件中，法官重要的工作是从现有的规则体系中发现、推导出原则，通过判断原告和被告的诉求哪个更符合制定法及其原则，得出唯一的正确答案。德沃金的观点源于他认为法律是一个完美的体系，法官通过法律规则找到其背后隐藏的法律原则，将原则这一非实证的事实引入法律体系当中，一方面可以保证法律的确定性，另一方面可以使法官在疑难案件中得到答案。尽管德沃金认为法律制度具有整全性，但是他并不认为法律制度必然具有普遍的逻辑合理性。他认为疑难案件具有唯一正确的答案，但是不存在

① See Thomas C. Gray, “Langdell’s Orthodoxy”, 45 *U. Pitt. L.Rev.* 1983, pp.6–15.

可证明的推理。所以，德沃金是持比较包容的形式主义立场。

可以看出，兰代尔是严格的形式主义拥护者，即使在面对疑难案件的裁判时，也严格地依循现有的规则。如果严格适用规则裁判会导致不合理的结果，那么宁可牺牲个案中的公平也要保证整个法律制度的可预测性。德沃金认为，在容易处理的案件中，法官只是适用已经确立的规则，①但是在疑难案件中，通过原则裁判案件的正确答案尽管是唯一的，其推理的过程却是难以证明的。法官要努力去寻找唯一正确的答案，但是法官寻找、发现法律原则的过程难以用严格的演绎推理的方式来标明。尽管德沃金对待疑难案件不再坚守严格的演绎推理，但是法官在疑难案件的裁判中并不是随意的，这一点与法律现实主义构成显著的不同。

### （二）现实主义的司法理论

在反对形式主义的运动中，法律现实主义的阵营被确立起来。法律现实主义的主要观点包括以下五个方面：第一，法官在裁决过程中主要是对案件的事实作出反应，而不是对可适用的规则作出反应；第二，法官在遇到事实时是直觉式地下结论，在这个过程中逻辑和概念都是无用的；第三，在形成结论以后法官将在事后以适当的法律规则和理由对该结论予以合理化；第四，决定裁决的主要因素是非法律理由（政策、道德等理由）而不是法律理由，法官是（也应该）根据对社会利益的衡量来作出裁决；第五，法律本身是存在裂隙的，法官应当通过裁决来立法以推进社会改革。②

美国大法官霍姆斯通常被看作反对法律形式主义的代表。霍姆斯在《普通法》第一讲就开宗明义地提出："法律的生命不是逻辑，而是经验。一个时代为人们感受到的需求、主流道德和政治理论、对公共政策的直觉——无论是公开宣布的还是下意识的，甚至是法官与其同胞们共有的偏见，在决定

① 参见［美］德沃金著：《认真对待权利》，信春鹰、吴玉章译，上海三联书店2008年版，第18页。

② 参见柯岚：《法律方法中的形式主义与反形式主义》，载《法律科学》2007年第2期。

赖以治理人们的规则方面的作用都比三段论推理大得多。”[①]在这本书里，霍姆斯表达了与形式主义的不同观点，可以概括为如下三点：第一，在判决过程中起最重要作用的不是逻辑和规则，而是经验。法律不是根据纯粹的逻辑依据展开的，法律的内容就其本身而论，应该与当时的社会需求达成一致。通过法律来裁判案件，如果要达致人们所期望的效果，则极大地依赖于经验。这些经验包括政策的考虑、政治道德理论、个人的偏见和直觉。第二，法律本身是不确定的。法律的确定性是法律形式主义追求的目标，但是霍姆斯敏锐地指出，“确定性不过是一种幻象，而和谐亦非人类命定固有的状态”，已经确定的法律规则在很大程度上会让步于现实的需求和公共政策。第三，法官在裁判中不应该机械地适用规则，而应权衡社会利益。兰代尔明确主张，社会效果的衡量只能是在法律规则允许的范围内，法律是第一位的。但是霍姆斯主张在司法裁判中，尤其是在疑难案件的裁判中，已制定的规则应该可以让位于对社会利益的衡量。所以，“一般性命题并不能决定具体的案件，判决将依赖于一种比任何明确表述的大前提都更为精微的判断或直觉”。[②]

美国早期的法律现实主义的另一位代表人物是弗兰克法官，他不仅主张法律是不确定的，还主张事实是不确定的。弗兰克认为法律不确定的原因有两个方面：“一方面在于法律内容的不确定，这就造成了法律规则无法为法官提供统一、确定的指引；另一方面在于法律推理的不确定，即法官的裁判过程或者受到各种社会因素的影响或者受到其人格特质的影响，从而致使判决结果在相当程度上呈现出多样化。”[③]第二个方面的原因清晰地表明了弗兰克为什么会从规则怀疑转向事实怀疑。弗兰克不赞同规则怀疑论者的观点，他认为规则怀疑论者仅仅关注法律规则的适用问题，忽视了案件事实的认定

---

① ［美］小奥利弗·温德尔·霍姆斯著：《普通法》，冉昊、姚中秋译，中国政法大学出版社2006年版，第1页。

② Lochner v. New York，198 U.S. 1905，p76. 转引自柯岚：《法律方法中的形式主义与反形式主义》，载《法律科学》2007年第2期。

③ 于晓艺：《最忠诚的反叛者——弗兰克法律现实主义思想研究》，中央编译出版社2014年版，第55页。

对于法律判决可能产生的影响，更没有看到案件事实对于法律规则的型塑作用，他们的关注点几乎完全集中于对上级法院司法意见的预测之上，而冷落了初审法院。弗兰克进而主张首先要破除上级法院神话，批驳具有上级化倾向的遵循先例原则。弗兰克认为，初审法院的事实调查才是司法活动的中心，初审法院才是整个司法系统的枢纽。这一判断的根本依据是初审法院所拥有的事实裁量权及其基础性作用。

弗兰克认为，抽象的规则并不能体现司法公正的立场，重要的是每个特殊的案件事实如何判断和认定，因为法官在处理案件时，很少处理不具有争议的案件事实，因此在特定的案件中，单纯关注一般规则并不能确保正义的实现，而应该关注每一个具体纠纷的特殊性案件事实，这样才能实现“看得见的正义”。弗兰克一方面认为人是自私的，个人与国家之间存在着一定程度的对抗，另一方面又过度地强调通过司法机构来保证个人的权利。弗兰克的哲学思想中表现了他的这一理想，“即每个人的权利不会在国家机器的重压下被压垮”①。根据这样的理想，“个人成为国家的缩影，为个人的独特目的而努力；国家成为一个放大的个人，它的目的就是关心人们生活的改善，在国家生活中，每个人都会找到自己的位置”。②

弗兰克在法律现实主义的道路上比霍姆斯走得更远。霍姆斯并没有完全否定逻辑的作用，有些学者甚至认为霍姆斯在法律方法上不仅不是反形式主义的，而且他的思想中仍有许多属于兰代尔传统的形式主义的因素，只不过为了寻找理论上的先驱，法律现实主义者在霍姆斯的作品中断章取义地引证对自己有利的部分。③而弗兰克不仅主张法律的不确定，还认为事实也是不确定的，所以他走向了极端的法律现实主义，完全否定了法官裁判案件的客观性，认为在司法过程中真正决定裁判的是法官的个人癖性。法官并不是先去查看法律然后决定如何裁判，而是先对事实作出反应，产生直觉，

① Water E. Volkomer, *The Passionate Liberal*: *The Political and Legal Ideas of Jermoe Frank*, Martinus Nilhoff, 1970, p.91.

② Herbert Crolv, *The Promise of American Life*, Dutton, 1909, p.414.

③ See Neil Duxbury, *Patterns of American Jurisprudence*, Claren-don Press 1997, pp.41-46.

然后再去寻找案例、成文法以及其他法律材料来为自己的判断作出合理性的证明。

## 二、我国疑难案件的内涵

### （一）不同学说

我国法学界有不少学者对“疑难案件”的含义进行了界定。我国法理学界的主流观点是将事实疑难案件排除在疑难案件的范畴外，具有代表性的观点如下：

苏力教授将法律上存在疑难的案件称为“难办案件”。他认为，有别于案情复杂、事实不清的“疑难案件”或影响性巨大的“重大案件”，难办案件事实清楚却没有明确的法律可以适用，或适用的结果不合情理甚至有悖“天理”（所谓自然法），法官因此面临艰难的法律抉择，或需要“造法”，但这不仅可能有悖其执法者的角色，受到制度制约，而且可能引出坏法律（hard case leads bad law）。①

张骐教授则认为，“疑难案件主要是指有关法律规定的疑难案件或法律规定与案件事实结合在一起的疑难案件；仅仅有关案件事实的疑难案件并不直接涉及法律适用过程中的法律推理问题”。②

刘星教授认为，疑难案件是指具有以下三个特征的案件：第一，对规则的内涵不存在清楚的、权威的、唯一正确的解释陈述，有关其内涵的陈述总会因人而异；第二，由于规则总是一般性的陈述，在适用环境中其自身无法明确地表明是否适用某一具体事实，其含义只能依赖于适用者的解释；第三，如果无法避免适用者的解释，那么法律的含义可能并不存在于规则之中。③

陈金钊教授则从法律发现的角度来界定疑难案件。他认为，法律发现会

---

① 苏力：《法条主义、民意与难办案件—从许霆案切入》，载《中外法学》2009年第1期。

② 张骐著：《法律推理与法律制度》，山东人民出版社2003年版，第43页。

③ 刘星著：《法律是什么》，中国政法大学出版社1998年版，第62页。

出现两种结果：第一，如果案件事实与法律规定相比是典型案件，则法官可能会发现明确的法律……第二，如果是疑难案件，则法官会发现法律的另外两种情形：一是不明确的法律；二是法律在此领域根本没有任何规定，因此出现法律的漏洞。[①]

### （二）道德哲学立场下我国疑难案件的界定

从上文的分析可以看出，学者们所界定的疑难案件主要指在法律适用过程中存在疑难的案件。笔者认为，这种界定并不全面。基于我国现有的司法情境以及一种道德的司法哲学，我国疑难案件的范围不仅应该包括在法律适用上存在疑难的案件，还应该包括事实疑难以及具有重大影响的案件。理由如下：

首先，对于事实疑难特别是事实疑罪的案件，我国民众的关注度非常高，而这类案件中存在的法律错案又确实比较多，社会影响大。这类案件可能存在事实错误问题，在很多时候，法官对证据的判断直接影响到案件的判决。国外的法学家很少探讨事实疑难的案件，很大原因在于英美法系将事实裁决和法律适用区分开来，法官负责适用法律，而不做事实裁决。在我国，法官不仅需要正确判定事实，还要准确适用法律。

其次，有很多学者认为，将存在事实认定或者法律适用问题的案件作为疑难案件尚可接受，但是，不应该将影响重大的案件划定为疑难案件。然而，从我国现有的司法和政治状况进行分析，这类案件的客观事实往往会被舆论扭曲，因此民间会形成关于案件的多个版本的传言，其中的客观真实性也需要对案件事实进行抽丝剥茧般的证明和证伪，如果将这类案件一概排除在疑难案件之外，其实是既不妥当也不现实的。从裁判角度考虑，假如将这类案件作为一般案件处理，就很难衡平案件裁判之外不能忽视、无法回避的其他各种复杂因素，它们将在彼此的协力或者冲突中影响到裁判的政治效果、社会效果。将这类案件排除在司法考量的范围之外，这种做法与“法治

① 谢晖、陈金钊著：《法律：诠释与应用》，上海译文出版社2002年版，第89页。

中国”的政治目标和“司法治理”的社会趋势大相径庭，不利于司法的长足进步和发展，也不利于法学研究的深入和对现实问题的关注。因而，明智、现实的做法是通过司法的途径妥善地解决这类存在重大影响的案件。

最后，将疑难案件的范围扩大到事实存疑、社会影响大的案件也是有例可循的。长期以来，我国法律实务界对于疑难案件采取了非常宽泛的界定方式，如我国的《人民法院组织法》第37条第1款规定：“审判委员会履行下列职能：……（二）讨论决定重大、疑难、复杂案件的法律适用……”其中所谓的疑难案件，可分为三大类型：一是社会影响大、社会反响强烈的案件；二是人大、政府或其他机关有干预的案件；三是有法律上的困惑、难以定性的案件。[①]2010年1月最高人民法院印发《关于改革和完善人民法院审判委员会制度的实施意见》（法发〔2010〕3号）第11条第1款规定：“人民法院审理下列案件时，合议庭可以提请院长决定提交审判委员会讨论：（一）合议庭意见有重大分歧、难以作出决定的案件；（二）法律规定不明确，存在法律适用疑难问题的案件；（三）案件处理结果可能产生重大社会影响的案件；（四）对审判工作具有指导意义的新类型案件；（五）其他需要提交审判委员会讨论的疑难、复杂、重大案件。”

## 三、我国疑难案件的分类

依据上述理由，笔者认为所谓的疑难案件是指在司法实践中不能或者不适宜通过法律“三段论”的运用，有效地得出裁判结论的案件。这类案件具体包括三种类型。

### （一）事实认定疑难案件

事实认定疑难类型案件在司法实践中大量存在，如彭宇案、佘祥林案、

① 苏力著：《送法下乡：中国基层司法制度研究》，中国政法大学出版社2000年版，第104—105页。

雷洋案等，司法机关认定的事实和媒体所披露的事实存在很大分歧。对于这类案件，要辩正、客观地评价。要正视由于诸多因素的介入，导致案件的事实不清晰，从而难以还原法律规定范围内的适当案件过程和事实。另外，有些案件是因为当事人掌握的证据不充足，或案件双方提供的证据相互冲突且无法判断真伪，从而导致客观事实的真相无法确知。在过去，法律工作者都认为案件事实的认定是一个客观的技术判断过程；但今天，大多数学者都强烈地意识到，对于案件事实不仅要进行科学的技术性判断，还需要进行规范的价值评价。[①]基于这一共识，本书认为，由于价值评价的差异，我们对事实的认定不可避免地会发生分歧。因此，在事实层面，我们可将案件分为简单案件与疑难案件。这种区分的根据源自认识论，而非本体论。由于客观事实转化为法律事实主要是依据证据来完成的，所以从证据的角度讲，所谓事实认定简单案件即各事实判断者对于案件是否达到证据充分、确凿达成了共识性意见的案件；所谓事实认定疑难案件即各事实判断者就此存在至少两种意见以上的争议，而且各种不同意见都具有其正当性和合理性，既无法充分证实、也无法有效证伪，无法达成共识性理解的案件。在此情形之下，对疑难事实的共识无法通过技术性方法解决，从而有必要引入价值评价。

### （二）法律适用疑难案件

法律适用疑难案件在实践中也并不鲜见，例如许霆案最为典型，该案基本没有事实上的争议，但是在法律适用方面存在诸多全然不同的看法。总之，这种案件从其成因上可以细分为法律语义模糊、法律漏洞、法律规定不合理三种。

#### 1. 法律语义模糊

法律条文是由文字性概念、命题所组成的，因此，对法律条文的理解，至少需要经过解释、价值填充等环节，才可将其最终转化为恰当的个案裁判规范。法律裁判规范的获得意味着大前提建构的实现。法律文本规范在与案

① 张继成：《从案件事实之“是”到当事人之“应当”》，载《法学研究》2003年第1期。

件事实不断设证、不断试错的过程中将法律条文的含义具体化。因此，对法律条文的理解有争议，在案件裁判时意味着对于待判案件的事实能否涵摄于某个法律条文中有争议。这个过程在考夫曼看来，是在法律适用过程中产生了疑难。[①]导致这种疑难的最主要的原因则是由法律语言本身引发的。

首先，法律概念与生活事实之间不是自动匹配的。法律在实践中追求规范的安定性和可预测性，这首先要求法律概念不能脱离一般公众的理解范畴，因此，法律概念需要以生活事实为基础，又必须将多种意义的生活事实高度浓缩为抽象化、一般化的法律概念。例如，故意杀人这一法律概念是对生活中各种非正常死亡形态的概括，如“捅死”“勒死”“毒死”等。因而，法官在适用法律时，首先要将单一的、高度抽象化的法律概念解释为与案件事实相匹配的日常语言，在这个过程中就可能产生争议。

其次，语言是流变的。苏力教授将语言流变分为历时性流变和共时性流变两种[②]，还有的学者明确将某些具体的法律概念和法律范畴置于共时性向度和历时性向度的评价之下[③]。历时性流变指同一语词在一个时期被普遍认可的意义，会在另一个时期消失或变更的情形。例如，我国《刑法》第358条第1款规定：“组织、强迫他人卖淫的，处五年以上十年以下有期徒刑，并处罚金；情节严重的，处十年以上有期徒刑或者无期徒刑，并处罚金或者没收财产。”该条款中的“他人”在很长的时间里一直被认为是女性，而“卖淫”则被认为是女性为男性提供性服务。但是随着人们生活形态和观念的变迁，男性提供性服务的行为越来越多，这种理解已经逐渐难以适应司法实践的需要。最终，司法实践通过“李宁组织同性卖淫案”推动了组织卖淫罪中相关

---

① 考夫曼教授认为，所谓法律适用是指“当拟判断的案件已经被规定在可适用于绝大多数案件的法律时，这时所进行的只是一种‘单纯的包摄’”；所谓法律发现，“就是少数的例外，当对拟判断的案件找不到法律规定，而这个法律规定是依照‘法律秩序的计划’必须被期待时，亦即当法律出现‘违反计划的不圆满时’，这个此处必要的漏洞填补不是经由包摄就可以的，而是经由类推的途径才能获得”。[德]考夫曼著：《法律哲学》，刘幸义等译，法律出版社2004年版，第94页。

② 苏力：《解释的难题：对几种法律文本解释方法的追问》，载《中国社会科学》1997年第4期。

③ 比如，童德华教授就将犯罪构成置于共时性向度和历时性向度的评价之下，参见童德华：《罪责构造的向度及其程式化转向》，载《中外法学》2009年第4期。

法律概念的演变，并重新塑造法律实践的相关认识，现在，“他人”的外延扩展了，不仅包括女性，也包括男性，与此同时，“卖淫”的外延不仅包括提供异性性服务，也包括提供同性性服务①。共时性流变则意味着在同一段时间内，不同语言共同体对同一语言存在不同理解，最为典型的表现就是地区性用语差异。如在我国《刑法》中，对于数额犯的数额在不同的省份、地区理解是不同的，如盗窃罪中的数额特别巨大，在广东省以10万元为起点，而在甘肃省等地区，则以3万元为起点。可见，对法律文本的理解，不可能完全遵循立法者的原意，而必须在具体个案中结合社会的时空结构进行客观解释。

**2.法律漏洞**

王泽鉴教授曾就法律漏洞问题作了一个形象的比喻：假如法律是一座墙，那么墙的缺口就是法律的漏洞，因为墙依其本质应该完整无缺，若存在缺口，则违反了作为墙的目的和作用，自然应予以修补。其他学者对法律漏洞的认定，基本上也在此比喻内来进行。魏德士认为，所谓法律漏洞，是指“以现行整个法律秩序为标准的法律规则体现出‘违背计划的非完整性’”。②而拉伦茨则认为，法律漏洞是指法律在某一特殊领域应当保证其圆满性，但法律对其规整范围内的特定案件类型缺乏适当的规则时，便会存在法律漏洞。③所以，法律漏洞可以概括为根据现有的法律体系，存在着违反立法计划的不圆满性状态。因而判断法律漏洞是否存在，应以法律本身的观点、法律的根本目的以及立法者的“计划”为准，只有在计划内发生的不圆满性才属于漏洞。如果法律现实的不圆满是因为法外空间导致的，就不能称为漏洞。而法外空间指的是法律不予以调整的领域，比如婚前恋爱关系则被排除在法律调整的范围之外，即便双方有性关系存在。还有一些纯粹属于道德领域、精神领域的行为同样也属于法外空间，比如见危不救的行为，即使该行为引发了很大的争议，但是在现有的法律体系内，该行为的调整仍然属于法

① 参见张明楷著：《刑法学》，法律出版社2011年版，第1021页。
② ［德］魏德士著：《法理学》，丁小春、吴越译，法律出版社2003年版，第358页。
③ ［德］拉伦茨著：《法学方法论》，陈爱娥译，商务印书馆2004年版，第249页。

外空间，而不能属于法律漏洞。根据现有法律体系中存在的漏洞是否明显，可以分为开放的法律漏洞和隐蔽的法律漏洞。

开放的法律漏洞，也称为明显的法律漏洞，是指根据法律规范的内涵和意旨，对某一类生活事实，法律应该做出规定而没有做出规定，从而使得事实与规范无法形成对接的情形。比如我国《刑法》第262条将拐骗儿童的行为规定为犯罪，但是对社会危害性更为严重的掠夺儿童的行为却没有做出规定。

隐蔽的法律漏洞指对于某类特定事实，法律虽然有所规定，但是法律的规定由于具体构成要件缺失或限制而在具体规范与案件事实进行对接匹配时存在困难。比如我国《刑法》第17条第2款规定："已满十四周岁不满十六周岁的人，犯故意杀人、故意伤害致人重伤或者死亡、强奸、抢劫、贩卖毒品、放火、爆炸、投放危险物质罪的，应当负刑事责任。"这条规定虽然涉及了已满14周岁不满16周岁的行为人应该承担刑事责任的犯罪，但是却没有明确这8种犯罪是指具体罪名还是具体犯罪行为，这一度导致司法实践出现如下困难情形，如已满14周岁不满16周岁的行为人，将被害人绑架后又杀害的行为，对其应如何定性处理呢？根据《刑法》第239条第2款的规定："犯前款罪，杀害被绑架人的，或者故意伤害被绑架人，致人重伤、死亡的，处无期徒刑或者死刑，并处没收财产。"也就是说，绑架罪吸收了故意杀人行为，在绑架中的故意杀人行为不具有独立的罪名。所以如果《刑法》第17条第2款规定的是行为所触犯的罪名，那么对已满14周岁不满16周岁的行为人将被害人绑架后又杀害的，就无法治罪。此时现有的法律规定实际上就存在漏洞。

**3. 法律规定不合理**

法律规定不合理指的是对于特定的法律事实，有明确可以适用的规则，但是该条法律规范不符合法律体系的精神或者适用该法律规范会导致严重不正义的结果。在许霆案件中，就有学者质疑关于盗窃罪的法律规定不合理。

（三）社会评价疑难案件

社会评价疑难案件可以进一步分为两种，即纯正的社会评价疑难案件和不纯正的社会评价疑难案件。不纯正的社会评价疑难案件，主要指的是由于法律规定不合理，或者裁判结果超脱公众对于法律正义的预期，从而导致公众对于裁判存在质疑和责难的案件，典型的如李昌奎案、天价葡萄案。所谓纯正的社会评价疑难案件，主要是指案件本身不存在事实认定或法律适用难题，而仅仅是由于案件本身所蕴藏的背景元素，使得案件裁判结果与公众判意产生了距离，从而不能被民众认可或会被民众责难的案件类型，这类案件和人们所谈到的重大影响案件具有相通性。还有的疑难案件属于综合性疑难案件，即既有法律规定不合理引发的社会评价疑难，也混杂了各种背景因素，从而使得案件的评价更为复杂。引发社会评价疑难案件的主要表现有两种：一种是背景因素复杂；另一种是正义观之间的冲突。

## 第二节　事实疑难案件中事实的认定

### 一、事实认定的方法

（一）演绎论证

演绎论证是运用演绎推理的形式所进行的论证。演绎论证从一般性的原理出发，运用演绎推理规则推出其蕴含的某一特殊论断。演绎论证中各命题之间的关系是必然的，其论证结构的严谨性在所有论证之中是最高的。一个推理正确的演绎论证，其大前提的真实性可以充分保证结论的真实性。[①]当一个演绎论证正确地遵守演绎规则时，它就是有效的，此时若前提为真，结

① 周建武、武宏志著：《批判性思维——逻辑原理与方法》，清华大学出版社2015年版，第40页。

论就不可能为假。在这个意义上，前提保证了结论的真。总之，演绎推理是前提和结论之间有必然关系的推理，只要保证了推理形式的有效性，不论其中的变形做怎样的代入，只要前提为真，就能保证结论为真。而以演绎推理为形式的演绎论证，只要论据为真，也能保证最后的结论为真。

三段论被广泛应用于司法推理之中，虽然司法领域中三段论的运用受到很多批判，但并不能否认其价值。三段论模式符合我国诉讼程序中“以事实为依据，以法律为准绳”的基本原则。并且三段论模式通常可以为法官得出最终的审判结果提供宏观层面的论辩纲领，将三段论运用于司法推理之中有其绝对的合理性。演绎三段论对规则有严密性和精确性的要求。事实上，法律推理的目的不仅仅是证成事实陈述问题在判断上的真假，更多情况下在于说服他人接受法律的规范性诠释。如何展开演绎论证并保证结论的真实性，作为大前提的规则显得尤为重要。在司法领域中，如法律推理，一般是将法律规范作为大前提，从而推出结论。法律三段论通过将作为大前提的法律规范和作为小前提的法律事实作为推理前提，从而得出明确的推理结论。而将演绎论证运用到判决书的事实论证中，同样可以构造一个三段论，只不过这个三段论的大前提和小前提与法律三段论不同。演绎推理虽然被应用得最多，但也有其局限性。

第一，经验法则或逻辑法则的使用不当导致论证的结果让人难以接受和信服。运用演绎论证证成事实，首先要确定作为大前提的经验法则或逻辑法则。经验法则是人类日常生活中积累的关于事物发展和运动的客观规律。经验法则应当是在一定范围内被普遍接受的规律。在证据法意义上，经验法则指的是法官把日常生活中形成的反映事物之间内在必然联系的事理作为认定待证事实根据的有关法则。这种事理作为一种事物的发展常态，并非仅为法官的主观经验，它以一定的确实性和合理性作为基础。如在一件涉及彩礼返还的案件中，由于现有证据无法证明男方给过女方6000元彩礼这一事实，在本案的二审判决书中，法官以男女双方已经举行了订婚仪式为基础事实，根据本地“订婚仪式上男方会给女方不低于6000元的彩礼”的习俗，将其作为大前提，从而论证“男方给过女方6000元彩礼”这一推定事实的成立。[①]

第二，演绎论证在面对从间接证据到事实的成立的论证时，有些无能为力。用演绎推理来论证待证事实的成立是非常困难的，因为形式逻辑偏爱公理的固定性，作为大前提的经验法则或逻辑法则必须是公理，才能保证由真的前提到真的结论的必然性。而实践中，只有直接证据到待证事实的证明有普遍接受的公理作为大前提，而其他的经由间接证据到待证事实的证明的大前提则难以成为公理。

### （二）归纳推理

归纳推理是指，根据对某类事物部分对象的考察，发现它们具有某种性质，因而得出该类事物都具有某种性质的结论。归纳论证是用特殊事实来说明较普遍性命题的合理性，也就是根据有限对象的考察，推论出对某一类事物的一般性主张。总之，归纳论证以许多个别事例或分论点为基础，归纳出它们共有的特性，得出一般性结论。演绎论证与归纳论证有诸多不同。演绎论证的结果是一个必然性结果，归纳论证的结果是一个或然性结果；一个演绎推理要么有效，要么无效；而归纳推理的前提对结论的支持强度可以有所不同。我们在使用归纳论证时，有可能会找到一条新证据，从而驳倒先前的归纳论证证成的假说。这条新证据叫作反例。归纳论证始终有这种反例，因此归纳论证无法保证确定性。归纳论证有好的（合理的）与不好的（不合理的）区分。[②]一个归纳被认为是不合理的，最常见的原因就是其论据太少或种类太过单一。

### （三）回溯推理

回溯推理又称为似真论证、合情论证，是指根据不完全的前提所进行的可修正和可废止的论证。回溯推理的大致过程是，面对一系列证据，给出一

① 参见江苏省宿迁市中级人民法院民事判决书（2007）宿中民终字第122号。

② ［美］罗伯特·C.所罗门著：《哲学导论：综合原典阅读教程》，陈高华译，世界图书出版公司2012年版，第27页。

个恰当的解释（结论），而这个解释结论是现有条件下能得出的最合理的一个。威格莫尔将此比作在许多股绳子或电缆中，每股绳子本身都是弱的，但当足够数量的绳子编在一起时，就组成了一个不能“被断开的链接媒介”。[①]从逻辑学的视角看，回溯推理是根据事物的因果关系的知识，从已知事物的结果推断原因的一种思维方式，或者是前提由结论导出的推理；从解释学的视角看，回溯推理是推理到最佳解释的过程，这种推理从已知的某个结果出发，试图确定与其相关的解释，所以常常也被称作求最佳解释的推理。易言之，它开始于事实的集合并推导出它们最合适的解释的推理过程。

## 二、疑难事实认定中演绎推理的运用

### 案例7-1 念斌投毒案

**基本案情**

2006年7月27日夜，福建省平潭县澳前村17号两户居民家中多人出现中毒症状，其中两人经抢救无效死亡。警方经过侦查，很快确定是人为投入氟乙酸盐鼠药所致，认为其邻居念斌有重大作案嫌疑。念斌遂被逮捕，并被提起公诉。后该案历时8年9次开庭审判，念斌4次被判处死刑立即执行。2010年10月，最高法院以“事实不清、证据不足”发出不核准死刑的裁定书，并撤销原判发回福建省高院重审。2011年5月5日，福建省高院也撤销了福州市中级法院对念斌的死刑判决，并将该案件发回福州中院重新审判。2011年9月7日，该案在福州中院再次开庭审理，在没有新事实新证据的情况下，福州中院于同年11月24日再次对念斌判处死刑，剥夺政治权利终身。2014年8月22日，福建高院作出终审判决：一、撤销福州市中级人民法院（2011）榕刑初字第104号刑事附带民事判决。二、上诉人念

① ［美］道格拉斯·沃尔顿著：《法律论证与证据》，梁庆寅、熊明辉等译，中国政法大学出版社2010年版，第119页。

斌无罪。三、上诉人念斌不承担民事赔偿责任。念斌案经过几年审判，最终改判念斌无罪。其中关于念斌有罪供述是否可以采信，构成了判决中证据可采性的关键因素，在这个问题上原审法官和再审法官给出了截然不同的判断。[①]在该案认定念斌毒药来源的相关证据中，有卖鼠药的证人杨某炎等人的证言及辨认笔录、查获的杨某炎配制鼠药工具的照片、理化检验报告、鼠药包装袋、搜查证、搜查笔录、扣押物品清单及照片，念斌的有罪供述及指认购买鼠药地点笔录和录像等证据。但是在这些证据中，“念斌与杨某炎相互不能辨认，供述的卖鼠药人的年龄与杨某炎不相符，供述的鼠药包装袋规格与实物不相符”。

面对念斌关于购买鼠药的供述与相关证据之间存在不相符的情形，原审法官接纳了公诉人的意见，认为之所以存在不相符，是因为念斌“是凭其个人主观感受进行描述，不影响鼠药来源的认定，可以认定念斌投放的鼠药系从杨某炎处购买。”但是再审法官认为：“念斌与杨某炎相互不能辨认，供证存在不吻合之处，配制鼠药工具的理化检验报告不足以采信，原判认定念斌投放的鼠药系从杨某炎处购买依据不充分。”

**问题思考**

1.原审法官和再审法官的事实认定为什么会不一致?

2.原审法官事实认定中演绎推理的运用是否恰当?

**法理解析**

在案件事实的认定过程中，无论是生活事实向法律事实转化过程中的评价、归属，还是法律事实向证明事实转化过程中的证明、推定，无一不存在着法官进行主观判断的空间。法官的主观判断大致上可以分为两类：一类是基于“一般的社会经验法则”所作出的判断，另一类则是在一般社会经验法则欠缺或无法作用时所进行的价值上的判断、衡量。这些判断的作出很大程度上是基于法官的历史性和社会性存在，例如法官经由法律教育、审判实践等各种渠道所形成的对法律传统、法律精神的理解，不同的

① 具体内容见福建省高级人民法院刑事附带民事判决书（2012）闽刑终字第10号重审判决书。

生活境遇所构建的法官的社会经验认同，以及法官无法超越的由历史传承下来的文化构成等。这些因素都可以看作法官前见的一部分。对于法官而言，前见不仅仅是经验性的，也是规范性的，而且这种前见理解并不是固定的、一成不变的，在案件事实的认定过程中，这些前见也在生活事实与法律事实当中循环理解、相互印证，在最终的案件事实认定结果出来之前，这些前见的判断可能在不停地变化、修正，最大限度地做出公正客观的事实认定。

但是由于每个人生活阅历和知识储备的不同，面对同样的证据材料，不同的人会形成截然不同的判断。在一般案件的审理中，法官并不提供证据，只需对双方当事人的证据进行验证，对是否采信证据进行判断即可。对证据采信力的判断，虽然有相关证据规则予以约束，但是法官仍然有自由裁量的空间，在自由裁量的过程中，法官的前见会自然地融入进去。所以，对同一项证据，不同的法官对其证明力的判断可能是不同的。比如，同样是对黑人证人的证言，陪审团中的黑人成员比白人成员觉得其可采性更高一些。在辛普森案件当中，陪审团判定辛普森无罪，很多人就曾质疑陪审团中黑人太多。在我国案件事实的认定过程中，则可能由于法官们主观判断的不同，导致对事实不能形成共识。

在念斌案的原审判决书中，法官认为念斌作出多次有罪供述，看不出刑讯逼供的痕迹，而且没有任何证据证明有刑讯逼供的可能，所以具有可采性。当事人的口供要具有可采性，除了排除证明力的刑讯逼供，还必须能够与其他证据相印证。但是在念斌的有罪供述出现疑问时，法官没有质疑有罪的真实性，而归结于念斌陈述的不恰当。可见，因为念斌的有罪供述，法官已经对本案形成了一个前见：念斌有罪。据此，原审法官认定念斌对购买鼠药的过程的供述是具有可采性的。原审法院的判断可以简化为如下逻辑判断过程：

大前提：第一，人的描述和自己经历的东西有可能不一致；第二，当事人的有罪供述是成立的。小前提：当事人所表述的自己的犯罪经历和实际发生的事情不一致。结论：当事人确实犯罪，只是描述不准确。

从这个逻辑链中可以发现，法官原本要作出判断的是当事人关于犯罪经历的供述是否可信，但其在进行印证之前已经形成了前见，而且把这个前见视作当然的无须质疑的前提，从而使原审法官对当事人供述的可采性作出的判断与证据规则的要求产生了偏差。而再审法院恰恰是以证据不能排除合理怀疑为由判定念斌无罪。

念斌案件经旷日持久的审判，最终得以判决无罪。但这并不代表人们对事实达成共识，认为念斌没有投毒，而是从现有的证据体系中，人们还不能充分合理地推断出是念斌投毒，所以该案被认为是“疑罪从无原则”的中国式演绎。

## 第三节　法律疑难案件的裁判

### 一、法律疑难案件中的原则裁判模式

法律疑难的情形有多种类型，在面对这些法律疑难时，不存在明确的法律规则可循，但是根据“法官不能拒绝裁判”的现代司法原则，法官必须对所有的案件做出最后的裁决。有些学者主张，此时法官应该依循法律原则来予以裁决。法律原则裁判的典型代表就是德沃金和阿列克西。德沃金以里格斯诉帕尔默案和亨宁森诉布洛姆菲尔德案作为反驳“法律即规则”这一命题的有力依据，他指出了法院对于案件的判决实际上是在适用哈特所指的承认规则以外的准则。这种准则包括法律原则和政策。因而在法律体系中不仅有明显的法律规则，还包括诸多隐含的法律原则。德沃金是这样来界定原则的：这样的一个准则称为一个“原则”，它应该得到遵守，并不是因为它将促进或者保护被认为合乎需要的经济、政治或者社会形式，而是因为它是公平、正义的要求，或者是其他道德层面的要求。[①] 如果没有可供一个案件适用的

① ［美］德沃金著：《认真对待权利》，信春鹰、吴玉章译，中国大百科全书出版社1998年版，第40页。

法律规则，那么法官就需要寻找某种道德理论，依据从中推导出的法律原则作出判决。法官的审判义务将不仅仅是依照“明确的法律规则”进行裁判，还可以在疑难案件中依据“法律背后的原则”进行判决。

法律原则并不是由立法创造的，它有时通过立法的序言体现出来，有时通过法院的判决来体现。更多的时候，我们可以从法律精神、判例以及人们的道德观念中推导出法律原则。德沃金指出，为了确保一项原则是属于法律体系内部的，该原则必须对类似案件中以往的所有判例予以合理解释。如果运用该原则能达致合理的解释，则说明该原则正是现行的法律制度一向都认可的裁判依据，其实早已纳入了法律体系，只不过它没有被明确写进法律而已。用这样的法律原则来判案，其结果仍然在法律的范围之内。

德沃金通过对哈特规则说的批判，建立了“规则—原则—政策”模式，并且指出规则与原则之间的区别是逻辑上的，可归纳为三点：[①]其一，规则是以“全有或全无”的方式适用的，而原则的确定性只是程度的问题；其二，规则具有“一般—例外”结构，原则虽然也有例外，但原则的例外是无法被穷尽的；其三，原则具有分量的特性。

为了增加自己理论的说服力，德沃金还将罗尔斯拉入了自己原则裁判的阵营[②]，德沃金认为，罗尔斯的公共理性学说对确定一个关于“合乎法律和法院判决”的概念并没有太多的帮助。但是他认为，在罗尔斯理论所暗含的解释主义法律概念中，其实已经蕴含了对司法判决的必要限制。根据这个解释主义的概念，在疑难案件中，法官应该尽力确定公平的或者正义的原则，这些原则可以最有力地证明作为一个整体的共同体的法律是正当的，所以法官不可以诉诸宗教信仰或者自由社会的各种目标，因为在一个自由宽容的多元主义共同体中，就一种对法律结构的完备性、正当性论证而言，这些信仰不

---

① ［美］罗纳德·德沃金著：《认真对待权利》，信春鹰、吴玉章译，生活·读书·新知三联书店2008年版，第70—71页。

② See Ronald Dworkin, “Rawls and the Law”, 72 *Fordham Law Review*, (April, 2004), pp.1387-1405.

能够特别地予以考虑。

阿列克西在德沃金的基础上更加细化了原则模式。阿列克西认为原则是一种要求事物在相对于事实上与法律上的可能范围之内，以尽可能高的程度被实现的规范。原则能否实施，实施程度如何，除要能对应于生活事实的要求外，在法律上也要具备可能。也就是说，原则的适用还必须考虑到与该案相关的其他法律原则。因此，适用法律原则时的典型方式乃是衡量。

针对法律原则的衡量问题，阿列克西提出了"衡量法则"，即侵害一个法律原则的可允许的程度依赖于满足另一个法律原则的重要性，一个原则受侵害的强度越大，另一个原则的重要性则相应的越高，否则就不能适用。阿列克西把衡量过程分为三个阶段：第一阶段，确立对某个原则的侵害或不满足程度；第二阶段，确立对与之相竞争的法律原则的满足的重要性程度；第三阶段，将第一阶段确立的受侵害程度与第二阶段确立的重要性程度进行比较，确定后一个原则的重要性程度可否论证成对前一个原则的不满足或侵害的程度。①

以德沃金和阿列克西为代表的法律原则理论，尽管建构了一个精细的法律原则适用的体系，但是仍然被批评为"难以信服""基本没什么价值"。法律原则的反对者甚至认为，法律方法论只需两种类型的规范：正确的道德原则和实定化了的法律规则。法律原则既无法律规则在行为指引方面的确定性优点，又不具备道德原则具有的道德正确性优点，所以在法律方法论中并无一席之地。②无论法律原则裁判的反对者们如何批评法律原则模式，他们始终会面临这样一个问题：在遇到规则漏洞或规则不合理的疑难案件时，如何裁判？笔者认为，法律原则裁判尽管存在一些问题，但仍然是最符合现代法治精神的一种裁判方式。

① Robert Alexy, "On Balancing and Subsumption——A Structural Comparison", *RatioJuris*, December 2003, pp.433-449.

② 参见陈林林：《法律原则的模式与应用》，载《浙江社会科学》2012年第3期。

## 二、法律原则的指引性适用

### 案例7-2 家园公司诉森得瑞公司合同纠纷案[①]

**基本案情**

原告家园公司诉称：原告与被告森得瑞公司于2004年3月9日签订《加盟特许经营合同》，约定了双方的权利义务，其中包括竞业禁止和保守商业秘密的条款。合同开始履行后，双方又于2005年5月16日签订了《解除合同协议书》，该协议书第五条约定：合同解除后，家园公司还必须遵守合同约定的竞业禁止和保守商业秘密的条款。但依据相关法律及司法解释，该条款显失公平，故请求法院依法判令撤销该条款。

**问题思考**

1. 我国关于显失公平的认定条款有哪些？

2. 这些规定体现了什么法律原则？

3. 如何运用合同原则来具体判定显失公平？

**法理解析**

在该案发生之时，我国对显失公平合同的处理主要遵循《民法通则》和《合同法》。[②]在《民法典》颁布之前，对于显失公平的合同，我国相关的法律规则有两条。我国《民法总则》第151条[③]规定："一方利用对方处于危困状态、缺乏判断能力等情形，致使民事法律行为成立时显失公平的，受损害方有权请求人民法院或者仲裁机构予以撤销。"我国《合同法》第54条[④]规定："下列合同，当事人一方有权请求人民法院或者仲裁机构变更或撤销：

---

① 最高人民法院办公厅编写：《中华人民共和国最高人民法院公报》（2007年卷），人民法院出版社2007年版，第450—454页。

② 《民法通则》和《合同法》均已失效，现参考《民法典》相关规定。

③ 现为《民法典》总则第151条。

④ 现为《民法典》总则第147—151条。

（一）因重大误解而订立的；（二）在订立合同时显失公平的。一方以欺诈、胁迫的手段或者乘人之危，使对方在违背真实意思的情况下订立的合同，受损害方有权请求人民法院或者仲裁机构变更或撤销……"

从上述两条可以看出，2017年颁布的《民法总则》对显失公平规定得更为详细，但是仍然没有对什么是显失公平给出一个明确的断定。学者一般把显失公平理解为"权利义务的严重失衡"，那么法官在遇到实际案件时，该如何判断权利义务严重失衡呢？这时就需要结合显失公平规定背后的原则予以断定。

显失公平背后其实蕴含着两条有时会发生冲突的原则，即自由原则和公平原则。这两条原则有时会产生冲突，因而断定显失公平时，要将两条原则予以动态的平衡。从公平原则的角度而言，权利义务明显失衡可转换为合同价格极不公平。阿图尔·考夫曼主张："一种表述的真实性和正当性的本来标准就不是某种合意的主观，而是这种状况；多个互相独立的主体从其本身的对象出发达到实际上趋同的认识。"[①]据此，对契约价金条款是否公平则如此理解：不能仅仅根据形成价金条款的合意的程序判断，还应考虑到此价金条款是否符合一般人对公平的认识（趋同的认识），即"公平价格"。而"公平价格"的形成是多个主体在市场中对价格趋同的认识。

因而，在衡量合同价格偏离公平价格多少为实质性显失公平则需要结合自由原则来认定。因为证明客观实际的最重要手段是合意。但合意的真实性（正当性）的根据不是（以理想的方式所获得的）合意，而是作为真实性（正当性）本来标准的趋同。根据这个标准，我们可以同意瑙克的阐述："合意是正当法的源泉，正当法是合意的界限。"[②]因而显失公平是两种原则相互作用的结果，两者互为判断标准。

在显失公平的合同判定中，包括两个要素：程序不公平（合意瑕疵）和实质不公平（结果不公平）。这两个要素在一定程度上是均衡的。"这是因为

---

① ［德］阿图尔·考夫曼著：《后现代法哲学——告别演讲》，米健译，法律出版社2000年版，第46页。

② ［德］阿图尔·考夫曼著：《后现代法哲学——告别演讲》，米健译，法律出版社2000年版，第48页。

每一种需要在一定程度上显然都能得到满足，而且似乎很可能，我们发现一个契约越不公平，法律对其要求越多：必须确定无疑存在真正的、真实的同意。契约相当公平（或者只有轻微不公平）时，较低程度的同意便能满足法律的要求。”[①]因而有必要将两个要素划分为具体的因子，以分析每个因素的满足度。程序不公平包括：胁迫、欺诈、错误、利用优势地位等。实质不公平包括：价格与价值严重失衡、价格与价值轻微失衡。其中，排列越靠前的因子对该要素的满足度越高。

当发生胁迫、欺诈、错误的程序不公平情形时，则不需要实质不公平的要素就发生合同可撤销的后果。当然，三者的后果影响范围不同，胁迫的撤销可对抗善意第三人，欺诈和错误的撤销则不可。而且，错误的撤销还要赔偿相对方的损失。这些都属于动态系统论的表现，但这三种情形不属于本文所涉及的显失公平合同之范畴。

当发生利用优势地位的程序不公平时，只有价格与价值严重失衡才能导致合同可撤销或无效，这才是本文所谈及的显失公平。利用优势地位等情况，根据其满足度的大小可继续分为以下几个因子：经济势力显著失衡，如垄断地位；利用对方紧迫（乘人之危）的情形；利用对方无经验、轻率等。对利益严重失衡先大概设定一个基础，在此基础上下都可认定为严重失衡。当利用优势地位的满足度越大时，对严重失衡的要求就越低。

虽然对显失公平的认定应平衡程序显失公平与实质显失公平，但根据合同法正义原则，同等的基本自由原则处于优先地位，所以程序显失公平应优先于实质显失公平。在要素之间预先设定优劣关系，对各项要素来说就有了这样一层含义：可以偏离基础评价的程度有了强弱之分。就显失公平的认定而言，即意味着当存在绝对、完全的程序公平时，即使实质显失公平，也不构成显失公平。而相反，在程序不公平的程度较强时，如胁迫、欺诈、错误，即使实质公平，该合同也可撤销。但何谓绝对、完全的程序公平，其本身就难以断定，而且其内涵也随着时代的发展而变化，如上文提及的利用优

① ［英］P.S.阿狄亚著：《合同法导论》，赵旭东等译，法律出版社2002年版，第305页。

势地位在古典合同理论中就不属于程序不公平之内涵。

因而该案判决中写道，认定显失公平可以从以下两个方面进行考察：[①]一是考察合同对一方当事人是否明显不公平。根据《民法通则》和《合同法》的有关规定，签订合同作为双方的民事法律行为，应贯彻公平原则。公平原则的实质在于均衡合同双方当事人的利益。因此，对合同显失公平的认定应结合双方当事人权利义务是否对等、一方获得的利益或另一方所受损失是否违背法律或者交易习惯等方面综合衡量。二是要考察合同订立中一方是否故意利用其优势或者对方轻率、没有经验。所谓利用优势，是指一方利用其在经济上或其他方面的优势地位，使对方难以拒绝对其明显不利的合同条件；所谓没有经验，是指欠缺一般生活经验或者交易经验。在显失公平的合同中，利益受损的一方往往是因为无经验，或对合同的相关内容缺乏正确认识的能力，或者因为某种急迫的情况，并非出于真正的自愿而接受了对方提出的合同条件。

## 三、法律原则的补充性适用

### 案例7-3 儿童脚踏车案[②]

#### 基本案情

甲方为一个儿童脚踏车生产商，乙方为脚踏车紧固件制造商。双方在2011年6月以协议书的方式达成合作意向。这份协议书并未载明标的物、数量、价款，仅仅约定在以后的生产中，若有需要，甲方会以订单的形式作为具体的合同，并在订单中提供明确的紧固件数量、规格、质量标准，载明价款与交付时间。一旦订单发出，乙方便有义务在订单规定时间内及时供货。而甲方则需在乙方供货后的三个月内付清货款。

① 参见最高人民法院办公厅编写：《中华人民共和国最高人民法院公报》(2007年卷)，人民法院出版社2007年版，第450—454页。

② 本案件来源于东莞市莞泰律师事务所代理的“杰豪诉欧标案”，为了行文方便，对案情进行了一些改编。

双方一直遵循着订单形式的合同合作方式，乙方按照订单的供货行为及时可靠，从未间断。甲方也能够在收到零件后，按时付清货款。双方存在长期的合作关系，甲方对乙方产品质量十分满意，视乙方为可靠客户。为维护交易关系，其未曾尝试扩展新的购货渠道，故乙方为其现阶段唯一的供应商。

双方合作直至2013年第三季度，甲方因其现金流出现困难，并未及时付清乙方的货款，但仍然向乙方发出新的订单。乙方提出在甲方付清上期货款后，才会按期完成其订单所要求的零件供给。甲方因此将零件供应商乙方告上法庭，要求其遵守合同约定完成订单供给。鉴于甲方现金流困难的现状并不能充分证明甲方缺乏履约能力，也没有迹象表明甲方的商誉严重受损。故而，乙方代理律师认定运用不安履行抗辩权答辩颇具难度，于是决定以甲方未能先履行付清货款的合同义务为由，运用先履行抗辩权来拒绝甲方的零件供应请求权。

**问题思考**

1.我国关于合同法抗辩权的规则是否合理？为什么？

2.该案当中法官应该如何判决？

**法理解析**

我国《合同法》抗辩权规则的一般性规定集中于《合同法》第66条到第69条共4个法条中，即同时履行抗辩权（第66条）①、先履行抗辩权（第67条）②、不安履行抗辩权（第68条、第69条）。③从制度建构的角度来

---

① 现参考《民法典》第525条规定："当事人互负债务，没有先后履行顺序的，应当同时履行。一方在对方履行之前有权拒绝其履行请求。一方在对方履行债务不符合约定时，有权拒绝其相应的履行请求。"

② 现参考《民法典》第526条规定："当事人互负债务，有先后履行顺序，应当先履行债务一方未履行的，后履行一方有权拒绝其履行请求。先履行一方履行债务不符合约定的，后履行一方有权拒绝其相应的履行请求。"

③ 现参考《民法典》第527条规定："应当先履行债务的当事人，有确切证据证明对方有下列情形之一的，可以中止履行：（一）经营状况严重恶化；（二）转移财产、抽逃资金，以逃避债务；（三）丧失商业信誉；（四）有丧失或者可能丧失履行债务能力的其他情形。当事人没有确切证据中止履行的，应当承担违约责任。"

第528条规定："当事人依据前条规定中止履行的，应当及时通知对方。对方提供适当担保的，应当恢复履行。中止履行后，对方在合理期限内未恢复履行能力且未提供适当担保的，视为以自己的行为表明不履行主要债务，中止履行的一方可以解除合同并可以请求对方承担违约责任。"

看，同时履行抗辩权、先履行抗辩权与不安抗辩权通过比照双方当事人的履行顺序形成了一条严密的逻辑线条。但是，我国抗辩权制度没有说明对于连续性合同如何适用抗辩权。

在规则有漏洞的情形下，适用法律原则以作补充。在这种情形下对法律原则适用的前提就是"穷尽法律规则，方得适用法律原则"。[①]"穷尽法律规则"，意味着法律规则在适用上具有优先性。裁判者在进行个案裁判时，若存在可适用的法律规则，就应以规则作为裁判依据，而不适用法律原则；只有在没有任何法律规则可适用于待判案件时，才可以寻找其他可供适用的裁判依据。为了维护法律的安定性，保障司法活动的确定性与可预测性，法官必须遵循"禁止向一般条款逃逸"的原则，保障规则适用的优先性。若允许法官任意摒弃既有规则适用法律原则，那么大多数立法活动就会变得多余，而且也可能会导致裁判者的自由裁量权过大。

可以看出甲方和乙方的合同关系，属于长期的继续性合同关系，双方实际上已经将一系列合同关系从整体上视为一项业务。但是从我国《民法典》中是无法找到确切依据的。尽管三种抗辩权规则均谈到其适用的条件在于双方当事人是因合同的订立而互负履行义务，但都没有说明这种互负义务的关系是应当仅限于一份合同之内，还是可以在持续性合同关系中，用前一个合同的不完全履行来抗辩下一个合同的履行。如果判定乙方不得行使先履行抗辩权，继续履行其义务，那么就意味着尽管在长期交易的过程中，是甲方先行违约的，但乙方不仅不能以简单地停止出货的形式维护权益，反而被人为地增加了损失的风险，明显有违公平交易的理念。所以针对该案，法官应该以公平原则补充漏洞，判决乙方在甲方交付先期货款之前，可以不履行后期订单的义务。

① 舒国滢：《法律原则适用中的难题何在》，载《苏州大学学报》2004年第6期。

## 四、法律原则的创设性适用

### 案例7-4 中行成都高新支行诉被告沙某某信用卡纠纷案[①]

**基本案情**

2013年9月4日，被告沙某某向原告中行成都高新支行申请长城环球通白金信用卡，按照该信用卡申请合约第3条第2款约定："信用卡透支按月计收复利，日利率为万分之五"，另按照第3条第1款约定："乙方在到期还款日之前未能偿付最低还款额或未能完全还款的，乙方除按照甲方规定支付透支利息外，还需按照最低还款额未偿还部分的5%支付滞纳金。"截至2015年6月8日，被告欠付原告信用卡欠款共计375 079.3元。故原告起诉至法院，请求依法判令被告归还原告信用卡欠款375 079.3元（截至2015年6月8日的本金、利息及滞纳金），以及至欠款付清之日的利息（以375 079.3元为本金，信用卡透支按月计收复利，日利率为万分之五）、滞纳金（按照375 079.3元未偿还部分的5%每月支付滞纳金）。

法官在判决书中提到，相关职能部门规定了信用卡可以收取滞纳金及逾期利息，但这些规定不能任由商业银行脱离法律体系进行解读。商业银行错误地将相关职能部门的规定作为自身高利、高息的依据，这有违合同法及商业银行法的规定，也有违社会公众对正义与公平的基本理解。这种解读是违背相关职能部门制定规定的良好出发点和立法宗旨的。最后判决："被告沙某某于本判决生效之日起十五日内向原告中国银行股份有限公司成都高新技术产业开发区支行支付截至2015年6月8日的本息375 079.3元及从2015年6月9日起的利息（利息计算方式为：以339 659.66元为本金，按照年利率24%计算至本息付清之日）。"

---

① 参见四川省成都市高新区法院（2015）高新民初字第6730号。

**问题思考**

1.法官在该案中是在什么情形下适用法律原则的?

2.法官对法律原则的适用是否恰当?

**法理解析**

在规则不合理的情形下，我们可以直接适用法律原则创制例外的法律规则。在这种情形下，若要适用法律原则，必须秉持这一理念:“若无更强理由，不适用法律原则。”[①]就具体个案而言，如果存在可明确适用的法律规则，但是适用这条规则将导致个案极端不公，此时，裁判者唯有给出“更强理由”，法律原则才能优先于法律规则得以适用。在上述案件中，法官表面上用了类推适用的方式来判决案件，实际上是用法律原则为规则创造了例外。

该案中涉及的法律规则为中国人民银行《银行卡业务管理办法》第22条:“发卡银行对贷记卡持卡人未偿还最低还款额和超信用额度用卡的行为，应当分别按最低还款额未还部分、超过信用额度部分的5%收取滞纳金和超限费。”和第23条:“贷记卡透支按月记收复利，准贷记卡透支按月计收单利，透支利率为日利率万分之五，并根据中国人民银行的此项利率调整而调整。”如果严格依照规则来裁决，原告提出的诉讼请求应该得到支持。但是法官认为，如果依据这两条规则来判决被告支付利息，被告一旦超出免息期还款，哪怕在第一个月还款，其年利率也已经达到78%。时间越长，利率越高，而且没有上限。这明显违背了“贷款利率应当受到限制”这一基本的法律精神和法律要求。

通过对整个法律体系的分析，法官已经得出《银行卡业务管理办法》第22条和第23条与法律原则相冲突的结论。那么优先适用哪个呢?法官主张适用法律原则。因为如果适用法律规则，会对被告造成明显的不公平，而且也违背了法律体系的融贯性要求。那么如何确定贷款利率的上限呢?法官又运用了法律面前一律平等的原则，论证了应该类比适用《最高人民法院关于

① 舒国滢:《法律原则适用中的难题何在》，载《苏州大学学报》2004年第6期。

审理民间借贷案件适用法律若干问题的规定》，即年利率不得超过24%。所以，法官最后判决：被告沙某某于本判决生效之日起15日内向原告中国银行股份有限公司成都高新技术产业开发区支行支付截至2015年6月8日的本息375 079.3元及从2015年6月9日起的利息（利息计算方式为：以339 659.66元为本金，按照年利率24%计算至本息付清之日）。

这个判决实际上是法官通过“贷款利率应当受到限制”这一原则，对《银行卡业务管理办法》第22条和第23条的适用创造的一个例外，不过法官形式上采用了类推适用的方式，而且一再强调在整个法律体系内对法律作出理解。可以看出这个判决实际上是对德沃金的“唯一正确答案”的很好诠释。

## 第四节　社会评价疑难案例的裁判

### 一、社会评价疑难案件的裁判模式

#### （一）商谈模式的基本特征

由于社会评价疑难案件涉及的主要是背景性因素的清除，而“获得民众认可”是理解普通法主观历史观的关键。[①]因此，较为妥当的处理方法是采取商谈模式加以解决。商谈模式是一种全新的裁判过程和方法，它致力于在既定法律制度和框架下，遵循一定的法律程序，容受多个法律主体的共同参与，针对案件的相关问题，在平等的基础上进行理性的沟通与商谈，实现对多样化的价值取向予以考量，对不同的利益诉求予以权衡，消除不同观点之间的分歧，最终在主体之间形成相互的理解和共识，据此提出可被大多数法律受众所接受的裁判。在现代社会，能为广大法律受众所接受的司法裁决，首先必须在实质内容上是正义的，在实质上正义的裁决必须通过正当的程序

① 高鸿钧等主编：《英美法原论》（上），北京大学出版社2013年版，第61页。

才能实现。为了实质正义牺牲程序正义或者为了程序正义而牺牲实质正义，这是现代法治社会无法接受的短板。在某种意义上可以说，商谈模式正是兼顾形式正义和实质正义的程序模式，它通过设置公正的法律程序和合理的论辩规则，使当事人借由这种程序性环节进行平等对话和协商，充分表达他们的主张和诉求，也充分关照他人的主张和诉求，必要时做出合理的妥协，最终才能形成重叠性的共识，为最后的判决结论提供程序性的正当化依据。具体而言，商谈模式是建立在法律主体理性交往的基础之上的，它是理性交往行动的本质与方式，是一种具有严格约束条件、规则和要求的实践，商谈模式始终以达成共识或更新、修复未达成的共识为目标。①

（二）商谈模式的哲学基础

商谈模式建立在商谈理论基础上，该理论以“交往理性”为理论的基础。这种理论是由德国思想家哈贝马斯所构建的，它为程序主义司法范式奠定了哲学意义上的行动论基础。交往理性不同于实践理性，因为它不再被归于单个主体或国家——社会层次上的宏观主体。使交往理性成为可能的，是把诸多互动连成一体、为生活赋予结构的语言媒介。其中参与者的同意与主体间的承认相联系，并表现出准备承担来自共识的那些同意后交往有关的义务。②可见，“交往理性”是指多个主体在交往的过程中，以语言为媒介，以有效性要求为论证前提，彼此进行沟通，通过相互理解形成共识。③

交往行动理论主要涉及以下内容：第一，理性交往行动主体条件，即参与主体须具有一定的“交往资质”，交往资质包括言语资质、心智能力以及反思自己行动的能力，这是个体参与理性交往行动的前提。第二，理性交往行动中介条件，即交往的参与主体须遵守言语行为的有效性要求。理性交往对语言具有高度的依赖性，在语言交往中蕴含着四个方面的“有效性要求”，

① 陆洲著：《论哈贝马斯程序主义法范式及其中国意义》，人民出版社2014年版，第134页。

② ［德］哈贝马斯著：《在事实与规范之间——关于法律和民主法治国的商谈理论》，童世骏译，生活·读书·新知三联书店2003年版，第5页。

③ 陆洲著：《论哈贝马斯程序主义法范式及其中国意义》，人民出版社2014年版，第212页。

包括可理解性、真实性、真诚性和正当性。第三，交往行动的目标条件。理性的交往改变了实践理性的交往目标，它将理解作为其取向，寻求达成共识这一目标。

应该说，上述几个条件是相互关联的。其中理性是前提，语言是中介，结论是共识。因此核心问题在于：有限理性的主体如何通过消除语言的障碍实现共识。哈贝马斯认为，秩序之所以成立，原因就在于对规范性的有效性主张的承认。它意味着，内在于语言和语言使用之中的事实性和有效性之间的张力，必须由参与者自己来消除。①其中，我们必须满足如下几个条件：其一，言说者须选取一种在句法和语义上能够为双方所领会的表达；其二，言说者所描述的内容须符合客观实际；其三，言说者意向的表达应该是诚挚的，忠实于自我内心的，言出由衷的；其四，言说者的言语行为能够被接受和认同，满足社会规范的要求。只有遵守上述有效性要求，通过反复协商，才能达成理解和共识。

毫无疑问，交往理性必须反对以往基于封闭的体制而形成的权威模式。传统的自然法和实证主义均致力于客观主义的认识模式，倡导实体本体论的法律概念和奉行与之相适应的封闭法律体系的观念。②现代人文社会科学反对客观主义的认识模式，它抛弃了主体—客体认识模式。这种模式认为认知者可以不掺杂任何主观成分地去认识那些处在自身之外的纯客观的对象。这种模式显然过时了。今天，主观—客观认识模式受到批判。因为，我们越来越意识到，“理解一直同时是客观和主观的，理解者带着客观与主观进入‘理解视界’，他不是纯消极地反映要被理解的现象，而是构建被理解的现象。易言之，他不是简单地按照法律对案件进行‘推论’，自己完全置身于这个进程之外，而是在那个所谓的‘法律适用’中，发挥着积极的创建作

① ［德］哈贝马斯著：《在事实与规范之间——关于法律和民主法治国的商谈理论》，童世骏译，生活·读书·新知三联书店2003年版，第21页。

② ［德］阿图尔·考夫曼、温弗里德·哈斯默尔主编：《当代法哲学和法律理论导论》，郑永流译，法律出版社2002年版，第143页。

用”。[①]所以，更多的学者发现，“法之发现不仅仅是一种被动的推论行为，而是一种构建行为，法之发现者一同进入行为过程，这意味着，法不是实体的事物……一切法具有关系特征，法是某种联系的事物，它存在于人的相互关系之中，并面对物而存在。之于这种法思维，只能存在一种‘敞开的体系’，在敞开的体系中，只能存在‘主体间性’（Intersubjektivität），此乃不言而喻的”。[②]可见，理性交往必须通过“主体间性”认识模式得以完成。只有在这种模式下，认识主体与其他认知主体才能在交往中处于自由平等的地位，而不是一方必须服从另一方的地位。由此才能保证在交往过程中，双方之间是相互对话关系而不是命令与被命令关系，对立主体之间也才能充分论证各自的观点，为自己的主张进行合理辩护，对不具有可接受性的观点予以有效反驳，通过这种来来回回的对话与商讨，形成一致认可的结论，即为共识。

社会评价借助于商谈模式的原因还在于，该模式为法律的开放提供了有效的进路。互联网技术的发展已经打破了传统裁判的封闭模式，现代裁判应当在开放的结构下运作。其原因如哈贝马斯所指出的，即在社会科学对于法律的去魅之后，系统理论消除了理性法规范主义的最后一丝痕迹，被圈进一个自控系统的法律，在旁人化的社会学眼光之下，被剥去了一切规范性的、归根结底涉及法律共同体之自我组织的含义。[③]社会评价疑难有时候是因为法官对于社会评价采取不闻不问的态度所导致的。此时裁判和实践要求严重脱离，结果是，“顾影自怜地被边缘化了的法律所能做出的反应，只是他自己的问题，外部对这些问题至多起一种触发的作用。因此，对于整体社会系统所承受的问题，它既感受不到，也处理不了”。[④]

---

① ［德］阿图尔·考夫曼、温弗里德·哈斯默尔主编：《当代法哲学和法律理论导论》，郑永流译，法律出版社2002年版，第145页。

② ［德］阿图尔·考夫曼、温弗里德·哈斯默尔主编：《当代法哲学和法律理论导论》，郑永流译，法律出版社2002年版，第146页。

③ ［德］哈贝马斯著：《在事实与规范之间——关于法律和民主法治国的商谈理论》，童世骏译，生活·读书·新知三联书店2003年版，第63页。

④ ［德］哈贝马斯著：《在事实与规范之间——关于法律和民主法治国的商谈理论》，童世骏译，生活·读书·新知三联书店2003年版，第64页。

### （三）商谈模式的前提条件及意义

依哈贝马斯的观点，法律参与者唯有在理想的话语情境中，才能够达成共识。为此，商谈模式的实践必须辅之以严格的约束条件、规则和要求。“理想的话语情境”是多主体之间开展顺利交往的必要前提，这是商谈模式成功的初始条件，因此我们必须尽可能地为对话提供一个合理的话语平台。

在法律论辩中，理想的话语情境要求法律行为的参与者在进行对话和论辩时，不受外在因素或者强制力量的干涉。这需要满足以下基本条件：其一，所有理性交往的对话参与者都具有商谈论证的同等权利，均可依据规则发表自己的意见，亦可对任何意见表示反对或提出质疑；其二，所有理性交往的对话参与者都具有同等权利进行解释、主张、建议和论证，并可以就话语的有效性规范提出问题、给出理由或表示反对，任何方式的论证或批评都不应该遭受压制。[①]

可见，商谈模式的前提是参与主体之间具有平等关系，商谈模式的形式是对话或辩论，在商谈的过程中，参与主体可以发表自己的意见，积极为自己的观点进行辩护或者论证，可以对他人的观点消极地提出质疑或证伪。在此模式下，关键的问题是，当参与主体之间产生意见分歧时，一方参与者不得强制对方接受己方的观点，在裁判中法官也不得强迫当事人接受自己的观点，他们必须严格遵守基于行为的合法律性和规则本身的合法性所形成的规范的法律有效性要求。[②]

综上所述，以交往理性和程序正义为核心的商谈模式，将法律规范的承受者作为一个整体，并把自己理解为这些规范的创制者，它重视公民在现代法中的核心作用，并期望通过交往行动最终实现社会的团结。[③]因此，它对

① 参见［德］哈贝马斯著：《交往行动理论》第1卷，洪佩郁等译，重庆出版社1994年版，第47页。

② ［德］哈贝马斯著：《在事实与规范之间——关于法律和民主法治国的商谈理论》，童世骏译，生活·读书·新知三联书店2003年版，第27—38页。

③ ［德］哈贝马斯著：《在事实与规范之间——关于法律和民主法治国的商谈理论》，童世骏译，生活·读书·新知三联书店2003年版，第41页。

社会评价疑难案件的裁判理论和实践具有重要建构意义。它在理论上的建构意义在于：第一，它适应了当代法学由语义学向语用学的转向；第二，它用交往理性取代了实践理性，由主体间的认识模式取代了主客体认识模式，为平等对话提供了充分论证。它在实践上的建构意义在于：第一，它有助于裁判者倾听各方意见，提高说理能力。商谈模式拟制各方参与者具有平等的法律地位，享有平等参与、表达自己意见的程序性权利，参与者通过自由、平等、理性、非强制的方式展开论辩，不存在特权或话语霸权，在一定程度上伴有自觉的妥协以消除彼此之间的分歧，从而达成共识性结论。第二，它有助于裁判者重视程序问题。经由商谈程序所获得的共识，不仅仅是商谈主体之间的合意，更重要的是，它是经过严格的程序保障所得出的一种结论，是通过商谈主体对自己的主张展开充分论证后取得的“共识”结论。在共识的获取过程中，商谈主体各方在特定的语境和规则的限制下借助于一个理性的制度平台对己方的主张进行论证，其主体性的权利得到了充分的保障，所得共识包含相关主体所接受的理由，具有为各方所接受的效力，有利于纠纷的彻底解决。

## 二、复合性疑难案件

### 案例7-5　许霆盗窃案

#### 基本案情

2006年4月21日晚10时，被告人许霆来到天河区黄埔大道某银行的自动取款机取款。取出1000元后，他惊讶地发现银行卡账户里只被扣了1元，狂喜之下，许霆连续取款5.4万元。当晚，许霆回到住处，将此事告诉了同伴郭安山。两人随即再次前往提款，并反复操作多次。后经警方查实，许霆先后取款171笔，合计17.5万元；郭安山取款1.8万元。事后，二人各携赃款潜逃。同年11月7日，郭安山向公安机关投案自首，并全额退还赃款1.8万元。天河区法院经审理认定郭安山构成盗窃罪，但考虑到其自首并主动退赃，故对其判处有期徒刑一年，并处罚金1000元。而潜逃一年的许霆将17.5万元赃款挥霍一空后，于2007年5月在陕西省宝鸡市火车站被警方抓获。

2007年12月，广州市中级人民法院审理后认为，被告许霆以非法侵占为目的，伙同同案人采用秘密手段，盗窃金融机构，数额特别巨大，行为已构成盗窃罪，判处无期徒刑，剥夺政治权利终身，并处没收个人全部财产。许霆随后提出上诉，2008年3月，广州中级人民法院认定许霆犯盗窃罪，判处有期徒刑5年。许霆再度上诉，2008年5月，广东省高级人民法院驳回上诉，维持原判。

**问题思考**

1.许霆案件的一审判决在法律教义学来看是否合法？

2.许霆案为什么会引发强烈的民意争论？

3.对许霆案的审判过程有哪些反思？

**法理解析**

许霆案实际上是复合型的疑难案件，既具备法律疑难的情形，也存在一些社会评价疑难问题。反思这个案件的裁判，其中还是存在许多值得改善的地方的。在此，笔者将结合许霆案件中的社会评价疑难部分，对商谈模式的适用进行综合性的分析。

许霆在明知ATM机出现异常后，仍连续数次恶意取款，这种以非法占有为目的，采用秘密手段窃取银行经营资金的行为，根据当时主流的观点，构成《刑法》第264条所规定的盗窃罪。根据《最高人民法院关于审理盗窃案件具体应用法律若干问题的解释》（现已失效）第3条和第8条的规定，个人盗窃公私财物价值人民币3万元至10万元以上的为“数额特别巨大”，许霆盗窃银行经营资金共计17.5万元，已经超过司法解释规定的“数额特别巨大”的上限标准，同时自动取款机也被扩大解释为“金融机构”，所以，许霆的行为属于“盗窃金融机构，数额特别巨大”的加重处罚情形，依法应适用“无期徒刑或者死刑，并处没收财产”的刑罚。根据主流观点，该案事实清楚，与之相对应的法律规范明确，法官可以依据事实与法律定罪。

许霆案的一审判决从法律形式主义的角度来看，似乎合乎法律规定，维护了司法裁判的形式正义，但是该案量刑畸重无疑是导致其被评价为实质非正义的导火索。因为其中存在一个妨碍规范实现有效性的因素，那就是本案所适用的法律本身的合法性难以得到证明。对于有意实现成功的行动者来说，在他对法律命令施行的期待中，规则构成了一种事实性的障碍——它意味着规则被违反时所带来的可计算后果；相反，对于一个希望与其他行动者就各自行动的成功所要求沟通满足的条件达成理解的行动者来说，规则连同其规范性的有效性主张，以及对其进行批评性考察的可能性，都形成了对他的“自由意志”的约束。[①]在法律对公民发出命令的时候，就有必要反对法律的道德空心化。道德考虑不仅要求摆脱自我中心的和种族中心的视角，同时要求平等地尊重每个人，对所有人的利益作平等的考虑。[②]这就很好地解释了公民为什么会抵制该案件的一审裁判，因为该立法在道义上难以自圆其说：第一，存在立法意义上的不平等，即金融机构利益和非金融机构利益在立法上没有被置于同等的被保护地位，银行受到了特别保护；第二，存在体系解释上的不平等，即贪污受贿上千万元的人被判处无期徒刑的比比皆是，而盗窃数万元就被判处无期徒刑；第三，存在责任评价不平等的问题，被告人获利不过是利用了自动取款机的故障，故障产生的原因在于银行，但责任却全部由被告人承受。基于诸多现实的比较，如顾客在银行的存款不翼而飞，银行却推卸责任，法律受众容易产生不满情绪。因此，本案无论如何都无法避免遭到社会谴责性评价。本案中审判法官的主要问题在于欠缺对社会结构的解析，对于社会价值的认识也不足，因此没有根据应有的道德直觉反省裁判结果的社会评价风险。

另外，从语用学的角度反思这个案件也是有意义的。根据语用学的观点，话语的表达只有放到特定的情景中才会产生相对确定的含义。本案被告人犯罪所得数额的分类，是根据1997年最高人民法院关于侵犯财产罪的犯

---

① ［德］哈贝马斯著：《在事实与规范之间——关于法律和民主法治国的商谈理论》，童世骏译，生活·读书·新知三联书店2003年版，第37页。

② ［德］哈贝马斯著：《在事实与规范之间——关于法律和民主法治国的商谈理论》，童世骏译，生活·读书·新知三联书店2003年版，第121页。

罪数额的司法解释，该标准适用多年而未变。但我们的社会经济发展水平在此期间已经发生了巨大变化，可以毫不含糊地说该定罪量刑数额标准已完全不合时宜，具有明显的滞后性，继续机械地适用这个过时的法律规范来应对新出现的法律事实，不可能避免这种言语使用的无效结果。另外。许霆利用自动取款机故障取得金融机构经营资金的行为，在很大程度上与当时很多学者所信奉的日本刑法中的“机器不能被骗”有关，[①]而这个规则在我国刑法语用学上是否有效却是值得商讨的。如黎宏教授后来也承认，当初他主张借鉴德日刑法学普遍沿用的“机器不能被骗”的观点，但是后来觉得这个观点有些偏颇，并不全面，所得出的结论也难说妥当。机器的确不能成为诈骗的对象，机器特别是具有模拟人脑的某些功能的电脑属于人脑的延伸，能够并且实际上也在代人们处理一些事情，行为人完全可以利用机器所具有的这种特点，通过操控机器实现对机器主人的欺骗，并获得财物。[②]但当时这些都没有进入1997年刑事立法者的法律话语适用情境，引用相关条文和理论进行裁判，必然导致定性偏误、量刑过重，结果于情于理都不合适。

就商谈方式而言，法律商谈主要针对疑难事实和争议法律，进行全面、充分的深层次的证成或者证伪。通过证成性论证，使得不同参与者更深入地了解案件事实和相关规定，并对案件事实及其所应适用的法律的认识更加清晰，对相关法律规则的理由和精神的理解也更加全面，这些为疑难案件达成共识性意见提供了更加充分的法律论证。同时，通过证伪式论证，促使商谈结构中各方主体自行展开必要的反思，各方主体才能自我体认、知悉案件的症结和现行法律规范的局限性。这种对于现实困难的理解，无疑有助于各方主体寻求创设法律规范的方式解决它们之间的疑难问题，有助于司法裁判者摆脱机械规则的束缚，探求立法原则，在商谈中进行创造性的司法活动，使争议得到有效化解，使疑难案件得到妥善的处理。

---

① 参见张明楷：《机器不能成为诈骗罪的受害者》，载刘宪权主编：《刑法学研究》（第2卷），北京大学出版社2006年版，第73—77页；黎宏：《机器不能成为诈骗罪对象》，载《检察日报》2005年2月24日，第3版。

② 黎宏：《欺骗机器取财行为的定性分析》，载《人民检察》2011年第2期。

在商谈模式下，法律能得到建构性的发展。法官通过对程序的合理设定，不仅要积极引导对话双方理解和运用现行的法律，还要参与对话，通过对现行法律的原则性指导，推动他们对现行法律体系和规则的建构性发展和补充。考虑到许霆案的特殊性，对许霆判处的刑罚应当慎重和适度。为此，不妨根据以刑制罪的思维方式，去追求罪责刑相适应原则的实现，即为了最终的刑罚与责任及罪行的适应，应当妥善选择适用的罪名，在此罪名下设的法定刑中，进一步基于预防犯罪评估，体现刑罚的必要性、量刑恰当性、损害与惩罚的比例性等。

从预防角度考虑，许霆是在发现银行自动取款机出现异常后产生犯意的，其采用持卡取得金融机构经营资金的行为，与有预谋地或者采取物理手段盗窃金融机构的犯罪有所不同；从责任角度评估，本案案发具有一定偶然性，许霆犯罪的主观恶性并不是很大；从比例原则看，本案具体的犯罪事实、犯罪情节和对社会的危害程度都不是很突出，虽然许霆的行为在金融政策上没有宽缓的余地，也没有减轻处罚的法定情节，但应基于较轻的罪名（如诈骗罪、侵占罪等）中的相当法定刑对其判处刑罚。

在处理诸如许霆案的这类社会评价疑难案件时，司法机关必须改变传统单向的、封闭的法律思维，用开放的心态，采取必要措施来理性关照民意，并用对话的方式积极回应民意。首先，司法机关要注重收集民意，对民意进行冷静分析、仔细甄别，既要防止因外界干扰导致案件处理的非理性，又要充分吸纳民意中的合理意见和要求。其次，司法机关在收集民意的过程中，既要拓宽民意征集渠道，又要拓展征求意见的对象范围，实现商谈模式下参与途径的多管道和参与主体的多元化，如应当在司法裁判中征集包括专家学者、有关组织以及普通法律受众的意见，在整个司法过程中务求最大限度地融入大众对于法律运行的切身思考和真切感受。再次，司法机关应以民意收集和区分研究报告为基础，准确把握法律受众应当了解或者最为关注的事实和法律规范，在不涉及保密要求的情况下及时进行新闻宣传和发布，澄清和修正舆论中的错误信息，消除法律受众的质疑和误解，引导法律受众以理性的方式参与法律商讨。针对经由媒体不实报道或者传递的社会质疑信息，人民法院应当以严肃的方式予以回应，根据案件进行的不同阶段和不同情况，适时发布案件信息，公布诉讼的进展情况，必要时可邀请权威媒体举行新闻发布会，或者提供书面形式的背景资料。最后，司法机关还应与民意保持必要的互动。良好的互动离不开媒体工作者的支持，离不开法律受众等主体的理性参与，离不开有关制度的机制保障，离不开网络的技术支持。当然，最终的判决文书亦须充分论证、透彻析理，做到既能够回应来自各方的质疑，又能够均衡不同的观点，向社会法律受众做出一个合法合理的解释，从而使当事人与社会法律受众对司法产生尊重和信赖。

## 三、背景因素干扰司法之案件

### 案例7–6 药家鑫案

**基本案情**

2010年10月，西安音乐学院学生药家鑫将张某撞倒并连刺数刀致受害人死亡的事件引发舆论热议。10月23日，药家鑫在父母的陪同下到公安机关投案。2011年4月，西安市中级人民法院对此案作出一审判决，以故意杀人罪判处药家鑫死刑，剥夺政治权利终身，并赔偿被害人家人经济损失费；药家鑫随后提起上诉。2011年5月，二审判决宣布维持原判。2011年6月7日，药家鑫被依法执行注射死刑。2012年2月，受害人家属起诉药家要求兑现微博上所说的20万元捐赠。①

**问题思考**

1. 该案中的司法是否受到民意的干扰？

2. 司法过程中应如何合理回应民意？

**法理解析**

当社会评价疑难案件进入公共领域之后，人人皆可通过多种途径对其进

① 参见陕西省西安市中级人民法院刑事判决书（2011）西刑一初字第68号。

行评论，发表自己对案件的看法，参与讨论者、评论者超出了案件当事人或案件利害关系人的范围。另外，在诉讼过程中，有些媒体根据其掌握的“事实”，对案件做出极具倾向性的评论，甚至直接对案件进行定性，或者通过邀请专家撰写时事评论文章，借权威之口来发表意见并暗示判决结果，这在一定程度上对司法产生了干扰和影响。在药家鑫案件中即存在着“媒体审判”“舆论审判”“民意审判”等情形。药家鑫案件中舆论对司法的干涉包括：第一，事件发生后，舆论一边倒地批判药家鑫；第二，药家鑫在接受采访时说了句“农村人难缠”，这句话立马传遍大江南北；第三，一些舆论将药家鑫描述为官二代、富二代、军二代，并毫不掩饰地直接在标题中使用这些词语，直接把药家鑫的家庭塑造成了特权阶级，激起民众更大的愤怒。[①]在本案中法官的做法也侧面加深了人们对药家鑫身份特殊性的误解，如审判法官向旁听人员就是否应当判处药家鑫死刑进行问卷调查，因为其选择的受访群体特殊，让人怀疑法官已经有计划地为“放水”做准备。

也就是说，新闻报道、民意等形成的压力对司法造成影响和干扰，影响了裁判的结果，损害了司法权威。在此，我们需要强调的是司法民主并不等同于民粹主义司法。民粹主义司法在当代主要表现为传统媒体和现代网络的舆论审判及其对司法的负面影响。司法机关在面对舆论压力时，应关注社会、关注民众的声音、健全民意沟通表达机制、畅通司法机关与法律受众沟通渠道，但并不意味着对媒体炒作、社会舆论等屈从与迎合。毋庸置疑，司法具有高度的专业性，司法工作并非一般民众所能胜任，但在法律和社会的紧张互动关系之中，司法工作人员需改变传统的单向思维，增强与民意的沟通与交流，理性应对舆论，引导民众对司法运行进行理性思考和探讨，防止民意被误导以致损害司法独立和司法公正。

对司法的社会评价是社会法律受众基于普遍的社会正义感，以一般的社会生活经验为支撑，对司法产生和持有的一种社会态度。我们在看到社会评

① 《从“药家鑫案”反思网络舆论传播》，http://www.xzbu.com/7/view-3405760.htm，最后访问日期：2017年7月8日。

价对司法的积极作用的同时，也要看到社会评价所呈现的复杂特点。在缺乏法律知识和对具体个案信息掌握不全面的前提下，社会法律受众对个案是否正义的判断是主观片面的。社会评价在内容上往往产生于朴素的义愤，这种义愤具有情绪化的特点。此外，社会评价容易受到诸多外界因素的影响，具有盲从性，很容易产生“群体极化”现象。在互联网和自媒体时代，社会评价呈现碎片化，不具有系统、全面、深入、细致的特点。而法律职业者具有较高的法律智识水平和较强的法律思维能力，应理性对待案件的裁判，依据法律规范作出法律评价。基于两种不同的立场和评价体系，产生了法律评价与社会评价的认知差异。基于主体间交往理性的商谈理论，可令社会评价更为理性地介入司法，实现社会评价与法律评价的交往与沟通。

社会评价疑难案件受社会极大关注，使得法官在案件审理过程中承受着巨大的社会压力。司法机关若完全不顾一般主体的评价而仅仅依据专门性主体评价，那么司法就很难具有说服力，难以为民众所接受，司法的合法性根基将可能会在一定程度上被弱化甚至被撼动。[①]况且，在互联网时代，司法场域具有延伸性与开放性，这决定了法官裁判不能再像以前那样封闭，他们在运用专业知识对案件作出裁判时，既要接受职业共同体内部的检验及案件当事人之间的博弈，还须考量社会大众对案件裁量结果的评判，从而确保判决结果的正当性、可接受性和公信力。司法裁判机关应该向民间诉求开放，在司法过程中注重主体间的互动、参与、辩论、交流、沟通和商谈，在程序正义的前提下嵌入主体间性的民主参与合作的成分来实现实质正义，畅通司法机关与社会法律受众沟通的渠道，在沟通理解意义上作出司法裁判。

哈贝马斯在批判形式主义法范式与实质主义法范式基础上，提出程序主义法范式，其核心观念是法律的合法性来源于沟通商谈程序，法律是多主体对话协作的行动系统，而非单一主体征服改造客观世界的知识系统。相应地，交往行动理论下的商谈模式强调通过对话商谈程序赋予司法裁判合法性，商谈程序以主体间的沟通互动为基础，遵循法定程序展开，具有过程性

① 许娟：《论司法的合法性与合理性之冲突及其解决》，载《甘肃社会科学》2006年第5期。

和交涉性等特征。

在司法实践中，商谈在不同的领域内展开。[①]社会评价复杂案件在社会法律受众中引发争论，尤其是当案件存在政治争议、价值观分歧和突破道德底线时，更是经由各种媒介在全社会引起大范围的讨论。该领域内的商谈伦理性和道德性较强，专业性较弱，并不需要社会大众具有太多的专业知识，因此能吸引更多的人参与，进行更为广泛的讨论。通过这种商谈，法院可在法定范围内详尽解释和说明裁判依据和裁判理由，接受社会的监督和批评，关注社会评价，回应社会评价，在沟通互动中引导民意，使法律受众对司法保持理性客观的态度，增强司法公信力，亦是法律受众对司法活动进行监督的一种有效途径。

## 四、正义观冲突之案件

### 案例7–7 于欢案[②]

**基本案情**

于欢在和母亲苏银霞被11名催债人进行长达1小时的侮辱后，情急之下用水果刀刺伤了4人。被刺中的杜志浩自行驾车就医，却因失血过多休克死亡。2017年2月17日，山东省聊城市中级人民法院一审以故意伤害罪判处于欢无期徒刑。宣判后，附带民事诉讼原告人杜洪章、许喜灵、李新新等人和被告人于欢不服一审判决，分别提出上诉。5月27日8时30分，山东省高级人民法院第22审判庭公开审理上诉人于欢故意伤害一案。6月23日上午9时，山东省高级人民法院在该院第22审判庭公开宣判上诉人于欢故意伤害一案，

① 第一商谈领域是当事人与当事人之间，以及当事人与初审法官之间的商谈与沟通；第二领域是在上诉案件中，上级法院与双方当事人、上级法院与下级法院之间的沟通；第三领域是指终审案件作出判决后，受到法律专家或学者的审视、评论或批判等；第四领域是最为广泛的商谈领域，也是本文所指的商谈情形。

② 参见山东省高级人民法院刑事附带民事判决书（2017）鲁刑终151号。

将一审判决中的无期徒刑改为有期徒刑5年，认定于欢刺死1人的行为系防卫过当。

**问题思考**

1. 于欢的行为从法律教义学的角度来看应该如何定性？

2. 于欢的一审判决为何会引发如此大的争议？

3. 如何看待民众正义情感与司法正义的冲突？

**法理解析**

该案件一审判决结果出来后，引发了汹涌的民意。这个案件当中糅杂了非常复杂的背景信息。其一，于欢报案后，公安干警出警却没有采取有效控制措施，导致事态进一步升级；其二，民生问题，受害一方从事高利贷业务，这个行业整体声誉欠佳，实践中，从业者往往通过类似案件中的方法讨债；其三，传统道德观念，于欢的母亲当众受欺凌，按照传统道德观念的要求和一般人的情感，于欢应保护自己的母亲，而不是当缩头乌龟。这些问题导致案件一经公开就受到高度关注。二审宣判之前，这个案件进一步发酵。除了非法律专业人士，许多刑法学者也通过出版物和媒体发表了对这个案件的意见。如陈兴良教授认为，第一，本案存在不法侵害；第二，本案的不法侵害正在进行；第三，本案不属于《刑法》第20条第3款的无过当防卫。因此于欢构成《刑法》第20条第1款的正当防卫并且没有超过正当防卫的必要限度，不应负刑事责任。有的学者认为，本案性质上是故意伤害，但要考虑到它是单纯的故意伤害罪，还是基于防卫过当的故意伤害罪，二者的量刑是不一样的。如果以单纯的故意伤害、否定行为人的防卫前提来定罪判刑，就可能导致不准确的评价。于欢的行为构成防卫过当，一审判决所谓从轻量刑判处无期徒刑存在量刑畸重问题。①

本案一审中引起关注和争议的问题，似乎并不在于案件本身，但是它和案件有直接关联。这两个问题是：第一，当行为人目睹自己的母亲受到凌

① 《陈兴良等刑法学界21位著名专家评论山东聊城于欢“辱母杀人案”观点汇总》，http://www.yingkejinxin.com/article/348572.html，最后访问日期：2017年7月26日。

辱时，是否应保持克制？第二，警察在本案中是否玩忽职守、不作为，从而导致行为人不得不通过私力救济的方式解决问题？毫无疑问，借助通行刑法教义学的体系与方法，我们对上述案件难以形成基本一致的结论，因为前见的预设与立场的选择不同使得我们在把握具体尺度的时候会有很大分歧。但是，基本一致的正义情感，使得人们在内心认可于欢的行为，并对公安干警的行为表示质疑。

所以，法院应当侧重于针对这两个主要问题进行建构性的裁判导向。法官的确需要扪心自问：第一，任何人在此情形下，能平心静气地忍受凌辱吗？第二，警察到场后没有采取有效控制措施，是否应当在衡量于欢的责任时有所体现？刑法究竟是在鼓励人们依法抗暴，还是逼着人们忍受凌辱，打不还手，骂不还口，被辱也不反抗呢？[①]如果法官自己也难以在此场合选择适法的行为，那么应当如何回应本案的特殊起因？一审判处于欢无期徒刑，明显畸重，说明法官欠缺对社会现实的解析能力和裁判的建构能力。

二审法院最终就刑事问题作出如下判决：于欢犯故意伤害罪，判处有期徒刑5年。二审承认于欢防卫过当，并据此对于欢的刑罚进行了改判。按照防卫过当量刑也没有完全为本案的处理提供更加充足的论理，因为它没有展示中国正当防卫和外国正当防卫的差别。在我国司法实践中，一般对正当防卫采取较为严格的认定标准。此时，如果我们进一步联想更早期发生的邓玉娇防卫案件，就可以更好地理解为什么这个案件最终还是认定行为人不属于正当防卫。但是这又无法通过刑法教义学建构在刑法体系中，所以，案件的处理和论证始终给人以不甚明朗、通透的感觉。如果在本案中借鉴外国刑法上的期待可能性理论，将其作为责任的评价要素，在定罪之后减轻对于欢的处罚，[②]其路径显然更为可取。

深究于欢案件产生如此巨大争议的根本原因，其实是在于民众的情感正义与司法正义产生了冲突。有人认为，民意中包含着相对落后的法律观，缺

---

① 《陈兴良等刑法学界21位著名专家评论山东聊城于欢“辱母杀人案”观点汇总》，http://www.yingkejinxin.com/article/348572.html，最后访问日期：2017年7月26日。

② 参见童德华：《规范刑法原理》，中国人民公安大学出版社2005年版，第248—249页。

少对法律上程序性、技术化要求的理解与重视，甚至可能夹带着某些偏激的社会情绪。[①]这些都是不可否认的问题，但是也不能将民众对于法律的理解贬低到无知的程度。康德早就洞见到：“正义的概念既是一个纯粹的概念，同时又是考虑到实践（就是把某种概念运用到在经验里所遇到的具体事例）而提出的概念，结果是，当把这个词的诸多概念再分成细目时，争议的哲学体系就必然会考虑到经验中事务的多样性和差异性，以便使这些细目达到完整（要求细目划分完整是建立一个理性体系必不可少的条件）。”事实上，我们在审断有关“公平”和“紧急避难权”等问题时，由于客观条件和主观条件的限制，不可避免地会遇到许多不确定的事实，即便人们从理性或法律条文这两个方面考虑这些问题，在引用权利的原则时，其所持的理由也不相同。每一方都自以为有充分的理由可以证明自己是正确的一方，而在中立的裁判者看来，却可能找不到相同的观点，甚至还会认为这种行为是错误的。康德思想指出了理性的不可及问题。反过来，是否不理性的东西就不值得尊重和回应呢？答案也并非如此。如何理性地考量非理性的事物，是现代社会科学必须回答的课题，哲学诠释学、法律诠释学就是从事这一课题研究的新课题。在诠释学看来，“是非感”是一种拥有正确先前理解的技术，简单地说，就是“想象比认识重要”。所以人们必须“理性地考量非理性的事物”。[②]因而司法必须给民意提供恰当的表达和实现渠道，否则其必然会引发民意与司法之间的严重冲突。

① 周永坤：《民意审判与审判元规则》，载《法学》2009年第8期。

② ［德］考夫曼著：《法律哲学》，刘幸义等译，法律出版社2004年版，第85页。

# 第八章

# 我国合同法理体系的法律教义学分析

张文显教授在《法理：法理学的中心主题和法学的共同关注》一文中指出，法理具有八种含义。[1]该文对法理的本质作出了宏观、全面的阐述，根据文章中对法理的阐述，学者们对合同法的基本理论、基本原则及学说等的讨论都属于广义上合同法理的讨论。我国关于合同法理的研究可以分为三种类型：第一种研究以寻求合同法的正当性理论为宗旨，这些理论正当性的获得来源于合同法外部；第二种研究是对合同法的原则和价值作出具体的阐释；第三种研究则试图探寻某项具体规则背后的通说或学理，以指导司法适用。对于我国合同实在法体系而言，这三种研究之间存在着紧密的逻辑关联，共同构成了我国合同实在法的法理体系。但并非所有有关这三类问题的研究成果都能称为合同法理，合同法理还必须符合以下几个标准：首先，要成为实质意义上的法理，除了符合法理的论域，还要求具有合理性和正当性，因而从这个意义上而言，那些不追寻合理性的所谓合同通说或者某个法官对合同规则的理论化理解，尚不能构成合同法理；其次，以我国合同实在法体系为参照，无论哪个层面的合同法理，都应该能够对我国合同制度提供一贯的解释；最后，从价值层面而言，合理性会有多种辩护和论证方式，因而作为单个的合同法理，每个法理之间所依赖的价值或合理性依据可能是相互冲突的，但是作为体系性的合同法理，每个法理在价值层面却是融贯的，因而体系性的合同法理是具有融贯性的不同层次的合同法理。

① 张文显：《法理：法理学的中心主题和法学的共同关注》，载《清华法学》2017年第4期。

# 第一节　作为理论来源的合同法理

## 一、道义论合同理论和目的论合同理论的对立与融合

> 只要合同是当事人自由缔结的，无论该合同最终导致什么结果，也无论外在的观察者如何评价这个合同，只要该合同的缔结不伤害到其他人的自由和利益，就被断定是正当的、有效的。因而合同义务是当事人自我设定的义务。①
>
> 人们通过合同而获得的权利是否具有正当性，仅仅取决于这种行为的结果是否能促进善的增长。②
>
> 合同法应该综合考虑多种价值，只有结合自由、矫正正义和分配正义等多种美德，才能解决以单一价值为基础的合同法理论所面临的难题。③

在现代合同正当性理论中，根据“正当”（right）和“善”（good）关系的不同，可以分为道义论合同理论和目的论合同理论两大脉络。道义论者认为正当优先于善，行为正当与否取决于行为本身的特性，与该行为的结果或者行为的目的无关。例如，诚实守信这个行为本身是正当的，则无论该行为的动机是什么，会产生什么样的结果，都不能否定该行为的正当性。在现代主流道义论自由主义中，正当优先于善，表现为“权利优先于善”。这包括两层意思：首先，某些个人权利胜过或压倒共同善；其次，具体规定我们权

---

① See Michael J. Trebilcock., *The Limits of Freedom of Contract*, Harvard University Press, 1993, pp.8–9.

② See Michel Rosenfeld, “Contract and Justice: the Relation between Classical Contract Law and Social Contract Theory”, *Iowa Law Review*, Vol.70 (May, 1985), p.799.

③ ［美］James Gordley:《亚里士多德学派的合同法》，载［加］彼得·本森主编:《合同法理论》，易继明译，北京大学出版社2004年版，第293—377页。

利的正义原则不依赖于任何特殊的善的观念。[①]作为“权利”基础的正义原则独立于任何善或幸福生活的观念，是从康德的“自由意志”观念中抽象出来的。[②]以道义论自由主义为哲学渊源的合同理论是道义论的合同理论，也被称为自治理论。这种理论主张，合同之所以正当，是因为合同是人们自由意志的外在表现。目前代表性的合同自治理论有弗里德的允诺论[③]和本森的合意论[④]。

目的论则主张，善优先于正当，仅从行为本身无法判断该行为是否正当，只能通过行为或制度能否促进善的实现来判断该行为或制度的正当与否。目的论者认为，诚实守信这个行为本身没有对错之分，判断该行为是否正当的标准在于诚实守信的行为能否带来好的结果。因此，目的论者是从善推出正当，以善去规定正当。目前，具有代表性的目的论理论为功利主义和共同体主义。功利主义主张，判断行为或制度正当与否的标准是大多数人的最大幸福或财富。功利主义又分为规则功利主义和行动功利主义。“行动功利主义根据行动自身所产生的好或坏的效果，来判定行动的正确或错误；规则功利主义则根据在相同的具体境遇里，每个人的行动所遵守规则的好或坏的效果，来判定行动的正确或错误。”[⑤]共同体主义认为行为正当与否的判准是美德和共同体的公共善。[⑥]以目的论为基础的合同法理论则是目的论合同理论。这些理论认为，合同之所以是正当的，是因为合同的缔结有助于

① 参见［美］迈克尔·J.桑德尔著：《自由主义与正义的局限》，万俊人等译，译林出版社2001年版，第225页。

② 关于康德的自由意志、道德法则、正义原则和权利关系的具体论述，可以参见李梅：《权利与正义：康德政治哲学研究》，社会科学文献出版社2000年版，第120—134页、第155—181页。

③ See Charles Fried, *Contract as Promise: A Theory of Contractual Obligation*, Harvard University Press, 1981, pp.1-37.

④ See Peter Benson, “Abstract Right and the Possibility of a Nondistributive Conception of Contract: Hegel and Contemporary Contract Theory”, *Cardozo Law Review*, Vol.10 (1989), pp.1079-1198; Peter Benson, “The Idea of a Public Basis of Justification for Contract”, *Osgoode Hall Law Journal*, Vol.33, No.2 (1995), pp.274-336.

⑤ ［澳］J.J.C.斯马特、［英］B.威廉斯著：《功利主义：赞成与反对》，牟斌译，中国社会科学出版社1992年版，第9页。

⑥ 参见［美］麦金太尔著：《追寻美德》，宋继杰译，译林出版社2003年版，第279页。

“善”的实现，如可以促进财富的增加，有助于实现结果的公平或者有利于德行的发展等。具有代表性的目的论合同理论有财富最大化理论、信赖利益理论和分配正义理论。因为“善”有多种，所以不同的目的论理论所追求的“善”是不一样的。财富最大化理论主张合同的缔结可以促使人们的财富得到最大限度的增长，它也被看作功利主义的合同法理论。在共同体主义思潮的影响下，有学者主张合同具有相互性，合同的义务要受到道德背景的限制和评估。①因而共同主义理论要求合同义务的设定要保护信赖利益或者执行分配正义。

在现代哲学发展中，以康德为代表的道义论自由主义占据着主流地位，但是道义论理论面临着两个很有杀伤力的责难，即规范主义和形式主义。另外，康德的道义论在面对现实情境时，对人们的道德行为缺乏有效的约束力，因而出现了温和的道义论，或者称为实质的道义论。温和的道义论虽然强调行为的道义价值，却并不因此而排斥行为本身的实质性价值。或者说，温和道义论者只是将正义和个人道义行为放在优先于效率和个人价值行为的地位，并不认为前者是唯一绝对的道德考量。②罗尔斯可以说是温和道义论的典型代表。温和道义论的出现，说明在某种程度上道义论和目的论开始寻求融合。在合同法理论的争论和发展中，同样出现了道义论和目的论的融合。现代合同法学者对自治理论发出了很多抨击，如自治理论不能解释由信赖或过去的利益引起的合同赔偿，自治理论中的“义务自设”原则本身就不一贯等。③目的论阵营中的财富最大化理论、信赖利益理论和分配正义理论也在不同程度上受到了合同法学者的批判。学者们指出财富最大化理论忽视了道德价值，在技术上不方便操作，不能解释合同法中与促进财富增长无关的美德，如赠与中所蕴含的慷慨。④而信赖利益理论和分配正义理论则对于

① ［美］迈克尔·J.桑德尔著：《自由主义与正义的局限》，万俊人等译，译林出版社2001年版，第132页。

② 参见万俊人著：《寻求普世伦理》，商务印书馆2001年版，第133—134页。

③ See Jodys.Kraus, “Philosophy of Contract Law”, in Jules Coleman and Scott Shapiro (eds.), *Jurisprudence and Philosophy of Law*, Oxford University Press, 2002, p.704.

④ 参见［美］亨利·马瑟著：《合同法与道德》，戴孟勇、贾林娟译，中国政法大学出版社2005年版，第32—41页。

仍占据着主流地位的合同合意制度或允诺制度不具有一贯的解释力。在两脉合同理论的对立中，有些学者试图将二者融合，如有的学者认为应该融合合同自治理论中的自治和财富最大化理论中的效益两种价值；有的学者则主张合同理论应该包含矫正正义功能和分配正义功能。[①]更有甚者，如多元论的代表人之一詹姆斯·戈德雷在《亚里士多德学派的合同法》一文中指出，合同法应该综合考虑多种价值。[②]而有的学者则指出，任何一种合同法理论都不能完全完成合同法的任务，主张多种合同法理论并存，从不同的角度去证明合同法、解释合同法，而不是融合各种理论构建出一种具有统一的体系化的合同法新理论。[③]

## 二、我国学者的理论言说：温和道义论下的多元价值

> 我国的合同法是一个折中、调和的产物，这一点无可厚非。[④]
>
> 新合同法正是希图借助合同自由原则来实现人格与意志的自由，依靠诚实信用原则来达到衡平的正义。[⑤]
>
> 新合同法充分体现了意思自治，并且兼顾了经济效率和社会公正，交易便捷和交易安全。[⑥]

傅静坤教授的《二十世纪契约法》一书是国内较早探索合同法正当性理论的代表性著作，傅教授详细介绍了20世纪西方各种合同法理论，并认为我

① 具体论述参见［美］Melvin A. Eisenberg:《合同理论》，载［加］彼得·本森主编:《合同法理论》，易继明译，北京大学出版社2004年版，第228—266页。

② ［美］James Gordley:《亚里士多德学派的合同法》，载［加］彼得·本森主编:《合同法理论》，易继明译，北京大学出版社2004年版，第293—377页。

③ 参见［美］罗伯特·A.希尔曼著:《合同法的丰富性——当代合同法理论的分析与批判》，郑云瑞译，北京大学出版社2005年版，第266—271页。

④ 谢怀栻:《由〈合同法〉想到的几点问题》，载《法学家》1999年第3期。

⑤ 江平、程合红、申卫星:《论新合同法中的合同自由原则与诚实信用原则》，载《政法论坛〈中国政法大学学报〉》1999年第1期。

⑥ 参见王家福:《跨世纪的市场经济基本大法》，载《中国法学》1999年第3期。

国合同法应该综合考虑各种合同法理论，注意合同体系的开放性、合同原则的现实性。傅教授还指出，如果合同自由不能实现当事人的事实平等，则需要国家对合同自由予以干涉，促使合同产生对双方当事人较为平等的结果，从而实现真正的合同自由。[①]郑云瑞教授从哲学层面对西方合同法的正当性理论进行了梳理。其在文章中详细分析了古典自然法思想和实证主义法学思想如何进入合同理论当中，并通过法典化的形式确立了合同法中合同自由的基础地位。[②]李永军教授对历史上的合同效力正当性理论作了详尽的阐述和深入的分析。针对我国合同法的现状，李教授主张“要说明合同拘束力的根源，应从合同内在的视点和外在的视点、自律和他律两方面来说明”[③]。徐涤宇教授认为，应该从伦理上挖掘合同效力的正当化的根源，并提出借鉴原因理论，对合同效力正当化理论进行伦理上的重建。因为原因理论具有丰富的内涵，既包含着合同自由中对意志的尊重，也蕴含了目的论中对合同公平平等的追求，同时包括了一些美德，如慷慨。[④]孙良国、董彪在《契约中的主观主义与客观主义研究》一文中，以主观主义和客观主义的区分为线索分析了各种合同理论，认为无论是主观主义还是客观主义，都存在其固有的缺陷，我国的合同法应该将主观主义理论和客观主义理论相结合。[⑤]解亘教授则从合同拘束力层面出发，对合同正当性理论进行了探索。解教授在论证我国合同拘束力制度混乱之后，主张用合同构成理论作为我国合同拘束力制度的正当性理论基础，并指出不应当将当事人自律的合意与来自他律的规范性补充对立，而应当将两者融合起来把握合同的本质。[⑥]上述学者在对合同法正当性理论的研究中，都或隐或明地主张我国合同法应该融合多种理论，综合各种因素，不提倡绝对的合同自由或合同公平。但是我国有的合同理论研

---

① 参见傅静坤著：《二十世纪契约法》，法律出版社1997年版，第250—260页。

② 郑云瑞：《古典契约理论的法哲学基础》，载《社会科学研究》1998年第3期。

③ 参见李永军著：《合同法》（第二版），法律出版社2005年版，第238页。

④ 参见徐涤宇：《合同效力正当性的解释模式及其重建》，载《法商研究》2005年第3期。

⑤ 参见孙良国、董彪：《契约中的主观主义与客观主义研究》，载《法制与社会发展》2005年第4期。

⑥ 参见解亘：《我国合同拘束力理论的重构》，载《法学研究》2011年第2期。

究者则旗帜鲜明地主张用一元论来构建我国合同法，具有代表性的学者有孙学致教授和叶金强教授。笔者认为，这两位学者从哲学渊源上而言，并不支持纯粹的道义论或目的论。

孙学致教授将合同自由推崇到极致，他通过重新阐释“合同自由”的含义，试图仍然用“合同自由”来统领现代合同法。他对合同自由给出两重解释，即当事人之间的合同选择自由和对抗国家的私人意思自治。孙教授用前者来论证自由缔结的合同即有效，用后者来论证信赖规范和显失公平规范的正当性。[①]

叶金强教授认为传统的一元论合同解释理论即意思主义或表示主义都存在缺陷，在价值判断和技术方法两方面均难满足现代合同解释的内在要求，但是二元论的解释模式又会分裂解释理论，因而他主张以理性人的标准为核心建立一元论的合同解释理论。[②]从表面上看，叶金强教授对二元论或者多元论的理论提出了质疑，但是其所提倡的理性人本身就是一个被多种理论使用的概念。在道义论合同理论中，理性人是抽象化绝对化的理性人；在目的论合同理论中，理性人则是具体情境化的理性人。[③]而叶教授正是把这两种类型的理性人合二为一，作为其一元论解释理论的基础。因而叶教授的主张并非绝对的一元论，而是在某种程度上与温和的道义论更为相符。

还有很多学者尽管没有就合同的正当性理论进行专门的研究或阐述，但是他们在解释合同制度、阐述合同立法的精神或者分析合同原则时，都不同程度地赞同合同法理论应该融合多元价值。上文引述的学者的言论充分体现了这一点。梁慧星先生在谈及《合同法》的立法指导思想时，也主张新合同法要充分体现当事人的意思自治，在价值取向上要兼顾经济效率和公平正义。[④]王利明教授在论述现代合同法的新发展时，也提出合同法的发展从形

① 参见孙学致著：《唯契约自由论——契约法的精神逻辑导论》，吉林人民出版社2006年版，第20—155页。

② 参见叶金强：《合同解释理论的一元模式》，载《法制与社会发展》2013年第2期。

③ 参见资琳著：《契约制度的正当性论证：一种以主体为基点的研究》，中国政法大学出版社2009年版，第27—30页。

④ 参见梁慧星：《合同法的成功与不足》（上），载《中外法学》1999年第6期。

式正义走向实质正义，合同自由受到了诸多限制。[①]另外，崔建远教授、陈小君教授、韩世远教授等诸多学者也在论述中体现了对多元价值的支持。[②]

纵观我国合同法学者的研究和论述，可以概括出如下两个特点：第一，尽管学者们的论述路径、问题意识以及主要论题有所区别，但是从理论根源上而言，他们都是多元价值的拥护者。第二，在合同的多元价值中，我国学者基本都赞同自由价值具有优先性，公平、效率等价值只是兼顾考虑。因而，尽管这些学者没有阐明其理论前提，但是从他们的阐述中可以看出，他们并不赞同激进的道义论或目的论，而是在温和的道义论的指引下，试图融合合同法的多元价值。

## 第二节　作为基本原则的合同法理

多元价值的主张虽然易于解释和论证现代合同制度，但是多元价值中隐含着多重相互冲突的原则。道义论的合同理论推崇合同自由，而目的论中的财富最大化理论则将合同效益作为最终的价值追求，分配正义理论则强调合同公平的重要性。现代主流合同理论的争议焦点也是合同自由、合同公平和合同效率的冲突。如果要以多元价值为基础构建一贯的合同法体系，我国合同法内部的这些原则之间应该有位阶之分，并以原则为载体形成价值体系。[③]原则并不以要么对要么错的方式来实现，不同原则之间可能相互冲突，但是并不因为相互冲突而失去效力。内部体系中依然有决定性原则，这些原则既是法律的根本理念，也构成了价值体系的基本脉络。以温和的道义论为前提，我国合同法领域已经形成了原则序列。

---

① 参见王利明：《合同法的新发展》，载《江海学刊》2003年第2期。

② 参见崔建远主编：《合同法》（第五版），法律出版社2010年版，第15—22页；韩世远著：《合同法总论》，法律出版社2004年版，第33—45页；陈小君主编：《合同法学》（第四版），中国政法大学出版社2014年版，第19—22页。

③ 关于法律的内部体系和外部体系的详细阐述请参见［德］卡尔·拉伦茨著：《法学方法论》，陈爱娥译，商务印书馆2003年版，第316—363页。

# 一、合同自由的优先性

尽管合同自由在各国合同法中都受到了限制，合同的强制力也受到一些变更，然而，这些限制或变更只是作为合同自由原则的例外，作为一般原则的合同自由原则仍然存在并发挥着决定性的作用。①

大凡关系人之间利害的事项，法律设任意性规定，允许当事人依其自由意思，自主决定。②

个人财产自由之所以列为基本自由，是因为这种自由可以"给个人的独立和自尊留有充分的物质基础，而对于发展和发挥（个人的）道德能力来说，个人的独立和自尊都是根本性的"。③

从理论上而言，我国学者认为合同自由是指当事人在法律允许的范围内，就与合同有关的事项享有选择和决定的自由。④许多学者呼吁我国合同立法应强调合同自由原则，并应将该原则的精神体现在全部合同法的内容之中。⑤就我国合同立法而言，学者们也同样主张合同自由原则以主体平等为前提，以意思自由为核心，充分体现了法律对当事人自由意思的尊重。任何机关、组织和个人都不得非法干预。⑥在我国的法律制度中，合同自由的优先性体现为以下三个方面。

## （一）合同自由内容的广泛性

合同自由内容的广泛性有两层含义。一是纵向而言，在合同缔结、履行

① 参见尹田著：《法国现代合同法：契约自由与社会公正的冲突与平衡》，法律出版社2009年版，第39页。

② 参见韩世远著：《民法的解释论与立法论》，法律出版社2015年版，第62页。

③ [美] 约翰·罗尔斯著：《政治自由主义》，万俊人译，译林出版社2000年版，第316页。

④ 参见崔建远、戴孟勇：《合同自由与法治》（上），载高鸿钧等编：《法治：理念与制度》，中国政法大学出版社2002年版，第287页。

⑤ 参见王利明著：《合同法研究》（第一卷），中国人民大学出版社2011年版，第199页。

⑥ 参见梁慧星著：《中国民法典草案建议稿附理由》（合同编），法律出版社2013年版，第58页。

的整个过程中，合同自由贯穿始终；二是横向而言，合同的各个方面如缔约形式、缔约相对人等内容，当事人都可以自由选择。我国学者一般认为合同自由包含以下内容[①]：第一，订立合同的自由。是指当事人可以自由决定是否与他人订立合同。因为合同的成立包含要约和承诺两个方面，所以缔约自由也包含要约自由和承诺自由。该自由非常重要，是其他合同自由的前提。第二，选择相对人的自由。即当事人可以依据自己内心意愿选择与什么样的人缔结合同。第三，设定合同内容的自由。即当事人之间可以对合同权利义务的分配、风险负担、履约方式等具体内容自由设定，只要其内容不违背法律法规和社会公共利益，法律就承认其有效。第四，变更和解除合同的自由。在合同签订之后，当事人之间也可以自由协商变更和解除合同，这充分体现了当事人的自由意志掌控着合同的整个过程。第五，决定合同形式的自由。即对于以什么样的方式订立合同，当事人可以自由协商决定，法律另有规定的除外。

### （二）当事人的约定优于法律

在合同与法律的关系上，当事人的合意优于任意性规范。任意性规范的主要作用在于补充当事人意思自治的不足，当事人可以通过自由协商排除任意性规范的适用，如果当事人对合同内容的有关事宜争执不下，则可以用适用任意性规范予以裁决，因而当事人的合意具有优先于任意性规范而适用的效力。我国《民法典》合同编中许多条文都规定“当事人另有约定的除外”，这是约定优先的具体体现。

### （三）合同基本自由的充分性和平等性

合同自由的优先性并不意味着合同绝对地不受限制，即使是合同的基本自由也只能是充分的、平等的，而不是最大化的。至于基本自由，罗尔斯给

① 参见郑玉波著：《民法债编总论》，台北三民书局1996年版，第34—35页；王利明：《论合同自由原则》，载《法制现代化研究》2001年第3期，第354页；崔建远主编：《合同法》第五版，法律出版社2010年版，第18页。

出了很好的界定[①]。具体到合同权利而言，合同基本自由应该包含两个方面，一是自由选择自己生活计划的权利，二是自由转让自己财产的权利。这两项基本自由是充分的、平等的，而不是最大化的。首先，即使是基本自由，也不可以完全不受限制地扩充，一旦合同基本自由能够充分地获得实现，就不能再无限制地扩张。比如，对无效合同的规定，其实质就是对当事人无限制扩张合同自由的规制。其次，基本自由是平等的。这意味着人们即使是行使基本自由也不能伤害他人同等的基本自由。因而前两项合同基本自由是建立在当事人相互尊重的基础上的，当事人不能以损害他人基本自由的方式来实现自己的基本自由。我国《民法典》中有关合同意思表示瑕疵的规定就是保证合同基本自由平等行使的体现。

## 二、合同公平的制衡性

不在清单上的自由，例如在放任自由原则下的合同自由不是基本的，也就是不具有第一个原则的优先性。[②]

《民法典》第151条：一方利用对方处于危困状态、缺乏判断能力等情形，致使民事法律行为成立时显失公平的，受损害方有权请求人民法院或者仲裁机构予以撤销。

《消费者权益保护法》第26条：经营者不得以格式条款、通知、声明、店堂告示等方式，作出排除或者限制消费者权利、减轻或者免除经营者责任、加重消费者责任等对消费者不公平、不合理的规定，不得利用格式条款并借助技术手段强制交易。

《民法典》第533条：合同成立后，合同的基础条件发生了当事人在订立合同时无法预见的、不属于商业风险的重大变化，继续履行合同

---

① 参见［美］约翰·罗尔斯著：《正义论》，何怀宏、何包钢、廖申白译，中国社会科学出版社1988年版，第57页。

② John Rawls, "Reply to Alexander and Musgrave", in Samuel Freeman (ed.), *Collected Papers*, Harvard University Press, 1999, p.239.

对于当事人一方明显不公平的，受不利影响的当事人可以与对方重新协商；在合理期限内协商不成的，当事人可以请求人民法院或者仲裁机构变更或者解除合同。

对于非基本自由中的合同自由，现在各国法律都予以了一定程度上的限制，其目的主要是实现分配正义或者合同伦理，在我国主要体现为合同公平原则对合同自由原则的限制。我国《民法典》合同编对合同公平原则予以明文确定。合同自由原则规范合同形式上和程序上的公正，而合同公平原则强调的是合同的实质公平和结果公平。合同公平原则某种程度上是合同自由的补充，同时对任意的合同自由作出了制衡。我国合同制度中合同公平对合同自由的制衡主要体现为以下三个方面。

（一）显失公平规则的设置

我国目前显失公平规则的设置主要体现为《民法典》第151条，该条规定："一方利用对方处于危困状态、缺乏判断能力等情形，致使民事法律行为成立时显失公平的，受损害方有权请求人民法院或者仲裁机构予以撤销。"这条规定把显失公平的判断标准确定为主观显失公平和客观显失公平的统一。要求显失公平的判断结合主观和客观、程序和结果来进行，这意味着如果当事人的自由意思表示没有任何瑕疵，那么即使结果再不公平，也不能适用该规则。可见，显失公平规则实际上仍然彰显了合同自由的优先性，其立法目的不过是用合同公平对恣意挥霍自由的行为予以限制，对明显失衡的结果予以平衡。

（二）格式条款的控制

1993年《消费者权益保护法》第24条（2013年修订后为第26条）开启了我国法律规制格式合同条款的先河，而后《保险法》和《海商法》也针对格式条款作出了零星规制。我国法律对格式条款一般性的规定集中在《民法典》合同编第496条至第498条。对格式条款的规制，是为了保护在市场经济中处于弱势的一方。学者们认为，对标准合同进行控制的主要目的为防止在市场经济中处于垄断地位或者经济实力明显占优势的一方利用格式条款损害在市场经济中处于劣势方的顾客的利益，以维护合同公正。[①]如果我们再深入思考，会发现格式条款中合同公平的维护实际上也是出于对合同自由的补足。在格式条款的签订过程中，相对方要么经济实力弱小，无力抗衡条款提供方的绝对优势地位；要么是专业知识不足，无法真正明晰格式条款的风险。在这种情况下，相对方的意思自治没有充分实现，也即存在着合同自由的瑕疵；而格式条款提供方有可能利用单方面的合同自由拟定出损害消费者利益的条款，滥用自己的合同自由。[②]所以，格式条款的规制不是对合同自由的颠覆，而是补足和制衡。

### （三）情势变更制度的确立

2009年颁布的《最高人民法院关于适用〈中华人民共和国合同法〉若干问题的解释（二）》[③]（以下简称《合同法司法解释（二）》）第26条正式确立了我国的情势变更制度。从这条规定可以看出，情势变更制度的确立是为了实现合同公平，但是依然没有突破合同自由的优先性地位。论证情势变更制度的学说有约款说、义务改变说、法律行为基础说等，这些学说都力图论证情势变更的基础与当事人的自由意志有关联，要么是当事人默认的合同产生的客观基础发生了改变，要么是发生了超出当事人自由意志可以决断的范畴。在情势变更制度确认之前，我国的司法实践中已经有多起认定情势变更的案例，从这些案例中可以看出法官的认定较为随意，如此下去，则容易破坏合同自由的基础地位。从某种意义上说，《合同法司法解释（二）》对情势变更制度的确认实际上是给法官认定情势变更提供了严格的标准。而且最高

---

① 参见苏号朋：《格式合同研究》，载《比较法研究》1998年第2期，第113页；张新宝：《定式合同基本问题研讨》，载张新宝主编：《法路心语》，法律出版社2003年版，第20页；李仕萍：《定式合同有关问题探讨》，载《政法论坛》2000年第3期，第33—34页等文献。

② 参见王剑一：《合同条款控制的正当性基础与适用范围——欧洲与德国的模式及其借鉴意义》，载《比较法研究》2014年第1期。

③ 已失效。

人民法院在《合同法司法解释（二）》发布三天之后即专门发布《关于正确适用〈中华人民共和国合同法〉若干问题的解释（二）服务党和国家的工作大局的通知》（法〔2009〕165号），严格限制了法院认定情势变更的程序。[①]最高人民法院对情势变更制度的判断标准和认定程序都作出严格限定，其宗旨就是保证合同自由原则的决定性作用。而在我国学术界，无论是在情势变更制度确认前还是确认后，主流观点都认为情势变更制度不能动摇合同自由的优先地位。[②]2020年5月颁布的《民法典》吸收了相关司法解释，以立法的形式确认了情势变更制度。[③]

## 三、合同效率的附属性

《合同法》的立法"既要注重有利于提高效率，促进生产力发展，又要注重维护社会公益，保护消费者和劳动者权益"。[④]

鼓励交易是鼓励当事人在真实意思表示一致基础上的自愿交易，基于意思表示有瑕疵的行为而产生的交易不仅不应该鼓励，而且还要予以限制和调整。[⑤]

我国学者一般将鼓励交易与合同效率联系在一起，或者在同一个意义上使用。在《合同法》立法之前，我国有学者认为应在合同法中纳入鼓励交易的内涵，其中主要以王利明教授为代表，主张应将鼓励交易作为合同法的

① 曹守晔：《最高人民法院〈关于适用《中华人民共和国合同法》若干问题的解释（二）〉之情势变更问题的理解与适用》，载《法律适用》2009年8期，第46页。

② 参见王利明著：《民商法研究》（第四辑），法律出版社1999年版，第481页；韩强：《情势变更原则的类型化研究》，载《法学研究》2010年第4期，第67—69页。

③ 《民法典》第533条第1款："合同成立后，合同的基础条件发生了当事人在订立合同时无法预见的、不属于商业风险的重大变化，继续履行合同对于当事人一方明显不公平的，受不利影响的当事人可以与对方重新协商；在合理期限内协商不成的，当事人可以请求人民法院或者仲裁机构变更或者解除合同。"

④ 梁慧星：《"从三足鼎立"走向统一的合同法》，载《中国法学》1995年第3期。

⑤ 参见王利明：《合同法的目标与鼓励交易》，载《法学研究》1996年第3期。

目标与基本原则。他认为，平等市场主体间的财产或利益交换也就是所谓交易，虽然纷繁复杂、形式多样，但无论是何种交易，都要通过合同关系表现出来并受到合同规则的规制。而“合同关系越发达越普遍，则意味着交易越活跃，市场经济越具有活力，社会财富才能在不断增长的交易中得到增长”①。因而，为了适应我国市场经济发展的需求，我国合同立法应该确立鼓励交易原则。我国合同立法虽未明文规定鼓励交易或者合同效率的原则，但是合同效率的精神已然贯穿其中，有关合同成立、合同无效、合同解除、合同解释等多项制度的规定皆体现了《合同法》对这一法理的秉持。

尽管鼓励交易已然在合同法领域中占据了一席之地，但是我国学界对这一原则的研究与其他原则相比明显薄弱。学者们对于合同效率是否能够成为我国合同法的一项基本原则，具有不同的意见。持赞同说的学者的理由主要有以下两点：第一，鼓励交易能够提高效率，增长财富，促进市场经济的发展；②第二，合同效率或者鼓励交易可以促使自愿交易的达成，最大限度地体现当事人的自由意志。③

反对论者的主要理由有以下三点：第一，合同效率原则具有伦理和技术上的局限性。合同效率面临的最大批评是忽视道德价值，合同效率的分析还存有技术缺陷，即通常无法为合同争议提供一个确定的法律规则。这样一来不是导致法律结果无预测，就是要求一套过于复杂的、经常改变的具体规则。④第二，鼓励交易原则与缔约自由在一定程度上存在冲突。缔约自由是合同自由的应有之义，缔约自由包括积极的缔约自由和消极的缔约自由，即订立合同的自由和不订立合同的自由。“出于鼓励交易的目的过分降低合同成立的要件标准、通过预约合同制度将当事人受合同约束的时点一再前移、将缔约过失责任宽松化，都会妨碍到消极的缔约自由。”⑤第三，在尊重当事

① 王利明：《合同法的目标与鼓励交易》，载《法学研究》1996年第3期。

② 参见王利明：《合同法的目标与鼓励交易》，载《法学研究》1996年第3期。

③ 参见叶晓欣：《新合同法与鼓励交易目标》，载《山西高等学校社会科学学报》2005年第10期。

④ 参见［美］亨利·马瑟著：《合同法与道德》，戴孟勇、贾林娟译，中国政法大学出版社2005年版，第32—36页。

⑤ 罗昆：《鼓励交易原则的反思与合理表达》，载《政治与法律》2017年第7期。

人意愿的前提下，尽可能地促成合同的成立和有效这一点实则是意思自治原则的体现，无须另设合同效率原则。[①]

从严格意义上说，我国主张鼓励交易、提倡合同效率的学者和西方效益论的提倡者有着显著的区别。西方主张效益论的学者提出合同效率或者财富最大化理论有两种论述路径。第一种即主流理论是为了揭示出“普通法上的合同制度蕴藏着完整的经济逻辑，其目的是增加经济效率”[②]。第二种除了要对合同制度进行解释，更重要的是将财富最大化作为衡量合同制度正当与否的标准。[③]因而在西方效益论者看来，合同效率不仅是合同法中独立的一项价值，而且是可以统率整个制度的核心价值。至于合同自由，只是实现合同效率的手段或者定义合同效率的工具。[④]在西方效益论者那里，合同自由是合同效率的附属，合同制度中之所以会强调当事人的意思自由，是因为意思自治能够最大限度地实现合同效率。但是我国提倡鼓励交易的学者均表示，合同效率必须是在尊重合同自由，尊重当事人意思自治的基础上来追求效率。因而，在我国即使是认为合同效率是合同法基本原则和目标的学者，也没有将合同效率作为一项独立的价值，而只是将其作为合同自由的补充和附属。《合同法司法解释（二）》对合同订立制度的解释被很多学者看作对合同效率的追求，但实际上该解释要解决的关键问题是，在当事人的合意不具有完备的形式要件时，如何判断当事人的合意是否成立。其核心要素是如何维护合同自由，而不是实现合同效率。因而我国合同法学界的理论假设是：如果当事人的意志是完全自由的，那么该合同就具有效率。可以说在我国司法实践和理论言说中，合同效率并不具备独立的价值，只是作为合同自由的一种补强意义而存在。

---

① 参见王红霞：《质疑鼓励交易原则——兼与王利明先生商榷》，载《市场周刊（研究版）》2005年第12期。

② 参见傅静坤著：《二十世纪契约法》，法律出版社1997年版，第215页。

③ See AnthonyT. Kronman, “Wealthy Maximization as a Normative Principle”, *The Journal of Legal Studies*, Vol.9, No.2,（Mar., 1980）, pp.227–242.

④ See Richard A.Posner, “Utilitarianism, Economics and Legal Theory”, *The Journal of Legal Studies*, Vol.8, No.1（Jan., 1979）, p.119.

## 第三节　作为法律教义的合同法理

> 历史上无论对于法教义的具体内涵及其定位的理解如何，没有人否认两点：一方面，法教义是一种一般性的权威命题或原理。另一方面，法教义形成的基础在于实在法，主要是现行有效的制定法。因而，法教义的必要特征就可以被界定为：它是围绕实在法展开的一般性权威命题或原理。①

在我国合同法实在法体系所能接受的范围内，温和的道义论在理论来源上给出了较为一贯的解释和论证，基本原则的法理构成了价值体系。在价值体系之下还有一个微观的合同法理，即作为法律教义的法理。作为法律教义的法理和作为原则的法理的区别在于，首先，原则是在价值层面构建一个价值体系，但是作为法律教义是用描述性的方式来表达围绕合同实在法展开的一般性权威命题和原理。其次，合同法教义和合同法的规则不同。合同法教义是论证、解释合同法某项具体规则的通说或支配性原理。比如，合同法中有关于要约承诺的相关规则，在很长一段时间内，这些规则的教义是镜像准则，而镜像准则又是合同自由优先这一价值序列的体现，因而教义可以被称为法律规则背后的"规则"或"原理"。最后，相对于法律原则，教义更具体化，更具有针对性，也能更面向法律实践。从抽象到具体的层面来看，我国合同法理可以如此排序：理论来源—基本原则—法律教义。合同法教义并非在立法中就已完全形成，其形成过程也不是一蹴而就的。作为理论来源的合同法理和作为基本原则的合同法理，在立法过程中经过辩论、论证等过程已经基本形成，这是能够保证合同法理具有融贯性和体系性的基本要求。

---

① 雷磊：《什么是法教义学？——基于19世纪以后德国学说史的简要考察》，载《法制与社会发展》2018年第4期。

但是作为教义的微观法理，会随着社会的发展、实践的争议而不断地修正、变化，因而合同法教义的形成要经过一个长期论辩的过程。下面我们以显失公平规则背后的主客观统一说为例，来揭示我国合同法教义是如何形成的。

## 一、合同法教义的形成：以显失公平规则为例

关于显失公平合同的理论基础有很多争论，几乎没有达成任何一致意见。①

民法通则把显失公平行为单列一类，因而其只需一个客观要件即可成立。即在该行为成立时，依一般社会情势，可判断其有失公平即可。②

认定显失公平一是要考察合同对一方当事人是否明显不公平。根据民法通则和合同法的有关规定，签订合同作为一种双方的民事法律行为，应贯彻公平原则。公平原则的实质在于均衡合同双方当事人的利益。因此，对合同显失公平的认定应结合双方当事人权利义务是否对等、一方获得的利益或另一方所受损失是否违背法律或者交易习惯等方面综合衡量。二是要考察合同订立中一方是否故意利用其优势或者对方轻率、没有经验。所谓利用优势，是指一方利用其在经济上或其他方面的优势地位，使对方难以拒绝对其明显不利的合同条件；所谓没有经验，是指欠缺一般生活经验或者交易经验。在显失公平的合同中，利益受损的一方往往因为无经验，或对合同的相关内容缺乏正确认识的能力，或者因为某种急迫的情况，并非出于真正的自愿而接受了对方提出的合同条件。③

① S.M. Waddams，“Unconscionable Contracts: Competing Perspectives”，*Saskatchewan Law Review*, Vol.62（1999），p.2.

② 佟柔主编：《中国民法学·民法总则》，中国人民大学出版社1990年版，第234页。

③ “家园公司诉森得瑞公司合同纠纷案”判决书，载最高人民法院办公厅编写：《中华人民共和国最高人民法院公报》（2007年卷），人民法院出版社2007年版，第450—454页。

现代各国合同制度基本上认可了显失公平规则，但是论证显失公平规则的理由则各不相同。在法国，对类似于显失公平规则的规定，有主观解释和客观解释两种相互对峙的理论。在德国民法典中，为了避免两种理论对峙的尴尬，将“暴利行为”归为违反善良风俗。但是，为什么这种行为是违反善良风俗的？是因为结果还是主观上的利用情形，抑或两者兼有？德国民法典并没从理论上给出令人信服的解释。英美法系在显失公平制度的理论基础上，同样存在着道义论解释和目的论解释的对峙。

我国合同法中对显失公平规则的解说也经历过纷繁复杂的变迁过程。首先，从立法过程来看，几经变迁。在《民法通则》颁布之前，我国的主流意见认为显失公平应该结合主观因素和客观因素进行判断。但是《民法通则》将乘人之危与欺诈、胁迫并列规定，同时单独规定了显失公平，从《民法通则》法条的形式逻辑推理，乘人之危应该只是程序性不公平，其构成不应包括实质性不公平。但是《最高人民法院关于贯彻执行〈民法通则〉若干问题的意见》[①]（以下简称《意见》）却将乘人之危与显失公平的构成要件都规定为程序性显失公平与实质性显失公平的统一。不过，令人不解的是，1999年颁布的《合同法》并未将《意见》的规定吸收于相关立法中，而基本上沿袭了《民法通则》的规定。2017年颁布的《民法总则》，将乘人之危与显失公平合并，正式从立法上确立了主客观相统一的标准。2020年颁布的《民法典》延续了《民法总则》的规定。

另外，在《民法总则》出台之前，我国学术界和司法界对显失公平与乘人之危的构成要件及两者关系的看法也是见仁见智。有的学者认为显失公平的认定只需客观条件即可[②]。然而，许多学者对此持不同观点，认为应把乘人之危作为显失公平的原因即程序要素加以规定，显失公平合同是程序性显失

---

① 已失效。

② 参见佟柔主编：《中国民法学·民法总则》，中国人民大学出版社1990年版，第234页；梁慧星著：《民法总论》，法律出版社2001年版，第233页；韩世远著：《合同法总论》，法律出版社2004年版，第230—231页。

公平与实质性显失公平的统一。[①]

在学术界对显失公平规则背后的原理争论不休之时，司法实务界对如何认定显失公平也显得比较随意，有的采用单一的客观标准，有的采用主客观统一说，因而造成了司法界的混乱。2007年最高人民法院公布的公报案例“家园公司诉森得瑞公司合同纠纷案”确认了显失公平合同的认定要结合主观和客观要件。这一案例的公布对司法界显失公平认定的混乱局面作出了确定性的指引，同时产生了司法界有关显失公平规则的权威教义或者通说。至此之后，学术界关于显失公平的争论日趋平缓，学术期刊网上自2007年以来的讨论显失公平的文章都基本赞同主客观结合说。[②]从此之后，主客观结合说成为学术界和司法界的通说，显失公平的认定要结合主观和客观标准综合断定这一原理成为我国显失公平规则背后的合同法教义。

从显失公平规则及其解说的变迁过程来看，可以发现：首先，学术界通说的形成和司法界通说的形成过程未必一致，即使学术界没有形成具有支配性的意见，司法界也可能在长期的摸索过程中形成通说，从而影响学术界的意见。其次，要成为合同法的教义，需要学术界和司法界形成共同的、具有支配性的意见。在我国，学术界和司法界中无论哪一方先达成共识，都会影响另一方支配性意见的形成。最后，合同法教义应该与已然存在的合同法规则体系和合同法的价值体系相融贯。单一的客观说其实是与我国《民法通则》和《合同法》的规则体系相违背的。从合同法规则体系而言，如果单一地依循客观要件，那么显失公平的合同应该是无效的，其主要理论渊源是目

① 参见彭真明、葛同山：《论合同显失公平原则》，载《法学评论》1999年第1期；徐涤宇：《非常损失规则的比较研究——兼评中国民事法律行为制度中的乘人之危和显失公平》，载《法律科学》2001年第3期；李永军著：《合同法原理》，中国人民公安大学出版社1999年版，第258页，第280—281页、第251页；张燕玲：《浅析显失公平的合同》，载《法学论坛》2000年第3期；王家福主编：《中国民法学·民法债权》，法律出版社1991年版，第351页；王利明、崔建远著：《合同法新论·总则》，中国政法大学出版社1996年版，第283页等。

② 贺剑：《〈合同法〉第54条第1款第2项（显失公平制度）评注》，载《法学家》2017年第1期；武腾：《显失公平规定的解释论构造——基于相关裁判经验的实证考察》，载《法学》2018年第1期。

的论的合同法理论，但是我国规定显失公平合同为可撤销，因而如果采取单一的客观说，那么从整个合同法规则体系来看，显失公平规则不仅无法自圆其说，而且不符合前文所阐述的自由优先的价值体系。而主客观结合说既能够合理地解释合同法的规则体系，又能够与前文阐述的原则序列相融贯。显失公平规则是合同法中公平原则制衡性的体现，公平原则之所以具有制衡性的地位，而不是优先性，是因为其理论来源是温和的道义论。

通过上文的阐述，我们可以得出，合同法教义的形成要满足两个条件：首先，对于某项具体规则背后的原理或学说，法律界达成具有支配性的意见；其次，此支配性意见与温和的道义论和合同法的原则序列具有融贯性。因而，通说和教义是有所区别的。通说仅指形成了支配性意见，但是该意见有可能与法理体系并不融贯；[①]合同法教义不仅是一种通说，而且还要与合同法理体系相融贯。

## 二、合同法教义的功能

根据上文所述，我们发现，司法裁判中法官所表述的依据“合同法理”，有很大一部分是在合同法教义的意义上使用的。[②]但是有的案件中还没有形成合同法教义，那么这些案件中所依据的“合同法理”只是法官自我认同的具有说服力的原理。在没有形成支配性意见的同类案件中，法官的判决则可能会呈现出同案不同判的景象，因而合同法教义的形成在司法实践中统一了司法裁判的尺度，以促使同案同判得以实现。

虽然我国《民法典》最终并未将法理列为正式的法律渊源，但是一旦针对某项有争议的法律规则形成了合同法教义，此时法官在司法实践中一般会自觉地适用合同法教义，因而法律教义实际上起到了补充性法律渊源的作用。一旦教义形成，无论是采用教义来解释合同规则，还是运用原则序列来

① 关于这点的具体阐述参见王凌皞：《存在（理智上可辩护的）法律教义学么？》，载《法制与社会发展》2018年第6期。

② 参见孙光宁：《最高人民法院如何适用“法理”》，载《湖北社会科学》2018年第8期。

予以论证，其结果都会具有一致性。因为此时教义、原则、理论来源以及规则的精神基本一致。比如，在一起合同纠纷案件中，最高人民法院在裁决书中写道：“依合同法理，合同的性质由当事人的真实意思表示，即当事人约定的权利义务所决定。”[①]此处所概括的合同法理既是教义，又是合同自由原则的体现，也是具体合同规则应有之义。由于学者对教义的解释和阐述比原则要丰富、细致得多，因而用符合法律原则的具体教义来阐明有争议的规则的含义会更具说服力。例如，在上文提到的“家园公司诉森得瑞公司合同纠纷案”中，法官在判定当事人的合同是否属于显失公平时，不仅援引了公平原则，而且通过教义——主客观结合说，详细地阐述了不构成显失公平的理由。将教义作为补充性的法律渊源来阐释有争议的法律理解，不仅使得同类案件的判决结果具有一致性，而且使得判决结果与合同法体系具有融贯性。

合同法教义之所以具有融贯性，是因为其勾连了合同法的价值体系和规则体系，从而使得两者之间形成了映照。法律规范并不是彼此毫无关系地并存，其间有各种脉络关联。合同法规则体系是以形式逻辑规则建构的抽象、一般的概念体系，此种体系的形成基石是不同抽象程度的诸概念的形成。选择何种要素定义抽象概念，取决于该概念形成之时所欲追求的目的和价值。抽象概念所形成的规则体系可以保障由某推演出的所有结论之间不互相矛盾。但是在抽象概念提纲挈领的同时，作为法律调整基础的价值标准及法律原则所含的意义也从该概念中被剥离了出去，这使得法律的适用成为纯粹的逻辑演绎。在法律适用中，严格逻辑意义的涵摄并不多，很多概念在“涵摄”时必然涉及了该概念所蕴含的价值或功能，这就必须通过价值体系来理解。价值体系的基石为基本原则，原则又必须被具体化才能得以适用。“合同法教义”则将抽象概念与原则勾连起来。合同法规则与合同法教义之间的关系为：前者是可供涵摄的技术性概念，后者虽不适宜涵摄，但可以说明合同法规则的实质基础及结构。合同法教义并非区别于规则体系的另一套语词

① 参见（2013）民申字第2298号。

系统，而只是被抽象概念所遮蔽了的价值功能的显现而已。即在体系化的法律规范中，合同法教义在涵摄时充当着技术性的角色，当无法直接涵摄时，我们就必须透过教义了解该规则所承载的价值。对该合同法教义的理解必须回归于原则，而原则又是在发展中不断具体化的。如果从法律规范适用的角度观察，则是经由规则体系再到原则体系；从法律体系的形成视之，则是原则体系先于规则体系而产生，一旦将原则体系中的关联用抽象的概念予以固定化，形成规则体系，则在法律适用时又会发生经由规则体系再到原则体系的过程。比如，我国合同法以合同是合意这个抽象的概念为上位概念构成了一个规则体系。合意包括：1.以发生法律关系为目的；2.有合意存在；3.合意无瑕疵；4.合同当事人有相应的行为能力。其中合意无瑕疵通常包括：无胁迫、无欺诈、无错误、无显失公平。在理解显失公平为什么会从属于合意无瑕疵这个范畴，以及如何断定显失公平中蕴含的价值因素时，合同法教义就发挥了作用，作出了恰当的解释，从而使得我国合同规则体系与合同价值体系形成了融贯的整体。如果没有合同法教义，我们会觉得显失公平规则就是合同规则中的怪胎，也无法理解其承载的价值。

综上所述，合同法教义在合同法体系形成的过程中，将合同规则承载的价值显现出来，同时将合同原则具体化，从而勾连了合同原则和合同规则，使其成为融贯的整体。正是因为合同法教义的这种勾连，在合同规则的适用出现无法直接涵摄的疑难情形时，合同法教义可以解释、论证规则的具体含义，从而实现同案同判。

在合同法领域，合同法理的论述和适用具有多重含义，既有直接论述，也有隐性论述。根据合同法理的抽象性程度，可以分别在理论来源、基本原则和法律教义三个层面对合同法理进行探讨。这三个层面的合同法理不是孤立地存在，其相互之间具有融贯性、一致性，共同构成了一个被我国合同实在法所认可的由抽象到具体的法理体系。对于作为理论来源的合同法理，我国大多数学者的论述与温和的道义论相吻合，而且温和的道义论也能给我国合同实在法提供一贯的正当性论证。对于作为基本原则的法理，我国合同法学术界和实务界基本都认可了以下价值体系：合同自由的优先性、合同公平的制衡性、合同效益的附属性。合同法教义是具体合同规则背后具有支配性的原理。合同法教义的形成需要经过一个长期论辩的过程，其一旦形成，就会勾连合同法的基本原则与合同法的具体规则，使得基本原则的价值属性得以具体化，让具体规则的价值承载得以呈现。合同法理体系的总结可以为合同法的规则体系和司法实践提供稳定融贯的理论基础。就合同规则而言，尽管有些规则被各国合同法所认可，但是并没有得到一贯的解释和论证，而且规则背后的法理基础也大相径庭。例如，上文所说的显失公平规则，不同的正当性理论都予以赞同，但是赞同该规则背后的理论来源并不相同。道义论的合同法理论赞同显失公平规则，是因为他们认为显失公平规则实质上强调的是当事人自愿平等参与交易的能力，而不是强调结果的公平。[①]分配正义理论认为显失公平规则是保护弱势群体，进行再分配的工具。[②]而效益理论则认为显失公平规则之所以是正当的，是因为该规则可以使效益最大化。[③]认同显失公平规则背后的理论来源不同，则立足于理论来源之上的价值序列也会截然不同，于是在产生具体的合同纠纷尤其是疑难案件时，对如何判断显失公平的具体学说也就难以趋同，如果我们不明晰背后不同层次不同脉络的法理体系，对显失公平合同的认定就很难保持一贯的立场，从而使得显失公平的司法实践呈现出混乱的态势。因而要真正做到“同案同判”，仅仅依靠法官对规则的接受则是远远不够的，还必须揭示出规则背后的法理体系。

由于合同法理有着非常丰富的意蕴，目前在我国还没有形成统一的表达，如果任由法官不加论证和区分地运用“合同法理”据以裁判，一方面会让当事人难以捉摸其真实含义，另一方面也可能成为法官拒绝仔细说理的避风港。因此，法官据“合同法理”裁判时，要谨防恣意。首先，法官要进行法理的鉴别和认定，即厘清什么样的法理能够成为合同纠纷裁判的依据。从

---

① 参见［加］彼得·本森主编:《合同法理论》，易继明译，北京大学出版社2004年版，第213—214页。

② See Anthony T.Kronman, “Contract Law and Distributive Justice”, *The Yale Law Journal*, Vol.89.No.3 (Jan., 1980), pp.490-491.

③ See Richard A.Posner, “Utilitarianism, Economics and Legal Theory”, *The Journal of Legal Studies*, Vol.8, No.1 (Jan., 1979), pp.119-131.

融贯性的角度而言，通说或者权威学者的理论并非当然成为裁判的依据，只有与合同法理体系具有融贯性，能够一贯地解释和论证我国合同实在法的通说或者权威理论时，才能成为裁判的依据。其次，法官适用法理需要论证。即使某项法理具有融贯性，如果要将其适用于司法裁判中，法官也应该阐明该项法理的具体内涵，并且清晰展示得出该法理的过程。最后，法官可以依据多样的合同法理予以裁判，不宜直接使用“合同法理”一词，可以根据当时解释法条、论证法条的具体依据，用通说、立法目的、法律之本意、法律原则等词语进行分别阐释，以实现裁判文书用语的严谨和准确。

# 第九章

# 我国本土制度的法律社会学解释

## 第一节　土地制度改革与基层治理创新

### 一、解释论与实践论的分歧

在经济发展的快速推进和城市化持续扩张的背景下，虽然农地种植收益在农民家庭收入所占比例逐渐下降，但随着土地之于国家经济建设的作用日益凸显，土地的外部价值不断攀升。不管是基于规模耕种的考量还是基于征地拆迁中可以获得高额补偿款的想象，农民越来越密切地关注农地的权属，特别是在征地拆迁正在进行或者即将进行的区域，土地纠纷日益增多，且有不断扩大的趋势。学界对这一问题给予了足够的关注，并产生了一系列有理论支撑和实践经验的成果。

以研究者阐释土地纠纷解决的制度建构为标准，关于土地纠纷的研究主要有以下两个进路：解释论的进路和实践论的进路。两条研究路径并不截然对立，但两者分析的侧重点和角度不同。解释论的进路同样关注制度的建构，只是重点在于理解土地纠纷的发生机制；实践论的进路也对纠纷的深层原因进行了必要分析。

解释论进路的着眼点在于建构理解土地纠纷的解释框架，这一研究进路以社会学的研究为主。张静认为土地使用规则随着利益、力量的变动而不确定，而多种规则又有着各自的合法性来源，多种土地规则的并存及冲突构成了地权纠纷的中心问题。[①]张小军通过对福建阳村的田野研究指出“象征地权”的过度膨胀，导致土地使用权的模糊性，使得契约产权（法律、合同等规定的产权）在实践中不能充分存在和履行，引发了不同主体之间的冲突。[②]熊万胜通过对安徽栗村自太平天国以来地权纠纷史的素描，认为多元规则中存在一个主导性的规则，是地权稳定的必要条件。地权稳定，则地权冲突较少。在多元规则竞争、主导性规则未确立之前，地权稳定性较弱，容易发生地权纠纷。[③]

实践论的研究进路探讨土地纠纷的类型及解决机制，这一研究进路以法学的研究为主。蔡虹通过对农村土地纠纷特点的分析，对和解、调解、行政裁决和诉讼等几种解决纠纷的方式进行述评，指出不同类型的纠纷应适用不同的解决方法。[④]陈小君等人通过对湖北飞鱼村和红河司村因村庄合并引发的土地纠纷的深描和分析，在对现有土地纠纷救济途径反思的基础上，进一步提出了土地纠纷救济的现实对策，具体而言包括疏通救济渠道、降低救济成本、充分发挥法律制度功能。[⑤]郭亮、杨蓓通过对湖北S镇三类土地纠纷的阐释，指出土地承包纠纷的发生具有必然性，在农户上访的压力下，基层政权极端工具化的纠纷解决模式并不利于化解纠纷。明晰的产权和单纯推进土地权利建设也难以有效制止纠纷的发生。概言之，土地纠纷的发生是一个

① 张静：《土地使用规则的不确定：一个解释框架》，载《中国社会科学》2003年第1期。

② 张小军把土地理解为一种象征资本，可以被再生产，“生产和定义出新的权力关系”。象征地权的主要所有者包括国家、村落/宗族等集体、地方精英、“祖先”和个人等，在权力关系的强弱较量中，出现了地权分割和模糊产权，滋生了大量土地纠纷。因此，“地权的关键不只是实物地权归谁所有，还要看象征地权归谁所有，谁在操纵地权的象征资本生产过程”。参见张小军：《象征地权与文化经济——福建阳村的历史地权个案研究》，载《中国社会科学》2004年第3期。

③ 熊万胜：《小农地权的不稳定性：从地权规则确定性的视角——关于1867—2008年间栗村的地权纠纷史的素描》，载《社会学研究》2009年第1期。

④ 蔡虹：《农村土地纠纷及其解决机制研究》，载《法学评论》2008年第2期。

⑤ 陈小君、高飞、李俊：《地权纠纷中的法律救济——村庄合并中的农地权属纠纷救济的理想与现实》，载张曙光主编：《中国制度变迁的案例研究》（土地卷）第八集，中国财政经济出版社2011年版，第396—425页。

官民如何互动的政治问题，官民之间形成一条制度化、法治化的利益协商与博弈机制有利于防止纠纷的发生。①

如果纠纷的双方能达成合意，形成一致意见，纠纷就不会发生。一旦不同主体针对同一客体主张权利，双方不能形成合意，纠纷将不可避免。解释论进路透过土地纠纷的表面现象揭示了引起纠纷发生的深层次原因，不同主体从不同的立场出发，援引不同的规则进行“维权”。不管是规则的不确定，还是多元规则的竞争，抑或主导性规则未能确立，实际上都宣告了针对土地这一客体，相关主体之间不能形成合意，即他们之间不能形成共识。社区之内是否能达成地权共识是理解土地纠纷发生的关键所在。

与社会学偏重呈现问题、解释问题的研究进路不同，法学的研究强调制度的建构，并关注制度的实施。已有的研究通过对土地纠纷的类型化分析，对现有的纠纷解决方式进行了梳理和评价，并提出了制度改革的建议。虽然角度有差异，但他们的前置性判断都是在土地纠纷的不同解决模式中，法律制度及合同规则将成为共识性规则，并最终主导纠纷的裁判和执行。

法治社会的应有之义是法律在社会系统中居于统治地位，并具有最高权威。任何组织和个人的行为都必须以法律为依据，不能凌驾于法律之上。在乡村社会的法律实践中，法治社会要求契约或合同的约定是判断土地权属的核心依据。随着国家调整农村土地制度和土地政策，惠农政策及征地补偿标准的逐年提高，土地利益激增的背景下，村民之间进行着“寸土必争、寸土不让”的“斗争”，与土地权属相关的不同规则之间的碰撞和竞争尤为激烈。在此前提下，合同规则如何成为各方主体认可并得到有效执行的共识性规则是一个复杂的问题。

法学的既有研究虽然确立了合同规则的地位，但对于非正式规则（关于土地权属的习惯性认可、社区内部的既有规范等）与合同规则之间的较量，缺乏足够的关注和分析。

① 郭亮、杨蓓：《信访压力下的土地纠纷调解——来自湖北S镇的田野经验》，载《当代法学》2012年第2期。

## 二、解决土地纠纷的实际规则

### 案例9-1　丁某与王某土地承包经营权纠纷案[①]

**基本案情**

20世纪90年代末，丁某购买了王某的房屋，合同仅就房屋面积、位置以及记入纳税面积的耕地进行了明确约定，而对鱼塘、旱地（包括开荒地）、园部等都没有清晰约定。由于合同约定不清晰，2008年年底双方因鱼塘、旱地和园部土地经营权发生争议。

王某依据村庄惯例，主张自己对没有明确记入合同的鱼塘、旱地及园部享有承包经营权，丁某依据合同约定，同样主张对上述土地享有承包经营权。

**问题思考**

1.解决土地纠纷的具体规则有哪些？

2.土地纠纷的实际规则是如何形成的？

**法理解析**

从类型学的角度，按照不同标准，可以将土地纠纷划分为不同的种类。从纠纷主体的角度，可以分为农民与农民之间、农民与村集体之间、村与村之间发生的纠纷等；从引发纠纷的直接原因的角度，可以分为因政策变化引起的纠纷、因土地承包引发的纠纷、因土地征收补偿引发的纠纷、因所有权界限不明引发的纠纷等；从纠纷的具体内容的角度可以分为土地所有权纠纷、土地收益分配纠纷、土地承包合同纠纷、土地征收纠纷、土地流转纠纷、土地调整纠纷等。同时，土地纠纷呈现出广泛性、多样性、复杂性、趋

① 2012年7月2日—28日，笔者在湖北省J市D区T镇开展了为期27天的暑期调研。T镇Y村村主任向笔者介绍了丁某与王某土地承包经营权纠纷案。T镇派出法庭李庭长接受访谈时指出，法庭对于“搭地买房”的纠纷，一般通过不予立案的方式进行司法回应：处理案件的结果不仅要符合法律，还要符合村里一般人的价值判断。

增性、长期性等特点。[①]从不同的角度进行分类的方法有利于初步了解土地纠纷的形态和表现，但掩盖或者忽略了引发土地纠纷的深层次原因。不管何种类型的土地纠纷，主体“维权”必须诉诸一定的事实和理由。在各种纠纷中，行为主体到底如何表达权利、主张利益？他们主张土地权益的依据是什么？其合理性支撑在哪里？通过回答上述问题，探究土地纠纷的成因，弄清其不断演化的社会基础及制度因素，在此基础上寻求纠纷解决机制的综合治理措施。

在不同类型的土地纠纷中，援引较多且具有合理“合法”依据的是生存权利规则。生存权利是指在一定社会关系中和历史条件下，人们应当享有的维持正常生活所必需的基本条件的权利。《经济、社会及文化权利国际公约》第11条第1款规定：“本公约缔约各国承认人人有权为他自己和家庭获得相当的生活水准，包括足够的食物、衣着和住房，并能不断改进生活条件……”特别是对于大多数中国农民而言，土地是其保障基本生活的基本生产资料。“居有其屋”“耕者有其田”，在人均耕地面积不多的社会约束条件下，“人人有权依靠土地生存”[②]的生存伦理规范被塑造出来。这种生存伦理规范一旦被塑造出来，就被逐渐建构成评判其他习惯做法和政策制度的重要指标。新中国建立之后，农民依靠政治权力重新分配土地，获得土地。在农民的认知里，土地是国家和集体分配给个体的主要生产资料。这种认知强调农民的身份，而不是个体的能力和秉性。在国家惠农政策及城市化快速发展的情况下，土地价值的激增刺激了那些早已搬出社区但户口仍在本地的“农民”主张耕地及宅基地权益。新中国建立以来，重新分配土地以满足个体的

---

① 以对土地纠纷进行分类、总结特点并提出解决方案进行分析的文章较多，参见朱冬亮：《当前农村土地纠纷及其解决方式》，载《厦门大学学报（哲学社会科学版）》2003年第1期；杨芳：《关于涉农土地纠纷案件的调研报告》，载《法律适用》2005年第8期；周艳波：《论农村土地纠纷类型、原因和解决措施》，载《学术界》，2008年第1期；史卫民：《农村土地纠纷的主要类型与发展趋势》，载《现代经济探讨》2010年第1期等。另外，也有学者专门关注征地拆迁中的征地冲突，如郭亮：《土地征收中的利益主体及其权利配置——对当前征地冲突的法社会学探析》，载《华中科技大学学报（社会科学版）》2012年第5期。

② 刘世定著：《占有、认知与人际关系》，华夏出版社2003年版，第151页。

基本生存诉求，也彰显了社会主义制度的优越性。在社会主义语境下，生存权利规则具有社会文化制度基础，成为个体维权的伦理性依据，并因此获得规则竞争的资格。

被援引的第二个依据是投资规则。投资规则是指“谁投资、谁受益”，收益权的归属以实际投资为依据，由实际的投资人获取收益。具体到农地权益的分配上，该规则表明在土地上投入了劳力或资本的农民，有权享有对土地的使用权和收益权，可以基于以往的投资继续占有使用土地，并获得农地的收益。实践中，农民对他人享有承包权的土地进行投资时，一般都获得了村集体的认可。[①]事实上，原承包权人在明知他人耕种、使用土地且获得收益的情况下，没有反对，默认了实际投资人占有使用土地的行为。此外，“谁投资，谁受益”规则暗含了“谁承担责任”的意思。后税费时代，免除了税费义务，投资主体承担更多的是对土地的基本管护责任和满足公共使用的需要，如保证水渠的通畅、田埂的基本维护等。投资规则既表明主体对客体进行了劳动力、资金等各方面的投入，也蕴含了主体履行了负载在客体之上的义务和责任，并且这种投资获得了集体的认可和相关权利人的默许。正是基于以上三个因素，投资者同样具有充分的理由主张自己的土地权益。

在国家持续不断的“送法下乡”[②]和农民“迎法下乡”[③]的进程中，合同规则成为土地权益伸张中被经常援引的第三个依据。合同是双方当事人之间基于意思自治而形成合意的一种契约，是当事人行使权利和履行义务的凭证。具体到村庄生活中，只要村民之间的约定没有违反法律的强制性规定，所约

① 以湖北省为例，20世纪90年代，土地税费繁重，抛荒现象极为严重（参见李昌平：《我向总理说实话》，光明日报出版社2002年版，第21—31页），基层政府为了完成税费任务，采取各种方式将抛荒地再次发包出去。2004年湖北省发文，要求以1997年二轮延包为基准“确权确地”，但1997年正是抛荒最严重的时候，二轮延包只是走了过场。2004年确权确地过程中，原承包人和实际耕种人都主张土地权益，这一时期农地纠纷激增。为了妥善处理纠纷，湖北省出台了《关于积极稳妥解决当前农村土地承包纠纷的意见》，指导实践中发生的土地承包纠纷。

② 苏力著：《送法下乡——中国基层司法制度研究》，中国政法大学出版社2000年版，第27—35页。

③ 董磊明、陈柏峰、聂良波：《结构混乱与迎法下乡——河南宋村法律实践的解读》，载《中国社会科学》2008年第5期。

定的条款就具备法律效力。与陌生人之间交往的有限性、获取信息的高成本性，以及缺乏共同体的内在约束性相比，村民之间的交往具有长期性、稳定性、持续性和一定程度的规制性。在“熟人社会”，[①]人与人之间的交往模式决定了村民之间的交易行为不同于陌生人之间的交易行为。村民双方、村民和集体之间不会全面细致地约定合同条款，仔细斟酌合同条款的准确意思，也不会琢磨日常用语和法律概念之间的差异，合同条款多以日常术语来表达。多数情况下，合同中权利义务所指向的客体的约定不甚明确。比如“买房搭地”的买卖合同中“地”具体是指什么？合同条款一般只列举了计税耕地的面积大小及地理方位，并没有界定“地”的具体范畴。而土地的范畴非常广泛，既包括耕地、宅基地，也包括自留地、荒地等。虽然村庄语境下，大家熟知“地”的具体所指，但可能不符合法律概念的精准要求。一旦一方援引合同规则主张权益，就会出现依法裁判的结果与村庄习惯做法不一致的尴尬。[②]但在法治主义的逻辑和法治社会的理念之下，相关当事人的主张具有合法性基础，合同规则成为土地权益主张中举足轻重的依据之一。

内化规则（internalised rules）是伸张地权的第四个依据。制度经济学认为，内化规则是人们通过习惯、教育和经验习得的规则，它既是个人偏好也是约束性规则。它“使人们免受本能的、短视的机会主义之害，并常常减少人们的协调成本和冲突”[③]。违反内化规则的人不会受到有组织的惩罚，但会受到自发进行的惩罚，即承受一定的心理代价。在长期的村庄生活中，村民之间的交往并不是“终局博弈”（end game），村民会认可并服从一些内化规则。村落俗语生动地诠释了大家曾经公认的土地权属关系，如“上田下砍、

① 费孝通著：《乡土中国》，北京大学出版社1998年版，第8—11页。在改革开放的持续冲击下，中国农村在经济、文化、社会交往等方面发生了巨大变化，农村演变为“半熟人社会”（参见贺雪峰著：《新乡土中国》，广西师范大学出版社2003年版，第1—10页），但村民之间的交往模式依然与陌生人之间的交往模式具有较大差异。

② 在笔者2012年为期一个月的暑期调研中，湖北T镇派出法庭的李庭长对于“搭地买房”的纠纷，一般通过不予立案的方式进行司法回应。“处理案件的结果不仅要符合法律，还要符合村里一般人的价值判断。”

③ ［德］柯武刚、史漫飞著：《制度经济学——社会秩序与公共政策》，商务印书馆2008年版，第123页。

原田原界”。从方位上判断，上面田地的承包经营权人行使下方位田埂的砍柴权，并进一步延伸至对该田埂行使类似承包地的承包经营权。当存在村庄共识、村庄内的社会关系网络稳定，且能有效地约束违反内化规则的人的行为时，一致行动和地权共识就容易达成，地权冲突也较少。“这是因为在流动性极低的乡村社会，再强势的个人也无法承担完全被孤立的社会成本。”[①] 村民会自觉遵守“上田下砍”等类似的内化规则。当村庄社会网络不稳定、个体不在乎共同体内的负面评价时，村庄共识就面临着瓦解的危险，将纠纷增多。特别是在农地非农使用，土地增值收益激增的背景下，土地纠纷会集中爆发，违反内化规则的人会援引其他规则积极“维权”，而相对方也会以内化规则进行博弈。

不同主体援引不同的地权规则表达权益诉求。实践中，四种地权规则的位阶并不确定，在这四种地权规则之间并没有排序，也不存在主导性规则。纠纷发生之后，哪一种规则有利于维护自身权益，纠纷主体就会援引哪一种规则。所以往往会发生两条规则之间的“竞争”势态，有时也会出现规则之间联合“竞争”的势态。[②]此时，对纠纷双方或多方而言，合同规则与其他三项规则并无区别，仅仅是伸张权益的规则之一。

## 三、土地共识与多元规则的博弈

### 案例9-2 刘某宅基地纠纷案[③]

#### 基本案情

20世纪70年代，刘某与本家两兄弟住在一起，宅基地面积4亩左右。因

① 申静、王汉生：《集体产权在中国乡村生活中的实践逻辑——社会学视角下的产权建构过程》，载《社会学研究》2005年第1期。

② 笔者在调研中获得了相关案例，其中既有生存权规则与投资规则的竞争，合同规则与内化规则的竞争，亦有生存权规则与合同规则的竞争等各规则之间的竞争势态。

③ 2012年7月暑期调研期间，湖北J市D区T镇Y村的村支部书记对笔者介绍了刘某宅基地纠纷案。

其居住在另外两户之间，觉得居住区域狭窄、受拘束，于是搬到生产队的别处建房（当时当地荒地较多，可轻易获得宅基地）。

20世纪90年代，因儿子、儿媳妇在镇上水产部门工作，刘某夫妇随儿子在镇上居住，将新宅基地连同耕地一并出售，老宅基地一直空置未作处理。举家搬迁之后，刘某的两个邻居——亦是其本家，见老宅基地房屋破败，地荒着可惜，就共同占用了刘某的宅基地种植树木，一直以来没任何纠纷。

2010年，刘老太太以回村养老为名，要求两邻居归还宅基地，因此发生纠纷。

此时，刘老太太说："没有地方住，我怎么活？"并主张对老宅基地的权益。现屋主认为自己在该宅基地上投资修建房屋，已经形成了事实上的占有关系。

**问题思考**

1.在多元规则体系中，土地共识能否形成？

2.在土地纠纷中，为何会出现规则混乱的局面？

**法理解析**

依据村庄历史传承的经验，村民在重复的互动中，建立起对他人未来行为的预期，同时以"习得"的经验和习惯做法规范自己的行为。长此以往，村民之间形成了稳定的共同预期，这种共同的预期既包括对某一规则的认同，亦包括对某一观念和信念的认可。[①]共同预期一旦形成，就会引导个体形成稳定的行为模式。以共同规则和共同信念为支撑的个体行为，不会偏离他人的预期，个体不"逾矩"，村民之间的纠纷就较少。具体而言，地权共识的"习得"与内化需要具备以下三个因素。

首先，国家制度的稳定性和延续性。中国区域发展差异较大，在南方宗

① 法律制度的建构并不排斥习得的经验、文化因素等所起的重要作用，在某种程度上，法律发达的社会，是因为其具有深厚的与法律和权利诉求相关的民情和民意。肖特认为个体之间的稳定预期会形成稳定的行为模式，从而形成"制度"。参见［美］肖特著：《社会制度的经济理论》，陆铭、陈钊译，上海财经大学出版社2003年版，第15—18页。托克维尔在阐释美国的民主时，也强调了民情对于美国政治制度、法律制度的重要意义，参见［法］托克维尔著：《论美国的民主》（上），商务印书馆1995年版，第360—408页。

族性地区，内生性规范和内生秩序具有深厚的社会基础和文化心理支撑，较少受到国家正式制度的影响。但“国家政权建设”重新形塑了乡村社会的变迁，国家意识形态和相关制度的推进效果显著，不仅改变了中部“原子化”[①]地区的乡村社会结构，也影响了宗族性地区的基层治理状况。在国家意识形态和市场经济的双重洗刷下，区域内生的秩序和规范难以有效整合各种利益诉求和利益表达，土地制度和土地政策的稳定性和延续性直接影响社区内部达成地权共识的有效性和可执行性。土地制度与政策的稳定性和延续性不仅仅是文字性的规定，更是土地制度背后的价值理念一脉相承的保证。新中国成立以来，国家主要通过政治权力分配土地，实现农民对生存权的诉求。一旦国家推行的土地制度背后的价值理念发生改变，必然冲击农民对土地的认知观念，从而破坏地权共识，引发土地纠纷。

其次，村庄具有稳定的交往网络。村民之间频繁的社会交往能凝聚个体意识，形成具有约束力的共同规则和行为范式。因为有长期交往的预期，在与他人的交往中，大家都会“留一份情面”“礼让三分”，不会将事情做绝，给自己和对方都留后路。“不将事情做绝”的行为逻辑，促使个体不违反社区的共同禁忌和禁止性规定，有利于形成“制度化”的共同规范。即使自己在某一次交往或者具体事件的处理中“吃亏”了，但一旦放宽视野，将个体的境遇置于整个村庄的时空背景下进行权衡，就会忍受一时之亏，接受社会网络中长时段的生产、生活的平衡关系。“礼并不是靠一个外在的权力来推行的，而是从教化中养成了个人的敬畏之感，使人服膺；人服礼是主动的。”[②]现代社会虽然不同于费老描述的“礼治社会”，但在稳定的社区交往中，村民依然会倾向于遵守“传统习惯”。在消费主义文化、市场经济理念及多元意识形态的持续影响下，与土地权属相关的社区内生规范与国家建构的外在制度和秩序之间存在一定的张力，这要求两者之间能良性互动，促进社区共识及地权共识的形成。

最后，村民践行土地规范。“共识”强调的是不同主体对某一行为规范

① 贺雪峰著：《村治模式：若干案例研究》，山东人民出版社2009年版，第33—39页。
② 费孝通著：《乡土中国　生育制度》，北京大学出版社1998年版，第51页。

的认可和遵守。在不同规则的竞争和冲突中，具有一定历史文化基础或者政治强制力[①]的土地规则获得了大多数人的遵从，并进一步在社会生活中被贯彻和强化，从而确立其支配地位。在资源有限且日益缺乏的自然条件约束下，理性的个体总希望获得更多的利益，被大多数人遵从的土地权属规则不可能满足所有人的利益诉求。齐美尔认为，社会是一个统一体，纠纷是对双方当事人相互分散的分极化行为的匡正运动，纠纷不会成为社会的消极因素，反而是构成社会统一体所不可缺乏的积极要素。[②]土地纠纷发生之后，如果村民能够有效践行被大多数人遵从的土地规则，有效矫正过错一方的行为，对过错方施以一定的惩罚，以保证行为人不再犯，同时对其他人产生一定的威慑力，就能树立共识性规则的有效性和权威性。而稳定的社区网络是社区惩罚有效实施的基础，离开稳定的社区网络，社区惩罚就缺失了具体的场域和时空条件。[③]任何正常的社会之中，纠纷和冲突都不可避免。达成地权共识并不表明没有纠纷和冲突。地权共识的有效运作表明社区内的纠纷是可控的，个体行为是可以预期的。人们即使基于私利而援引不同的规则，亦不会出现规则混乱、纠纷难以解决的困境。

国家制度具有稳定性和延续性、社区具有稳定的关系网络、村民践行地权规范是地权共识形成的重要因素。稳定的社区网络为达成地权共识提供社会文化环境，村民的认可和践行是地权共识形成的主体条件和保障，而国家制度的延续性直接影响了新的地权规则形成的可能性。国家通过一系列的制度建构，确立了村民对于“集体”的共识，同时也接受了国家对于社区内

① 土地改革期间“打土豪、分田地”的举措、大集体时代的土地使用模式以及改革开放之后以人口为依据确定户均田亩的家庭联产承包责任制的有效践行，都是以国家强制力为后盾，当然这并不否认这些制度的合法性基础。

② 杨善华、谢立中著：《西方社会学理论》，北京大学出版社2005年版，第100页。科塞的“安全阀”理论也很好地诠释了冲突和纠纷对于社会整合的意义。

③ 陈峰关于石头村“祖业权”的研究表明，虽然当地农民对于“祖业”的认知并不均质，在程度上也有差异，但他们骨子里关于土地产权的认知都保持了稳定性，所以在高速公路征地中，征地的钱不能分给私人，征地的土地收益应该归家族中所有人共享。集体的建议和主张能获得村民的认可，“祖业权”的地方性共识具有可操作性。参见陈锋：《“祖业权”：嵌入乡土社会的地权表达与实践——基于对赣西北宗族性村落的田野考察》，载《南京农业大学学报（社会科学版）》2012年第2期。

土地产权的制度安排，国家权力主导的土地规则成为当时的地权共识。党的十一届三中全会之后，村庄以家庭为主要的生产和生活单位。人口流动使农民可以摆脱村庄舆论对自己的压力，从而更容易摆脱道德义务和选择交往空间。伴随着频繁的社会流动以及各种价值观念的冲击，土地冲突在所难免。另外，农村土地制度的价值内涵也发生了转变，进一步加剧了规则的混乱。土地制度的价值理念强调农民个体对土地的支配权，异于农民基于身份而获得土地的价值追求，[①]同时宣告了国家、政府和基层自治组织并无义务以土地承包经营权解决新出生人口的生存问题。

## 四、合同规则的困境及运行的可能选择

### 案例 9–3　王某土地承包经营权纠纷案[②]

**基本案情**

王某系某村村民。1993年，王某作为家庭成员的代表，与该村经合社签订了土地联产承包责任制合同书，承包了包括2.1亩麦地在内的土地。1998年，王某作为家庭成员的代表，与该村经合社签订了土地承包合同书，承包了该村的土地，但诉争2.1亩麦地未在合同项下。北京市延庆区人民政府颁发的土地承包经营权证书亦未记载该2.1亩麦地。2018年4月，王某起诉至延庆区人民法院，要求确认其对位于某村的2.1亩麦地享有承包经营权。被告某村村委会辩称，由于遮阴和淹没区等原因，王某实际管理的土地面积已

① 按照土地所有权主体进行划分，中国土地分为国有土地和集体土地。农民对享有承包经营权的农地行使权利必须遵守集体土地的相关规定，农民获得的对集体土地的相关权利是以“农民”这一身份为基础的。笔者此处所说的农民对土地的支配与身份无关，强调的是在既有法律体系之下，农村的新出生人口并不因为“农民”这一身份而获得土地，这与历史上形成的基于“农民”身份获得土地之后，农民如何处理土地问题是两个不同的问题。

② 本案源自王楠、石菲：《“未实际取得土地承包经营权”的理解与适用——王某诉某村村委会土地承包经营权纠纷一案相关法律问题分析》，bjgy.chinacourt.gov.cn/article/detail/2018/09/id/3492533.shtml，最后访问时间：2021年5月11日。

经超过土地承包合同书约定的范围。

**思考问题**

1. 利用合同规则解决乡村社会土地纠纷面临着怎样的困境？

2. 合同规则有效运行有哪些可能的途径？

**法理解析**

亚里士多德指出“法治应包含两重意义：已成立的法律获得普遍的服从，而大家所服从的法律又应该本身是制订的良好的法律”。[①]以强制力为后盾的法律具有普遍的约束力，良好的法律被普遍地遵从是法治社会的内在要求。所有人遵守相同的法律规则，实际上宣告了法律的“非人格性”。法律的“非人格性”意味着法律适用对象的普遍性，它“只考虑臣民的共同体以及抽象的行为，而绝不考虑个别的人以及个别的行为”[②]。法律的存在是在抽象个体之间创造出共同遵守的客观规则，身份关系、亲属关系等被排斥在法律规则之外。一方面，在从传统农业社会向现代工业社会转型的过渡阶段，乡村社会发生了巨大的变化，但村民之间的交往依然以血缘和地缘为基础。血缘的远近、交往的频率和情感上的亲密程度都影响甚至决定了村民之间的权利义务关系。[③]“在亲情、友谊、手足等亲密关系之间，法律几乎无存在的余地。”[④]另一方面，在现代传媒和市场经济的双重冲击下，理性观念全面向农民日常生活渗透，人际关系与经济利益越来越紧密地连结在一起，人际关系越来越理性化，利益成为人们衡量相互关系的重要砝码，部分村民开始援引“非人格性”的合同规则积极追求土地的权益。这就使得血缘的远近、关系的亲属、共同利益的大小同时充斥在村民的交往中，村民之间的人际关系具有无限的多样性和复杂性。

人们之间关系的多元性、复杂性进一步弱化了传统权威的有效性，权威减弱并且越来越分散。追求权利平等、鼓励自由竞争的法治秩序并不推崇

① ［古希腊］亚里士多德著：《政治学》，吴寿彭译，商务印书馆1965年版，第199页。

② ［法］卢梭著：《社会契约论》，何兆武译，商务印书馆2003年版，第46—47页。

③ 参见杨善华、侯红蕊：《血缘、姻缘、亲情与利益——现阶段中国农村社会中“差序格局”的“理性化”趋势》，载《宁夏社会科学》1999年第6期。

④ 胡玉鸿：《法治社会与和谐社会：能否共存及何以共存？》，载《法治研究》2007年第1期。

基于身份的保护行为，农民基于“身份”而获得土地的观念受到冲击。生存权的诉求会被指责为农民想多获利益的一种策略。投资规则也被认为不具有合法基础而被漠视。在市场经济的冲击下，曾被有效执行的内化规则遭到破坏。利益的诱导使得有利于伸张地权的各种规则纷纷登场，服务于不同主体的维权诉求。弗里德曼指出，当习惯的力量减弱、权威受到质疑时，对正式法律的需要便应运而生，[①]合同规则成为主张地权的重要规则。按照法治主义的进路，在国家持续不断地“送法下乡”到农民主动“迎法下乡”“以法抗争”“依法抗争”的过程中，合同规则将在地权规则竞争中脱颖而出，成为村庄社会生活中新的地权共识。法治社会是人们所追求的一种理想的社会秩序和社会形态。因此，从长远来看，其他非正式规则与合同规则抗衡的能力将逐渐式微，并最终确立合同规则的主导性地位。以上结论是一个应然层面的问题，强调从“长远来看”，社区内会形成关于合同规则的新的地权共识。应然层面关于地权共识的讨论，关注地权共识的理想如何在法律文本和制度文本中呈现出来，即从文本制度的角度规划一个目标。它所追求的是制度文本和法律文本在逻辑上的自洽性，往往容易忽视现实生活的需求和现实生活的复杂性。权威的式微和分散虽然呼吁法律的治理，但各种规则的式微并不是绝对的。不同规则的背后所蕴含的社会制度基础、历史文化观念依然对乡村社会具有一定的影响力，他们与合同规则之间的差异以及法律规则在实施中所存在的问题成为新地权共识形成的“局限条件”。[②]

首先，非正式规则具有一定的文化基础和习惯性力量。诺斯认为非正式约束来自社会传递的信息，并且是文化传承的一部分。连续的文化渗透（cultural filter）将解决问题的非正式方式带到了现在。[③]作为一种文化传承，非正式

---

① ［美］劳伦斯·M.弗里德曼：《法治、现代化和司法制度》，载宋冰编：《程序、正义与现代化》，中国政法大学出版社1998年版，第94—157页。

② 张五常认为有效运用经济学理论，先要准确地对局限条件进行研究、调查、鉴定、简化。参见张五常著：《新买桔者言》，中信出版社2010年版，第97—101页。笔者认为在构建制度及践行制度的过程中，洞察制度实施的局限条件是保证目标实现的前提。

③ ［美］道格拉斯·C.诺思著：《制度、制度变迁与经济绩效》，杭行译，格致出版社2008年版，第50—63页。

规则依赖大脑的学习能力，将各种感性的、态度的、道德的信息转换为可接受的符号，通过代代相传的方式，产生渐进且持续的影响。“上田下砍，原田原界”的土地权属规则虽然缺乏书面的论证和记录，但村民世代遵守的行为印证了其可行性和合理性。此外，非正式规则有利于满足一部分人的利益诉求。在市场经济条件下，当农村的阶层分化成为一种结构性力量时，不同阶层会援引不同的非正式规则主张土地权益。各阶层内部基于伸张地权利益的一致性、伸张地权理由的一致性和伸张地权行动的一致性使阶层内部容易形成一致行动能力，达成地权的阶层共识，扩大了各种非正式地权规则的影响力。[①]主体的不断强化以及非正式规则的文化渗透性，使得非正式规则能持续发挥作用。

其次，合同规则的有效执行需要支付一定的成本。法律、法令的宣传需要成本，裁判的执行更需要动用国家强制力，“而维持这一裁判的持久效果还要防止可能的、潜在的反抗”。[②]国家支付必要的成本仅仅是法律治理的基本条件，多数农民是否倾向于援引法律维权成为另外一个值得考量的因素。尽管求助于法律是最具合法性的救济举措，但在土地纠纷中，农民会谨慎选择以诉讼方式解决纠纷。权利的实现是需要成本的，[③]法律维权需要耗费大量的资金和社会资源。一旦遭遇到基层司法部门不公正的运行环境，不仅利益难以保障，还面临赔钱的风险。即使获得了公正且有利的判决，“执行难”的问题也足以让农民望而却步。此外，由于农村土地纠纷糅合了政策的、文化的、利益的各种诉求，直接援引法律规则判决难以有效解决纷争。所以，在实践中，基层司法机关会选择性立案，有意将复杂的、依靠法律难以有效解决的案件排除在司法程序之外。

最后，执行合同规则存在一定的负外部性效果。法律的有效运行以国家

---

① 参见杨华、欧阳静：《地权的阶层关系属性：阶层分化与地权冲突——对江汉平原一个乡镇的个案分析》，载《中国农业大学学报（社会科学版）》2013年第4期。

② 强世功著：《法制与治理——国家转型中的法律》，中国政法大学出版社2003年版，第69页。

③ 参见［美］史蒂芬·霍尔姆斯、凯斯·R.桑斯坦著：《权利的成本：为什么自由依赖于税》，毕竟悦译，北京大学出版社2011年版，第174—176页。

强制力为后盾。法律的强制性和约束力有利于规范社会关系，协调利益之争。同时，法律的他律性及其对强力的依赖也是一把“双刃剑”，司法的刚性解决方式可能衍生出很多的问题。正如庞德所说：“一个法院能使一个原告重获一方土地，但是他不能重新获得荣誉……法院能强制一个人履行一项转让的土地契约，但是他不能强制恢复一个人因个人秘密被严重侵犯的人的精神安宁。”[①]与陌生人之间的交往不同，乡村社会的交往并不是“终局博弈”，乡村社会的人际交往具有持续性和蔓延性的特点。判决执行之后，可能造成当事人之间关系紧张，亲属关系破灭。[②]法律虽然以解决纠纷为直接目的，但其在追求稳定秩序的同时，也追求最大多数人的最大幸福。僵化、教条的法治形态不仅不能获得村民的自觉遵守，还将导致糟糕的社会效果。

不同主体援引不同地权规则积极维权，在这个过程中，生存权规则、投资规则、合同规则、内化规则等不同规则之间展开竞争，不同地权规则都有一定的合理性支撑。合同规则在乡村社会获得合法性认可及被普遍遵守，成为新的地权共识，有赖于准确把握法律践行的“局限条件”，并在此基础上塑造村民的法律意识，引导村民自觉遵守法律。这必然要求纠纷解决主体在针对不同类型的土地纠纷的处理中，有针对性地从不同角度阐释合同规则的合理性及可行性，逐一与其他规则进行抗衡，并通过不断的践行、比较和宣扬，呈现合同规则的权威和有效性。此外，合同规则的有效运行应在充分意识到文化基础和习惯性力量的影响下，疏通救济渠道，发挥和解、调解、诉讼、行政裁决等多元救济方式的作用。同时，司法机关需要从制度上不断完善，通过公平合理的诉讼程序和判决的有效执行，宣扬法治的精神，通过“诱致性变迁”的方式确立新的地权共识。当合同规则与内化规则出现明显冲突，且不符合乡村社会的习惯性期待时，应在尊重内化规则效力的基础上，通过妥协、合作等方式，援引较契合的合同规则，提出符合大多数村民

---

① ［美］庞德著：《通过法律的社会控制》，沈宗灵译，商务印书馆2010年版，第35页。

② 陈柏峰讲述了兄弟二人因耕种土地发生赡养纠纷，判决之后，哥哥与弟弟、父亲形同陌路。哥哥每个月将米和钱送到法庭，再由法庭送回村里给父亲，这种状况一直维持到父亲去世。参见陈柏峰、董磊明：《法理论还是法治论——当代中国乡村司法的理论建构》，载《法学研究》2010年第5期。

利益期待的公平合理的纠纷解决措施。具体而言，应从以下几个方面探求合同规则有效运行的可能途径。

第一，尊重不同地权规则背后的合理价值诉求。被不同人援引的非正式地权规则以一定的制度基础和文化因素作为支撑，在渐进的演化过程中，通过“千百万次微小的反叛”，获得了一定的话语权。这就要求合同规则的制定必须尊重这些享有话语权的非正式地权规则。在实践中，一些非正式地权规则可以弥补正式规则的僵硬和刚性之处。“有意识制定的、立法通过的规则，以及由政治过程决定的制度的整个架构，都必须以内在制度为基础。”①基于此，与土地纠纷相关的合同规则的制定应适当考量非正式规则的效力，合理界定土地权属利益边界，完善土地纠纷的法律体系。

第二，完善法律体系，充分发挥法律制度的功能。我国已基本建立了关于土地权属的必要规范，在《民法典·物权编》《土地管理法》《农村土地承包法》等基本法律中对土地纠纷的司法解决途径进行了系统的规定。农村虽然也出现了“以法抗争”伸张地权的具体事例，但整体而言，诉讼的比例并不高。为了彰显合同规则在解决土地纠纷方面的良好社会效果，在现行制度框架内，应尽可能降低法律救济的运行成本，降低农民诉讼的支出成本。“如果法律家希望国民的法律意识、权利意识得以提高，就应当利用增加金钱利益的方法促进私人诉讼，努力消除实体法和诉讼法中的诉讼障碍。”②从程序上看，严格的程序主义并不适应乡村社会的纠纷处理模式，可能也难以实现公正的社会效果。③法律体系的建构应考量乡村社会的“地方性知识”，简化诉讼程序，便捷村民援引合同规则维权的诉讼行为。

第三，重新定位基层司法部门，鼓励作出“适合的判决”。法律规则能

---

① ［德］柯武刚、史漫飞著：《制度经济学：社会秩序与公共政策》，韩朝华译，商务印书馆2008年版，第122页。

② ［日］田中英夫、竹内昭夫著：《私人在法实现中的作用》，李薇译，法律出版社2006年版，第9页。

③ 笔者2012年暑期调研期间，有着多年基层司法经验的湖北T镇法庭的李庭长认为：“法院办事程序越来越复杂，从保护公民隐私的角度是有利的，但是从维护公平的角度看是需要具体情况具体分析的。”

否有效发挥作用，与基层司法机关的司法行为密切相关。基层司法机关既掌握着抽象的法律知识，又了解乡村社会生活的复杂性和延伸性。它们直接介入土地纠纷，是纠纷的主要裁判者。基层司法人员如果能在充分了解纠纷背后深层次原因的基础上，合理援引法律规则，作出“适合的判决”，那么，他们的司法行为将直接影响乡村社会的“诉讼意识”，起到弘扬法律、保障权益的积极作用。在司法实践中，在简化土地纠纷诉讼程序的同时，基层司法部门应针对不同类型的土地纠纷，有针对性地践行不同的法律规则，从法律实现的角度营造乡村社会的法律意识。另外，法院的程序性、形式化管理日趋严重。但乡村社会的生活节奏和生活方式主要以农闲、农忙进行区分。即使打工经济日益兴盛，与土地相关的纠纷依然有季节性。如农忙期间，虽然容易爆发纠纷，但当事人并没有时间进行诉讼。农闲时分，基层司法将忙于处理纠纷。因此，从适应乡村社会的生活节奏的角度，法院系统内部衡量基层法院工作效率和工作方式的模式应作出一定的改变。

第四，综合利用多元纠纷解决机制。“多元纠纷解决机制是指在一个社会中，多种多样的纠纷解决方式以其特定的功能和运作方式相互协调地共同存在、所结成的一种互补的、满足社会主体多样性需求的程序体系和动态体系。”[①]农村土地纠纷种类，各具特点。为了更好地解决土地纠纷，应对各种纠纷解决方式的功能进行整合，以合适的方式处理不同类型的土地纠纷，切实保障农民的土地权益。比如，地界纠纷、土地承包纠纷、土地征用纠纷等，涉及的法律关系、适用的合同规则均不相同。优化利用不同的纠纷解决方式，并不是扩大非正式规则的适用范围，而是通过不同的途径合理利用合同规则。和解中，主持纠纷解决的一方利用合同规则的威慑性，作出合适的处理方案；诉讼和仲裁中，在考虑乡规民约的基础上，可以直接援引合同规则作出裁决，从而形成在不同的纠纷解决途径中，合同规则都能被灵活运用，乡村社会渐渐进入自觉遵守法律、利用法律，树立正确的法律意识和诉讼观的法治进程。

① 范愉著：《非诉讼纠纷解决机制研究》，中国人民大学出版社2000年版，第10页。

# 第二节　信访制度的法治化

## 一、信访研究的代表性理论

2020年10月，国家信访局党组在传达学习党的十九届五中全会精神时，要求信访工作紧扣高质量发展的主题，面对新矛盾新挑战，着力完善制度机制、解决突出问题，使信访工作更好地服务党和国家工作大局。[①]早在2017年7月，习近平总书记就对信访工作作出重要指示，在肯定全国信访系统扎实工作的同时，强调要切实依法及时就地解决群众合理诉求，加强法治建设，不断开创信访工作新局面。在社会治理转型以及法治化改革的进程中，如何正确理解中国的信访制度及其实践，是一个颇为重要的问题。不同学科背景的研究者借助不同的理论资源，从不同角度对信访问题展开了分析。特别是在十二届全国人大常委会已经将信访法列入研究论证立法项目的背景下，更有必要探究信访法治化的方向和路径。

本章关于信访问题的研究，以党的十九届五中全会的精神为指导，致力于推动高质量发展深化改革创新，完善信访制度，推进信访工作治理体系和治理能力现代化。通过正确分析研判当前信访新形势，将安全发展贯穿信访工作始终，从维护社会大局安全稳定出发，主动融入平安中国建设工作大局，全面提升信访工作的法治化水平。

### （一）抗争政治理论

20世纪60—70年代，美国和欧洲国家发生了各种社会运动，西方社会科学界形成了对社会运动产生、发展的各种理解，形成了社会运动理论。在后期的发展中，这一理论在革命、集体行动和社会运动等方面取得了比较丰

---

① 参见《国家信访局党组传达学习党的十九届五中全会精神》，https://www.gjxfj.gov.cn/2020-10/31/c_139481287.htm，最后访问日期：2021年5月7日。

富的研究成果，形成了各具特色的理论支流。为了改变理论杂糅的状况，蒂利、塔罗、麦克亚当等学者对已有的理论资源进行了整合归纳，将革命、集体行动和社会运动等不同的抗争形式融合在一起，用“抗争政治”统摄相关概念和理论，构建了一种综合性的抗争政治理论框架。同时，完成了社会运动从静态的结构分析到动态的过程分析的转变，侧重对抗争政治的机制和过程展开分析。

西方社会科学界的抗争政治理论将抗争与政治发展紧密联系在一起，认为社会抗争是民主政治发展的标志。该理论认为，抗争政治“是发生在提出要求者和他们的要求对象间偶尔的、公众的、集体的相互作用……大致说来，这一定义指的是集体性的政治斗争”。[①]抗争政治“包含着这样一些互动：在其中，行动者提出一些影响他人利益或导向为了共同利益或共同计划而做出系统努力之要求；政府则在这些互动中作为所提要求的对象、要求之提出者或第三方而介入其中。抗争政治由此而将人们所熟悉的社会生活的三个特征：抗争、集体行动以及政治，聚合到了一起”。[②]集体行动的抗争背后蕴含了强烈的“政治性”，具有政治参与功能和民主政治意涵。

20世纪90年代，国内社会科学界开始逐步援引抗争政治理论研究农民集体上访和群体性事件，研究者结合中国的信访实践，形成了维权抗争的研究视角。这一研究视角认为，农民上访是维权的一种表现，正是因为基层政府的失职或者侵权行为引发了农民的抗争行为，形成了“侵权—维权”的叙述模式。虽然不同研究者对于农民上访维权的抗争策略和模式有不同的分析和阐释，但是他们共享了农民上访维权的研究视野，认为上访的症结在于：“一是基层政府侵害了公民权利，二是农民的权利意识不断增长，现代权利观念深入人心。”[③]李连江和欧博文提出了“依法抗争”这一解释性概念，认

① ［美］道格·麦克亚当、西德尼·塔罗、查尔斯·蒂利著：《斗争的动力》，李义中、屈平译，译林出版社2006年版，第5页。

② ［美］查尔斯·蒂利、西德尼·塔罗著：《抗争政治》，李义中译，译林出版社2010年版，第9页。

③ 陈柏峰：《信访机制的异化与基层治理的转型——从武汉山乡个案展开》，载《中国乡村研究》（第13辑）。

为农民在上访过程中，依据中央政策对抗地方政府，具有政治参与特征，有助于农民政治权利意识的觉醒。[①]于建嵘在此基础上提出了“有组织抗争”和“以法抗争”模式，认为农民上访是一种政治性抗争，旨在确立“合法权益”和“公民权利”。[②]应星从“合法性困境”出发，批判了于建嵘对农民抗争的组织性和政治性的夸大化。吴毅通过对石场纠纷案的分析，从场域的角度批判了“以法抗争”的抒情化想象。

（二）治权研究范式

吉登斯比较系统地从资源的角度研究了权力问题。在吉登斯看来，权力的基础是资源，权力的大小以行动者所能动员的资源为前提。他认为，“资源是权力得以实施的媒介，是社会再生产通过具体行为得以实现的常规要素”。[③]资源不仅是行动者权力互动的基础，也对行动者产生结构性的支配和制约作用。资源包括配置性资源和权威性资源，“配置性资源指对物质工具的支配，这包括物质产品以及在其生产过程中可予以利用的自然力”“权威性资源指对人类自身的活动行使支配的手段”。[④]

吉登斯的权力理论是治权研究范式的理论资源。张静最早在基层政权研究中使用“治权”一词，但并未给出明确的界定，主要是在村规民约的意义上使用。李昌平明确从治权的角度来分析农民上访行为，同样没有给出清晰的定义。申端锋受吉登斯权力与资源关系的启发，将乡村治理资源区分为物质性资源（包括集体土地、乡镇企业等）和权威性资源（综合治理、两工制度等）。从治理意义上将治权界定为乡村组织凝聚、配置治理资源从而进行乡村治理的权力。治理资源是乡村权力与农民权利的中介，通过治理资源，

① 李连江、欧博文:《当代中国农民的依法抗争》，载吴国光《九七效应》，太平洋世纪研究所1997年版。

② 于建嵘:《农民维权与底层政治》，载《东南学术》，2008年第3期。

③ ［英］安东尼·吉登斯著:《社会的构成》，李康、李猛译，生活·读书·新知三联书店1998年版，第77—78页。

④ ［英］安东尼·吉登斯著:《民族—国家与暴力》，胡宗泽、赵力涛译，王铭铭校，生活·读书·新知三联书店1998年版，第7—8页。

将治权与维权联系起来。[①]陈柏峰从权威性资源的角度出发，分析了基层上访治理的困境。由于基层政府可以利用的权威性资源越来越少，治权不断丧失，在权利话语面前，难以有效遏制无理上访等行为。[②]田先红通过反思基层治权的弱化，阐释了基层治理转型的困境。[③]伴随基层治理的弱化，农民上访从“维权”到“谋利”，既存在维权型上访，也存在治理型上访和谋利型上访。[④]

治权研究范式打破了“上访就是维权”的主流判断，是对抗争政治理论支撑下“侵权—维权”范式的反思与批判。维权抗争范式，本质上是一种从社会出发，以社会为中心的范式。抗争政治范式中，政府是被抗争的抽象对象，基层政府成为农民抗争的首要对象。结合中国农民的上访实践，农民不仅将上访作为维权的手段，还将其作为一种获得帮助的途径。“他们期盼通过国家与政府的介入来解决他们生活中遭遇的困难、纠纷等等，因此农民与国家并非对立的关系，恰恰在终极目标上有着一统性。”[⑤]

## 二、信访制度的功能分析

### 案例9-4　强占农地的干部被问责[⑥]

#### 基本案情

2015年2月，某市江城区的冯某向国家信访局投诉，某市政府干部黎某

① 申端锋：《治权与维权：和平乡农民上访与乡村治理1978—2008》，华中科技大学博士学位论文，第12页。

② 陈柏峰：《无理上访与基层法治》，载《中外法学》2011年第2期。

③ 田先红著：《治理基层中国：桥镇信访博弈的叙事》，社会科学文献出版社2012年版，第232—258页。

④ 杨华：《税费改革后农村信访困局的治理根源——以农民上访的主要类型为分析基础》，载《云南大学学报》（法学版）2011年第4期。

⑤ 陈锋：《从抗争政治、底层政治到非抗争政治：农民上访研究视角的检视、反思与拓展》，载《南京农业大学学报》（社会科学版）2014年第1期。

⑥ 白阳：《国家信访局曝光五起信访事项督查问责案例》，http://www.xinhuanet.com/mrdx/2016-08/24/c_135628237.htm，最后访问日期：2020年4月7日。

登和黎某来在无合法手续情况下强占该村农户水田10多亩，用于建造别墅、酒店、停车场等设施。经查，有关部门未能及时发现和制止二人的违法用地行为，在信访人向当地政府反映后也没有及时处理，造成了严重的社会影响。

某市纪委、海陵区纪委对4名相关人员进行了责任追究：对黎某登、黎某来进行了立案审查，对某市海陵区国土资源所负责人、海陵区综合行政执法局相关负责人作出党内警告处分。

**问题思考**

1. 信访制度具有哪些功能？

2. 比较群众视角和公民视角下信访制度的功能差异。

**法理解析**

1951年5月16日毛泽东同志在《关于处理群众来信情况报告》中的批示指出："必须重视人民的通信，要给人民来信以恰当的处理，满足群众的正当要求，要把这件事看成是共产党和人民政府加强和人民联系的一种方法，不要采取掉以轻心置之不理的官僚主义的态度。"[①]这一批示成为中华人民共和国政务院（后来的国务院）颁布《关于处理人民来信和接见人民工作的决定》（以下简称《决定》）[②]的重要依据。批示表明信访工作的开展直接以群众诉求为逻辑起点，信访工作是群众路线的重要体现。通过处理人民来信来访，不仅能加强党和政府与人民群众的联系，还能在实现信息沟通、监督监控功能的同时，杜绝官僚主义、形式主义等工作作风。

应星根据信访发展阶段所呈现的不同特征，将新中国成立以来信访制度的发展划分为大众动员型信访（1951年6月—1979年1月）、拨乱反正型信访（1979年1月—1982年2月）、安定团结型信访（1982年2月—　）三个阶段。[③]这一划分获得了学界的普遍认可。从时间上看，不同的阶段的信访呈现出不同的特征；但从行为主体和行为目标来看，群众是大众动员型信访和拨乱反正型信访的核心主体。安定团结型信访发展以来，关于信访的规范性

① 中共中央文献研究室编：《毛泽东文集》（第6卷），人民出版社1999年版，第164页。

② 《关于处理人民来信和接见人民工作的决定》被认为是信访制度正式确立的起点。

③ 应星：《作为特殊行政救济的信访救济》，载《法学研究》2004年第3期。

文件中，群众的表述逐渐弱化，公民的表述逐渐增多。[①]从群众到公民的转变，体现了信访制度在具体功能上的变化和发展，同时，信访制度的实践也发生了变化。

群众视角下信访制度的发展逻辑，强调集体利益高于个人利益，同时信访的政治属性凸显。公民视角下信访制度的发展逻辑，强调保护公民个体的权利，同时注重权利保护的形式要件和程序性要求。理论上，保护公民的权利要求信访法治化。但在信访制度的实践中，从群众到公民的转变并不是瞬息完成的，不管称呼是群众还是公民，主体并没有被完全替代，个体为了实现权利、获得利益，可以同时扮演群众和公民的双重角色。厘清信访权利主体的重合性和复杂性，对于理解当代中国信访制度的功能大有裨益。在从群众到公民的转变过程中，信访制度在实践中呈现出来的功能更多地体现在以下三个方面：权力监督功能、权利救济功能、政治兜底功能。[②]

从最初的接待人民来信来访到通过网络邮件等形式反映问题，信访包含的范围非常广泛，首先包括对国家机关和工作人员的批评、建议、申诉、控告和检举等事项。除宪法赋予的对国家机关和工作人员享有的监督权力外，信访人还可以针对包括各类国家机关、政府部门、企事业单位、群众组织、社会团体等在内的任何“权力”部门及其工作人员行使监督权。在基层治理实践中，大量信访事件是针对基层政府工作人员的贪污腐败、违法违规行为提出的控诉，虽然有些控诉不切实际，但对于基层政府工作人员而言，也好比达利摩斯之剑。通过赋予普通民众批评、建议、控告、检举等权利，实现了权力监督和促进权力有效运行的功能。另外，在现代国家的治理过程中，科层制的发展在强化政府权威的同时，也导致了治理体系的封闭性和官僚化倾向。信访制度从产生之初，就致力于消除官僚主义和形式主义作风。反官

① 田先红、罗兴佐：《“群众”抑或“公民”：中国信访权利主体论析》，载《华中师范大学学报》（人文社会科学版），2016年第5期。

② 陈柏峰结合信访制度具有的政治动员和社会治理两种取向，分析信访制度具有纠纷解决机制替代功能、法律和政策协商功能、社会剩余事物兜底功能。这一分析对于理解信访制度的功能具有启发意义。笔者从信访人身份变化的重合性和复杂性出发，着重分析从群众到公民的转变中信访制度具有的功能。

僚的功能目标，不管是在群众话语体系下，还是在公民话语体系下，都获得了制度生存空间。

虽然信访制度不堪重负，但客观上满足了信访人的权利救济诉求，具有权利救济的功能。公民基于权利意识，通过信访来对抗政府的权力，维护自身权益，使信访成为一种维权和抗争形式。[①]经济体制改革取得的巨大成就，释放了大量的社会财富和资源。在社会利益分化明显、利益诉求差异日益增大的当代中国，不同主体通过各种手段和途径寻求利益最大化，各尽所能地实现权利救济。利益增多，利益纠纷必然也增多。主张通过司法诉讼手段实现权利救济，解决各类纷争是法治社会的应有之义，但在司法权威不足、程序性要求严格等条件制约下，大量社会矛盾涌入信访部门。在基层社会的治理实践中，强调稳定压倒一切，信访以属地管理为原则，地方政府对于信访人反映的任何问题都不敢怠慢。接访部门更是包括各类国家机关和社会组织，信访人可以根据自己的具体情况，选择不同的信访部门反映同一个事件，[②]客观上实现了权利救济功能。正常的信访行为有助于实现权利救济，实际上，这一行为并没有构成信访研究的主体。没有构成信访研究的主体，不代表信访没有权利救济的功能。但这从另一方面也表明，需要约束的信访行为占据了治理过程中的大量资源，并对有效治理行为造成了冲击。信访法治化的研究不仅需要制约不合理的信访行为，也需要为合理的信访行为制定规范性条款，实现信访保障权利救济的功能。

在群众话语体系下，“全能型”政府有义务和责任解决与个人生存相关的具体事项。虽然上访具有权利救济功能，但“上访就是维权”的判断不仅失之偏颇，而且可能因为权利话语的弥散，导致信访治理原则的丧失，进一步妨碍信访法治化的实现。对上访进行的分类研究显示，除了存在维权型

① 申端锋：《乡村治权与分类治理：农民上访研究的范式转换》，载《开放时代》2010年第6期。

② 同一事件找不同的信访部门解决，容易出现“多头信访”局面。宋明：《信访救济的法治化路径》，载北京市信访矛盾分析研究中心编：《信访与社会矛盾问题研究》（第1辑），中国民主法制出版社2018年版，第7页。

上访以外，还有无理上访[①]、谋利型上访[②]等上访行为。随着无理上访和谋利型上访的大量发生，逐渐形成了上访专业户和上访产业。此时，上访行为是谋利和获益的手段。伴随经济的高速发展和社会财富的增加，基层社会的治理资源也逐步增多，但治理格局并未发生大的变化。在治理资源有限的情况下，基层政府需要解决如何让有限的资源满足生存底线的要求；在基层治理资源日益增多的背景下，基层政府需要解决的是依据什么标准满足公平要求。治理资源的多寡虽然改变了治理的互动逻辑，但没有改变信访主体之间的互动格局。此时，"弱者的权益"需要被保护的政治正确反而被进一步放大。在治理资源充盈的情况下，"全能型"政府有责任解决上访主体的诸多诉求，特别是与生存相关的各种诉求。民众会"借助国家意识形态的群众话语机制，来建构与论证自身信访行为的正当性"。[③]偏执性上访、倾诉性上访在各地的基层治理中都有出现，虽然数量有限，比重不大，但消耗了大量的治理资源，造成了扩大化的社会影响，形成了"会哭的孩子有奶吃""大闹大解决，小闹小解决，不闹不解决"的信访治理生态，客观上实现了政治兜底功能。

## 三、信访制度的实践困境

### 案例9-5　杨云发的信访之路[④]

#### 基本案情

桥镇大湾岭村的村民杨云发现年（2009年）57岁，家里有6口人，除了

---

① 陈柏峰：《无理上访与基层法治》，载《中外法学》2011年第2期。

② 田先红：《从维权到谋利——农民上访行为逻辑变迁的一个解释框架》，载《开放时代》2010年第6期；田先红、陈玲：《上访专业户生成机制研究——基于杨云发故事的讨论》，载《中国乡村研究》2012年第9辑。

③ 狄金华：《情景构建与策略表达：信访话语中的国家与农民——兼论政府治理上访的困境》，载《中国研究》（总第18期），社会科学文献出版社2014年版，第31—54页。

④ 田先红：《从维权到谋利——农民上访行为逻辑变迁的一个解释框架》，载《开放时代》2010年第6期。

他和妻子，还包括他的父母、儿子和儿媳妇。杨云发无业，妻子在镇上的一个小工厂上班。杨云发夫妇育有一儿一女，儿子和女儿都是大学毕业，均已结婚成家。杨云发患有慢性肾功能衰竭。因经商不善，十几万元存款在几年之内所剩无几，家庭日益贫困。

从2006年开始，杨云发踏上了上访之路，他几乎每两个月就要去镇里、区里或者市里上访。2009年，为了给刚娶进门不久的儿媳妇弄个低保指标，杨云发继续到区政府和区民政局上访。为了保险起见，杨云发还跟区民政局局长签订了协议书，双方约定：民政局局长给他一个低保指标，杨云发只要获得低保指标，以后就永不上访。

截至2009年4月，杨云发已经获得了5个低保指标，包括2个城镇低保和3个农村低保，这些都是他通过反复上访获得的。

在2006年年底到2009年上半年不到3年的时间里，杨云发先后去过区民政局、区信访局、区人大、区政府、区政协、区委组织部、区委宣传部、市民政局、市“12345热线”办公室和市委宣传部等十多个部门。他找过的各级领导干部上至市委常委下至村支部书记，累计不少于30人。

据杨云发自己说：“我没得事，反正不是去区里，就是到民政局去。”“我一开始准备到省里去，但是因为要吃、要住，至少要3天时间，还要死搅蛮缠，一天不行两天，两天不行三天，要慢慢磨。政策从上到下都是这样的，救急不救贫。有钱的话，老早就去了（省里）。”

**问题思考**

1.如何理解信访制度不同功能之间的张力？

2.分析信访制度的实践困境。

**法理解析**

在市场经济利益格局下，价值多元、利益差别大，社会矛盾突出。在解决日益增加的社会冲突和矛盾的过程中，信访的功能也不断增加和复杂化，超出了信访产生之初群众与政府之间的互动模式和关系。信访从群众路线的重要组成部分，发展到承担权利救济、权力监督和政治兜底等多重功能。信访既要纠正群众来信来访中控诉的官僚主义和形式主义作风，也要回应社会转型中公民的利益诉求。特别是在社会资源增加，资源分配体系有待进一步完善，而思想教育说服等协商性举措难以发挥作用的态势下，基层政府还面临信访“一票否决”的政治压力。为了求稳，信访的政治兜底功能突显。

权力监督和权利救济要遵循形式理性的规范性约束。信访在实现政治兜底功能时，难以兼顾形式理性和程序性维权要求，助长了部分信访人滥用信访“维权”的行为。发挥信访权力监督的功能，同样需要信访人遵守信访救济的程序性要求和规定，严格遵守合宪合法的地方性规范和具体的制度举措。不同区域经济发展水平和发展阶段呈现较大差异，不同区域的治理实践和政策差异甚大，此时如果以与当地经济发展水平差异大的区域的政策运行逻辑苛责当地政府的行政行为，同样难以发挥有效监督权力运行的效果，反而会为公共政策的有序开展带来不必要的压力。正是因为信访制度的功能之间存在的各种张力，带来了信访制度的实践困境。

首先，信访人在实现权利救济和权力监督的过程中，只讲权利不讲义务，不能依法信访，信访行为的程序正义缺失。我国目前虽然没有《信访法》，但《信访条例》对于重复上访、违法上访等行为进行了概括性规定，同时规定了惩罚后果。但实际上有效规制信访人合理合法信访的条款并未被遵守。信访人在表达利益诉求时，如果未达到理想的效果，依然会选择越级上访、重复上访，导致程序正义被践踏。从治理资源分配和治理能力来看，信访人反映的诸多问题和权利诉求，基层政府难以解决。个人上访中，譬如解决投资被骗的诉求，超出了基层治理能力的范围，而要求解决医疗纠纷的上访诉求，政府作为无辜的第三方，同样不应被卷入纠纷之中。群体上访中，譬如退伍军人信访、民办教师信访等，更多的是因为政策和经济发展水平差异下的政策执行不同而产生的历史遗留问题。[①]部分信访人反映的问题，表面上看是个人利益问题，实际上是全国性的政策问题，类似的问题超出了基层政府的行动能力和范围，通过正常的上访行为根本不可能

① 陈柏峰:《特定职业群体上访的发生机制》，载《社会科学》2012年第8期。

得到顺利解决。[①]同样，通过司法行为也难以获得当事人想要的结果。因此，信访人希冀通过多次上访、越级上访和重复上访获得更多的政策倾斜和社会关注。每一个信访人都可能倾向于将自己遇到的问题放大化、普遍化。[②]从结果出发成为信访人行为的唯一考量，是否符合程序正义对其而言并不重要。

其次，基层政府由管制型政府转向服务型政府，基层治理逻辑发生改变。在难以完成所有复杂多样的“服务”诉求，而考核体制又是信访一票否决的态势下，通过“策略主义”摆平理顺成为基层政府的主要治理方式。[③]税费改革前，国家依赖基层政府完成从农村汲取资源的任务，对基层政府的行为规制有限，基层政府享有强制执行的权力。具备政治权威和治理能力的基层政府可以对农民的行为进行有效规制。税费改革之后，国家不再从农村汲取资源，而是将资源不断输入农村。国家不再依靠基层政府从农民那里汲取资源，而转变为国家联络农民来监督基层政府的权力运行。此外，在信访体制压力下，基层政府囿于社会稳定的考核压力，没有办法有效约束信访人不合理的诉求，特别是在遭遇重复上访和越级上访后，基层政府可能只能通过摆平理顺，给予一定好处暂时平息信访人的违规违法信访行为。“信访人通过越级上访模式能够给地方政府施加更强的政治压力，由此有机会满足自身的利益（包括法定之外的）诉求。”[④]在信访法治化改革的呼声下，对信访行为的程序性规定并未产生良好的实践效果。在新的政治正确话语模式以及稳定压倒一切的态势下，针对违法信访的情况，基层政府也难以对农民采取强制性手段和举措。

最后，信访救济的范围呈扩大化趋势，各级信访部门仅具备程序性处理权限，民众对信访的权利救济期待远高于信访部门的能力范畴。尽管《信访条例》第14条对信访受理范围作了明确的规定，但在信访制度实践中，信

① 陈柏峰：《信访制度的功能及其法治化改革》，载《中外法学》2016年第5期。

② 刘磊：《信访的类型化及其法治展望》，载《人大法律评论》，2016年卷第3辑。

③ 欧阳静著：《策略主义——桔镇的运作逻辑》，中国政法大学出版社2011年版，第8—14页。

④ 卢超：《行政信访法治化改革及其制度悖论》，载《华东政法大学学报》2018年第2期。

访部门接收到的信访案件中还包括大量不在信访受理范围之内的事件。特别是关于政策性诉求重复上访、越级上访现象突出。对于类似的政策性维权诉求，信访部门在缺乏实质处理权的情况下，难以及时处理，成为信访治理中的难题。而信访制度产生之初，主要承担了政治沟通、政治动员和政治监控等功能，国家依靠民众来信来访反对官僚主义，通过政治动员发动群众参与到国家治理事务中。在当时特殊的时代背景下，民众来信来访反映的问题基本都能得到认真对待和处理。一方面，信访体制延续至今，民众对于通过信访实现权利救济和权力监督的想象与期待同样存在。另一方面，当基层政府只能通过摆平理顺、采取策略主义，以“和稀泥”的方式平息信访问题时，民众希望通过信访获得各方面救济的期待同样被放大。实际上，虽然信访部门众多，但信访机构主要享有对信访事项的受理、交办、转办、督办等权力，并没有实质性实现信访权利救济的权力。民众的期待和信访部门的有限权力之间发生了冲突，进一步加深了民众对信访部门的不满，并导致进一步的上访行为，信访实践陷入困境。

## 四、信访制度法治化的困境

### 案例9-6 何某闹访事件①

**基本案情**

2012年3月，湖北荆门开发区龙兴村的周某被邻村的蔡某骑摩托车撞死，县交警大队去现场处理事故，周某的亲属没有理会县交警大队，他们认为县交警大队解决不了问题。

周某的亲属要求蔡某赔偿48万元，蔡某表示最多出12万元。周某亲属在蔡某家吃住闹了三四天无济于事，但是又拿蔡某没办法，因为打他、关他

① 张世勇、杨华:《“农民闹大”与“政府兜底”：当前农村社会冲突管理的逻辑建构》，载《中国农村观察》2014年第1期。

不仅拿不到钱，还犯法。这时在开发区混得很开的何某找到周某的亲属，说如果让他来处理这件事，至少可以拿到25万元，但他得提成20%。周某的亲属知道何某要采取的方法是闹访，便欣然同意。

何某组织手下十来个混混和花钱请来的十几个老头老太太，夹杂在周某的亲属群体中，先是在逢集的闹市打着横幅游行示威，要求政府伸冤，接着抬尸到镇政府大院喊冤闹访。

镇政府采取紧急措施，由分管政法的书记、综治办主任、司法所所长、派出所所长、蔡某所在村村干部和龙兴村村支书组成协调班子，召集周某的“亲属”代表谈判，让其先拖走尸体，再与蔡某协商解决问题。镇政府其实知道有人在其中策划和组织，但对方没有过激、违法的举动，无法对其采取控制措施，且里头还有“打不得、骂不得、惹不得、碰不得”的老头老太太，因此明知有诈亦束手无策。

无论怎么协调和施压，蔡某最多愿意出15万元，否则即便“关笼子”也愿意。周某的亲属则在何某的教唆下，一口咬定至少25万元，否则就要抬尸到县政府大院去伸冤。最后妥协的结果是：蔡某出16万元，镇政府出8万元，龙兴村和蔡某所在村分别出1万元。

**问题思考**

1.如何理解信访法治化的困境？

2.阐释法治话语与群众路线之间的张力。

**法理解析**

信访制度是一种极富中国特色的政治参与和权利救济制度。[①]通过认真对待人民来信来访，广泛发动群众参与到国家建设中来，服务于新中国政权建设的需要。信访制度具有群众路线特征，强调从群众中来，到群众中去，其核心意涵表现为政治动员、政治参与和政治监控功能，与法治话语强调的程序性和权利义务取向存在冲突。“群众路线是更加上位、更具政治约束力

① 程熙：《“运动式治理”日常化的困境——以L县基层纠纷化解活动为例》，载《社会主义研究》2013年第4期。

的意识形态路线，国家基于纠纷解决目的而设定的种种法定程序装置往往与群众路线相抵触，这一制度困境甚至也为一部分公众利用信访问题要挟甚至敲诈国家提供了政治机会。”①

如果说从制度发生学上，信访制度所蕴含的群众路线与法治话语之间存在张力，那么同时存在的另一个问题是，在经过改革开放40多年的发展后，信访法治话语内部也存在张力，信访人和接访部门关于法治话语的阐释和理解并不一致。不管是群众路线与法治话语之间的张力，还是法治话语内部的冲突，归根结底，都需要厘清信访法治化改革如何与基层治理实践协调发展。

法治话语与群众路线之间的张力是信访法治化的困境之一。经过40多年的发展，“为权利而斗争”的法治理念深入人心。在法治话语体系下，民众的权利诉求、权利表达和维权意识大大提高。法治话语强调对权利的保护，同时强调既要保护公民的实体权利，又要遵守程序性规范。就信访而言，《信访条例》明确规定了信访的范围和程序。国家信访局在经过3年试点后，于2017年7月出台了《依法分类处理信访诉求工作规则》，详细规定了信访分类处理程序。按照法治主义逻辑和制度规范要求，信访人即使通过信访实现权利救济和权力监督，也依然有“终局性”的结果。

从群众路线的角度看，在基层治理模式发生改变的情况下，只要没有达到群众的诉求，裹挟着为权利而斗争的做法，重复上访、越级上访现象屡禁不止。法治主义与群众路线之间的张力，不仅仅表现为两者在理念、内涵和程序要求上的差异，更为吊诡的是，践行群众路线的信访人，同样利用法治话语维护自己的权利。在从群众到公民的渐变过程中，群众既可以以公民身份援引法治逻辑维权，也可以通过“党政渠道”要求政府提供救济，进行政治兜底。“对于公民来讲，当党政渠道更有效地为他们提供救济之时，司法的渠道完全是可能被回避的，这同司法渠道是否比党政渠道更为‘现代’无

① 冯仕政：《国家政权建设与新中国信访制度的形成及演变》，载《社会学研究》2012年第4期。

关，而是纠纷解决背后的实用主义和工具主义。”①

上访人和接访人之间的法治话语冲突是信访法治化的困境之二。如果说法治话语与群众路线之间的张力是信访法治化的外部困境，那么上访人与接访人之间的法治话语冲突，就是信访法治化的内部冲突。经历了从“送法下乡”到“迎法下乡”的转变，不仅上访人寻求法治话语维护权利和争取利益，接访人同样以法律规范处理信访事项，这不仅是为了自我保护，也是法治政府的内在要求。特别是在资源总量增加、利益分化明显、社会矛盾复杂的背景下，接访人想要有效甄别并合理处理信访人的诉求，必须吃透各种规范性文件。

但实际上，信访人对于规范性文件的理解有别于接访人。“基层政府和上访群众的话语中都包含着特征鲜明、各不相同的‘法治’修辞。”②上访者在“依法上访”的过程中，对于法的理解过于宽泛，中央精神、领导的讲话都成为维权的依据，而接访者所理解的法至少应该是规范性文件。同样，在信访行为中，上访人程序意识模糊，即使知道自己是越级上访或重复上访，也不以为意。接访人严格按照信访规范性文件的要求来处理，就像拳头打在棉花上一样，在不解决任何实质问题的情况下，不能有效遏止上访人的违规违法上访行为。对于“法治话语”的不同理解和阐释，直接要求回答如何开展信访法治化工作，以及解决谁的信访法治化问题。

基层治理中信访维稳策略与法治形式主义要求之间的较量是信访法治化的困境之三。法治话语与群众话语之间的张力，以及不同主体之间的法治话语的张力，都通过治理信访问题的具体实践来呈现。为了平息具体的信访个案，维护稳定的基层秩序，基层政府采取多种维稳策略，满足上访人的权利诉求和不合理要求。此时，维稳策略和诸多政策机制的运用也在回应群众话语的表达和不同法治话语的主张。有些基层政府不仅通过安抚、打感情牌平

① 程金华：《中国行政纠纷解决的制度选择——以公民需求为视角》，载《中国社会科学》2009年第6期。

② 马原：《基层信访治理中的“法治”话语冲突——基于华北S县的实证观察》，载《环球法律评论》2018年第1期。

息信访纷争，还丧失原则地给予上访谋利者好处，对上访人施以小恩小惠，制止其越级上访、进京上访的行为和念头。

基层政府根据不同信访主体的信访行为，采取有针对性的信访维稳策略，从结果上看符合基层治理的维稳诉求。法治形式主义强调法律面前人人平等，严格遵守法律程序办事，权利义务成为判断社会关系的唯一标准。是否具有法律上的权利和是否应该承担法律上的义务，必须通过相应的证据来证明，严格遵循法治形式主义逻辑。但在基层治理层面，严格遵循法治形式主义逻辑不仅难以有效制止违法上访的行为，如上访人多次越级上访、闹访等；在基层治理资源有限的情况下，也难以依法满足上访人的正当权益诉求。从信访的实际运行及功能定位来看，信访的法治化改革需要面对的基本法治问题是如何在实质正义与程序正义之间保持平衡。[①]基层政府通过诸多治理工具的非正式化运作，保持了法治化与治理化之间的二元平衡，这种非正式模式满足了一定的社会需求，也符合经济发展的朴素要求。[②]基层治理中对信访问题的处理，同样体现了法治论与治理论之间的冲突和张力。

## 五、信访制度法治化的方向

### 案例9–7　梁某缠访案[③]

**基本案情**

佛山市陈村镇村民梁某，因与顺德弼教管理区股份社发生鱼塘承包合同纠纷，从2003年开始信访。梁某与股份社的合同纠纷经一审、二审、再审，

① 刘磊：《信访的类型化及其法治展望》，载《人大法律评论》，2016年卷第3辑。

② 陈柏峰、董磊明：《治理论还是法治论：当代中国乡村司法的理论建构》，载《法学研究》2010年第5期。

③ 唐梦、孙楠、焦艳辉：《中院公布信访十大案例》，载《南方日报》2013年10月16日，第4版。

法院均判梁某败诉。但在两次获得帮助款共计106万元，并签订息诉罢访协议的情况下，梁某仍继续信访投诉。2013年7月，经再次听证，佛山中院依法决定对梁某的相关信访投诉不再受理。

**问题思考**

1.信访法治化改革如何回应群众话语？

2.如何实现信访法治化？

**法理解析**

信访在发挥联系人民群众功能的同时附带着鼓励个体维权的功能。群众话语背后的关键词是群众，而个体维权话语背后的关键词是公民。信访主体从群众到公民的转换并不彻底，所以信访制度依然同时保有以上两种功能。实际上，在具体的信访个案中，信访主体既是群众也是公民。信访主体采取哪种话语和策略，取决于如何才能使利益最大化。探讨信访法治化的方向和路径，需要在正视群众和公民话语的差异逻辑下，提出可能的改革建议。

为了回应从群众到公民的话语转变，信访法治化改革需要确立信访主体，即公民之间以及公民与基层政府、国家之间的法律关系。在信访制度中，公民的话语和逻辑有助于推动信访法治化和制度化的发展。公民话语表达了信访当事人之间存在一种基于宪法而形成的法律关系。任何一种法律关系，都以相对明确的权利义务为内容。权利义务具有相对性，而不同权利之间也可能存在冲突。在信访法治化改革的路径选择中，不仅需要明确信访人的权利，也需要明确信访人的义务。特别是当信访人的行为违反公共利益或者侵害第三人的利益时，需要用法治思维有效规范。“注重运用法治思维和法治方式化解矛盾纠纷，防止以闹求解决、以访谋私利、无理缠访闹访等现象发生。”[①]具体而言，就需要对于缠访闹访等行为规定对应的法律后果及行政强制举措。既要规定相应程序保障信访人的权利和利益，也要规定相应的法律义务对信访人的不合法信访行为进行有效规制。

---

① 中共中央办公厅、国务院办公厅《关于创新群众工作方法解决信访突出问题的意见》（2013年12月20日发布）。

此外，信访法治化改革也不能忽视群众话语的诉求。群众话语在信访制度中得以运用，不仅因为信访人会将其作为一种实现利益的策略，还因为在各种关于信访的规范性文件中，同样强调群众路线以及主张创新群众工作方法来解决信访问题。这也表明，在信访法治化改革中，在运用公民话语确定基本的权利义务关系时，不能否定群众路线和群众工作方法。通过贯彻群众路线和群众工作方法，打破官僚主义和僵化的科层体制，这更多是从保护信访人的权利出发。结合信访法治改革的路径，不管是程序化、规范化的加强，还是信访分类体系的建立以及与其他纠纷解决方法的衔接等规定，都从法治形式主义上对信访作出了一般的规定，但并未强调法律后果及法律强制措施在信访行为中的作用。公民逻辑不仅需要规定权利，还必须规定与权利相对应的法律义务和公民责任。通过群众话语对基层政府的行为进行约束，结合公民权利话语，同时强调其公民责任和法律义务，确保信访行为在法治的轨道和路径之下发展。

信访法治化改革需要重新定位信访的功能。信访制度在不同的历史时期具有不同的功能，发挥了不同的作用。现阶段，信访制度的功能主要表现在权力监督、权利救济和政治兜底三个方面。信访法治化改革需要直面三大问题：第一，如何应对大量的闹访缠访现象；第二，如何有效规制基层政府的违法乱纪行为；第三，如何发挥密切联系人民群众的纽带作用。实际上，就已有的权利救济程序而言，信访并不是主要的维权途径，也不是纠纷解决机制的主要组成部分。[①]而在信访实践中，大量的缠访闹访行为并不是真正意义上的维权行为，治理缠访闹访消耗了大量的治理资源，并且没有达到理想的效果。正是在这个意义上，信访法治化改革应该逐渐淡化信访的权利救济功能，将“行政信访定位为权利救济的过滤机制和补充机制”，[②]将属于司法

---

① 杨小军的研究指出，不应以信访手段代替司法手段解决纠纷、救济权利。杨小军：《信访法治化改革与完善研究》，载《中国法学》2013年第5期。

② 宋明：《行政信访救济法治化改革的困境与出路》，载《法商研究》2019年第4期。李栋的研究也指出，信访制度应发挥密切联系群众、反对官僚主义的政治参与和社会监督功能。李栋：《信访制度改革与统一——〈信访法〉的制定》，载《法学》2014年第12期。

救济范围、能通过诉讼或仲裁手段明确权利义务关系的纠纷，一律排除在信访维权范围之外，从源头上杜绝闹访缠访行为。这就要求进一步完善司法救济渠道和救济机制，保障当事人通过诉讼实现权利救济和保障权利的诉求。当然，权利救济并不表示一定能够满足当事人的诉求。司法作为实现正义的最后一道防线，旨在赋予不同主体平等的实体权利和程序性权利，以证据为基础处理当事人的权利义务关系。判决或者仲裁结果难以满足双方当事人的诉求，但在法治主义逻辑下，作为公民的个体应该接受基于公平正义作出的判决，即使这一判决并不符合自己的期待。

在逐渐淡化信访权利救济功能的同时，要积极发挥信访制度的权力监督功能，有效制约官僚主义作风和形式主义作风。韦伯对官僚制的研究表明，官僚制具有等级化、专业化、程序化、精确化等特征，同时“官僚体制处处都通过建立一种井然有序的纪律程序，消除上司对官员的非常专断的支配，力争发展一种职位的权利，试图保障官员的地位”。[①]新中国国家治理同样面临着官僚制带来的治理优势和消极后果，为了有效加强对基层政府的监督和制约，创造性地提出了群众路线，以群众为基础的治国理念成为新中国国家治理的基本底色，充分发挥群众的积极性，通过信访制度反映基层社会的各类信息，加强中央政府与基层群众之间的政治沟通。

信访制度作为群众路线的重要体现，在国家政权建设初期，发挥了政治参与和政治沟通的作用，通过人民广泛参与和监督，有效地推进了国家政权建设。随着政权持续稳定以及经济建设的进一步推进，改革开放以来，国家治理体系中技术化取向日益明显。在新时代背景下，为了有效应对官僚体制的重重阻隔，在国家治理层面重提群众路线。信访制度作为群众路线的重要体现，在产生之初就具备充分发动群众参与政治建设和监督权力运行的功能。那么，在信访法治化改革趋势下，要实现中央政府对基层社会的全面了解和把握，就必须同样发动群众。而如果要满足群众或公民参与国家治理的

① ［德］马克斯·韦伯著：《经济与社会》（下），林荣远译，商务印书馆1997年版，第322页。

意愿，同样需要重新定位群众路线在国家治理中的地位。或者更确切地说，如何通过技术化的手段整合群众路线与法治主义之间的张力，具体操作化步骤有待进一步研究。

信访法治化还需要解决信访治理中的法治话语冲突，坚持以宪法、基本法律、行政法规及其他规范性法律文件为法律依据，协调解决信访诉求。信访人在表达自己的诉求时，既通过群众身份寻求基层政府的帮助，又会以公民立场维权。此时，任何有利于权利表达的精神、政策、法律都会被作为“法治”话语呈现。而基层政府在处理信访问题时，只能依据宪法、基本法律、行政法规及相关地方性文件厘定信访人与被信访人之间的权利义务关系。

在法律没有对相关事项作出规定之前，政策具有一定的约束力，但政策的适用还必须依据各地的经济发展阶段和经济发展水平，特别是涉及经济补偿或待遇问题的信访事件，以其他地方的做法为依据，并不一定契合本地的实际情况。当然，中央领导人在不同场合的讲话以及会议发言等，同样仅具有相对的参考价值，不能作为解决信访问题的依据。实际上，信访事件中法治话语之间的冲突，反映的不仅是群众和公民之间的张力，也是信访制度不同功能之间的摩擦。这不仅与信访制度政治功能的变化发展有关，而且与新时代背景下信访制度承担越来越多的权利救济功能相关，而“全能国家”与“有限职责”之间的观念冲突也加深了法治话语之间的冲突。[①]

信访分类的研究显示，伴随经济社会的发展，出现了大量因社会转型、利益增多及利益分化明显而带来的新问题，基本法律、行政法规并没有对此作出规定，只能依据各地不同的政策进行暂时性、阶段性的处理。此时，由于缺乏明确的管辖依据，也没有规范化、格式化、程序化的法律条文可以参照，导致信访事项的处理难以有一个满意的结果，出现重复访闹访缠访等现象。如果说法治话语之间的冲突能够有选择的可能，并最终能依靠基本法

① 马原：《基层信访治理中的“法治”话语冲突》，载《环球法律评论》2018年第1期。

律等规范性法律文件解决问题，那么上述因社会转型和社会发展带来的新问题，则处于法律真空的地带，此时中央精神、政策以及相关领导人讲话时抽象模糊的话语就成为信访人说理的重要依据。在难以获得有效的法律法规作为依据处理问题时，信访承担政治兜底的功能就难以避免。在信访法治化改革中，需要特别关注此类属于“社会剩余事物”的信访事项。对于缺乏既定法律依据的信访事项，应赋予信访职能部门相应的自由裁量权，结合本地的经济发展水平和发展阶段处理问题；同时建立信访工作考评机制，从机制层面、制度层面规范信访职能部门的行政行为。

## 第三节　基层执法的实践形态及法治化路径

### 一、基层执法的典型理论

基层执法无小事，基层的“小事”对群众而言是养家糊口的大事，对维护法律的严肃性、权威性和公信力而言也是大事。基层执法的发展方向不仅影响执法者的业务水平和执法能力，而且直接影响群众对于政府的评价。正是因为基层执法关乎群众大事，涉及面广，为了更好地规范基层执法行为，中央出台了诸多关于基层执法的政策意见，如2019年1月，中共中央办公厅、国务院办公厅印发《关于推进基层整合审批服务执法力量的实施意见》，明确了加强镇街执法主体地位、开展综合执法队伍建设、编制资源向镇街倾斜等规划。

执法人员只有秉持“权为民所用、情为民所系、利为民所谋”的执法理念，真正做到执法为民，才能让人民群众信服，在执法过程中获得人民群众的赞许。在新时代背景下，随着城乡经济体制改革的进一步推进和社会流动性的加强，越来越多的农民进城务工，同时下岗工人、无业游民及城市弱势群体等也汇集在城市，城市治理遭遇前所未有的挑战。城管执法作为行政执法领域的一种，遭遇了诸多困境和压力，也引起了中央的高度重视，中央明确提出要提高城管的“执法和服务水平”。城管执法直面城市发展中的诸多问题，其所面临的挑战凸显了基层执法法治化的困境和发展方向。本章主要通过对城管执法的研究呈现基层执法法治化的讨论。城管执法问题已成为行政执法改革的重要研究领域和理论界的研究热点，不同研究者从不同的学科背景出发，展开了卓有成效的研究。

在城管进入学术研究视阈之前，相关媒体主导了城管形象的报道。城管的理论研究实际上也是在城管执法问题引起公众的普遍关注后，才获得了较高的热度。媒体对个案进行详细的解读，看似中立的描述塑造了公众对于城管的“刻板”印象——城管意味着暴力执法、扰民、欺压弱势群体、素质低和腐败等。[①]在这种认知下，学界早期关于城管的研究，主要通过否定城管个人素质及道德水平，指出城管公权意识落后，呼吁通过改革制度和体制解决城管执法的诸多问题。[②]

除了从微观个体角度反思城管体制，也有研究者从宏观层面分析城管机构所处的结构和位置，提出相关对策。[③]随着城管获得的政策关注越来越多，当前关于城管研究的理论资源也越来越丰富，研究者借助不同的理论资源展开微观和中观层面的分析，极大地开拓了城管研究的视野。研究者从街头执法、过程分析、情景模式等方面切入，借助街头官僚、国家能力等理论资源，从不同角度展开了对城管执法主体、执法对象、执法过程、执法结构的研究。这类研究打破了“刻板”的城管形象，跳出“污名化”城管执法者的视角，通过分析城管执法的实践机制，[④]从街头政治出发，[⑤]理解城管执法的

---

① 陈柏峰：《城管执法冲突的社会情景——以〈城管来了〉为文本展开》，载《法学家》2013年第6期。

② 莫于川：《推行柔性管理与建设服务型政府——透过城管执法纠纷案例及其解决思路看行政管理改革创新的方向》，载《行政论坛》2008年第5期；“城管综合执法状况研究”课题组：《西安市临潼区城管综合执法状况观察报告》，载《法学》2009年第6期。

③ 张步峰、熊文钊：《城市管理综合执法的现状、问题及对策》，载《中国行政管理》2014年第7期。

④ 吕德文：《灰色治理与城市暴力再生产——鲁磨路“城管”实践的机制分析》，载《开放时代》2015年第4期。

⑤ 刘磊：《街头政治的形成：城管执法困境之分析》，载《法学家》2015年第4期。

困境。同时，研究表明城管执法能力不足[①]以及行政体制问题等也是导致城管实践困境的重要原因。

关于城管"刻板"印象的研究推动了城管问题进入研究者的视野，微观个体视角的研究，刺激了研究者进一步追问为什么城管是"恶人"。为了解释城管问题的诸多现象，各种理论资源被援引和阐释，城管执法问题的多样性、复杂性被呈现出来。

### （一）街头官僚理论

1969年8月，美国学者李普斯基完成了《建立街头官僚理论》，[②]根据文中的解释，街头官僚是指那些处于基层并直接与民众打交道，能执行相应公共服务的基层公共雇员，包括警察、教师、公共福利机构的工作人员等。在李普斯基看来，这些供职于政府的街头官僚，具有以下三个特征：其一，在日常工作中需要直接与民众打交道；其二，在执行工作的过程中，有相当的自主权；其三，他们的行为对委托人（clients）的生活有广泛的影响。同时，街头官僚的工作受以下三个条件的制约：其一，资源约束，包括个人资源和组织资源；其二，明显存在的身体和精神层面的威胁；其三，难以实现角色期望。李普斯基通过空间隐喻，对街头官僚与民众直接打交道的工作界面进行了理论抽象，提炼出"街头官僚"这一理想类型。1980年，李普斯基出版专著《街头官僚：公共服务中个人的困境》，标志着街头官僚理论的正式确立。[③]

街头官僚的工作界面可以划分为三种类型：窗口空间、街头空间和社

---

① 魏程琳：《城管执法的能力构成及其实践困境——国家治理能力的视角》，载《云南行政学院学报》2016年第1期。

② Michael Lipsky, *Toward A Theory of Street-Level Bureaucracy*, Institute for Research on Poverty Discussion Papers, University of Wisconsin–madison, 1969.

③ Michael Lipsky, *Street-level Bureaucracy*: *Dilemmas of the Individual in Public Service*, Russell Sage Foundation, 1980. 该书在2010年出版了30周年纪念版本，反思该领域的研究现状，修订了序言并增加了新的章节。

区空间。[1]城管主要在街头空间工作，直接与民众面对面互动。区别于窗口空间和社区空间，街头空间具有开放性、不确定性、多主体性、社会性和政治性。街头空间不具有排他性，开放的空间里人员构成复杂，不同利益主体围绕空间格局展开利益博弈。街头空间的独特属性，形塑了街头官僚在互动过程中的行动策略。他们会根据街头空间中的具体情境，结合自己的立场、经验、专长和价值观，针对不同的执法对象采取有差别的执法手段和技巧，进行正式或者非正式行政，从而使工作变得相对容易和安全。

此时，街头官僚在一线行政中具有一定的自由裁量权，本身就是政策制定者。自由裁量权不仅是街头官僚的自我保护机制，也是他们为公民服务的积极因素。“公共服务领域，街头官僚享有自由裁量权，是因为社会不想将公共服务‘计算机化’。”[2]在城管执法过程中，城管和执法对象同样处在开放的街头空间，双方之间的关系并不稳定，冲突和秩序都是在具体空间和时间约束下不断塑造和变化的。

（二）国家能力理论

20世纪80年代，国家主义学派提出“国家能力”理论。该学派主张将国家带回问题分析的中心，强调国家机构的重要作用，从国家制度结构意义上理解国家能力，重申国家作为理论解释变量的独立性。

西达·斯考切波将国家自主性（state autonomy）和国家能力（state capacity）紧密联系在一起，认为只有将国家视为具有自主性的制度结构，才能切实理解社会革命和社会转型。他主要是从国家在特定政策领域的能力来理解国家能力，主张“国家是一套以执行权威为首，并或多或少是由执行权威加以良性协调的行政、政策和军事组织”，国家能力则是指“国家在实

① 韩志明：《街头官僚的空间阐释——基于工作界面的比较分析》，载《武汉大学学报（哲学社会科学版）》，2010年第4期。

② Michael Lipsky, *Street-level Bureaucracy: Dilemmas of the Individual in Public Service*, Russell Sage Foundation, 2010, pxix.

现其公务目标，特别是通过克服强有力的社会集团的反对力量实现其政策目标的能力”，[①]是“国家实施战略与政策的能力”。

米格代尔质疑国家中心主义过于关注国家的自主性而忽视了社会对国家的影响，将社会纳入国家能力的分析框架。与斯考切波不同，他认为国家能否自主，取决于国家对社会的渗透能力，取决于国家与社会力量之间的博弈。“他将国家能力视为国家与社会争夺社会控制权或者社会支配权的斗争”，[②]并将国家能力概括为国家通过种种计划、政策和行动实现其领导人所寻求的社会变化的能力，[③]具体包括国家提取资源的能力、渗透社会的能力、规制社会生活的能力和分配社会资源的能力四个方面。提取资源的能力是指国家从社会中取得人力、物力和财力的能力；渗透社会的能力是指意识形态和国家机构进入社会的能力；规制社会生活的能力是指国家制定规则调节社会关系的能力；分配社会资源的能力是指国家以特定方式配置或运用资源的能力。[④]

中国学者王绍光、胡鞍钢将国家能力概念引入对中国问题的研究，他们将国家能力定义为“国家将自己的意志、目标转换为现实的能力”，[⑤]包括汲取、调控、合法化和强制四种能力。后来，结合迈克尔·曼关于基础性权力和专断性权力的区分，王绍光将国家基础能力进一步细分为：强制、汲取、濡化、认证、规制、统领、再分配、吸纳和整合八种能力。城管部门承担了部分规制的职责，因此城管执法呈现的是一种国家规制能力。

---

① 西达·斯考切波：《找回国家——当前研究的战略分析》，载［美］彼得·埃文斯等编：《找回国家》，方力维等译，生活·读书·新知三联书店2009年版，第20、22、26页。

② 张长东：《国家治理能力现代化研究——基于国家能力理论视角》，载《法学评论》2014年第3期。

③ Joel Migdal, Strong Societies and Weak States: State Society Relations and State Capabilities in the Third, Princeton University Press, 1988, pp.14–51.

④ 陈柏峰：《城镇规划区违建执法困境及其解释——国家能力的视角》，载《法学研究》2015年第1期。

⑤ 王绍光、胡鞍钢：《中国国家能力报告》，辽宁人民出版社1993年版，第6页。

## 二、禁止暴力执法

### 案例9-8　商贩诈死[1]

**基本案情**

2013年8月3日，湖北武汉江汉区花楼水塔街道办事处组织40余名执法队员，针对江汉路地铁站A、B两个出站口违规占道经营的商贩进行整治。因商贩不服而引发肢体冲突，城管和商贩均受伤。

当天下午3点多，十多名赤膊男子披麻戴孝，用门板抬着一具“尸体”，带着花圈围堵花楼街办事处及城管执法队。这些人将城管执法队的牌子取了下来，抗议城管执法队员粗暴对待小贩，用棍棒殴打小贩，最终造成小贩丧生。

事发后，江汉警方及时出动，在事发区域周边设立了隔离区，不少群众对死者很是同情，并认为城管将人打死是不对的，应受到法律的惩罚。

出人意料的是，躺在门板上的男子是“诈死”，在躺了数小时后，因耐不住天气炎热“复活”了。

据江汉区城管局介绍，“诈尸”事件的策划者是个长期在江汉路附近占道经营的团伙，约20人。该团伙长期占道经营兜售袜子等物品，拉帮结派与城管对抗，屡次劝阻均不悔改。当天下午3点左右，在城管执法人员劝阻他们占道经营时，再次与执法队员对抗，还导演了这场闹剧。

**问题思考**

1.分析城管执法的执法环境。

2.如何理解暴力执法现象?

**法理解析**

西方关于城市暴力的研究回应的是社会分裂以及“城市增长机器”与

---

① 本案源自戴维、王悦生、高星:《武汉小贩策划诈尸抹黑城管　死者因天气热复活逃跑》，hb.sina.com.cn/news/b/2013-08-04/073294975.html，最后访问时间：2021年5月11日。

"原始的城市"之间的冲突。[①]城市暴力被认为是城市共同体失败的象征。比较来看，中国发生的城市暴力问题并不具有城市共同体失败的意涵，更多是在城乡二元结构之下，农民融入城市过程中遭遇的冲突和困境，包括对"城市权利"的追求。[②]城市暴力更多地表现为城市融合的阶段性问题，在某种程度上，是城市共同体的重塑过程。农民和其他社会弱势群体在融入城市的过程中，希望获得更多的货币化收益，分享城市发展带来的便利和各类服务，但由于缺乏获取稳定工作和挑战性工作所需要的知识、技术以及其他辅助条件，大多数人只能通过出卖劳动力、占道经营、摆摊设点等方式留在城市。城市管理综合执法改革后，城管执法事项广泛，涉及公安、城市监察、工商、交通、环保、卫生等部门，具体包括维护基本的社会秩序、环境保护（噪声污染、扬尘污染、油烟污染等）、城市绿化、整治占道经营和无照经营、卫生检查等事项。[③]城市弱势群体的谋生手段属于城市管理执法的对象，弱势群体以生存权对抗城管执法的权威，呈现了生存权与行政执法权之间的张力。

在引发大家关注的城管综合执法案件中，执法环境以"面对面"为主，城管的执法行为发生在公开空间，工作界面是开放的。此时，执法行为是一个多方互动的过程，不仅包括执法者和执法对象的面对面互动，还包括街头的任意第三方主体的介入。直接的参与者和间接的任意观看者、起哄者、闹事者都会对暴力执法产生一定的影响。公众抵制城管暴力执法事件，很大程度上是基于城管执法者是拥有行政执法权的"权威部门"，而被执法对象是城市无业者、进城务工人员等弱势群体。公众不能接受拥有行政执法权的"权威部门"在行使公共管理职责时，对"弱势群体"实施暴力，所以普遍谴责城管暴力执法行为。

---

① Castells, M., *The City and the Grassroots*, University of California Press, 1983, p.326.

② 陈忠：《城市权利：全球视野与中国问题——基于城市哲学与城市批评史的研究视角》，载《中国社会科学》2014年第1期。

③ 以北京市为例，北京城市管理综合执法范围包括市容环境卫生、园林绿化、城市河湖、城市节水、公用事业等14个方面。马怀德、王柱国：《城管执法的问题与挑战——北京市城市管理综合行政执法调研报告》，载《河南省政法管理干部学院学报》2007年第6期。

城管执法的工作界面是开放的空间，不是城管可以单独控制的区域。城管不仅不能掌控街头开放的空间，甚至在很大程度上受制于空间的限制，要随时处理其他人员的干预和出其不意的状况。“这里喧嚣而又杂乱，蕴藏着危险和不确定性，谁也不知道下一分钟这里将有什么事情发生，因此街头官僚也不知道下一个任务将是什么。”[①]街头空间的不确定性还表现在执法对象的行为具有不可预测性，面对可能来自执法对象侵害的风险时，城管执法人员可采取的有效措施是什么呢？最有可能的反应就是“以暴制暴”。执法空间的限制和具体情境的不可预知使得城管执法在暴力执法的边缘徘徊。城管执法的暴力压制机制也是暴力执法的发生机制。[②]

关于城管执法体制的已有分析表明，城管执法机构作为一线行政执法部门，承担了相当的行政压力。[③]具体的执法者处于科层体制的末端，要承受科层制传导的行政压力。同时，作为街头官僚，执法者还需要在开放的环境中面对身为“弱势群体”的执法对象和围观群众，承受社会舆论的直接压力以及执法对象的直接抗争。也就是说，在城管执法过程中，执法者承受着三重压力。承受三重压力的执法者最不希望发生暴力执法事件。

城管暴力执法不仅是引起普通公众关注城管的直接动因，也是城管执法问题的表现之一。虽然暴力执法容易获得广泛关注，但暴力执法并不是城管执法的常态。实际上，对于城管执法者而言，暴力执法也是其竭力避免的状态，只有在避无可避的社会情景下，才会发生极端事件。[④]

在暴力执法中受伤的不仅是执法对象，执法者也容易受到伤害。[⑤]执法

---

① 韩志明：《街头官僚的空间阐释：基于工作界面的比较分析》，载《武汉大学学报（哲学社会科学版）》2010年第4期。

② 吕德文：《灰色治理与城市暴力再生产——鲁磨路“城管”实践的机制分析》，载《开放时代》2015年第4期。

③ 岳书光：《城管执法冲突何以形成——基于嵌入式执法的分析》，载《中国行政管理》2017年第5期。

④ 吕德文：《城管“暴力执法”的认知误区》，载《社会观察》2013年第9期。

⑤ 研究者指出，一些在公众看起来较为暴力的执法形式并非出于城管队员天生的暴力执法倾向，而是在复杂而危险的街头执法环境中的自我保护。陈柏峰：《城管执法冲突的社会情景——以〈城管来了〉为文本展开》，载《法学家》2013年第6期。

者受到伤害不仅不能免除因不合理、不合法行为导致的内部行政处理，执法者还有可能承担刑事责任。实际上，绝大多数城管暴力执法都属于意外，而不是执法者主动追求或者有意为之的。回应城管暴力执法的问题，首先需要明确暴力执法是意外，而不是常态。

## 三、柔性执法时有发生

### 案例9-9 城管允许"板栗哥"占道摆摊①

**案情简介**

2013年9月23日，流动摊贩徐某卖炒板栗时被当地城管直属二中队执法队员拦下，执法队员要求其搬离鲁磨路。在执法过程中，执法队员了解了徐某家中的困境（徐妻患有癌症，还有严重的风湿病，11岁的孩子在读书），也知道了徐某高息借了10万元，加上之前的积蓄，先后从迁西购买了50吨板栗。

综合考虑这些情况，当地城管最终决定给予徐某适当的帮扶。从2013年10月开始，允许徐某在鲁磨路公交枢纽站的一个避街角落摆摊，直到50吨板栗销完。另外，徐某要遵守相关约定，自行打扫卫生，不能随意流动。

**问题思考**

1.如何理解城管允许徐某占道摆摊的行为？

2.分析执法不严和柔性执法的原因。

**法理解析**

暴力执法只是城管执法的意外，从发生概率上讲，其并不具有普遍性。在城管执法实践中，普遍存在的是执法不严和柔性执法现象。

城管部门管理的事项不仅包括常规的环境卫生、城市绿化、交通管理

① 参见蔡爽：《占道摊背后的温情故事——"板栗哥"每天挥铲万次救妻》，载《武汉晨报》2013年12月21日，A07版。

等7个事项，还包括各地根据治理需要，临时归属城管部门管辖的事件，即通常意义上的“7+x”。实际上，“x”的内涵非常丰富，而且是变化的。所谓“x”是指省、自治区、直辖市人民政府决定调整的城市管理领域的其他行政处罚事项，但这里有一个实际存在的无法穷尽的漏洞，即政府确定的其他事项。[①]根据社会关注度的差异，各地城管在常规事项之外，随时调整工作重点和工作任务。如果井盖问题造成了严重的人身伤亡事件，那么城管就需要对治理井盖事件负责，超限超载问题也一样。根据治理需要，治理事项会变化，但城管执法者却严重不足。根据国家编制的规定，城市中每1万人应配备4名城管队员，但全国没有一个城市能满足理想的编制要求。为了应对人员不足的问题，城管执法部门有大量的临时协管员参与城管执法工作。[②]

治理事项繁多但人员不够，城管执法中难免出现执法不严现象。某些执法不严现象，适应了已有的执法环境、执法资源、执法体制和执法需求，似乎满足了有效执法的条件，也符合各方的利益诉求。然而，从执法的实践来看，这些执法行为虽然践行了“为人民服务”的目标，充分考量了执法对象的诉求和生活状况，甚至无理取闹，但实际上牺牲了城管执法应该具有的执法能力和执法权威。

执法资源不足是造成执法不严现象的重要原因。结合城管执法的时间约束，执法人员不可能全天24小时工作，其正常上班之前的时间以及下班之后的时间，依然是小摊小贩流动作业的黄金时间，难以进行有效的治理。[③]

同时，城管执法人员是处在社会关系网络中的主体，对于亲朋好友违反城市管理规定的行为，可能会睁一只眼闭一只眼，进行选择性执法。在弱

① 关于城管职权的界定，主要包括两个文件。第一个文件是1997年国务院《关于在北京市宣武区开展城市管理综合执法试点工作的复函》（国法函［1997］12号）；第二个文件是2002年国务院发布的《关于进一步推进相对集中行政处罚权工作的决定》（国发［2002］17号）。

② 魏程琳：《准街头管理者的结构与功能——以城管部门协管员为例》，载《青年研究》2017年第2期。

③ 韩志明：《街头官僚的时间政治——以基层执法人员的工作时间为例》，载《甘肃行政学院学报》2017年第2期。

势群体的生存权与行政执法权的较量中，对于那些生活困顿、态度友好且遵守基本安排的执法对象，执法人员也会采取选择执法的方式，甚至会创造条件，默许执法对象的违规经营行为。当地城管对徐某的帮扶也体现了这一点。

正是因为以上各种因素的共同作用，使得城管执法中执法不严现象普遍存在。从执法后果来看，政府和社会两个层面都接受执法不严的常规状态，在为城市快速发展创造尽可能好的环境时，保持稳定的社会秩序，让部分社会流动群体获得自我就业的机会。

武汉市提倡并推广的柔性执法，通过柔性执法创新执法手段，实践了女子执法、卖萌执法、眼神执法、鲜花执法等手段。①这些执法手段虽然充分考量了执法对象的感受和利益，减少了发生暴力冲突的可能性，但忽视了制度意义上的规范执法和严格执法，削弱了城管执法的国家意志力和权威性。执法手段的有效性不能依靠卖萌和送鲜花。柔性执法的有效性建立在合理的城市治理体系基础上，探寻城管执法法治化道路不能舍本逐末。如果柔性执法把关不严，就有可能蜕化为“妥协性执法”，最终让法律的权威和刚性约束荡然无存。②

实际上，执法不严也是国家能力不足的反映。执法者和执法对象之间可以讨价还价；执法者和执法对象之间存在一定程度的默契，有某种“共谋”行为。常规治理时，城管执法部门没有足够的人力、物力和时间对所有违规摆摊和占道经营行为进行规制，只能容忍街头摊贩违规经营产生的环境、卫生及城市品质形象等问题。经过一段时间的不管不问，执法对象的行为可能超越了已有的利益边界和利益平衡，或者造成了某种必须解决的环境卫生问题。此时，集中整治和专项行动就会出现，展开严格执法。因此“执法在形式上就表现出‘日常惰性—专项治理’的循环结构，强力执法与违法不究处

---

① 吕德文：《武汉城管“柔性执法”新政》，载《决策》2016年第4期。

② 张智全：《柔性执法须以刚性约束为底线》，载《人民法院报》2019年5月24日，第2版。参见http://rmfyb.chinacourt.org/paper/html/2019-05/24/content_155702.htm?div=-1，最后访问日期：2020年7月11日。

于共生状态。这种状况既是国家能力不足的结果，也表明了国家能力不足的现状”。[①]

另外，执法不严背后是城管执法部门的自由裁量权问题。针对纷繁复杂的社会治理状况，为了提高行政效率，现代行政规定了行政自由裁量权。行政执法主体可以依据职权和判断，采取适当的方法执法。[②]在行政执法实践中，行政机关自由选择的范围既包括执法的具体内容，也包括具体执行的方法、时间和地点等，还包括采取行动或不采取行动。[③]自由裁量权不仅是街头官僚的自我保护机制，也是他们为公民服务的积极因素。[④]自由裁量权虽然能满足行政效率的需要，但容易导致权力被滥用。特别是在城管执法管理事项扩大化的态势下，相应的执法权范围也扩大，如何对城管执法权力进行有效监督，是城管执法法治化要面对的重要问题。

在某种程度上，执法不严是各方共同作用的结果，虽然获得各方的普遍认可，但同时隐藏着一定的风险和危机。首先，长期执法不严提高了发生“意外事件”的概率。长期执法不严会让执法对象罔顾自己的违法行为，甚至会变相鼓励违法行为，最终造成严重后果。不管是环境卫生治理还是限超限载治理，都曾经发生过人身和财产损失的极端事件。当然，良好的治理状况并不仅仅是靠执法严格就能实现的，还需要人力、资源、社会多个方面的合作。其次，执法不严会降低社会公众对政府的信任度。城市管理事项随着城市的发展而变化，城管的执法事项都与公众的日常生产生活密切相关，需要得到有效治理。一旦默认执法不严现象，就会损害城市治理目标的实现，降低公众对政府的信任度。最后，执法不严还可能进一步加深不同阶层之间的对立和不满情绪。城市的发展需要大量的城市流动人口，他们不仅为城市

---

① 陈柏峰：《城镇规划区违建执法困境及其解释——国家能力的视角》，载《法学研究》2015年第1期。

② 王珉灿主编：《行政法概要》，法律出版社1983年版，第113页。

③ 王名扬著：《美国行政法》，中国法制出版社1995年版，第545页。

④ Maynard-Moody, Steven & Suzanne Leland, “Stories from the lines of public management: Street-level Workers as Responsible Actors”, *In Advancing Public Management*, edited by Jeffrey L. Brudney, Laurence J. O’Toole Jr. & Hal G. Rainey, Washington: Georgetown University.

发展提供了所需要的劳动力，为城市生活带来了便利，也带来了环境污染、道路拥堵等问题，如果城市管理者不能通过治理行为有效协调两者之间的冲突，就会埋下治理隐患。

## 四、执法冲突的原因分析

### 案例9–10 瓜农在城管执法中不幸身亡①

**基本案情**

2013年7月17日上午，湖南省临武县城管局工作人员在执法过程中，与南强莲塘村村民邓某加发生争执冲突，邓某加死亡。临武县公安、纪检等部门开始调查，全力查清事件原因。临武县政府表示，将做好善后处置和慰问工作。

2013年7月31日晚，郴州市公安局通报，7月17日在与临武县城管人员冲突中不幸身亡的瓜农邓某加，系外力作用诱发脑部畸形血管破裂出血死亡。

2013年8月1日，邓某加亲属称，邓某加全家都不接受尸检结论。

2013年12月27日下午3时许，湖南省永兴县法院经过审理，当庭宣判4名城管获刑，最高判11年。4名被告人不服，提起上诉。

2014年5月15日，郴州市中级人民法院对“湖南临武瓜农事件”二审公开宣判，对4名城管驳回上诉，维持原判，以故意伤害罪分别处4名被告3年6个月至11年有期徒刑。

**问题思考**

1.阐释执法冲突的原因。

2.如何理解执法中的意外后果？

**法理解析**

首先，执法空间的制约是发生执法冲突的原因。城管执法问题主要表现

① 参见刘柱：《湖南临武瓜农死亡案终审宣判 驳回上诉维持原判》，http://www.chinanews.com/fz/2014/05-15/6172467.shtml，最后访问时间：2021年5月11日。

为街头执法问题。[①]执法空间的开放性、多变性和复杂性，使城管执法区别于其他具体行政行为。李普斯基提炼了“街头官僚”这一理想类型。“街头官僚”在开放的空间实施具体的执法行为，空间实践中的不可预测性影响了执法的效果。此时，执法者不能单方面主导执法实践的发生和发展过程。处于空间里的人、物，包括不同主体的身份、地位以及主体之间的关系等，都直接对执法实践产生重要影响。在开放的街头空间里，聚集着不同身份、地位和阶层的主体，既有要求道路环境卫生的城市中产者，也有大量底层群体，执法者需要回应不同的话语诉求。在执法人员与执法对象的互动和反复较量中，“社会的复杂性可能压垮执法人员”，这反应了国家规制能力的不足。开放的空间同时也是一个天然的聚集场所，经过不同主体之间的相互围观和互动，微小的举动也有可能引发大的冲突。

在开放的空间中，执法者意识到可能会出现各种出其不意的状况，因而尽量避免粗暴执法，防止出现暴力抗法的现象。而执法对象同样需要“正常”开展经营活动，不希望与执法者发生冲突。正是在这个意义上，执法者与执法对象之间维系着一种平衡关系。但这种平衡关系容易与空间里的其他因素发生“碰撞”，导致平衡被打破，双方之间发生执法冲突。此时，开放的空间本身就孕育着执法冲突的可能。要想改变这种状况，必须减少空间内其他因素的影响。

其次，权责不对等也会引起执法冲突。根据《中华人民共和国行政处罚法》第18条的规定，我国已实行相对集中行政处罚权，国家在城市管理、市场监督、生态环境、文化市场、交通运输、应急管理、农业领域推行建立综合行政执法制度。2000年以后，城市管理局和城市管理执法局统一行使公安交通、工商、环保等七个方面的行政处罚权，同时，各地根据实际发展需要，形成了“7+x”的城管执法模式。城管集中执法因经济发展和城市建设的需要而产生，处理城市发展过程中其他部门难以有效处理或者不好处理的事情。作为各级政府的自设机构，城管部门被认为是“剩余部

① 刘磊：《街头政治的形成：城管执法困境之分析》，载《法学家》2015年第4期。

门”，[①]并没有一个自上而下的垂直管理体制，中央和省级政府并未设立城管机构，同时又属于无行业主管部门，缺乏“条条”领导。这种尴尬的定位使得城管的执法能力和执法资源并不充分，还需要面对城市发展过程中日益增加的新的复杂的治理事项和治理任务。在执法能力和执法资源不足的情况下，必然产生执法不严、选择性执法。对于可管可不管的，选择不管；对于不得不管的，严管。一旦严管，在复杂的开放空间里，就极有可能出现执法冲突。

为了缓解权责不匹配的问题，产生了城管执法协管员。由于城管执法人力资源不足，缺乏编制，大量协管员参与一线执法行动。虽然城管部门地位尴尬，但具有正式编制的城管执法主体依然受到体制内规章制度的约束和制约。而协管员没有编制、待遇更低、流动性大，这就导致在联合执法中，协管员的执法质量和执法效果难以保证。协管员为街头执法提供弹性空间的同时，也呈现了“非预期后果”的负面功能。[②]既可能因为私人关系网络的原因，对亲朋好友的违法行为不加理会，进行选择性执法；又可能因为个人利益诉求和执法水平欠缺，过度严格执法或粗暴执法，发生暴力执法现象。城管执法部门并不是不知道协管员执法水平和职业素质有问题，但是为了完成城市发展过程中日益增多的治理事项，在人力资源严重不足和执法资源稀缺的情况下，协管员问题一时难以解决。

最后，执法者的执法素养不高也可能引发执法冲突。除了上述关于执法空间和执法体制的客观原因，对城管执法问题的分析也不能排除城管执法者的主观因素。执法者的主观因素并不是独立存在的，同样深嵌在执法体制和执法空间里。与其他行政机关的工作人员相比，城管执法者升迁的概率较低。在工作岗位无法获得升迁机会，工资待遇不高，执法行为又带有一定风险的情况下，执法者倾向于通过灰色治理获得额外的收入或者通过自己的庇

① 吕德文：《剩余部门：理解城管工作的一个视角》，载《云南行政学院学报》2016年第1期。

② 魏程琳：《准街头管理者的结构与功能——以城管部门协管员为例》，载《青年研究》2017年第2期。

护行为谋取私利。[1]同时，收入较低、升迁概率不高，也导致城管执法队伍整体素质参差不齐。既有根据严格的职业素养要求自己的执法者，也有文化素质低，不能很好地与执法对象展开有效沟通交流的执法者，还有社会经验不丰富，难以有效处理突发状况的执法者。从执法空间的角度分析，在开放的执法空间里，执法者也容易受到空间里其他因素的影响而进行粗暴执法。

作为享有广泛自由裁量权的一线执法主体，可以根据执法对象和执法情景采取不同的政策手段和处罚措施。此时，不仅执法对象、执法手段可以选择适用，对执法情景的解释也是多样化的，执法主体可以根据亲疏远近进行选择性执法，还可能通过获取特定事项的治理权限，进行利益交换。执法主体执法水平和职业素养参差不齐的现状，有可能进一步加剧自由裁量权的滥用。执法者在运用自由裁量权进行执法时，容易让执法对象产生不公平感，从而加剧执法社会情景中的不满、愤懑等冲突性情绪，让执法陷入困境。

## 五、基层执法法治化的具体路径

### 案例9–11　金家坝某地块违建案[2]

**案情介绍**

2016年9月，金家坝某地块四户居民向法院提起诉讼，要求吴江区城管局对该地块的违法建设采取措施，恢复地块原状。法院判决吴江区城管局在规定时间内履行法定职责。判决生效后，吴江区城管局责成汾湖高新区城市管理行政执法大队具体承办，结合推行镇域综合行政执法体制改革，经区政府责成由区城管局指导，黎里镇人民政府于2018年1月依法组织强制执行。

① 刘升:《基层执法中的差序格局：理解社会治理的一个本土性视角——以城管执法为例》，载《中国行政管理》2017年第5期。

② 参见《吴江区“金家坝滨河南路”违建案》，https://www.sohu.com/a/283105174_672621，最后访问时间：2021年5月11日。

**问题思考**

1. 基层执法法治化面临什么样的困境?

2. 如何实现基层执法法治化?

**法理解析**

关于如何解决基层执法的问题，有两种有代表性的研究思路。第一种研究思路主张加强依法行政，将执法者的行为限定在法律框架之内，要求基层执法人员树立尊重人权、程序法治等现代行政法治观。[①]第二种研究思路要求通过改革基层执法体制，重塑基层执法行为。[②]这两种研究思路对于深化基层执法法治化改革都具有一定的借鉴意义。

依法行政要求执法者的行政行为必须在遵守法律的前提下进行，同时开展民主行政和科学行政，通过界定行政目标、为公众参与提供便利条件等方式，提高依法行政的合法性和合理性。这种形式合法性的要求被认为是法治主义对行政活动的最低限度的要求。具体表现在基层执法领域，就要求执法者首先要符合形式主义法治的要求，根据规范性文件开展街头执法工作，严格遵循法定程序，履行法定职责。这更多是从程序正义的角度对基层执法作出的概括性规定。随着基层问题引发的社会关注越来越多，特别是在自媒体发达的时代，在全民监督背景下，执法者会尽量避免铤而走险，严格遵循执法程序，依法执法。比如，表明身份，告知执法事由和原因，告知相应权利及后续安排等。

除了从依法行政的角度提出完善基层执法的举措以外，基层执法法治化改革的思考还关注到了基层执法的执法依据困境。以城管执法为例，与城管部门没有行业主管部门同时并存的问题是城管执法依据不足。除了《行政处罚法》这一基本法对于行政执法行为作出了概括性规定，没有针对城管执法的基本法律。中央层面关于行政执法的文件主要包括《关于贯彻实施〈中华人民共和国行政处罚法〉的通知》《关于进一步推进相对集中行政处罚权工

① 莫于川:《城管执法工作法治化的基本路径》，载《北京联合大学学报》(人文社会科学版)2006年第1期。

② 杨小军:《深入推进城管执法体制改革研究》，载《行政法学研究》2016年第5期。

作的决定》和《关于全面推进依法行政实施纲要》等。在执法实践中，城管部门基本上都是“借法执法”，地方性法规成为城管执法的主要依据。执法依据效力层级不高，执法权威受影响。同时，执法依据不完备也会导致制度供给能力不足，执法过程充满不确定性。基于此，研究者主张在地方性法规和规章的基础上，加快制定关于相对集中行政处罚权的单行行政法规，专门就城管执法的主体、职能、执法程序等方面进行规定，加强城管执法的合法性、规范性和权威性。①

“金家坝某地块违建案”是一起典型的违建查处案件。本案的查处过程严格依据《行政强制法》规定，通过本案的办理，进一步规范和完善了违法建设查处流程。正是因为有了明确的执法依据，本案的执法过程才能如此顺利。

基层执法法治化改革的另一个关注点是对基层执法自由裁量权的监督问题。街头官僚的研究主要集中在两个方面：政策执行和自由裁量权。政策执行问题被认为是考察街头官僚的方法和途径，而自由裁量权被认为是街头官僚的定义性特征。②当基层执法面临行政力量和权威不足的困境时，执法过程中的自由裁量权就成为界定街头官僚的典型特征。法律不可能为所有事实设定后果，而基层执法的客体复杂，执法环境差异甚大，执法事项繁多，这就决定了基层执法享有广泛的自由裁量权。城管执法实践证明，这一权力的存在和行使既适应了城市发展快速高效的特征，也适应了城市管理法规无法涉及的领域对自由裁量的需要，有效增强了城管执法办案的灵活性。自由裁量权作为城管执法的典型特征，有利于提高执法效率和解决具体的执法问题，但也引发了城管执法领域的诸多问题。执法者在行使自由裁量权时，需要保证个案的实质正义，这就要求在自由裁量权的规制与实施中达成某种平衡。也正因如此，最后还需要提高执法者的整体素质，加强对整个执法队伍

① 李海峰：《深化城管执法体制改革的困难、经验借鉴与路径思考》，载《经济与社会发展》2014年第1期。

② 韩志明：《街头官僚的时间政治——以基层执法人员的工作时间为例》，载《甘肃行政学院学报》2017年第2期。

的监督。①

关于基层执法体制改革，以城管执法为例，研究者指出，第一个问题是机构职能的不断扩张导致了城管执法实践中的诸多问题。管理事项增多，不仅要求充足的人力资源，同时也要求相应的专业技能。实际上，由于城管部门在机构设置上的尴尬地位，执法者不仅晋升空间小，而且工作待遇并不高，因而难以吸引具有专业技能的人才进入城管执法领域。从管理事项不断扩张的角度，城管执法首先要解决人力资源不足的问题。研究者主张通过推进机构改革，围绕职能转变，剥离城管执法的诸多职能，将其根据不同性质和事项，由交通、旅游、公安等部门管理，改变城管执法“剩余部门”的处境。②

权责不对等是城管执法管理体制改革的第二个问题。虽然从职能上看，城管执法需要承担或者配合的事项很多，并且大多数工作都属于城市的“脸面”工作，同时直接与人民的生产生活生存问题密切相关。一旦出现任何问题，城管就需要承担相应的责任。本案是2009年吴江区城管体制改革中执法审批权、人事管理权调整后发生的，起因是属地管理的镇区范围内发生违建查处纠纷，当事人提起诉讼，经法院判决后要求区城管局履职。本案诉讼期满后强制执行期又适逢吴江区推行镇域综合行政执法体制改革，处罚权划转镇区行使。即使案件的处理过程与执法体制改革过程重合，只要能理顺权责关系，明确职能定位，同样能实现执法法治化。

实际上，在城管执法过程中，如果没有其他部门的配合，根本难以完成治理事项，但最终追究责任时，只能由城管“背锅”。正因如此，研究者主张在剥离属于其他部门的管理事项后，提高城管部门和其他部门之间的内部协调，同时加强机构内部的组织危机管理机制。“从执法结构和过程看，国家能力在执法领域的不足表现在各个层面。在执法机构层面，表现为孤岛现象，不同的执法机构之间、执法机构与其他机构之间缺乏有效合作。”③本案

① 王雅琴：《城管执法自由裁量权自我规制的法律思考》，载《法律适用》2013年第3期。

② 王敬波：《论我国城管执法体制改革及其法治保障》，载《行政法学研究》2015年第2期。

③ 陈柏峰：《城镇规划区违建执法困境及其解释——国家能力的视角》，载《法学研究》2015年第1期。

从立案查处到执行完毕经过多次、多部门协调，最后顺利完成强制执行，取得了较好的社会效益。

如果说形式主义法治是基层执法的底线要求，那么如何在纷繁复杂的执法实践中，在遵守程序正义的同时实现有效的治理，就是基层执法法治化需要处理的第一个问题。从抽象意义上来理解，形式主义法治没有任何不妥，但是基层执法的法治实践必须结合执法的环境和情景进行有效应对。城管执法“三步法”“五步法”如果不能实现良好的治理效果，就走向了形式主义法治的反面。正因如此，城管执法法治改革在回应法治诉求的同时，必须回应法治的形式诉求与目标之间的定位。这就直接影响了基层执法法治化改革中关于依法行政、自由裁量权的问题的认知。实际上追问的是依法行政与限制自由裁量权的度在哪里，决定这些度的标准又是什么。基层执法体制改革中关于城管执法职能扩张问题的分析和解决路径研究，也存在同样的问题。城市发展的需要形成了城管执法作为“剩余部门”的定位，那么，如果科层制的行政体系没有办法及时对新事项进行有效治理，就必须要求某一个部门的来承担职责，城管部门应运而生。在这个意义上，城管执法部门作为“剩余部门”，具有必然性和合理性。城管执法体制改革应该在认清城管执法部门性质及其定位的基础上展开研究。

解决基层执法困境，需要在动态运行中实现基层执法的法治化。[①]基层执法法治化路径的选择首先要明确基层执法理念。不同的执法理念形塑不同的执法逻辑和执法行为。城市化快速发展出现的新问题要求城管综合执法，解决已经科层化的行政体系难以消解的一些困境和发展障碍。这些问题和困境直接与普通民众的利益相关，甚至与其生存权相联系。就摊贩治理而言，在法律程序意义上，城管执法具有当然的合法性。但是，当面临执法对象的生存诉求，并被要求从人民利益出发展开执法工作时，执法的合理性被质疑。这反映了作为全能主义国家应该满足民众基本的生活生存诉求。

基层执法行为不仅需要符合形式主义法治的要求，而且需要符合全心全

① 刘磊：《执法吸纳政治：对城管执法的一个解释框架》，载《政治学研究》2015年第6期。

意为人民服务的执政理念，符合一切从人民利益出发的执政目标。当社会对行政执法法治化的要求越来越高时，如何在符合形式主义法治要求的同时，兼顾全心全意为人民服务的群众路线诉求。具体操作上，可以通过法律解释学对行政自由裁量权的合法范围和行事方式作出扩大解释，从坚持合乎法律的执法主义转变为兼顾合情合理的行政主义。[①]

群众路线作为新中国政治和社会治理的理论资源，作为社会主义政治的一种延续，在社会转型期间，依然影响着社会治理。在基层执法法治化路径的选择中，不仅要强调形式法治主义，还要在形式主义法治要求与群众路线之间找到平衡点。具体而言，要求基层执法者一方面以形式主义法治理念为指导，严格遵守行政执法的程序性要求，符合程序正义；另一方面在具体的执法行为中，照顾执法对象的情绪和态度，结合执法情景，采取不同的执法手段和执法方式。[②]各地开展的柔性执法等举措，就是对群众路线诉求的一种回应。但需要进一步关注的是，类似柔性执法活动的展开，不能用执法对象的各种诉求或者不配合掩盖严格执法的底线要求。简言之，要在保证执法权威的同时，运用具体的执法手段。

基层执法法治化需要改革基层执法体制，提高国家渗透和控制能力。就城管执法而言，改革城管执法体制包括从机构设置上理顺城管的行政机构属性，同时限定城管执法的职责权限，应对权责不对等问题。结合《关于深入推进城市执法体制改革改进城市管理工作的指导意见》提出的执法体制改革的目标，明确城管部门的行政编制属性，让执法者有良好的晋升渠道和晋升空间，同时有直接的上级行政主管部门，便于对基层城管执法进行有效监督和管理。城管执法权责不对等现象是导致城管执法诸多问题的重要原因，因此城管执法范围或者职责问题的改革也需要同时进行。结合住建部对全国100个城市的调研统计，各地城管执法部门享有的执法事项包括户外市容环卫管理、市政设施管理、园林绿化管理、爱国卫生管理、户外广告管理、

---

① 凌斌：《科层法治的实践悖论：行政执法化批判》，载《开放时代》2011年第12期。

② 吕德文：《灰色治理与城市暴力再生产——鲁磨路“城管”实践的机制分析》，载《开放时代》2015年第4期。

建筑垃圾管理等22项管理职责。[①]综合各地存在的城管执法事项，应对城管执法的职责进行限定，同时保留地方根据发展需要和具体实践批准的执法事项。参照城管执法的历史管理经验，应将城管执法范围限定在城市公用设施运行管理、环境卫生管理、园林绿化管理三个方面。

理顺城管执法的机构属性和限定城管执法的职责范围。2017年发布的《城市管理执法办法》再一次明确了城管执法的范围，包括环境保护管理、食品药品监管、交通管理、工商管理等7个方面。具体职责范围的限制，使得城管执法部门在某种程度上可以不再承担“其他执法部门都‘不想要’而又必须由部门管的、屡禁不止而又‘费力不讨好’的职责”。[②]但这只是在一定范围和界限内进行适当的调适。法治化作为一种路径，不仅具有政治正确性也具有抽象的合法性。但不管是限定职责范围还是理顺机构属性，都不能改变城管作为“剩余部门”的属性，因为这就是其产生和存在的原因。作为“剩余部门”，必然要承担大量的剩余事物，也就是说即使限定了城管部门需要管辖的三个主要领域，还是要保留地方政府增加城管执法事项的权力。人力资源不足以及财政资源不足作为限制因素，没有办法直接剔除。也正是在这个意义上，城管执法体制改革要正确认识协管员现象。虽然协管员因为执法经验、职业认可等原因，在街头执法中容易产生执法问题，但他们“勾连了政府间上下级关系的弹性化结构以及政府机构因应环境变化而采取的策略选择”。[③]因此，不能简单地通过取消协管员来回应城管执法问题，而需要通过制度性措施，肯定城管协管员的身份和位置，并对其进行相应的管理。

基层执法法治化路径选择还需要正视城管执法的空间属性，认可其政策制定能力。城管执法出现问题的领域，大多是街头执法领域。街头执法的环境是一种开放的、复杂的、不可控的环境。在这种环境中，难以通过简单的

① 住房和城乡建设部：《理顺城管执法体制情况交流材料汇编》2015年第4期。

② 杨书文著：《中国城市管理综合执法体制研究》，天津人民出版社2009年版，第78页。

③ 吕德文：《作为法律隐喻的“猫鼠游戏”城管执法的另一种观察视角》，载《中外法学》2019年第2期。

标准化和程序化的方式来完成执法任务。执法者在进行程序性告知后，必须借助自由裁量权发展出适合自身工作情景的策略行动。此时，对暴力执法等问题的分析就不能脱离具体的空间领域，泛泛而谈行政权力与个体权利之间的对抗。对于任何引发公众关注的个案，都应该回到执法场域的范围内，展开微观分析。在开放空间里城管执法者与执法对象的对立，不能简单界定谁是强者谁是弱者，即使出现了严重的损害后果，同样需要认可执法者在自由裁量权范围内的政策制定能力。

在执法者享有广泛的自由裁量权和一定政策执行能力的情况下，如何通过法治化路径将其行为约束在合法合理的范围之内？复杂的环境和广泛的执法事项，需要一定的自由裁量权。这就要求基层执法机构在执法过程中根据客观情况和法律精神以及理性判断对复杂的社会因素和社会关系进行有效判断。如果自由裁量权不能受到有效约束，就容易出现执法者为了个人利益，执法不严或者选择性执法，损害执法秩序和侵害执法对象利益的现象。鉴于此，在基层执法法治化路径选择中，要加强基层执法部门自我规制的规范性文件，同时，通过备案审查制度，约束执法者的行为。结合社会综合治理改革的经验，在基层执法自我规制领域，引入公众参与机制。在相关规范性文件实施前，举行听证等公众参与程序，发挥大众监督的作用。一旦发生引起社会关注的典型个案，基层执法部门应该通过社交媒体渠道，公开执法过程和执法结果，并对需要解释的事件进行详细说明，消除公众的疑惑和不适当的猜想，将问题转换为契机，通过对于典型个案的公开合理分析，逐步建立公众对于城管执法的信任感。

基层执法问题并不仅仅是法律领域的问题，而是在城市建设、行政管理等社会发展过程中出现的、最终需要法律来回应的综合问题的呈现。法治化路径的选择是一个最终的结果。在某种程度上，也可以说是一个开端。它既是综合问题需要集中解决的结果，也是综合问题开始法治化解决的开端。正因如此，基层执法法治化道路的选择不能仅仅从抽象意义或者具体意义上给出一个方案，而需要通过对各种问题的分析，理解为什么会出现现在的状况，是法律之外的哪些原因导致了这些问题。法治化路径的选择需要在正视已有问题，并且认清已有约束条件的基础上，逐步推进。基层执法法治化是一个渐进的发展过程。“由于技能和知识的增进注定是缓慢的，这就带来了改革的渐进性、波动性和复杂性。”①

解决问题的开端更多的是关于法治化方向和路径的概说。基层执法问题由来已久，正如我们对其批评一直不断，但需要治理的事项依然有增无减。虽然执法空间复杂多变，但执法空间的约束是不能规避的。在城管执法领域，协管员现象被不断诟病，但协管员不能直接取消。当我们在强调通过法治化的途径解决现代化问题时，需要理解法治化路径的曲折和迂回。正如形式主义法治是基层执法的基本要求，群众路线的政治期待和诉求也是普通民众和围观者对于执法者的底色要求。如何在不同理念之间寻求平衡，是法治化道路上需要不断回答的难题。

① 韩志明:《渐进式改革及其演进逻辑——以城管执法体制改革为例》，载《学海》2019年第5期。

**图书在版编目(CIP)数据**

法理、文本与案例 / 资琳主编 . —北京：中国法制出版社，2020.12
ISBN 978-7-5216-1555-5

Ⅰ. ①法… Ⅱ. ①资… Ⅲ. ①法理学—研究生—教材 Ⅳ. ①D90

中国版本图书馆CIP数据核字（2020）第261166号

策划编辑：李 佳（amberlee2014@126.com）
责任编辑：王 悦（wangyuefzs@163.com）　　封面设计：杨鑫宇

**法理、文本与案例**
FALI、WENBEN YU ANLI
主编 / 资琳
经销 / 新华书店
印刷 / 北京虎彩文化传播有限公司
开本 / 710毫米×1000毫米 16开　　印张 / 27.75 字数 / 410千
版次 / 2020年12月第1版　　2020年12月第1次印刷

中国法制出版社出版
书号ISBN 978-7-5216-1555-5　　定价：88.00元

北京西单横二条2号　　传真：010-66031119
邮政编码100031
**网址：http://www.zgfzs.com**　　**编辑部电话：010-66054911**
**市场营销部电话：010-66033393**　　**邮购部电话：010-66033288**
（如有印装质量问题，请与本社印务部联系调换。电话：010-66032926）